程千帆　徐有富　著

校雠廣義

版本編
（修訂本）

中華書局

圖書在版編目(CIP)數據

校讎廣義.版本編/程千帆,徐有富著.—修訂本. —北京:中華書局,2020.3(2021.4重印)
ISBN 978-7-101-14075-0

Ⅰ.校… Ⅱ.①程…②徐… Ⅲ.①校勘–理論②版本–考證–中國–古代 Ⅳ.G256.3

中國版本圖書館 CIP 數據核字(2019)第 186548 號

書　　名	校讎廣義　版本編(修訂本)	
著　　者	程千帆　徐有富	
責任編輯	潘素雅	
出版發行	中華書局	
	(北京市豐臺區太平橋西里 38 號　100073)	
	http://www.zhbc.com.cn	
	E-mail:zhbc@zhbc.com.cn	
印　　刷	北京市白帆印務有限公司	
版　　次	2020 年 3 月北京第 1 版	
	2021 年 4 月北京第 2 次印刷	
規　　格	開本/920×1250 毫米　1/32	
	印張 14　插頁 2　字數 320 千字	
印　　數	3001–6000 册	
國際書號	ISBN 978-7-101-14075-0	
定　　價	88.00 元	

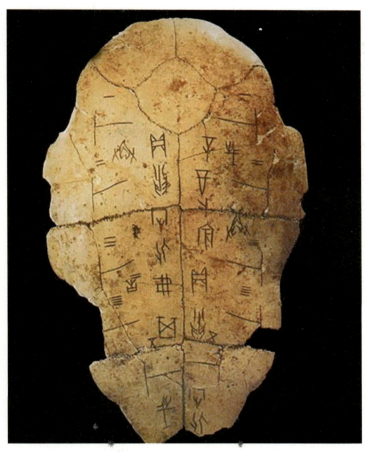

圖版一　龜甲文

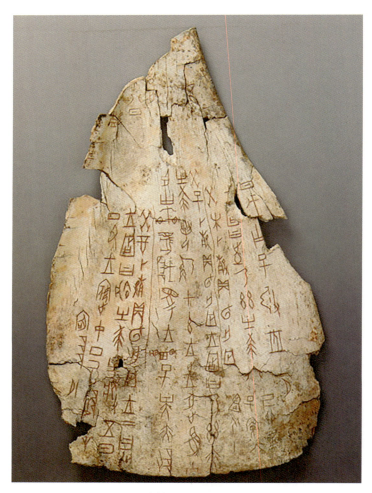

圖版二　獸骨文

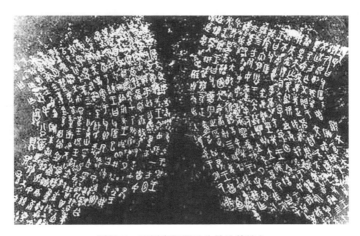

圖版三　西周青銅器毛公鼎及其銘文

圖版四　石鼓文

圖版五　熹平石經《春秋公羊傳》

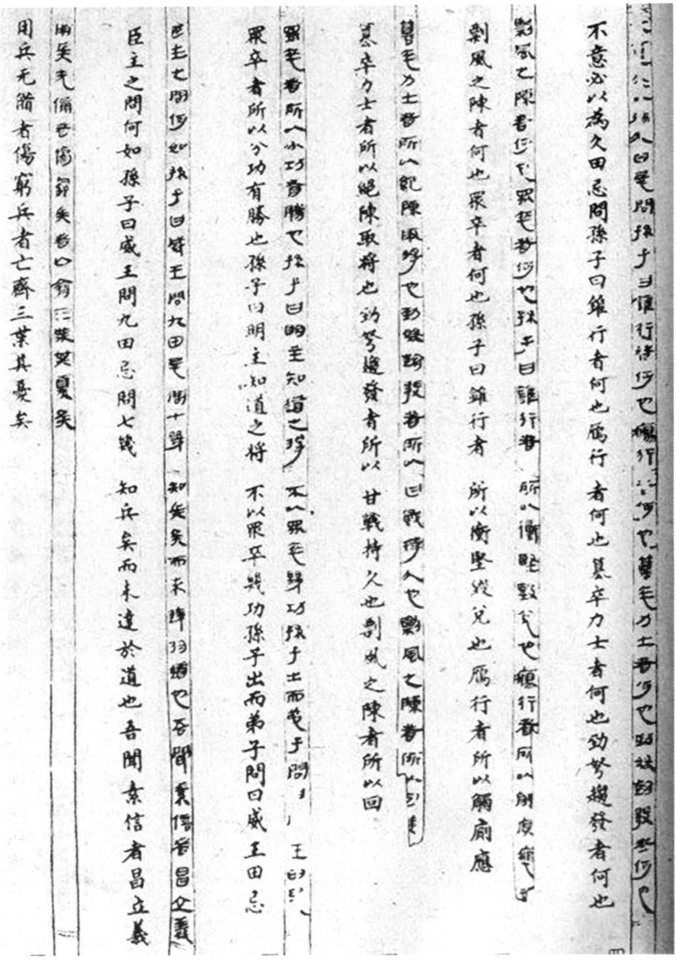

圖版六　臨沂銀雀山西漢墓出土《孫臏兵法》竹簡

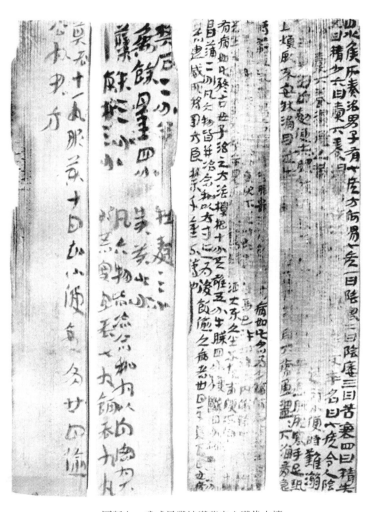

圖版七　武威旱灘坡漢墓出土漢代木牘

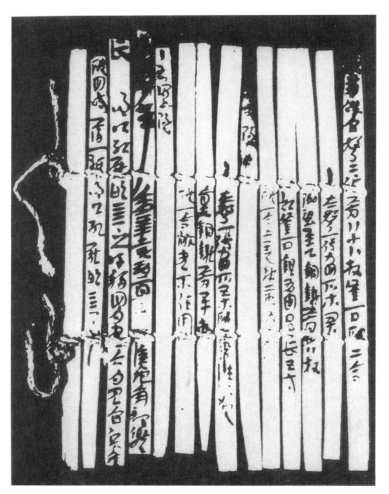

圖版八　居延出土東漢永元五年至七年（九三至九五）間用木簡所寫器物册

圖版九　長沙出土戰國繒書陳槃摹本

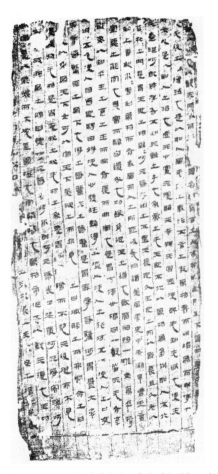

圖版十　長沙馬王堆漢墓出土帛書《老子》乙本

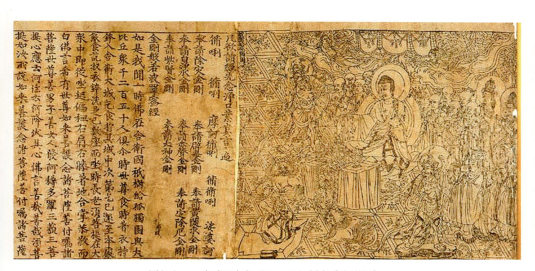

圖版十一　唐咸通九年（八六八）刻本《金剛經》

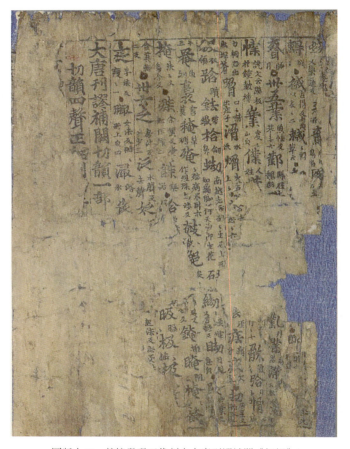

圖版十二　敦煌發現五代刻本大唐刊謬補闕《切韻》

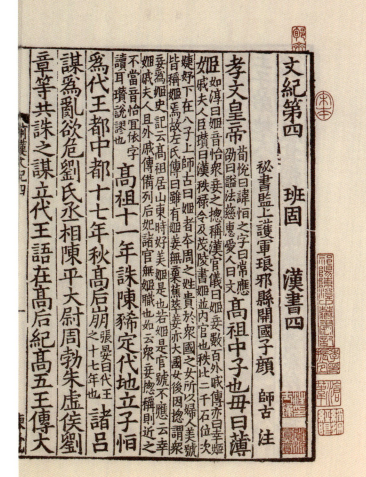

文紀第四　班固　漢書四

秘書監上護軍瑯邪縣開國子顏　師古　注

孝文皇帝荀悅曰諱恒之字曰常應劭曰謚法慈惠愛人曰文高祖中子也母曰薄姬如淳曰姬音怡衆妾之總稱漢官儀曰姬妾數百外戚傳亦曰妾姬並內官也秩比二千石位次婕好下在八子上師古曰姬者本周之姓貴於衆國之女所以婦人美號皆稱姬焉故左氏傳曰雖有姬姜無棄蕉萃妾亦大國女後因總謂衆妾為姬史記云高祖居山東時好美姬是也若姬是官號不應云幸姬戚夫人且外戚傳備列后妃諸官無姬職也如云衆妾總稱則近之不當音怡宜依字讀耳瓚說謬也高祖十一年誅陳豨定代地立子恒為代王都中都十七年秋高后崩張晏曰代王之十七年也諸呂謀為亂欲危劉氏丞相陳平大尉周勃朱虛侯劉章等共誅之謀立代王語在高后紀高五王傳大

圖版十三　北宋刻遞修本《漢書注》

圖版十四　遼刻本《蒙求》

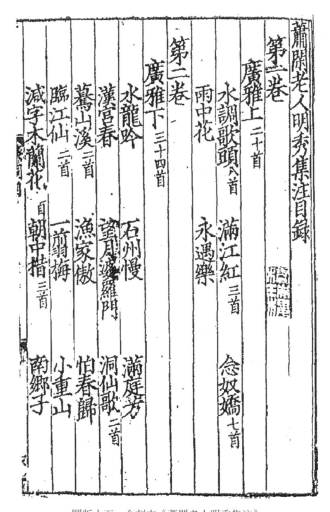

圖版十五　金刻本《蕭閑老人明秀集注》

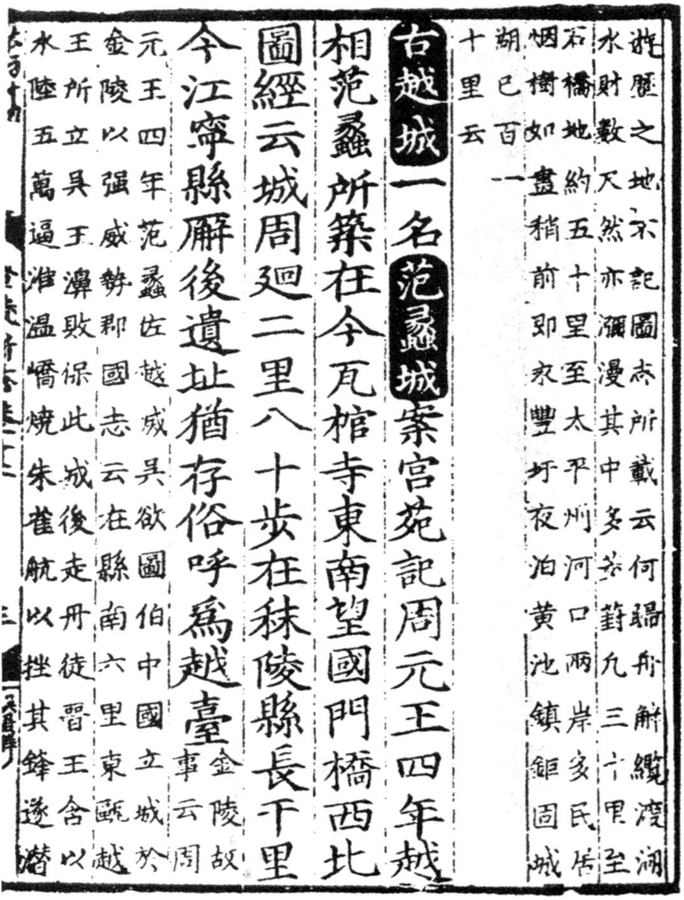

游歷之地不記圖志所載云何琱舟解纜渡湖
水財數天然亦瀰漫其中多沙礐九三十里至
石礐地約五十里至太平州河口兩岸多民居
烟樹如盡稍前即求豐圩夜泊黃池鎮鉅固城
湖巳百一
十里云一

古越城一名范蠡城 案宮苑記周元王四年越

相范蠡所築在今瓦棺寺東南望國門橋西北

圖經云城周廻二里八十步在秣陵縣長干里 金陵故事云周

全江寧縣廨後遺址猶存俗呼為越臺

元王四年范蠡佐越威吳欲圖伯中國立城於

金陵以強威勢郡國志云在縣南六里東甌越

王所立吳王濞敗保此城後走冊徒晉王舍以

水陸五萬過淮溫嶠燒朱雀航以挫其鋒遂潛

圖版十六　元至正四年（一三四四）集慶路儒學溧陽州學溧水州學刻本《金陵新志》

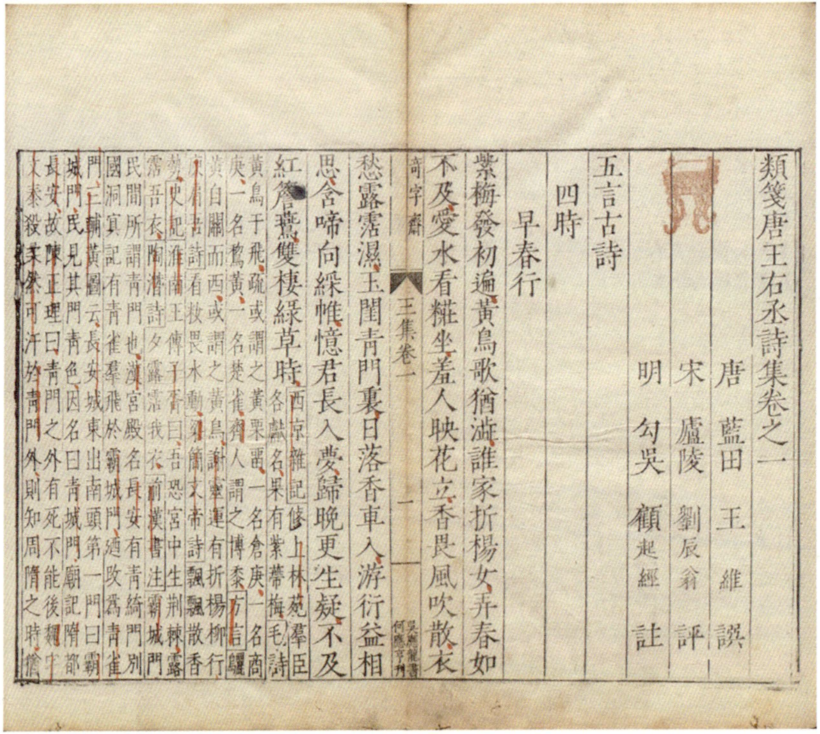

圖版十七　明嘉靖三十五年（一五五六）顧氏奇字齋刻本《類箋唐王右丞詩集》

圖版十八　明嘉靖三十五年（一五五六）顧氏奇字齋刻本《類箋唐王右丞詩集》附無錫顧氏奇字齋開局氏里

門人候官林佶編

古體詩

寄尊浦丞李貞立

麟趾異凡蹄鳳毛異凡羽君為南陽孫連翔其祖諱
從後碎論即事啟今古神龍奮幽勢天星落如雨金皇
尊門功造次成怖駢與僞珥貂蟬政柄蕡陳請滋
恩澤帶刀侯寡客晉文室請遂不見許吁嗟彼何
骨髓籍語公實伏忠範紙成心貼鳴呼三楊後伯
仲見伊呂天地勢風雲將相如龍虎夋老清門後袞東
高曾廻低昔百察底手版遇公府青祀映春草向春
申浦媦有林下風樂事矣嫵……詩寄南南
因風隨洲渚

寄牧仲贛州

虔州界閩湘蘭慧栽於草復有寶珠香王雪映清晚江
城微雨過炎瘴淨如掃高齋開八窗譄違涼風早方林
郎花未敢關娟好戀客京國討蓋若終撥朿門多林
黃琉瑀卧起日昊昊清茗悅聲羅兩聲碎謎
……

門人監錄卻史崑山葉訒井圍子祭酒閻汪隆曹禾同訂

候官門人林信恭騰寫

男啟洴恭閱

其年閏月見和綠茝置之作復遺芥荼一器寄賦

敬亭如靜女姽嫿有餘能洞山如道流出訥海洗羅陽
漢連故鄉木其雲霧海颼颼尢重
羅峽名雄軼絕流簞山氣夕陽佳
也賢致師戰名屈侯下蕭侯百琲淮瀟
昨渡層唱籤者珠白蒸焙朝來
肯送秀色森育蓊下隊菱文頂碎詩成違長
水厄頻亦渡蚩堀苓聲正堀瑚竹影吾衣皷已再

送邵子湘之登州

我聞大九州香海環其外碑海內絡之萬川勢文滙島
貢周職方中央禅海外帶鄒衍不可作與枓荘昧普吉
始皇帝東延絕海俶海神篤欄界大魚射澥驿號為蓁
東門刺石表朐界三山在水下其事頻奇悁邵生列仙
儒遠遊信雨屆遑飛阜鄉窮吳背龍蟠陵丹岶
九點煙凝黛朝潮一輪夕汐裂地肺巨鯨若連山奮動
興光破碎見新羅絕船墨地乘瀣何所煬瑤雖
雲壺晦時見木對日月影動搖
兒戴木張惹文雄鬃才更十倍歸朿述滄溟始信九州
……大

圖版十九　清林佶寫刻本《漁洋山人精華錄》

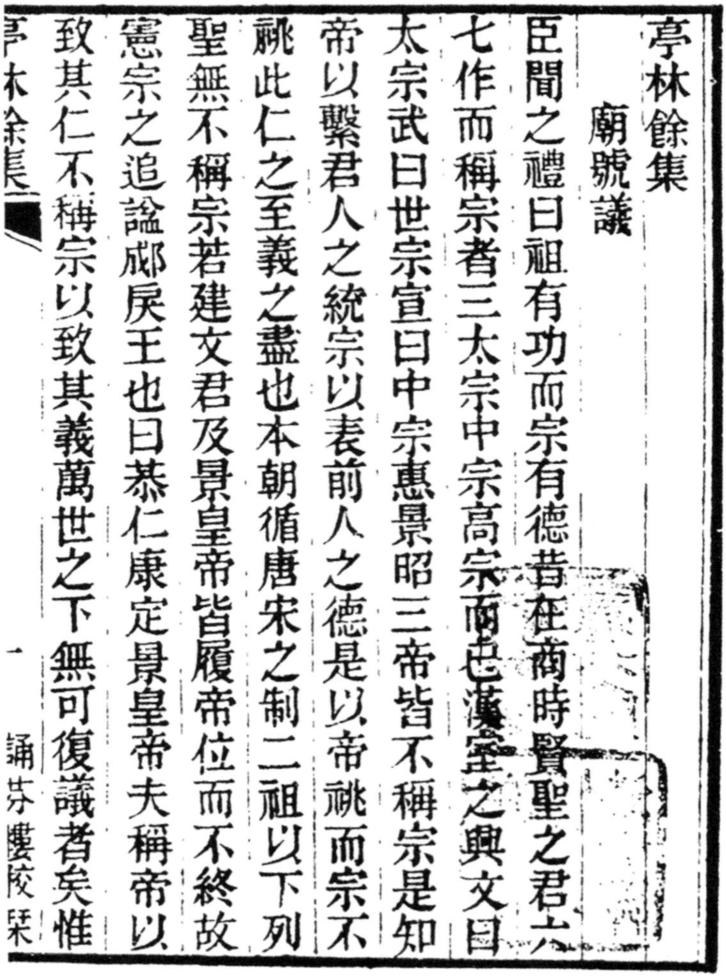
亭林餘集
廟號議
臣聞之禮曰祖有功而宗有德昔在商時賢聖之君六七作而稱宗者三太宗中宗高宗而已漢室之興文曰太宗武曰世宗宣曰中宗惠景昭三帝皆不稱宗是知帝以繫君人之統宗以表前人之德是以帝祧而宗不祧此仁之至義之盡也本朝循唐宋之制二祖以下列聖無不稱宗若建文君及景皇帝皆履帝位而不終故憲宗之追謚郕戾王也曰恭仁康定景皇帝夫稱帝以致其仁不稱宗以致其義萬世之下無可復議者矣惟
亭林餘集　一　誦芬樓校栞

圖版二十　清光緒年間誦芬室刻本《亭林餘集》

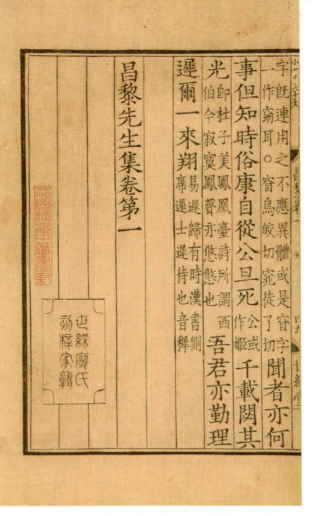

圖版二十一　宋咸淳浙刻廖氏世綵堂本《昌黎先生集》

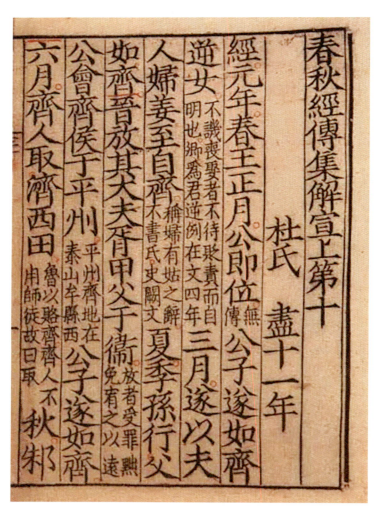

圖版二十二　宋蜀刻本《春秋經傳集解》

圖版二十三　宋建刻黃善夫《史記集解索隱正義》

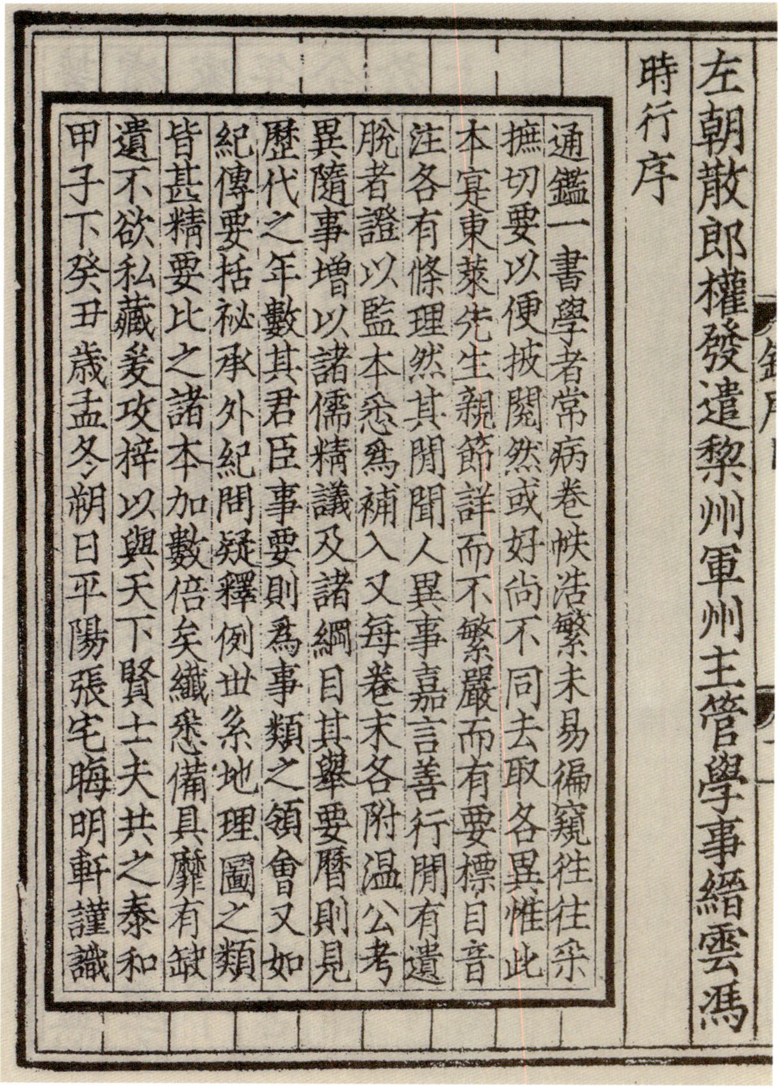

時行序

通鑑一書學者常病卷帙浩繁未易徧窺往采
撫切要以便披閱然或好尚不同去取各異惟此
本寔東萊先生親篩而不繁嚴而有要標目音
注各有條理然其間人異事嘉言善行開有遺
脱者證以監本悉為補入又每卷末各附溫公考
異隨事增以諸儒精議及諸綱目其舉要曆則見
歷代之年數其君臣事要則為事類之領會又如
紀傳要括秘承外紀間疑釋例世系地理圖之類
皆甚精要比之諸本加數倍矣纖悉備具靡有缺
遺不欲私藏爰攻梓以與天下賢士夫共之泰和
甲子下癸丑歲孟冬朔日平陽張宅晦明軒謹識

圖版二十四　蒙古憲宗三年至五年（一二五三至一二五五）平水刻張宅晦明軒本《資治通鑑》

翰林學士承旨知制誥兼脩國史臣宋濂翰林待制承直郎同知制誥兼國史院編脩官臣王禕等奉

勅脩

明宗

明宗翼獻景孝皇帝諱和世㻋武宗長子也母曰仁獻章聖皇后亦乞烈氏成宗大德三年命武宗撫軍北邊帝以四年十一月壬子生成宗崩十一年武宗入繼大統立仁宗爲皇太子命以次傳於帝武宗崩仁宗立延祐三年春議建東宮時丞相鐵木迭而欲固位取寵乃議立英宗爲皇太子又與太后幸臣識

三十五

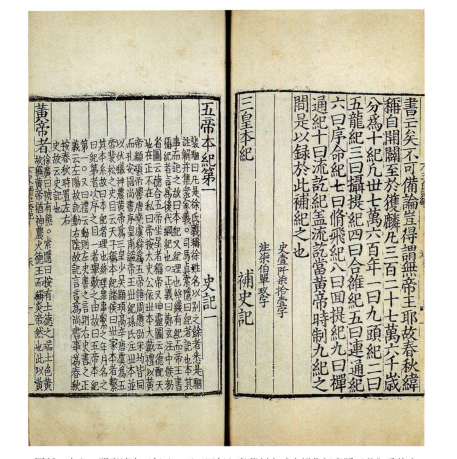

書云矣不可備論豈得謂無帝王耶故春秋緯
稱自開闢至於獲麟凡三百二十七萬六千歲
分為十紀凡世七萬六百年一曰九頭紀二曰
五龍紀三曰攝提紀四曰合雒紀五曰連通紀
六曰序命紀七曰脩飛紀八曰囘提紀九曰禪
通紀十曰流訖紀盖流訖當黃帝時制九紀之
間是以録於此補紀之也

三皇本紀

補史記

小司馬氏撰并注

五帝本紀第一

史記一

裴駰曰凡是徐氏義稱徐姓名以別之餘者悉是
駰註解并集家義故注云集解駰案及或以意斷其間
者即題駰案字以別之

司馬貞索隱者其義稱史記本有數家義注
各注之所注皆同也其義及司馬貞所註
者即題索隱字以別之

張守節正義者亦史記本有若諸侯王
世家本紀書表之類皆同正義並同
此

黃帝者

史按春秋緯及元命苞黃帝
又名軒轅故史記云動則
右陰故又號有熊故左傳云

索隱曰按有土德之瑞土色黃故稱
黃帝猶神農火德王而稱炎帝然也此以黃

圖版二十六　明嘉靖十三年（一五三四年）秦藩刻本《史記集解索隱正義》重修本

稼軒長短句卷之一

哨遍

秋水觀

蝸角鬪爭左觸右蠻一戰連千里君試思

方寸此心微總虛空并包無際喻此理何

言泰山毫末從來天地一稊米嗟小大相

祇鵷鵬自樂之二蟲又何知詑詑行仁義

孔丘非更弔樂長年老彭悲火鼠論寒氷

蠻語熱之誰同興 嗤貴賤隨時連城璧

圖版二十七　元大德三年（一二九九）廣信書院刻本《稼軒長短句》

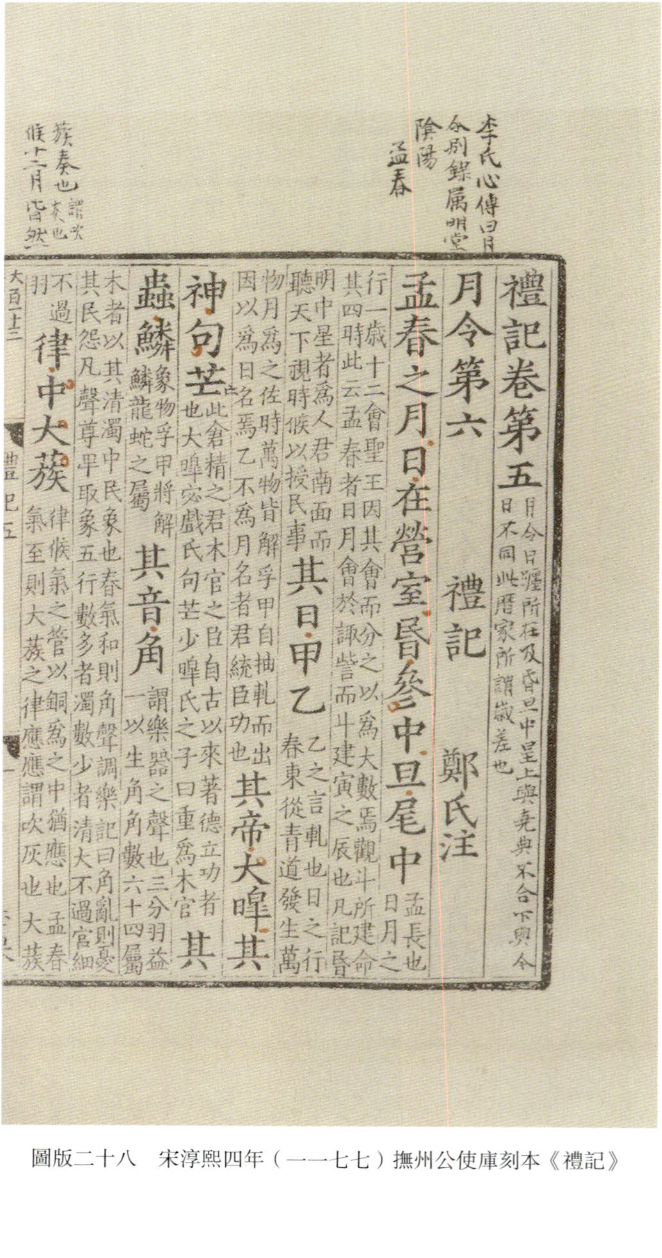

李氏心傳曰月令删錄屬明堂陰陽
孟春

禮記卷第五 月令日躔所在及昏旦中星上與堯典不合下與今日不同此曆家所謂歲差也

月令第六　禮記　鄭氏注

孟春之月日在營室昏參中旦尾中 孟長也日月之行一歲十二會聖王因其會而分之以爲大數焉觀斗所建命其四時此云孟春者日月會於諏訾而斗建寅之辰也凡記昏明中星者爲人君南面而聽天下視時候以授民事 其日甲乙 乙之言軋也日之行春東從青道發生萬物月爲之佐時萬物皆解孚甲自抽軋而出因以爲日名焉乙不爲月名者君統臣功也 其帝大皞 其神句芒 此蒼精之君木官之臣自古以來著德立功者也大皞宓戲氏句芒少皞氏之子曰重爲木官 其蟲鱗 象物孚甲將解鱗龍蛇之屬 其音角 謂樂器之聲也三分羽益一以生角角數六十四屬木者以其清濁中民象也春氣和則角聲調樂記曰角亂則憂其民怨凡聲尊卑取象五行數多者濁數少者清大不過宮細不過羽 律中大蔟 律候氣之管以銅爲之中猶應也孟春氣至則大蔟之律應應謂吹灰也大蔟

大百一十三　禮記五　一

蔟奏也 謂奏也
候十二月皆然

圖版二十八　宋淳熙四年（一一七七）撫州公使庫刻本《禮記》

圖版二十九　宋紹興十八年（一一四八）建康郡齋刻本《花間集》

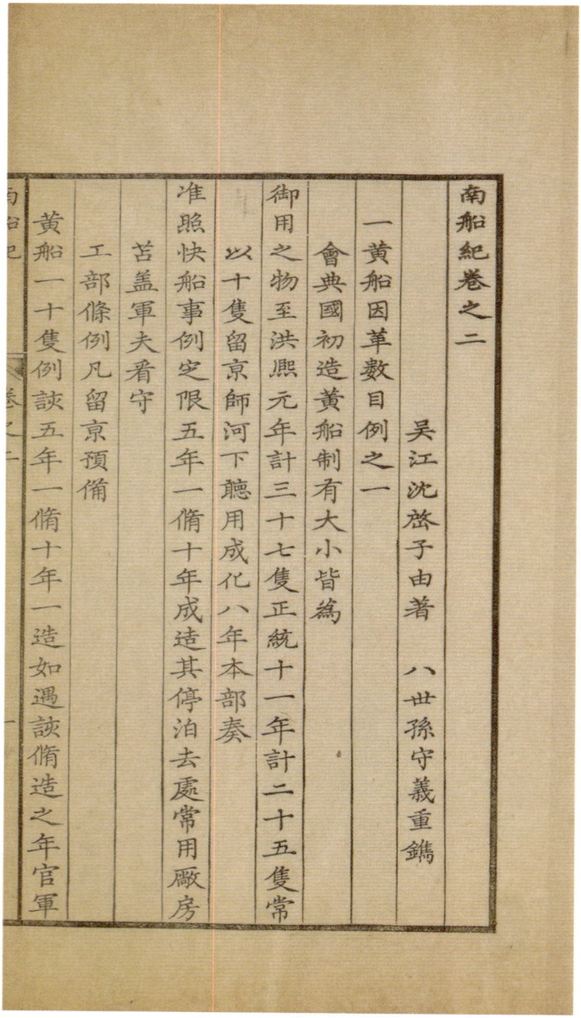

南船紀卷之二

吴江沈啓子由著　八世孫守義重鐫

一黄船因革數目例之一

會典國初造黄船制有大小皆為

御用之物至洪熙元年計三十七隻正統十一年計二十五隻常

以十隻留京師河下聽用成化八年本部奏

准照快船事例定限五年一脩十年成造其停泊去處常用廠房

苫蓋軍夫看守

工部條例凡留京預備

黄船一十隻例該五年一脩十年一造如遇該脩造之年官軍

圖版三十　清乾隆六年（一七四一）寫刻本《南船紀》

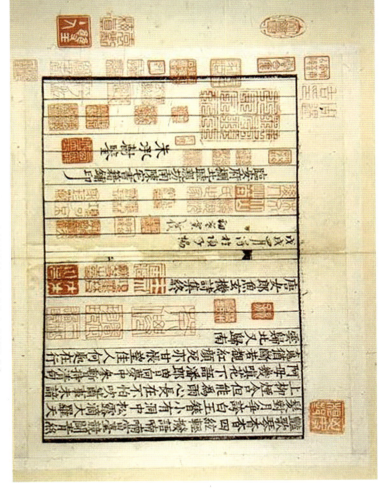

圖版三十一　宋臨安府陳宅書籍鋪刻本《唐女郎魚玄機詩集》

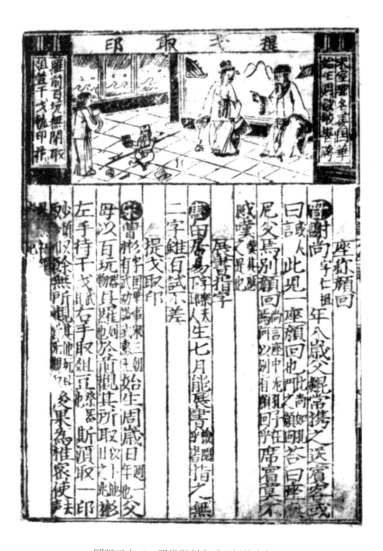

圖版三十二　明後期刻本《日記故事》

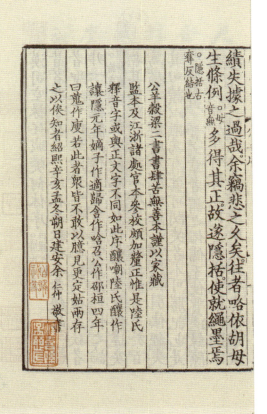

圖版三十三　宋紹熙二年（一一九一）余仁仲萬卷堂刻本《春秋公羊經傳解詁》（一）

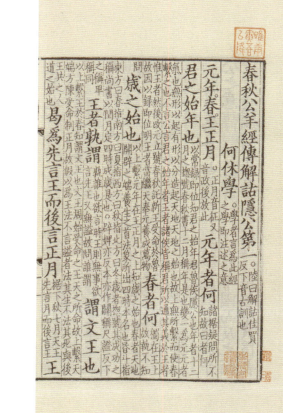

圖版三十四　宋紹熙二年（一一九一）余仁仲萬卷堂刻本《春秋公羊經傳解詁》（二）

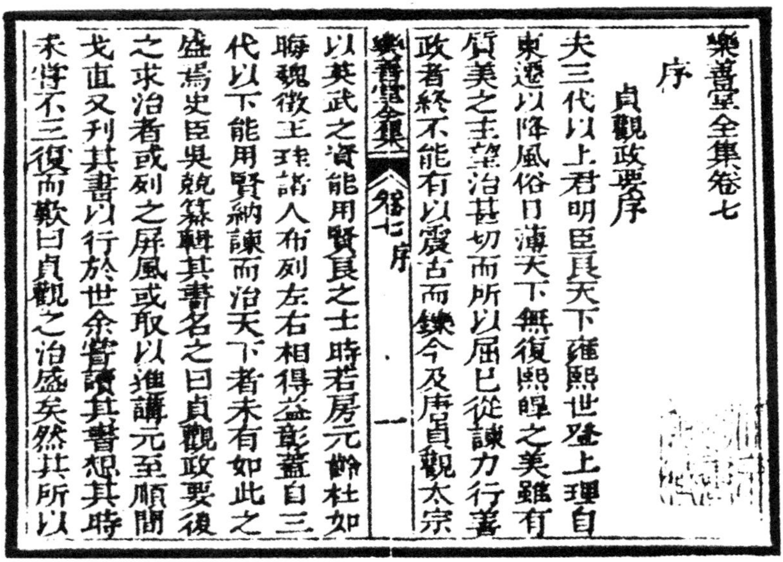
樂善堂全集卷七

序

貞觀政要序

夫三代以上君明臣良天下雍熙世登上理自東遷以降風俗日漓天下無復熙皞之美雖有質美之主望治甚切而所以屈已從諫力行善政者終不能有以震古而鑠今及唐貞觀太宗

樂善堂全集　卷七　序　一

以英武之資能用賢良之士時若房元齡杜如晦魏徵王珪諸人布列左右相得益彰蓋自三代以下能用賢納諫而治天下者未有如此之盛焉史臣吳兢纂輯其書名之曰貞觀政要後之求治者或列之屏風或取以進講元至順間戈直又刊其書以行於世余嘗讀其書想其時未嘗不三復而歎曰貞觀之治盛矣然其所以

圖版三十五　清乾隆元年（一七三六）内府刻本《樂善堂全集》

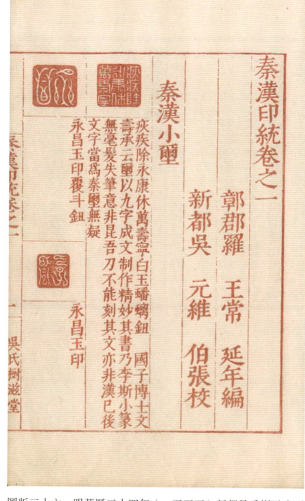

秦漢印統卷之一

郭郡羅　王常　延年編

新都吳　元維　伯張校

秦漢小璽

疢疾除永康休萬壽寧白玉蟠螭鈕　國子博士文
壽承云璽以九字成文制作精妙其書乃李斯小篆
無毫髮失筆意非昆吾刀不能刻其文亦非漢巳後
文字當爲秦璽無嶷

永昌玉印覆斗鈕

永昌玉印

秦漢印統卷之一

吳氏樹滋堂

圖版三十六　明萬曆三十四年（一五五五）新都吳氏樹滋堂刊朱印本《秦漢印統》

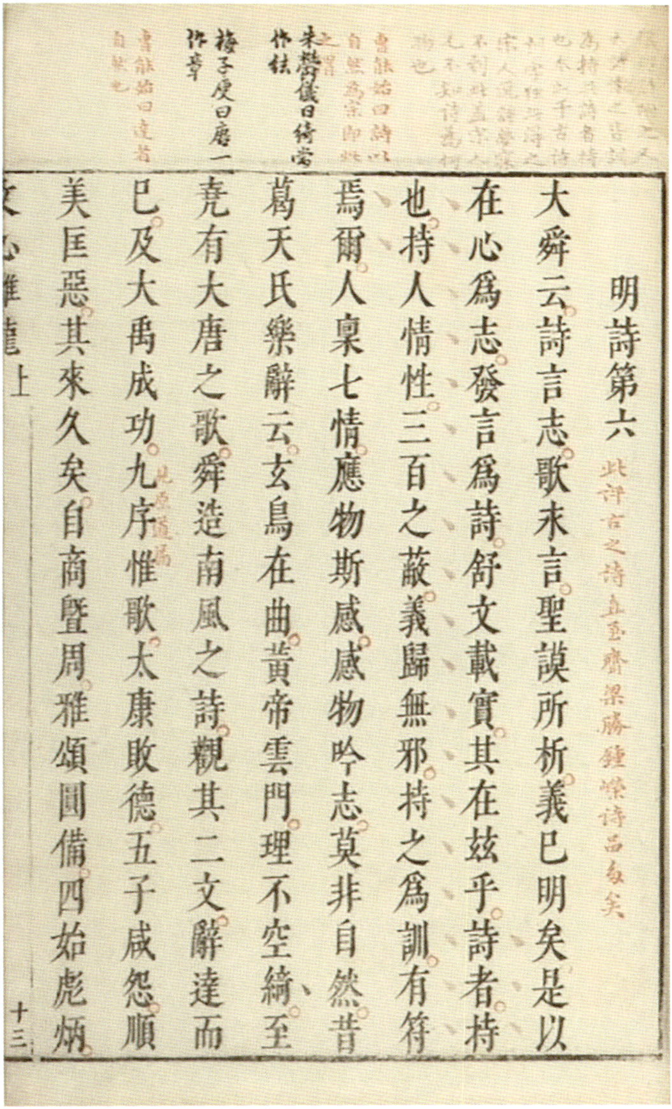

大舜云詩言志歌未言聖謨所析義已明矣是以

在心為志發言為詩舒文載實其在茲乎詩者持

也持人情性三百之蔽義歸無邪持之為訓有符

焉爾人稟七情應物斯感感物吟志莫非自然昔

葛天氏樂辭云玄鳥在曲黃帝雲門理不空綺至

堯有大唐之歌舜造南風之詩觀其二文辭達而

已及大禹成功九序惟歌太康敗德五子咸怨順

美匡惡其來久矣自商暨周雅頌圓備四始彪炳

文心雕龍上

十三

此評古之詩立盡齋梁勝鐘嶸詩品多矣

圖版三十七　明閔繩初五色套印本《文心雕龍》

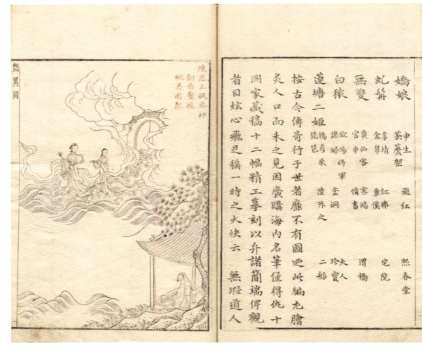

嬌娘　申生駕　飛紅　熙春堂

虹舞　茶蘼駕　金鼎　童僕　宅院

無雙　黃仙客　竇中郎　謂謁

白猿　歐陽將軍　竇鴻　情書　諸婦　袁淵　陸外之　二帖

蓮塘二姬　琵琶　楊彥采　陸外之　夫人　珍寶　二帖

按古今傳奇行于世者靡不有圖此些編充膽
炙人口而未之見因廣購海內名筆僅得佐十
洲家藏稿十二幅精工摹刻以弁諸簡端俾觀
首目炫心飛且稱一時之大快云　　無瑕道人

陳妃玉賦系神
翻為藝苑
妮若遊航

艷異圖

圖版三十八　明末閔氏朱墨套印本《玉茗堂摘評王弇州先生艷異編》

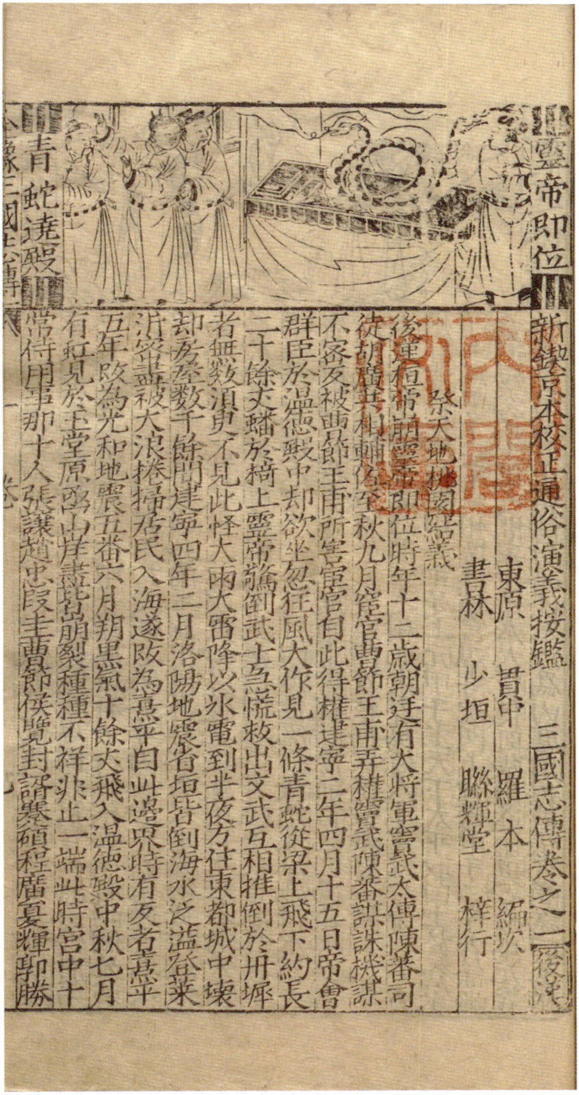

新鍥京本校正通俗演義按鑑三國志傳卷之一

東原　貫中　羅本　編次
書林　少垣　聯輝堂　梓行

祭天地桃園結義

後漢桓帝崩靈帝即位時年十二歲朝廷有大將軍竇武太傅陳蕃司徒胡廣共相輔佐至秋九月宦官曹節王甫弄權竇武陳蕃謀誅機謀不密反被曹節王甫所害宦官自此得權建寧二年四月十五日帝會群臣於溫德殿中却欲坐忽狂風大作見一條青蛇從梁上飛下約長二十餘丈蟠於椅上靈帝驚倒武士急慌救出文武互相推倒於丹墀者無數須臾不見此怪大雨大雷降以冰雹到半夜方住東都城中壞却房屋數千餘間建寧四年二月洛陽地震省垣皆倒海水泛溢登萊沂密盡被大浪捲掃居民入海遂改為熹平自此邊界時有反者熹平五年改為光和地震五番六月朔黑氣十餘丈飛入溫德殿中秋七月有虹見於玉堂原郡山岸盡皆崩裂種種不祥非止一端此時宮中十常侍用事那十人張讓趙忠段圭曹節侯覽封諝蹇碩程曠夏惲郭勝

圖版三十九　明萬曆三十三年鄭氏聯輝堂三垣館刊本《京本通俗演義按鑑三國志傳》

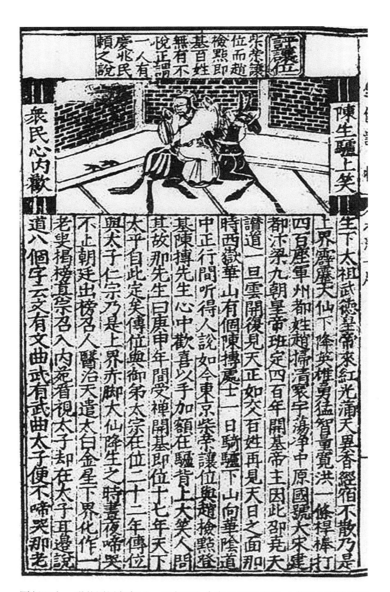

評議□位

陳生驢上笑　　眾民心內歡

柴榮讓位而趙點即位，慶兆民無有不悅，正謂基百姓後點即朱榮讓，一人有賴之說。

生下太祖武德皇帝，來紅光滿天，異香經宿不散，乃是
上界霹靂天仙下降，英雄勇猛，智重寬洪，一條桿棒打
四百座軍州，都姓趙，掃清寰宇，蕩淨中原，國號大宋，建
都汴梁，九朝皇帝，班定四百年開基帝主，因此邵堯天
時西嶽華山有個陳摶處士，一日騎驢下山，向華陰道
中正行間，听得人說，如今東京柴榮讓位與趙檢點，道
讚道一旦雲開復見天，正如久百姓再見天日之面，那
其故那陳摶先生心中歡喜，以手加額在驢背上大笑，人問
基陳摶先生曰，庚申年間受禪開基，即位十七年，天下
太平，自此定矣，傳位與御弟太宗，在位二十二年，傳位
與太子仁宗，乃是上界赤腳大仙降生之時，晝夜啼哭
不止，朝廷出榜召人醫治，天遣太白金星下界，化作一
老叟揭榜，真宗召入內苑看視太子，卻在太子耳邊說
道八個字云，文有文曲，武有武曲，太子便不啼哭，那老

圖版四十　明萬曆甲午年（一五九四）余象斗雙峰堂刻本《京本增補校正全像忠義水滸志傳評林》

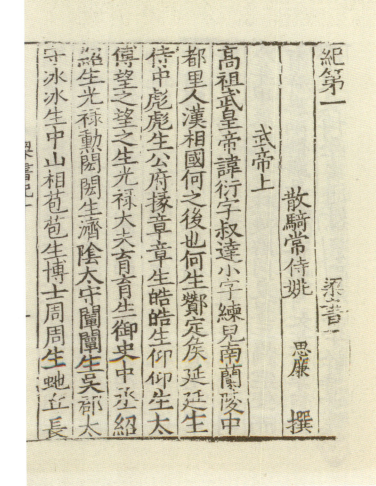

紀第一

梁書一

武帝上

散騎常侍姚

思廉　撰

高祖武皇帝諱衍字叔達小字練兒南蘭陵中
都里人漢相國何之後也何生鷪定鷪延生
侍中彪彪生公府掾章章生皓皓生仰仰生太
傅望之望之生光祿大夫育育生御史中丞紹
紹生光祿勳閎閎生濟陰太守闡闡生吳郡太
守冰冰生中山相苞苞生博士周周生蚣立長

圖版四十一　南宋刻元修本《梁書》

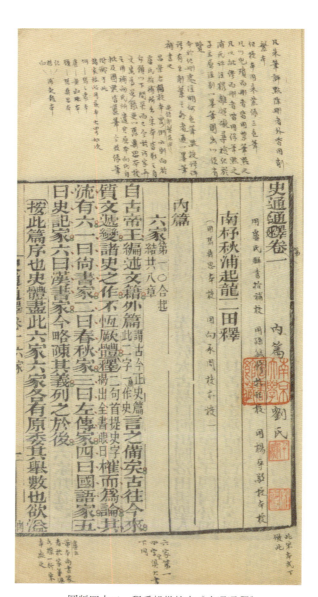

圖版四十二　程千帆批校本《史通通釋》

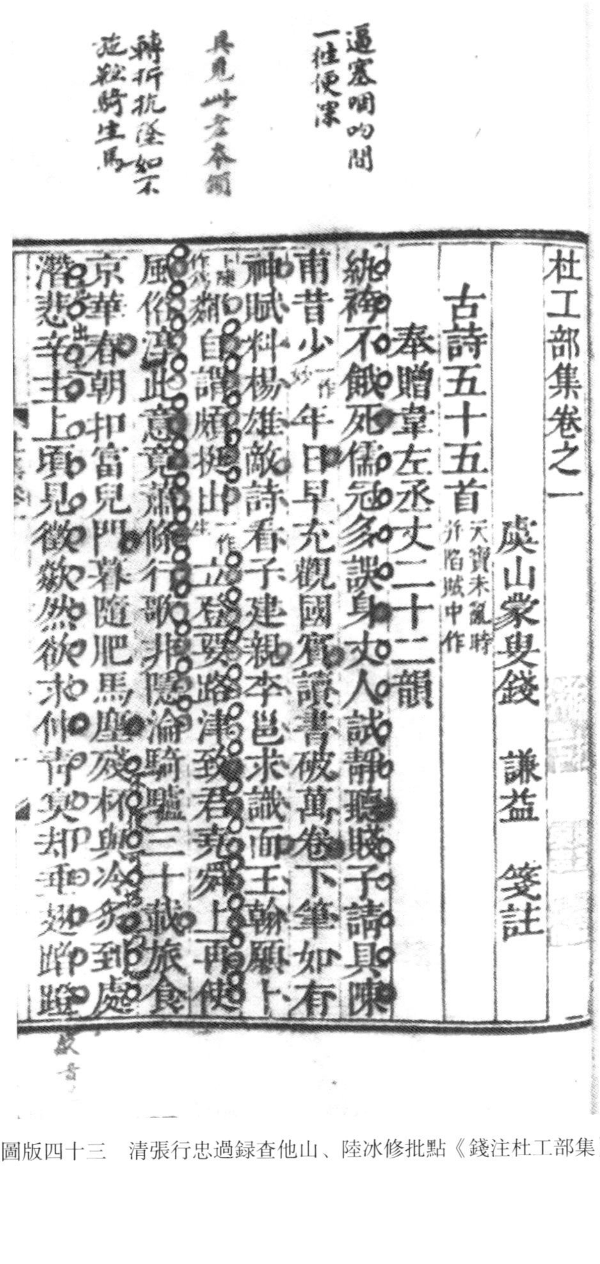

逼塞咽吻間一往便瀉

具見此老本領

轉折抗墜如不泛駕騎生馬

杜工部集卷之一

虞山蒙叟錢　謙益　箋註

古詩五十五首　天寶未亂時并陷賊中作

奉贈韋左丞丈二十二韻

紈袴不餓死，儒冠多誤身。丈人試靜聽，賤子請具陳。甫昔少（一作妙）年日，早充觀國賓。讀書破萬卷，下筆如有神。賦料揚雄敵，詩看子建親。李邕求識面，王翰願卜鄰（卜鄰一作為鄰）。自謂頗挺出（一作立），立登要路津。致君堯舜上，再使風俗淳。此意竟蕭條，行歌非隱淪。騎驢三十載，旅食京華春。朝扣富兒門，暮隨肥馬塵。殘杯與冷炙，到處潛悲辛。主上頃見徵，欻然欲求伸。青冥卻垂翅，蹭蹬

啟音

圖版四十三　清張行忠過録查他山、陸冰修批點《錢注杜工部集》

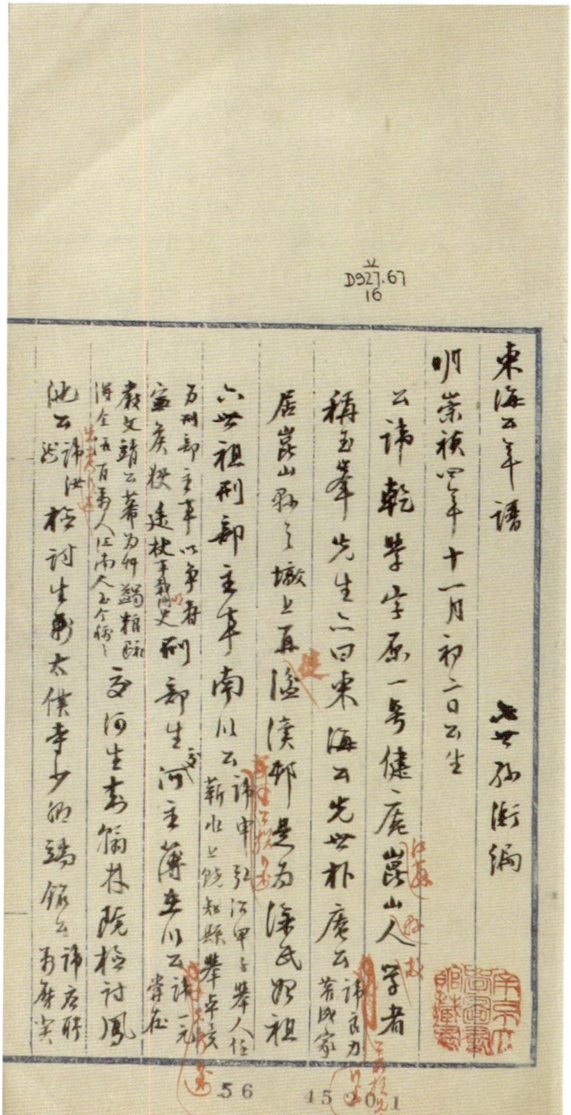

東海公年譜　　　　　　七世孫衡編

明崇禎□年十一月初二日□生

　諱乾學字原一號健菴嵗山人字者

稱嵗菴先生二曰東海公先世朴實□□

居嵗山稱之城上真陸溪邨是為海氏始祖

六世祖刑部主事南川云□中弘治甲子舉八

万州□主事以東府　剕部生□河主簿□云諱元

宜麃狄遠枕平□剕史　□□□□□□

敢文蕃□蕃為刑□□□□□

□全五百□□□人□□□□□

池云諱世　桂□生□太僕李少卿□□□□

圖版四十四　徐衡稿本《東海公年譜》

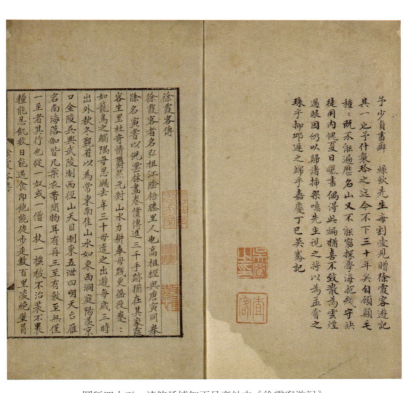

予少負書辟　綠飲先生每割愛見贈徐霞客遊記
其一也予什襲珍之迄今不下三十年矣自顧願毛
種：既不能遍歷名山又不能寢探學海把幾守缺
徒用內愧夏日曝書偶浮此編輒喜不致散為雲煙
過眼因仍以踦詒捫架嘻先生視之將以為孟晉之
珠乎抑邨連之邨乎嘉慶丁巳吳騫記

徐霞客傳

徐霞客者名弘祖江陰梧塍里人也高祖經世唐寅同榜
除名其寅晉以怩雲林畫卷償逋進三千手跡猶在其家庭
客生里社奇情鬱然无對山水力耕奉母歲更滋役處：
如籠鳥之臨隅亭思麗去年三十毋遊歷歲二時
出外秋冬觀省以為常東南佳山水如東西洞庭陽羨京
口金陵吳興武陵瀏西徑山天目瀏東五泄四明天台雁
宕南海落伽皆几率衣帶閒物耳有舟三至有致至無馑
一至者其行也從一奴或一僧一杖一襆被不治裝不果
糧能忍飢數日能遇食即飽飽徒步走數百里淩飑壑冒

圖版四十五　清鮑廷博知不足齋鈔本《徐霞客游記》

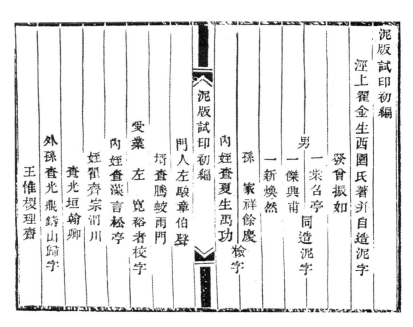

圖版四十六　清道光二十四年（一八四四）泥活字印本《泥版試印初編》

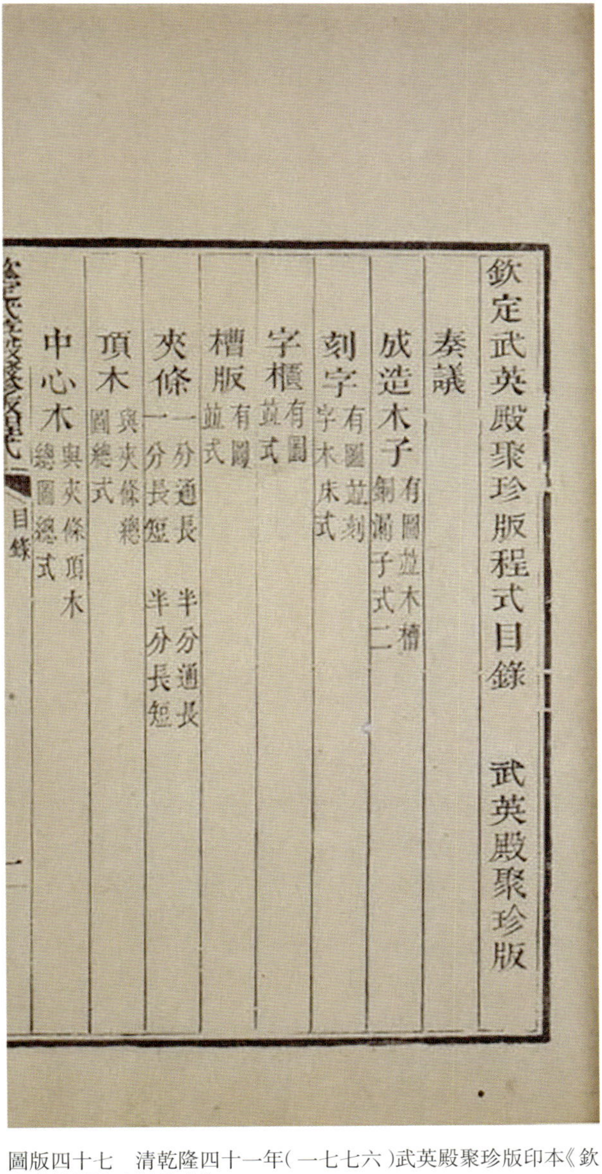
欽定武英殿聚珍版程式目錄　　武英殿聚珍版

奏議

成造木子有圖並木槽鉋漏子式二

刻字有圖並刻字木床式

字櫃有圖並式

槽版有圖並式

夾條一分通長一分長短　半分通長半分長短

頂木與夾條總圖總式

中心木與夾條頂木總圖總式

圖版四十七　清乾隆四十一年（一七七六）武英殿聚珍版印本《欽定武英殿聚珍版程式》

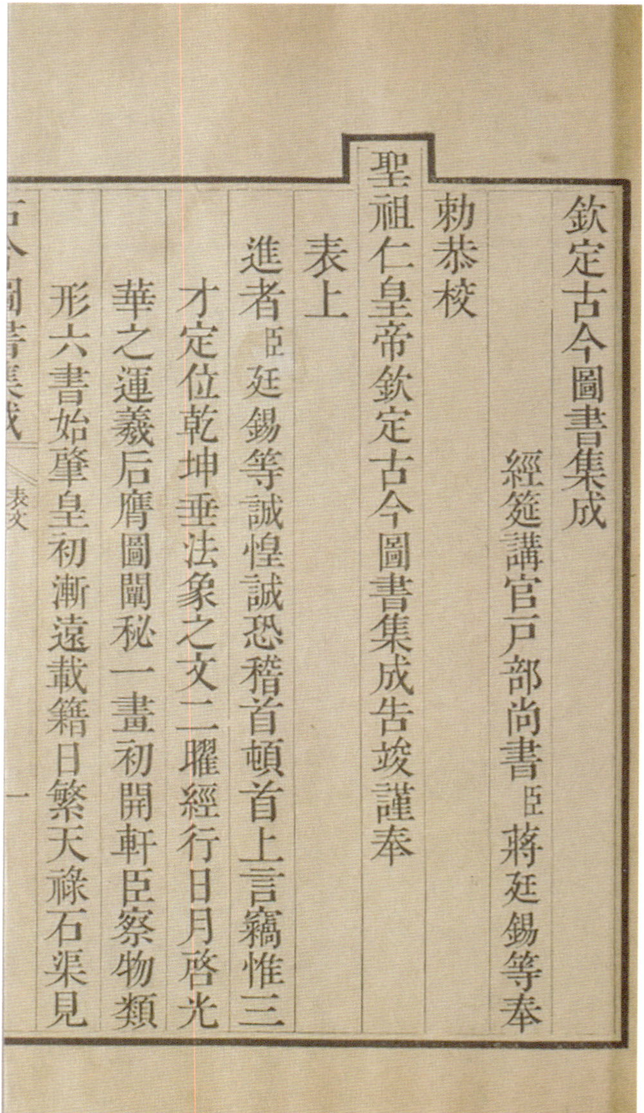

欽定古今圖書集成

經筵講官戶部尚書臣蔣廷錫等奉

聖祖仁皇帝欽定古今圖書集成告竣謹奉

勅恭校

表上

進者臣廷錫等誠惶誠恐稽首頓首上言竊惟三

才定位乾坤垂法象之文二曜經行日月啓光

華之運羲后膺圖闡秘一畫初開軒臣察物類

形六書始肇皇初漸遠載籍日繁天祿石渠見

古今圖書集成 表文 一

圖版四十八　清雍正四年（一七二六）內府銅活字本《古今圖書集成》

目　次

校讎廣義叙録

叙曰：

治書之學，舊號校讎。比及今世，多稱目録。核其名實，歧義滋多。《文選》卷六《魏都賦》李善注引《風俗通》云："案劉向《別録》，'讎校'，一人讀書，校其上下，得繆誤，爲校。一人持本，一人讀書，若怨家相對，爲讎。"（"爲讎"二字據胡克家《考異》補）蓋校讎本義，惟在是正文字。然觀《國語・魯語》載閔馬父之言曰："昔正考父校商之名頌十二篇於周太師，以《那》爲首。"則次第篇章，亦稱校矣。此一歧也。而鄭樵《通志序》謂其《校讎略》之作，乃"欲三館無素餐之人，四庫無蠹魚之簡，千章萬卷，日見流通"。詳所論列，求書、校書之外，兼及類書、藏書。是此諸業，亦歸校讎。此又一歧也。逮章學誠撰《校讎通義》，自叙其書，以爲"校讎之義，蓋自劉向父子，部次條別，將以辨章學術，考鏡源流。非深明於道術精微、群言得失之故者，不足與此。後世部次甲乙，紀録經史者，代有其人；而求其能推闡大義，條別學術異同，使人由委溯源，以想見於墳籍之初者，千百之中，不十一焉”。則雖求之、校之、類之、藏之，猶未足以盡校讎之能事。必也，明系統，精類例，使人得由書籍之部居類別，以見道術之源流異同。此又一歧也。

校讎歧義，具如上述。還語目錄，何莫不然。《〈文選〉注》嘗引《別錄·列子目錄》，其文今存，蓋即劉向校書，隨竟奏上，合《漢書·藝文志》所指“條其篇目”之目與“撮其指意”之錄而成之篇。是目錄之始，在爲一書條篇目，撮指意，俾覽者得於籀讀之先，知其大較，其事甚明也。嗣班固《漢書·敘傳》述其志藝文，有“劉向司籍，九流以別，爰著目錄，略序洪烈”之語。持是以稽《漢志》體例，則班氏之所謂目錄，已引申條一書篇目之義爲定群書部類；撮一書指意之義爲別學術源流。後來承響，遂有以爲治學涉徑之學者。如王鳴盛《十七史商榷》云：“目錄之學，學中第一緊要事，必從此問途，方能得其門而入。”即是此義。此一歧也。而黃丕烈《汪刻〈郡齋讀書志〉序》曰：“余從事於此，逾二十年。自謂目錄之學，稍窺一二，然閱歷既久，知識愈難。曾有《所見古書錄》之輯，卒不敢以示人者，以所見之究未遍也。”考丕烈昔人列之賞鑒家，其精詣獨在版本，旁及校藏；於類例出入，學術派別，初未聞有所甄明。茲亦以目錄爲言，則賞鑒校藏諸端，皆此學所有事矣。此又一歧也。然語及目錄學界義之恢宏，近人張爾田之言，尤爲極致。其序孫德謙《劉向校讎學纂微》曰：“目錄之學，其重在周知一代學術，及一家一書之宗趣，事乃與史相緯。而爲此學也，亦非殫見洽聞，疏通知遠之儒不爲功。乃世之號目錄家者，一再傳後，寖失其方，百宋千元，標新炫異。其善者爲之，亦不過如吾所謂鰓鰓於寫官之異同，官私著錄之考訂而止；剖析條流，以爲綱紀，固未之有聞。”詳張氏此所謂目錄，即前引章氏之所謂校讎，蓋籠括一切治書之學，而以辨章學術、考鏡源流者爲之主。此又一歧也。

由上可知，蓋始有校讎目録之事，繼有校讎目録之名，終有校讎目録之學。其始也相別，其繼也相亂，其終也相蒙。若夫目録之名，昉諸漢也，目録稱學，則盛有清。雖徵之載籍，宋蘇象先《丞相魏公譚訓》嘗記乃祖頌"謁王原叔，因論政事。仲至侍側，原叔令檢書史，指之曰：'此兒有目録之學。'"可據以遠溯宋初，然固未甚通行也。故自鄭樵而後，治書之學，統被校讎之名，其正詁遂轉晦。逮於乾、嘉，異書間出，小學尤精，古籍脱訛，多所改定。校讎本義，復顯於時。彼以類例部次爲主者，乃不得不別號其學爲目録。其在初興，章學誠嘗持異議，見意於《信摭》之篇。其言曰："校讎之學，自劉氏父子，淵源流別，最爲推見古人大體；而校訂字句，則其小焉者也。絶學不傳，千載而後，鄭樵始有窺見，特爲校讎之略，而未盡其奥。人亦無由知之。世之論校讎者，惟爭辨於行墨字句之間，不復知有淵源流別矣。近人不得其說，而於古書有篇卷參差，叙例同異，當考辨者，乃謂古人別有目録之學，真屬詫聞，且搖曳作態以出之。言或人不解，問伊：書只求其義理足矣，目録無關文義，何必講求？彼則笑而不言。真是貧兒賣弄家私，不值一笑矣。"章氏云云，乃已習於固有之名，遂致譏於新興之學。然言雖駿利，殊鮮和人。則以校讎一詞，沿用最久，疊經變易，義陷模糊。不獨目録之學，拔幟樹幟，即專事是正文字者，且或改稱校勘之學，以自殊異。夫以偏概全，既涉淆混，求其副實，更造新名，此學術史中公例，無足驚奇，而況宋代已有此稱乎？此其所論，不免拘虛之見矣。其後若朱一新《無邪堂答問》云："劉中壘父子成《七略》一書，爲後世校讎之祖。班《志》綴其精要以著於篇，後惟鄭漁仲、章實齋能窺斯旨，商榷學術，洞徹源流，不獨九流諸子，各有精義，即詞賦、方技，亦復小道可觀。目録校讎之學所以可貴，非專以審訂文字異同爲校讎也。

世徒以審訂文字爲校讎,而校讎之途隘;以甲乙簿爲目錄,而目錄之學轉爲無用。多識書名,辨別版本,一書估優爲之,何待學者乎?"所言雖推衍鄭、章,而已校讎目錄二名交舉。張氏《〈劉向校讎學纂微〉序》又云:"《隋書·經籍志·簿錄篇》云:'古者,史官既司典籍,蓋有目錄以爲綱紀。漢時劉向《別錄》、劉歆《七略》,剖析源流,各有其部,推尋事迹,疑則古之制。'知校讎者,目錄之學也。"而德謙以鄭氏校讎一略,備論編次,因亦言:"夫《校讎略》中而備論編次之事,則校讎者,乃目錄之學,非僅如後世校讎家但辨訂文字而已,是可知也。"則均徑以校讎即是目錄。諸家之説,皆相亂相蒙之證,此二者之同異,與夫所以同異之故,胥治斯學所當先知者也。

至名稱而外,範疇若何,自來學人,亦有數説。"藏書家有數等。得一書必推求本源,是正缺失,是謂考訂家,如錢少詹大昕、戴吉士震諸人是也。次則辨其板片,注其錯訛,是爲校讎家,如盧學士文弨、翁閣學方綱諸人是也。次則收采異本,上則補金匱石室之遺亡,下可備通人博士之瀏覽,是謂收藏家,如鄞縣范氏之天一閣、錢塘吳氏之瓶花齋、崑山徐氏之傳是樓諸家是也。次則第求精本,獨嗜宋刻,作者之旨意縱未盡窺,而刻書之年月最所深悉,是謂賞鑒家,如吳門黃主事丕烈、鄮鎮鮑處士廷博諸人是也。又次則於舊家之中落者,賤售其所藏;富室之嗜書者,要求其善價。眼別真贋,心知古今。閩本蜀本,一不得欺;宋槧元槧,見而即識,是謂掠販家,如吳門之錢景開、陶五柳,湖州之施漢英諸書估是也。"此洪亮吉《北江詩話》之説一也。"自劉、班志藝文,而後人得考天府之儲存;自晁、陳傳書目,而學者藉見私家之著述。海內流傳,或鈔或刻,不下百數十種,然亦分爲兩派:一則宋刊明鈔,分別行款,記刻書之年月,考前賢之圖記,此賞鑒家也。一則包括四部,交通九流,蓄重本以備校讎,鈔新帙以備瀏覽,此收藏家也。"此繆荃孫《〈古學匯刊〉序目》之說二也。"近世言藏書者,分目録版本爲兩種學派。然二者皆兼校讎,是又爲校勘之學。"此葉德輝《書林清話》之説三也。"綱紀群籍、簿屬甲乙者,則目録家之目録是也。辨章學術、剖析源流者,則史家之目録是也。鑒別舊槧、校讎異同者,則藏書家之目録是也。提要鉤元、治學涉徑者,則讀書家之目録是也。"此汪辟疆師《目録學研究》之說四也。嘗試考之,洪氏所言,乃就藏書者流立論,非一指治書之學。所謂掠販之輩,直書估之精於鑒別者爾,奚足名家?若考訂一項,則治書雖不廢考訂,然考訂之學,又非治書之學所能包,是二者但交相爲用而已。故所標舉,獨校讎、收藏、賞鑒三家可稱治書之學,而不及書籍部次。繆氏所陳,又隘於洪,蓋與黄丕烈同以鑒藏爲主。葉氏舉目録版本爲藏書家之兩派,謂皆兼校勘。然藏書亦自有其道,非目録版本而兼校勘即可盡者。至汪先生持論,殆以目録爲宗,其所云目録家、史家、讀書家者,皆目録學之流派爾,餘則併入之藏書家。見仁見智,廣狹之殊,抑又如此。

竊意四家所云,各存微尚,局通雖異,專輒無嫌。而今欲盡其道,則當折中舊説,別以四目爲分。若乃文字肇端,書契即著;金石可鏤,竹素代興,則版本之學宜首及者一也。流布既廣,異本滋多。不正脱譌,何由籀讀?則校勘之學宜次及者二也。篇目旨意,既條既撮,爰定部類,以見源流,則目録之學宜又次者三也。收藏不謹,斯易散亡;流通不周,又傷錮蔽,則典藏之學宜再次者四也。蓋由版本而校勘,由校勘而目録,由目録而典藏,條理始終,囊括珠貫,斯乃向、歆以來治書之通例,足爲吾輩今兹研討之準繩。而名義紛紜,當加釐定,則"校讎"二字,歷祀最久,無妨即以爲治書諸學之共名;而別以專事是正文字者,爲校勘之學。其餘版本、目録、典藏之稱,各從其職,要皆校讎之支與流裔。庶幾尚友古人，既能遞溯而明家數；啟牖來學，並免迷罔而失鑒衡，其亦可也。

余以顓蒙，嘗攻此道，熏習既久，利鈍粗知。閒覽古今著述，其治斯學也，或頗具深思，而零亂都無條理；或專精一事，而四者鮮有貫綜。其極至主版本者，或忘其校勘之大用，而陷於橫通；主校勘者，或詳其底本之異同，而遺其義理；主目錄者，或侈談其辨章考鏡，而言多膚廓；主典藏者，或矜祕其一廛十駕，而義乏流通。蓋甚矣，通識之難也。今輒以講授餘閒，董其綱目，正定名義，釐析範疇，截取舊文，斷以律令，明其異同得失，詳其派別源流，成書四編，命名廣義。俾治書之學，獲睹其全，入學之門，得由斯道。方聞君子，幸垂教焉。辛巳六月。

附　校讎學範疇諸家論列異同表

洪　說	繆　說	葉　說	汪　說	程　說
(3)收藏家	(2)收藏家			(4)典藏之學
(4)賞鑒家	(1)賞鑒家	(2)版本派	(3)藏書家	(1)版本之學
(2)校讎家				(2)校勘之學
(1)考訂家		(1)目錄派	(1)目錄家	(3)目錄之學
			(2)史　家	
			(4)讀書家	
(5)掠販家				

這篇叙錄，是一九四一年寫的，距今已有四十多年了。

三十年代初，我考入南京金陵大學學習。劉衡如(國鈞)老師正在爲大學生講授目錄學，爲研究生講授《漢書·藝文志》。我有幸得與門人之列。同時，也常向汪辟疆(國垣)老師請教詩學和校讎學方面的問題，因之對於這門科學發生了强烈的興趣。爲了鞏固自己的學習，也曾寫過幾篇文章。

　　一九四二年秋，我就母校之聘。那時，衡如先生仍然擔任着文學院長。工作非常忙，因爲知道我在繼續學習校讎學，並且計劃寫一部比較全面的書，就將這門功課派我擔任。這對我來説，當然是既求之不得又誠惶誠恐的事。於是就一邊講，一邊寫下去。一九四五年，我改到武漢大學工作，擔任的課程當中，仍然有這一門。積稿也隨之逐漸充實。一九四九年以後，進行教學改革，這門課被取消了。隨後我又因人所共知的原因，離開了工作崗位近二十年，對這部没有完成的稿子，更是理所當然地無暇顧及了。

　　一九七八年，我重行出來工作，在南京大學指導研究生。考慮到如果要他們將來能够獨立進行科學研究，則校讎學的知識和訓練對他們仍然是必要的，於是就從十年浩劫中被搶奪、被焚燒、被撕毁、被踐踏的殘存書稿中去清查那部未完成的《校讎廣義》，結果是校勘、目録兩部分還保全了若干章節，至於版本、典藏兩部分，則片紙無存。但因爲工作需要，也只好倉促上馬，勉力講授。這就是後來由南京大學研究生徐有富、莫礪鋒、張三夕和山東大學研究生朱廣祁、吳慶峰、徐超等同志記録整理的《校讎學略説》。由於這類書籍的缺乏，這個紕漏百出的油印講稿近年來還一直在流傳，使我再一次地感到惶恐。

　　徐有富同志畢業之後，留校任教。和當年我隨劉、汪兩位先生學習這門科學時深感興趣一樣，他也對校讎學有强烈的愛好，並且有對之進行深入研究的決心。因此，我就不僅將這門功課交給了他，並且將寫成這部著作的工作也交給他了。年過七十的我，體力就衰，對於校讎之學已經力不從心，難以有所貢獻，現在有富同志能够認真鑽研，總算是薪盡火傳，這也使我稍爲减輕了未能發揚光大劉、汪兩位老師學術的内疚。

　　根據我國民族傳統文化而建立的包括版本、校勘、目録、典藏四個部分的校讎學，也許這是第一次得到全面的表述。我們將重點放在這門科學的實際應用的論述方面，而省略其歷史發展的記載。因爲，照我們的理解，校讎學與校讎學史屬於兩個不同的範疇。

　　寫好這樣一部著作，顯然不是有富同志和我所能勝任的。因此，這只是"知其不可爲而爲之"。我們期待着教正。

　　　　一九八五年十二月一日　程千帆附記於南京大學

附記

　　這次修訂主要做了兩件事。一是糾錯。《校讎廣義》一九八八年由齊魯書社出版後，二〇〇〇年由河北教育出版社重印了一次。當時我在韓國東國大學任教，遂由武秀成先生組織研究生做了該書的校訂工作，糾正了不少文字訛誤。此後博士生許淨瞳細讀全書，遼寧大學文學院李樹軍細讀《校勘編》、南京師範大學文學院兩位研究生細讀《版本編》，分別寫出了校勘記。張宗友先生、潘素雅女史、北大博士劉貝嘉、高樹偉特地爲《版本編》配製了圖版。這次修訂便以河北教育出版社所出《程千帆全集》本爲底本，充分吸收了以上校訂成果，特借此機會向他們致謝。二是增訂。重點爲《目録編》。《校讎廣義》原書一百四十萬字，而應用廣泛的《目録編》只有二十五萬字，内容略顯少了些。該書出版後，目録學理論與實踐都得到了長足的發展。我們對該書内容作了相應的增加與調整，如《目録的著録事項》一章，我們增寫了附注、提要、案語三項内容，而將真僞、輯佚兩項不能算作著録事項的内容改寫成《辨僞書目録》《闕書目録》兩節，調整到《特種目録》一章。這樣，不僅内容豐富了，而且體例也更加經得起推敲。

《校讎廣義》出版後，文獻學得到了蓬勃發展，我也主編了《中國古典文學史料學》，與徐昕合寫了《文獻學研究》，還出版了《治學方法與論文寫作》《鄭樵評傳》《目録學與學術史》《文獻學管窺》，並應卞孝萱先生之邀，撰寫了《新國學三十講・典藏學》。這次修訂，我便將他人與自己的一些新觀點與新材料，增加到《校讎廣義》的各編之中。

《校讎廣義》的出版合同到期後，一些出版社要重印此書，我都以需要修訂而拒絶了。但是修訂工作却進展得非常緩慢，於是我便時常回想起與程千帆先生合著《校讎廣義》的日子，我感到程先生温暖的目光，一直在關注着和鼓勵着我，使我不敢懈怠。當時全靠手工操作，需要不斷地跑圖書館去搜集與核對資料，由於有程先生的指導與督促，進展得十分順利。但是，我們再也不能回到從前，此書的修訂工作，斷斷續續做了好多年，如今終於告一段落，遺憾的是程先生再也不能爲我把關了，謹以此書的修訂本向程先生表達深深的懷念之情。在本書修訂過程中，張宗友先生、責任編輯潘素雅女史，還有幾位校對，付出了辛勤勞動，他們的敬業精神與深入細緻的作風令人感動，特向他們致以深切的謝意。希望此書能在原有的基礎上朝前邁進一步。期待着繼續獲得批評指正。

二〇一九年七月　　徐有富於南京大學

第一章　版本學的名稱與功用

第一節　版本與版本學

　　古代用以書寫的木片通稱爲版或板。漢王充云：“斷木爲槧，析之爲版，刀加刮削，乃成奏牘。”①許慎也説：“牘，書版也。”②

　　因爲供書寫用的木片呈方形，所以又稱方。《莊子·天下篇》：“惠施多方，其書五車。”《儀禮·聘禮》：“百名以上書於策，不及百名書於方。”鄭玄注云：“名，書文也，今謂之字。策，簡也；方，板也。”③

　　方、板作爲書寫工具有時也連稱，故賈公彦疏又釋鄭注云：“云方板者，以其百名以下，書之於方，若今之祝板。不假連編之策，一板書盡，故言‘方，板也’。”④直到唐代，還用方板記事，如李

①《論衡》卷一二《量知》。
②《説文解字》第七上。
③《儀禮注疏》卷二四。
④《儀禮注疏》卷二四。

賀《感諷五首》之一云：“越婦未織作，吴蠶始蠕蠕。縣官騎馬來，獰色虬紫鬚。懷中一方板，板上數行書。”①

　　同簡比起來，方版容納的字數要多一些。《春秋序》云：“大事書之於策，小事簡牘而已。”孔穎達疏曰：“簡之所容，一行字耳。牘乃方版，版廣於簡，可以並容數行。凡爲書，字有多有少。一行可盡者，書之於簡；數行乃盡者，書之於方；方所不容者，乃書於策。”②對於方版與簡策的使用繫於文字之多寡，説得十分清楚。

　　雕版印書之法通行以後，版或板的含義逐漸演變爲經雕刻後供印書用的版片。如唐馮宿《禁版印時憲書奏》云：“準敕，禁斷印曆日版。劍南兩川及淮南道，皆以版印曆日鬻於市。每歲司天臺未奏頒下新曆，其印曆已滿天下，有乖敬授之道。”③宋代以後，雕版印刷事業日益興盛，版或板作爲供印書用的版片的含義更加明顯。宋王應麟稱：“自太祖平定四方，天下之書悉歸藏室。太宗、真宗訪求遺逸，小則償以金帛，大則授之以官。又經書未有板者，悉令刊刻，由是大備，起秘閣貯之禁中。”④這種板片隨着印刷事業的發展，也就可以作爲公私財産進行移交或出售。如陸心源《皕宋樓藏書志》卷三十二載有元馮福京《昌國州圖志》七卷，福京跋後有字數行云：“《昌國州圖志》板五十六片，雙面五十四，單面二，計印紙一百零十副，永爲昌國州官物，相沿交割者。大德二年（一二九八）十一月長至日畢工。”版片作爲私有財産，當然會出現易主現象。杜信孚曾指出：《吳越春秋音注》十卷“目錄後有‘萬曆丙戌（一五八六）之秋武林馮念祖重梓於卧龍山

①《全唐詩》卷三九一。
②《春秋左傳注疏》卷一。
③《全唐文》卷六二四。
④《玉海》卷五二。

房’三行牌記。該書版片易主，轉給楊爾曾。楊氏重印時，將牌記改爲‘萬曆辛丑（一六〇一）之秋楊爾曾重梓於卧龍山房’”。①

因爲板雕好後，在印刷時需要上墨，所以又稱墨板。宋朱翌云：“雕印文字，唐以前無之。唐末，益州始有墨板。後唐方鏤九經，悉收人間所有經史，以鏤板爲正。”②宋《國史藝文志》也指出：“唐末益州始有墨板，多術數、字學小書。”③

本的原義爲樹根。許慎云：“木下曰本，從木，一在其下。”④引申其義，則據以校書的書的原本也可稱本。《北齊書·樊遜傳》：

> （天保）七年（五五六），詔令校定群書……遜乃議曰：“按漢中壘校尉劉向受詔校書，每一書竟，表上，輒云臣向書、長水校尉臣參書，太史公、太常博士書，中外書合若干本以相比校，然後殺青。”⑤

這“合若干本”的“本”就是用來校書的原本。《隋書·經籍志》總序亦云：“隋開皇三年（五八三），祕書監牛弘，表請分遣使人搜訪異本。每書一卷，賞絹一匹，校寫既定，本即歸主。”⑥顯然，這裏的“本”也指據以校寫的原本。

在通常情況下，本即指書。《顏氏家訓·書證篇》：“《漢書》：‘田肯賀上。’江南本皆作‘宵’字。沛國劉顯博覽經籍，偏精班《漢》，梁代謂之漢聖。顯子臻，不墜家業，讀班史呼爲田肯。梁元帝嘗問之，答曰：‘此無義可求，但臣家舊本以雌黄改“宵”爲

①《明代版刻綜録》卷五。
②《猗覺寮雜記》卷六。
③王應麟《困學紀聞》卷八《經説》引。
④《説文解字》第六上。
⑤《北齊書》卷四五。
⑥《隋書》卷三二。

“肯”。’元帝無以難之。吾至江北，見本爲肯。”①這段話中的“江南本”，指流傳在江南的《漢書》；“江北本”，指流傳在江北的《漢書》；“臣家舊本”，指劉臻先世所收藏的《漢書》。其義甚明。

　　因爲本即指書，所以書本二字往往連用。《顏氏家訓·書證篇》復云：

　　　　《後漢書》：酷吏樊曄爲天水郡守，涼州爲之歌曰：“寧見乳虎穴，不入曄城寺。”而江南書本，“穴”皆誤作“六”，學士因循，迷而不寤。夫虎豹穴居，事之較者，所以班超云：不探虎穴，安得虎子。寧當論其六七耶？②

　　又《漢書·賈鄒枚路傳》有云：“路温舒……爲山邑丞，坐法免，復爲郡吏。”師古曰：“山邑不知其處，今流俗書本云常山石邑丞，後人妄加‘石’字耳。”③皆其證。

　　隨着印刷術的發達，本與書本的含義逐漸同於版本。例如《相臺書塾刊正九經三傳沿革例》專設《書本》一例，並列舉了唐石刻本、晉天福銅板本、京師大字舊本、紹興初監本等二十三本。岳珂所謂書本實即版本。

　　宋代雕版印書盛行，“版本”二字從北宋以來便被用來專指雕版所印之書。正如葉德輝所説：“雕板謂之板，藏本謂之本。藏本者，官私所藏，未雕之善本也。自雕板盛行，於是板本二字合爲一名。”④如《宋史·邢昺傳》云：景德二年（一〇〇五），“上幸國子監閲庫書，問昺經版幾何？昺曰：‘國初不及四千，今十餘

―――――――――――

①王利器《顏氏家訓集解》卷六。下同。顏引《漢書》見卷一下《高帝紀》。
②樊曄事見《後漢書》卷七七《酷吏列傳》。中華書局點校本，下引正史同。
③《漢書》卷五一。
④《書林清話》卷一《板本之名稱》。

萬,經、傳、正義皆具。臣少從師業儒時,經具有疏者,百無一二,蓋力不能傳寫。今板本大備,士庶家皆有之。'"①又沈括指出:"板印書籍,唐人尚未盛爲之。自馮瀛王始印《五經》,已後典籍,皆爲板本。"②葉夢得亦云:

> 五代時馮道始奏請官鏤六經版印行。國朝淳化中,復以《史記》、前後《漢》付有司摹印。自是書籍刊鏤者益多,士大夫不復以藏書爲意。學者易於得書,其誦讀亦因滅裂。然版本初不是正,不無訛誤。世既一以版本爲正,而藏本日亡,其訛謬者遂不可正,甚可惜也。③

邢、沈北宋人,葉南宋人,可見版本之稱在宋代已確立,且其含義乃對寫本而言。

作爲版本學的專有名詞,則版本是指同一部書在寫作、編輯、傳抄、刻版、排版、裝訂乃至流通過程中所産生的各種形態的本子。正如王欣夫所說:"所謂版本,並不限於雕版印刷的書籍,而實際上包括没有雕版印刷以前的寫本和以後的鈔本、稿本在内。"④

早在漢代,劉向等就已經注意到版本的差别,並且利用各種不同的版本爲校書服務。從劉向《别録》所僅留的幾篇書録中,可以看出他們在校書時就已利用了中書、太常書、太史書、臣向書、臣參書、大中大夫卜圭書、射聲校尉立書等各種不同的版本。《漢書·河間獻王傳》云:"河間獻王德,以孝景前二年立。修學好古,實事求是。從民得善書,必爲好寫與之,留其真,加金帛賜

---

①《宋史》卷四三一。
②《夢溪筆談》卷一八。
③《石林燕語》卷八。
④《古文獻學要略》第三章《版本》一《版本的起源和發展》。

以招之。繇是四方道術之人，不遠千里，或有先祖舊書，多奉以奏獻王者，故得書與漢朝等。"①這是藏書重視舊本的最早事例。在讀書時，人們也早就注意到了版本的差別。《顏氏家訓·書證篇》："《詩》云：'有杕之杜'，江南本並木傍施大。……而河北本皆爲夷狄之狄，讀亦如字，此大誤也。"曹丕在贈書時也因人而異其本。《三國志·魏書·文帝紀》注引胡冲《吳曆》云："帝以素書所著《典論》及詩賦餉孫權，又以紙寫一通與張昭。"②可見人們早就運用版本知識從事校書、讀書、藏書乃至贈書活動了。

什麼叫版本學？葉德輝認爲："私家之藏，自宋尤袤遂初堂，明毛晉汲古閣，及康、雍、乾、嘉以來各藏書家，斷斷於宋元舊鈔，是爲板本之學。"③

很顯然，這個定義是太窄了。所以顧廷龍補充説：

> 講究宋元舊刻，固然是"版本之學"的一項內容。但是在雕版以前的簡策、縑素，一寫再寫，不也就是不同版本嗎？現代鉛印和影印的出版物，一版再版，不也又是不同版本嗎？依我看來，版本的含義實爲一種書的各種不同的本子，古今中外的圖書，普遍存在這種現象，並不僅僅限於宋、元古籍。

> 在九世紀以前，經過不斷的傳寫，在印刷術發明以後，經過不斷的刻印，因而產生了各種不同本子。有了許多不同本子，就出現了文字、印刷、裝幀等等各方面的許多差異。研究這些差異，並從錯綜複雜的現象中找出其規律，這就形成了"版本之學"。

---

① 《漢書》卷五三。
② 《三國志·魏書》卷二。
③ 《書林清話》卷一《板本之名稱》。

他還指出："版本學的内容實在是相當豐富的,如關於圖書版本的發生和發展,各個本子的異同優劣,製版和印刷的技術,版本的鑒別,裝訂的演變,以及研究版本學的歷史等等,應該可以成爲一門專門的科學。"①顧廷龍對版本學的認識已比葉德輝全面得多,而在傳播媒介日益發達的今天,推而廣之,則以録音帶、録像帶形式所構成的音像型書籍,也未嘗不可以包括在版本學範圍之内。至於本書的研究對象,則以古籍版本爲主,其主要内容是探討古籍的版本源流,研究古籍版本的異同優劣,鑒定古籍版本的真僞等問題。

總的説來,版本學所研究的内容無不與書的物質形態有關,因此可以概括地説版本學是研究書的物質形態的科學,是校讎學的起點。

第二節　版本學的功用

版本學的功用是多方面的,概括起來有以下幾點:首先,讀書應擇善本。

張之洞《書目答問·略例》有云:"諸生好學者來問:應讀何書? 書以何本爲善?"爲什麽呢? 他自己回答説:"讀書不知要領,勞而無功;知某書宜讀而不得精校精注本,事倍功半。"②

讀書應當選擇版本的最主要的理由是:書在長期流傳過程中,因各種原因産生了一些不同版本,而這些版本之間從文字到

①《版本學與圖書館》,載《圖書館》一九六二年第一期。
②《書目答問》卷首。

編次又往往存在着很大差別。這種差別又往往可以決定讀者從書中所獲得的知識是否正確。清顧廣圻談到過這個問題：

> 蓋由宋以降，板刻衆矣。同是一書，用較異本，無弗奚若徑庭者。每見藏書家目錄，經某書、史某書云云，而某書之爲何本，漫然不可別識。然則某書果爲某書與否，且或有所未確，又烏從論其精粗美惡耶？[①]

余嘉錫對版本的差異及其原因分析得更加透徹：

> 蓋書籍由竹木而帛，而紙；由簡篇而卷，而册，而手抄，而刻版，而活字，其經過不知其若干歲，繕校不知其幾何人。有出於通儒者，有出於俗士者。於是有斷爛而部不完，有删削而篇不完，有節鈔而文不完，有脱誤而字不同，有增補而書不同，有校勘而本不同。[②]

正因爲一本書的不同版本往往有很大差別，所以讀書不注意版本，就會鬧出一些笑話。《顔氏家訓・勉學篇》曾舉一例："江南有一權貴，讀誤本《蜀都賦》注，解'蹲鴟，芋也'乃爲'羊'字。人饋羊肉，答書云：'損惠蹲鴟。'舉朝驚駭，不解事義。久後尋迹，方知如此。"[③]因讀誤本給工作造成損失的也不乏其例。如宋朱彧《萍洲可談》卷一載：哲宗元符初年，杭州府學教授姚祐有次考學生《易經》，題目是"乾爲金，坤亦爲金，何也"。學生們都無從下手，因爲《易經》的原文是"乾爲金，坤爲釜"。有的學生問他是否所據版本錯了，他便取監本來看，果然是"坤爲釜"，顯得十分尷尬。明陸深《金臺紀聞》也載有類似的事例：

---

① 《思適齋文集》卷一二《石研齋書目序》。
② 《目錄學發微・目錄書之體制四・板本序跋》。
③ 《顔氏家訓集解》卷三。

　　金華戴元禮，國初名醫，嘗被召至南京，見一醫家迎求溢戶，酬應不間。元禮意必深於術者，注目焉。按方發劑，皆無他異，退而怪之，日往觀焉。偶一人求藥者既去，追而告之曰："臨煎時下錫一塊。"麾之去。元禮始大異之，念無以錫入煎劑法，特叩之。答曰："是古方爾。"元禮求得其書，乃"餳"字耳。元禮急爲正之。嗚呼！不辨"餳""錫"而醫者，世胡可以弗謹哉！

可見引書不注意版本，有時就會產生不良的後果。

　　讀書不擇本是一種偏向，把好的版本僅當作古董收藏欣賞，而不將其作爲研究資料加以利用，也是一種偏向。清陳其元云：

　　今人重宋版書，不惜以千金、數百金購得一部，則什襲藏之，不特不輕示人，即自己亦不忍數繙閱也，余每竊笑其痴。王鼎丞觀察定安酷有是癖，宰崑山時，嘗買得宋槧《孟子》，舉以誇余。余請一睹，則先負一櫝出，櫝啓，中藏一楠木匣，開匣方見書。書紙墨亦古。所刊筆劃究無異於今之監本。余問之曰："讀此可增長智慧乎？"曰："不能。""可較別本多記數行乎？""亦不能。"余笑曰："然則不如仍讀今監本之爲愈耳，奚必費百倍之錢以購此耶？"王恚曰："君非解人，不可共君賞鑒。"急收弄之。余大笑去。①

　　王欣夫曾指出：這個故事正可説明，人們對於版本有兩種不同的認識：一種是讀書而不重視版本，另一種是重視版本而不讀書。因爲陳其元對那部宋刊《孟子》略加省視，便説是"紙墨亦古"，但"所刊筆劃究無異於今之監本"；而王定安又把它"什襲藏之，不輕示人"。實質上，兩人都將古書僅僅看作文物或古董。

---

①《庸閑齋筆記》卷八。

王定安所藏宋版《孟子》，不知是宋朝的哪一個刻本，也不知是不是真的宋版。不過陳其元將它比作監本，可見是《四書》中的《孟子集注》了。世傳宋版《四書》有淳祐丙午泳澤書院刻本（實爲元代至元刻本，淳祐二字係剜改，但前人相承爲宋刻），它與包括明監本在內的普通讀本不同之處正多得很，不弄清楚是無法認真進行研究工作的。①

　　讀書不重視版本與重視版本而不讀書都是偏向，正確的態度應當是"讀書宜求善本"。② 宋歐陽修云：

　　　　陳公（陳從易）時偶得杜集舊本，文多脫誤，至《送蔡都
　　尉詩》云："身輕一鳥□"，其下脫一字。陳公因與數客各用
　　一字補之。或云"疾"，或云"落"，或云"起"，或云"下"，莫能
　　定。其後得一善本，乃是"身輕一鳥過"。陳公嘆服，以爲雖
　　一字，諸君亦不能到也。③

這則詩話雖然旨在贊美杜詩用字之妙，然而也表明了善本對讀書的重要性。一些藏書家從有利於讀者出發，也十分注意對版本的辨別與善本的搜聚。如宋陳振孫爲郭氏《杜工部詩集注》所作解題云：

　　　　蜀人郭知達所集九家注，世有稱東坡《杜詩故事》者。
　　隨事造文，一一牽合，而皆不言其所自出，且其辭氣首末若
　　出一口，蓋妄人依託以欺亂流俗者，書坊輒勦入集注中，殊
　　敗人意，此本獨削去之。福清曾噩子肅刻板五羊漕司，最爲
　　善本。④

────────

①詳《古文獻學要略》第三章《版本》二《版本的重要》。
②《輶軒語・語學篇》。
③《歐陽文忠全集》卷一二八《詩話》。
④《直齋書錄解題》卷一九。

　　讀書宜求善本，那麼什麼是善本呢？從讀書治學的角度看，同符或接近原稿的書就是善本。張之洞《輶軒語·語學篇》云："善本之義有三：一、足本（無闕卷，未删削）；二、精本（精校、精注）；三、舊本（舊刻、舊鈔）。"首先要是足本，因爲不完整就不能反映原作的全貌，當然也就談不上與原稿相同或接近了。商務印書館出的《四部叢刊》、百衲本《二十四史》之所以受到學術界的重視，就在於編者做了許多艱苦細緻的工作，使它們都成爲盡可能完整的本子。顧廷龍指出：

　　　　近人張元濟輯印《四部叢刊》和百衲本《二十四史》，盡力搜求舊本以校正今本，有很多新的發現。例如《四部叢刊》續編中《愧郯録》各本都缺十葉，後得祁氏澹生堂鈔本半部，其中就有此十葉，得以彌補了向來的缺憾。[①]

　　其次是精本，精校的目的是使書接近原貌，精注的目的是使讀者更好地理解書的内容。清高宗嘗云："朕披覽《十三經注疏》，念其歲月經久，梨棗日就漫漶，爰敕詞臣重加校正，其於經文誤字以及傳注箋疏之未協者，參互以求其是，各爲考證附於卷後，不紊舊觀，刊成善本。"[②]陳振孫云："《元和姓纂》絕無善本，頃在莆田，以數本參校，僅得七八。後又得蜀本校之，互有得失，然粗完整矣。"[③]又如王國維跋《雅雨堂叢書》本《文昌雜録》云：

　　　　戊午（一九一八）臘月，國維復讀一過，訂正十餘字。

　　　　庚申（一九二〇）六月朔，又讀一過，訂正十餘字。

　　　　辛酉（一九二一）穀日，以南林蔣氏藏舊鈔本校前所校

_____

① 《版本學與圖書館》，載《圖書館》一九六二年第一期。
② 《御製文初集》卷一一《重刻十三經序》。
③ 《直齋書録解題》卷八。

正處，舊鈔多不誤。又增改數十字，足爲善本矣。[①]

由此可見凡經名家精校過的書皆可視爲善本，所以張之洞《輶軒語·語學篇》云："善本非紙白版新之謂，謂其爲前輩通人用古刻數本，精校細勘付刊，不訛不闕之本也。此有一簡易之法，初學購書，但看序跋，是本朝校刻，卷尾附有校勘記，而密行細字、寫刻精工者，即佳。"

名家的精注本往往博徵繁引、精校細核，對我們閱讀和理解原書極有幫助。唐顏師古注《漢書》，有《叙例》一篇，談到了他這方面的工作。今錄二則爲例：

> 《漢書》舊文，多有古字，解説之後，屢經遷易。後人習讀，以意刊改，傳寫既多，彌更淺俗。今則曲覈古本，歸其真正，一往難識者，皆從而釋之。
>
> 古今異言，方俗殊語，末學膚受，或未能通，意有所疑，輒就增損，流遁忘返，穢濫實多。今皆刪削，克復其舊。

此外，作者還"隨其曲折，剖判義理""各依本文，敷暢厥指""窮波討源，構會甄釋。"[②]正因爲如此，人們在研討《漢書》時，都得用顏師古注本。古籍注本歷代多有，學者研討，所當慎擇。

再次是舊本。舊本在時間上距離原書較近，因此在一般情況下會更接近原貌些。盧文弨説：

> 書所以貴舊本者，非謂其概無一訛也。近世本有經校讎者，頗賢於舊本，然專輒妄改者，亦復不少。即如《九經》小字本，吾見南宋本已不如北宋本；明之錫山秦氏本又不如

---

①北京圖書館善本組輯錄《觀堂題跋選錄》（子集部分），載《文獻》第十輯。
②《漢書》卷首。

南宋本；今之翻秦本者，更不及焉。以斯知舊本之爲可貴也。[①]

近人陳乃乾也談到了舊本的可貴：

　　嘗謂古書多一次翻刻，必多一誤。出於無心者，"魯"變爲"魚"，"亥"變爲"豕"，其誤尚可尋繹。若出於通人臆改，則原本盡失。宋、元、明初諸刻，不能無誤字。然藏書家爭購之，非愛古董也，以其誤字皆出於無心，或可尋繹而辨之，且爲後世所刻之祖本也。校勘古書，當先求其真，不可專以通順爲貴。古人真本，我不得而見之矣；而求其近於真者，則舊刻尚矣。[②]

應當注意的是，從書的文物價值和收藏價值看，古本就是善本，但從讀書治學的角度看，古本就未必都是善本。清郭麐云：

　　書貴善本，可以是正謬誤，然亦有古未必是，而今未必非者。《文選》謝靈運《游赤石》詩"終然謝先伐"，用直木先伐之義，宋本作"天伐"爲無解矣。曹子建《箜篌引》："生存華屋處，零落歸山邱。""生存""零落"偶字也，宋本作"生在"，疑誤。[③]

這些例子說明：我們讀書應擇善而從，但不要一味迷信古本。

讀古書要注意版本，讀現代書也要注意版本。例如姚名達的《中國目錄學史》一九三六年由商務印書館出版過，一九五七年又由商務印書館重印。在重印前，由王重民校閱過，他在重印本《後記》中寫道：

---

①《抱經堂文集》卷一二《書吳葵里所藏宋本〈白虎通〉後》。
②《與胡樸安書》，載《國學匯編》第一集。
③《靈芬館詩話》卷八。

我在校閱過程中，只做了下列兩件事：

一、原書文字上的錯誤不少，有的是引用上的錯誤，有的是排印上的錯誤。我一共修正了一百零六處，另外還改正了標點斷句二十九處。

二、姚先生在書内還保留了一些問題，没有得到解決。這些問題，有的是由於當時所掌握的資料不够，有的是由於用錯了資料。我這次就其中的六個問題提供了一些新資料，但不敢補入原書，因作爲這次翻印本的後記。

顯然，我們讀《中國目録學史》最好采用一九五七年重印本。

其次，校書應備衆本。

廣搜異本，進行比較，擇善而從，是校書所應當首先采用的基本方法。孫德謙云：

校書之事，必備有衆本乃可以抉擇去取。近世如阮文達之校《十三經》，有所謂單經本、經注本、單疏本；謝墉之校孫卿子，有所謂影鈔大字宋本、元刻纂圖互注本、明虞氏、王氏合校刻本、明世德堂本、明鍾人傑本是也。姑舉一二，此外無不皆然。

又説：

欲校一書，須備衆本，有斷然者。蓋不備衆本，書之或有缺佚，或有謬誤，其義皆不可通，此讀者之大憾也，故既得一别本矣，足與此本對校，又當兼備衆本，如是則異同得失始能辨別而有所折衷。①

汪辟疆先生也認爲："顧校理之業，必廣徵衆本，參證互

---

① 《劉向校讎學纂微·備衆本》。

勘，乃可藉手。"①

　　章學誠指出，備衆本以供校讎始於劉向：

　　　　校書宜廣儲副本。劉向校讎中祕，有所謂中書，有所謂
外書，有所謂太常書，有所謂太史書，有所謂臣向書、臣某
書。夫中書與太常、太史，則官守之書不一本也；外書與臣
向、臣某，則家藏之書不一本也。夫博求諸本，乃得讎正一
書，則副本固將廣儲以待質也。②

　　今節錄劉向《管子書錄》爲例：

　　　　護左都水使者、光禄大夫臣向言：所校讎中管子書三百
八十九篇，大中大夫卜圭書二十七篇，臣富參書四十一篇，
射聲校尉立書十一篇，太史書九十六篇，凡中外書五百六十
四篇。以校，除復重四百八十四篇，定著八十六篇。殺青，
而書可繕寫也。③

　　劉向利用衆本校定群書的經驗產生了深遠影響。例如北齊
樊遜校理秘府書籍時就説過："向之故事，見存府閣，即欲刊定，
必藉衆本。"④廣聚衆本是校書質量的可靠保證，顏師古校定《五
經》就是一個典型例子：

　　　　太宗以經籍去聖久遠，文字訛謬，令師古於祕書省考定
《五經》。師古多所釐正，既成，奏之。太宗復遣諸儒重加詳
議。於時諸儒傳習已久，皆共非之。師古輒引晉、宋已來古
今本，隨言曉答，援據詳明，皆出其意表，諸儒莫不歡服。於

①《水經注與水經注疏》，載《中國文學》第一卷第四期。
②《校讎通義》卷一《校讎條理第七》。
③《四部叢刊》景宋本《管子》卷首。
④《北齊書》卷四五《樊遜傳》。

是兼通直郎、散騎常侍，頒其所定之書於天下，令學者
習焉。①

　　隨着印刷術的日益普及，宋以後的公私出版事業都得到了
蓬勃發展。凡是在古籍出版事業方面做出突出貢獻的，往往都
是廣儲副本、精心校勘的結果。岳氏刊正九經三傳即其例。其
《相臺書塾刊正九經三傳沿革例·書本》有云：

　　　今以家塾所藏唐石刻本、晉天福銅板本、京師大字舊
本、紹興初監本、監中見行本、蜀大字舊本、蜀學重刻大字
本、中字本。又中字有句讀附音本、潭州舊本、撫州舊本、建
大字本（俗謂無比九經）、俞韶卿家本。又中字凡四本、婺州
舊本並興國于氏、建余仁仲，凡二十本。又以越中舊本注
疏、建本有音釋注疏、蜀注疏，合二十三本，專屬本經名士，
反覆參訂，始命良工入梓，固自信以爲盡善。正恐掃塵隨
生，亦或有之，惟通經先達，不吝惠教。

　　現代，上海商務印書館出版的《四部叢刊》之所以受到學者
的信賴，主要也是由於編者在廣儲副本、精心校勘方面下了很多
功夫。《四部叢刊例言》云：

　　　版本之學，爲考據之先河，一字千金，於經史尤關緊要。
茲編所采錄者，皆再三考證，擇善而從。如徐氏仿宋刻本
《三禮》，明人繙宋岳珂本《九經》。徐刻《周禮》不如岳本之
精，岳刻《儀禮》又不如徐本之善；皆非逐一細校，不能辨其
是非。其他北宋本失傳之書，賴有元、明人翻本，轉出南宋
本之上者。若僅以時代先後論之，則不免於盲人道黑白矣。
茲編於此類，頗用苦心，非泛泛侈言存古也。

①《舊唐書》卷七三《顏師古傳》。

書無論鈔刻，雖大體完善，欠葉闕文，總不能免。今兹所依，矧多古本，影印之際，不加參訂，則郭公夏五，[1]所在皆是，學人得之，殊費推尋，故每印一書，恒羅致多本，此殘彼足，藉得補正。[2]

整理出版書籍固然需要備衆本以資校勘，而讀書治學也得備衆本，也應掌握版本知識。許多學者都强調讀書必須校書。清王鳴盛云："嘗謂好著書不如多讀書，欲讀書必先精校書，校之未精而遽讀，恐讀亦多誤矣。"[3]張之洞《輶軒語·語學篇》也指出："讀書先宜校書。"葉德輝《藏書十約》甚至說："書不校勘，不如不讀。"[4]因爲隨讀隨校，所以前人往往稱讀書爲校讀，他們在利用衆本校勘方面下了很大功夫。如宋葉夢得說："余在許昌，得宋景文用監本手校《西漢》一部，末題用十三本校，中間有脱兩行者，惜乎今亡之矣。"[5]清初錢曾跋《洛陽伽藍記》云：

> 清常道人（趙琦美）跋云："歲已亥，覽吳琯刻《古今逸史》中《洛陽伽藍記》，讀未數字，輒齟齬不可句。因購得陳錫玄、秦酉岩、顧寧宇、孫蘭公四家抄本，改其訛者四百八十八字，增其脱者三百二十字。丙午又得舊刻本，校於燕山龍驤邸中，復改正五十餘字。凡歷八載，始爲完書。"清常言讎勘之難如此。[6]

清邵懿辰在《四庫全書簡明目録》上標注版本，其目的主要

①"郭公"見《春秋左傳》莊公二十三年，杜預注云："無傳，蓋經闕誤也。""夏五"見同書桓公十四年，杜預注云："不書月，闕文。""郭公夏五"在這裏指欠葉闕文。
②《縮本四部叢刊初編書録》卷首。
③《十七史商榷》卷首《自序》。
④《觀古堂所著書》第二集。
⑤《石林燕語》卷八。
⑥《讀書敏求記》卷二。

也是爲了便於日後校讀。故葉名澧《橋西雜記》稱:"澧嘗見邵蕙西案頭,置《簡明目録》一部,所見宋元舊刻本、叢書本及單行刻本、鈔本,手記於各書之下,以備他日校勘之資。"

可見,不論是整理出版圖書,還是讀書治學,凡需要校勘,就應廣搜衆本,具備一定的版本學知識。

再次,購藏書籍應鑒異本。

藏書一般要從購書開始,而購書就必須有版本知識。要能精於鑒別。孫慶增云:

> 夫藏書而不知鑒別,猶瞽之辨色,聾之聽音,雖其心未嘗不好,而才不足以濟之,徒爲有識者所笑,甚無謂也。如某書係何朝何地著作,刻於何時,何人翻刻,何人鈔録,何人底本,何人收藏,如何爲宋元刻本,刻於南北朝何時何地(案此云南北朝,當指宋、金、元之間),如何爲宋元精舊鈔本,必須眼力精熟,考究確切。再於各家收藏目録,歷朝書目,類書總目,讀書志,經籍考,敏求記,府州縣志書内,文苑志,書籍志,二十一史經籍志(《零拾》本書作經),名人詩文集書序跋文内查攷明白,然後四方之善本祕本,或可致也。[1]

同書第一則《購求》亦云:"與能識古本今本之書籍者,並能道其源流者,能辨原板翻板之不同者,知某書之久不刷印,某書之止有鈔本者,或偕之閑訪於坊家,密求於冷鋪,於無心中得一最難得之書籍。"都强調了采購應具版本知識。

采購新出的古籍同樣也有個版本問題。顧廷龍説:

> 采購工作者,必須熟悉版本。就古籍説,某書歷來傳世者有多少版本,現在某本稀見,某本習見,某本校勘精善,某

---

[1]《藕香零拾》本孫慶增《藏書紀要》第二則《鑒別》。

本粗疏，某本由某本出，辨其源流。例如章學誠的《文史通義》和《校讎通義》兩書，有鈔本十餘種、刻本十餘種，現在最通行的兩本：一爲商務印《遺書》本（商務尚有《萬有文庫》本），一爲中華印《四部備要》本。商務本出於劉氏嘉業堂刊《遺書》本（劉刻印本亦有二：初印不足本三十二册，後有增刻本四十册），而劉本係出沈復粲藏鈔本最足本；中華則出湖南菁華閣本，與《文史通義》之文字及篇目頗有出入，應以劉刻爲善，是商務本勝於中華本。一九五六年古籍出版社出版的劉公純標點本《文史通義》根據劉本，比舊刻本增内篇一卷、補遺八篇，後附補遺續五篇，則較商務本爲尤勝。掌握了這些複雜情況，采購起來就心中有數。[1]

魏隱儒也曾就此點舉例道：

清曹霑（雪芹）的名著《紅樓夢》，一百二十回活字本，初版是乾隆五十六年辛亥（一七九一）排印的，稱程甲本（程偉元字小泉），乾隆五十七年壬子再版排印的爲程乙本。兩者都是活字本，因排印時間不同，内容有出入……正是因爲同一種書，刻印有好壞、先後，内容有正誤，它的價值價格也就有了高低差異。如同一種書，某本有名家藏章或名人題跋，價值就隨之提高；同是手寫本，稿本與傳鈔本價值不同，舊鈔本與新鈔本不同，叢書本與單刻本不同，初印本與再版本不同。既有區别差異，所以我們從事這一專業工作人員，就必須學習它、研究它。[2]

實踐證明，沒有版本知識的人，往往會將珍本當作廢紙；而

---

[1]《版本學與圖書館》，載《圖書館》一九六二年第一期。

[2]《古書收售業務知識・概說》，載河北省文化局一九六二年編印本《古舊圖書業務知識》。

經驗豐富的人却有時會從廢紙堆中發現珍本。如"一九六四年，中國書店從廢品收購站發現的明覆宋板《古今注》，是商務印書館《四部叢刊》的底本，與北京大學圖書館所藏的明末刻本《崔豹古今注》相對校，對出明末本有多處不妥，誤字很多"。①

　　藏書當然也離不開版本學知識。顧廷龍曾指出："保管工作者，必須熟悉版本，根據不同版本的情況來掌握不同的保管方法，如稀見本、加工本（批校、題跋）、僞裝本、特裝本等等，應該和一般的版本書有區別的。"②事實上，中國歷代主持國家藏書工作的人都較好地運用了版本學知識從事搜訪與典藏工作。《隋書·經籍志》總序介紹隋代國家藏書情況有云：

　　　　隋開皇三年（五八三），秘書監牛弘，表請分遣使人，搜訪異本。每書一卷，賞絹一匹，校寫既定，本即歸主。於是民間異書，往往間出。及平陳已後，經籍漸備，檢其所得，多太建時書，③紙墨不精，書亦拙惡。於是總集編次，存爲古本，召天下工書之士京兆韋霈、南陽杜頵等，於秘書內補續殘缺，爲正副二本，藏於宮中，其餘以實祕書內、外之閣，凡三萬餘卷。煬帝即位，秘閣之書，限寫五十副本，分爲三品：上品紅瑠璃軸，中品紺瑠璃軸，下品漆軸。於東都觀文殿東西廂構屋以貯之，東屋藏甲乙，西屋藏丙丁。④

由此可見隋代對國家藏書，很注意其異本、古本的搜訪典藏，還做了"校寫""補續殘缺"和"總集編次"等工作。這項工作，到了清代更爲完善。國家藏書設有專門的善本書庫，按分類和不同

---

①魏隱儒《古籍版本鑒定叢談·緒言》，山西省圖書館一九七八年印本。
②《版本學與圖書館》，載《圖書館》一九六二年第一期。
③太建，陳宣帝年號（五六九至五八二年）。
④《隋書》卷三二。

的版本進行收藏,對於一書的不同刻本,一版的前後印本也兼收並蓄。如《欽定天祿琳琅書目》就證明了這一點,詳見本編第七章第一節。

最後,學術研究也應注意版本。

圖書出版工作同政治、經濟、文化有着十分密切的關係。因此,我們從對版本的研究中,可以瞭解某個時期或某個地區的政治、經濟、文化的發展情況。

以宋刊《大藏經》爲例,宋代公私雕印《大藏經》共有六部:即《開寶藏》《崇寧萬壽大藏》《毗盧大藏》《思溪圓覺藏》《思溪資福藏》《磧砂藏》,共三萬五千一百八十一卷。宋代多次大規模地雕印《大藏經》不是偶然的,它一方面説明了當時佛教文化對我國的巨大影響,另一方面也説明了宋代統治者很會利用佛教來鞏固自己的政權。大家都知道,五代十國時期,吳越、南唐、後蜀這些封建割據的獨立王國,朝野都崇信佛教。宋太祖用武力統一這些獨立王國不久,便於開寶四年(九七一)派高品、張從信等前往成都監雕《大藏經》,顯然是爲了收買人心。《開寶藏》是我國歷史上雕印的第一部佛教全書,全藏有一千零七十六部,五千零四十八卷。共刻十三萬多版片。宋太祖爲此可謂不惜工本了。[1]

再以蜀刻本爲例。顧廷龍《唐宋蜀刻本簡述》所附《蜀刻書目》根據傳本和文獻記載,計收唐刻三種、宋刻七十四種。[2] 四川成都一帶成爲唐宋刻書中心之一,是與其政治、經濟、文化地位密切相關的。安史之亂時,成都一度成爲唐代臨時首都。自肅宗至德二年(七五七)分劍南爲東西兩川後,成都長期爲西川治所。唐末黃巢起義後,全國政治、經濟中心再次移向成都,名家

---

① 參看于乃義《古籍善本書佛、道教藏經的版本源流及鑒別知識》,載《四川圖書館學報》一九七九年第三期。

② 載《四川圖書館學報》一九七九年第三期。

世族,也多避亂入蜀,所以中原文化不可避免地給四川以較大的影響。此後,前、後蜀國又皆定都成都。北宋初在成都刊刻《開寶藏》,客觀上也爲四川培養了大批雕印工人。另外四川素稱天府,盛產木材與紙張,這也爲蜀本的興盛奠定了物質基礎。所以説,版本學與各個時期的政治、經濟、文化有着十分密切的關係,研究版本學也有助於研究各個時期各個地區的政治、經濟、文化。

各種版本的出現,與學術的發展變化息息相關。因此,從對版本的研究中,可以看出學術發展變化的脈絡,從而深化我們的學術研究。譬如從對杜甫詩集版本的研究中,我們可以發現,杜詩在宋代受到特別重視,是有一個過程的,而這個過程是同政治形勢的變化緊密相關着。

北宋前期,杜詩似乎沒有受到格外重視。所以蘇舜欽在《題杜子美別集後》中稱:"杜甫本傳云:有集六十卷。今所在者才二十卷,又未經學者編輯,古律錯亂,前後不倫,蓋不爲近世所尚,墜逸過半,吁,可痛憫也!"[①]經過王洙、王安石、王琪等人的不斷搜集整理,直到嘉祐四年(一〇五九)終於在蘇州鏤版印行了《杜工部集》的第一個定本。王琪於嘉祐四年四月望日寫的《杜工部集後記》云:

> 原叔(王洙)雖自編次,余病其卷帙之多,而未甚布,暇日與蘇州進士何君瑑、丁君修得原叔家藏及古今諸集,聚於郡齋而參考之,三月而後已。義有兼通者,亦存而不敢削,閱之者固有淺深也。而又吴江邑宰河東裴君煜,取以覆視,乃益精密,遂鏤於板,庶廣其傳。[②]

①《蘇學士文集》卷一三。
②見仇兆鰲《杜詩詳注》卷末《附編》。

仇兆鰲引《吳郡志》也談及此事：

> 嘉祐中，王琪以知制誥守郡，大修設廳，規模宏壯，假省庫錢數千緡。廳既成，漕司不肯除破。時方貴杜集，人間苦無全書，琪家藏本讎校素精，既俾公使庫鏤板，印萬本，每本爲直千錢，士人爭買之。既償省庫，羨餘以給公厨。①

這都說明杜詩在北宋越來越受到重視的情況。

南宋雖然處於兵火戎馬之間，杜甫詩的整理和研究反而深入了，出了編年本、注釋本、集注本、評點本，甚至還出現了作僞的現象。如郭知達於淳熙八年（一一八一）自序其《九家集注杜詩》云："杜少陵詩，世號詩史。自箋注雜出，是非異同，多所牴牾，致有好事者掇其章句，穿鑿傅會，設爲事實，託名東坡，刊鏤以行，欺世售僞。有識之士，可爲浩嘆。"②

所有這些杜詩版本的出現，都反映了南宋人對杜詩的愛好同北宋人相比有過之而無不及。這是什麼原因呢？李綱《校定杜工部集序》道出了秘密：

> 蓋自開元、天寶太平全盛之時，迄於至德、大曆干戈亂離之際，子美之詩凡千四百四十餘篇，其忠義氣節，羈旅艱難，悲憤無聊，一寓於此。句法理致，老而益精。時平讀之，未見其工，迨親更兵火喪亂，誦其詞如出乎其時，犂然有當於人心，然後知爲古今絶唱也。③

杜甫所經歷的安史之亂同北宋末及南宋初年的政治動亂、人民流離有相同之處，隨着當時局勢的發展，杜詩越來越受到人們的

---

①《杜詩詳注》卷末《附編》。
②《杜詩詳注》卷末《附編》。關於《老杜事實》的辨僞，詳見程千帆《古詩考索‧杜詩僞書考》。
③《杜詩詳注》卷末《附編》。

重視和欣賞，就很容易理解了。

從對新書版本的研究中，也可以窺見文化學術的發展變化。例如劉大杰的《中國文學發展史》即是一例。其上海人民出版社一九七三年版《前言》説：

> 《中國文學發展史》是我的舊作，原爲上下兩册。上册成於一九三九年，一九四一年出版；下册成於一九四三年，一九四九年出版。……建國後，我將本書作過一些修改，分爲上中下三册，於一九五七年、一九六二年兩次印行。印行以後，各方垂教甚殷，使我得益不少。……學術領域裏對於資産階級思想的批判，使我進一步認識到在本書中所存在的一些歷史唯心主義觀點，現在我又作了一些修改。

該書的這一版充塞着所謂評法批儒的内容。如其《柳宗元與古文運動》一章中《古文運動及其分野》一節聲稱：

> 在古文運動中形成了兩派的鬥爭。一派是革新，一派是保守。前派較富於尊法非儒的精神，後派則强調“徵聖”“宗經”的傳統。這兩派同樣提倡散文，反對駢體；同樣强調内容，反對浮艷，但他們的政治態度和文學内容是不同的。兩派的對立，形成革新與保守，唯物與唯心，法家思想與儒家思想在古文運動中的鬥爭。

這顯然是對歷史事實極爲荒謬的塗抹。同時，它對作家也作了很不公正的評價。如其評論韓愈，不僅取消了這位作家的詩歌在文學史上的貢獻，而且對他的散文也妄加貶損，甚至還不恰當地越出文學史的範圍，用大量篇幅對韓愈進行人身攻擊，如云：

> 韓愈在寫《論佛骨表》時，似乎理直氣壯，一到潮州就上表求情，並以封禪諛帝。後來又祭鱷魚，宣揚迷信思想。這

都表明，他爲了要升官發財，到了不擇手段的地步。《舊唐書》本傳說他："觀諸權門豪士，如僕隸焉，睊然不顧。"這真是笑話。……韓愈不但愛官如命，也愛錢如命。……劉禹錫《祭韓吏部文》說："公鼎侯碑，志隧表阡；一字之價，輦金如山。"可見其稿酬之高。韓愈在這方面利用他的官名、文名，在死人身上賺到了不少的錢。

從一九七三年版《中國文學發展史》中，我們可以清楚地看到十年浩劫不僅扼殺了正常的學術研究，而且嚴重敗壞了學風。同時，如果要理解劉大杰對古代文學史的觀點的變化，我們就不能不將《中國文學發展史》的幾個版本加以對照。

我們從事學術研究也理所當然地應當辨別版本，引用文獻，如各本有異同，也應載明所據版本。余嘉錫在論目錄應載版本時，曾概括地指出：

　　使不載明爲何本，則著者與讀者所見迥異。敘錄中之論說，不能不根據原書。吾所舉爲足本，而彼所讀爲殘本，則求之而無有矣。吾所據爲善本，而彼所讀爲誤本，則考之而不符矣。吾所引爲原本，而彼所讀爲別本，則篇卷之分合，先後之次序，皆相剌謬矣。……反是，則先未見原書，而執殘本、誤本、別本以爲之說，所言是非得失，皆與事實大相逕庭，是不惟厚誣古人，抑且貽誤後學，顧廣圻所謂"某書之爲某書，且或未確，烏從論其精觕美惡"也。①

就拿《紅樓夢》來說，現存不同的版本有一百多種。在研究時，理應選擇某種版本作爲依據，並將它同其他版本作些必要的比較。何其芳的《論〈紅樓夢〉》正是這樣做的。作者在注釋中指

①《目錄學發微·目錄書之體制四·板本序跋》。

出∶"本文所引《紅樓夢》原文均根據庚辰本(引者案∶指乾隆庚辰秋《脂硯齋重評石頭記》。有一九五九年文學古籍刊行社朱墨影印本、一九七四年人民文學出版社影印本)。庚辰本有脱誤,以有正本(引者案∶指《國初鈔本原本紅樓夢》。上海有正書局有一九一二年石印大字本、一九二〇年石印小字本。一九五八年人民文學出版社出版的《紅樓夢八十回校本》即以有正本爲底本)或通行本校改。"①文中還引用了下面這段話爲例∶"原來王夫人自那日着惱之後,王善保家的就趁勢告倒了晴雯。本處有人和園中不睦的,也就隨機趁便下了些話。王夫人皆記在心中,故今日特來親自查人。"並注曰∶"有正本把這句話改爲'原來王夫人自那日着惱之後,王善保家的趁勢治倒了晴雯。他合園中不睦之人,他也就隨機趁便下了些話説在王夫人耳中……'。把這些讒言都歸在王善保家的一人身上,不如原來的寫法近情理。通行的一百二十回本更删去了這段話。"②從這兩條注釋也可以看出,科學研究注意版本乃是獲得正確的事實和結論的必要手段。

　　從事古代學術研究需要注意版本,從事現代學術研究也是如此。嚴家炎曾指出∶

　　　　我個人認爲現代文學研究中同樣應該注意這個問題(引者案∶指應注意版本)。例如郭沫若的《女神》,一九二一年八月的初版本和一九二八年的修改本就有很大的不同。有的同志説郭沫若"五四"時期已經是一名"具有初步共産主義思想的知識分子",依據的就是一九二八年的修改本。其實,在初版本中,《匪徒頌》並無對馬克思、恩格斯的歌頌(原句是對羅素、哥爾棟這兩個資産階級人物的歌頌),《巨

①見人民文學出版社一九六二年版《紅樓夢》卷首。
②見人民文學出版社一九六二年版《紅樓夢》卷首。

炮之教訓》也没有"爲階級消滅而戰"等字樣(原句是"爲自由""爲人道""爲正義"而戰)。因此,要真正考察"五四"時期郭沫若的思想實際,我們當然只能依據《女神》的初版本。①

綜上所述,讀書、校書、藏書、科學研究都必須注意版本;換句話説,研究版本學將有助於讀書、校書、藏書和科學研究工作。

---

①《現代文學研究方法答問》,載《怎樣學習語言文學》,中國青年出版社一九八三年版。

第二章　文獻載體

　　記録書面語言的物質，就我國來説，先後有龜甲、獸骨、金、石、竹、木、帛、紙等。這些總稱文獻載體。它們各具特色，並在漫長歷史的某一階段中各自起過保存和傳播文化的作用。其發展趨勢是越來越普及、越簡便，而記録知識的容量則越來越大。今將其大致分五類，簡述如次。

第一節　甲骨

　　文獻載體是和文獻同時出現的。而由文字發展成爲文獻則有一個漫長的過程。中國從什麽時代開始有文字，考古學界還有爭論。建國後發現過夏代文化遺址，却没有發現夏代文字。我們現在見到的商代甲骨文，已經是相當完整、相當成熟的文字，而且已具有文獻的性質了。這説明漢族的文字産生於商代以前，而中國從商代開始就有了原始狀態的文獻。當時文化壟斷在貴族手中，主要由巫和史兩種人掌握文化。巫的職責是溝通神人關係，他們用文字記載所謂神的啟示，以神道設教，從而鞏固貴族統治。史的主要任務是記載貴族言行，積累統治人民的經驗,供統治者借鑒參考。記言記行,各有所司,所謂"動則左史書之,言則右史書之"。① 這樣便形成了我國的早期文獻。現今可能見到的最早古代文獻實物是刻在龜甲獸骨上的文字,即甲骨文。甲,指龜甲的腹板〔圖版一〕。骨,主要指牛的肩胛骨或脛骨〔圖版二〕,也有羊、豬的肩胛骨。

甲骨文是清光緒二十五年(一八九九)由王懿榮發現的。其最初的出土地點在河南省安陽縣西北五里的小屯村殷墟。光緒二十九年(一九〇三),劉鶚選拓所藏部分出版,題云《鐵雲藏龜》,這是記錄甲骨文的第一部書。此後不斷有拓本及研究著作出版。一九五九年,中國科學院歷史研究所綜合諸家之書編爲《甲骨文合集》十三册,由中華書局於一九七八年十月至一九八二年十月全部出齊。該書經過剪裁書刊、重新墨拓、恢復原形、校對重出、拼合斷片、同文類聚、去僞存真、去粗取精等一系列綜合整理工作,然後選存文句完整或比較完整,以及文句雖有殘缺但内容較爲少見的甲骨四萬一千九百五十六片,爲進一步研究甲骨文提供了可靠的依據。

殷商時代,人們很迷信,統治階級凡進行與祭祀、征伐、狩獵、農事、氣候等有關的活動,都得先占卜。甲骨文就是當時記錄的卜辭。龜卜之事,先秦典籍已有記載。如《詩·大雅·緜》云:"爰始爰謀,爰契我龜。"《周禮》亦稱:"若有祭祀,則奉龜以往,旅亦如之,喪亦如之。"② 其用甲骨占卜的方法,則如容庚所述:

　　龜甲用腹甲而棄背甲,獸骨用肩胛及脛骨。卜時削治

---

① 《禮記注疏》卷二八《玉藻》。關於左右史的分職,古籍記載各異,可參看程千帆《史通箋記·外篇·史官建置第一》。
② 《周禮注疏》卷二四《龜人》。

甲骨，於其裏鑿一橢圓之渠，上博而下狹；復於圓旁鑿一小窪，如∞形。以火在窪處灼之，則坼縱橫見於表，如卜卜丫形，所謂兆也。……其兆側刻卜辭，有兩面刻者，有未卜而刻卜辭者。[①]

甲骨文雖然是卜辭，但是它在客觀上却反映了我國上古社會的若干層面。《甲骨文合集》將甲骨文分成四大類，二十二小類：

> 四大類是：一、階級和國家；二、社會生產；三、科學文化；四、其他。二十二小類是：一、奴隸和平民；二、奴隸主貴族；三、官吏；四、軍隊，刑罰，監獄；五、戰爭；六、方域；七、貢納；八、農業；九、漁獵，畜牧；十、手工業；十一、商業，交通；十二、天文，曆法；十三、氣象；十四、建築；十五、疾病；十六、生育；十七、鬼神崇拜；十八、祭祀；十九、吉凶夢幻；二十、卜法；二十一、文字；二十二、其他。[②]

從這些分類中可以看出，甲骨文的内容是十分豐富的，所反映的社會生活面也是相當廣闊的。郭沫若在談到甲骨文對古代社會的意義時説：“得見甲骨文字以後，古代社會之真實情況燦然如在目前。得見甲骨文字以後，《詩》《書》《易》中的各種社會機構和意識才得到了它們的泉源，其爲後人所粉飾或僞託者，都如撥雲霧而見青天。”[③]從一八九九年到現在，一百多年，甲骨學已成爲古文字學、古史學中很大的一個學術分支。

甲骨文對書史研究也是非常重要的，《尚書·多士》云：“惟

---

① 《甲骨文字之發見及其考釋》，載北京大學《國學季刊》一卷四期。
② 胡厚宣《甲骨文合集序》，載《甲骨文合集》卷首。
③ 《郭沫若全集》歷史編第一卷《中國古代社會研究·卜辭中的古代社會·卜辭出土之歷史》。

殷先人，有册有典"，但誰也没有見到過殷代典册是什麽樣子。而安陽出土的實物，有的是許多片放在一起，排列得很整齊，這顯然是龜策，亦即使用過了的卜辭整理排列而成的早期檔案。當然，就本質來看，卜辭只能算作神權檔案，還不是我們所謂的書。書的内容或抒情，或記事，或總結經驗、傳播知識，總之是希望别人讀的，甲骨文却並非如此，然而它確實爲書的出現創造了條件。

第二節　金石

《墨子·貴義》篇稱："聖王欲傳其道於後世，是故書之竹帛，鏤之金石，傳遺後世子孫，欲後世子孫法也。"故羅振玉《窊齋集古録序》云：

> 金石文字者，古載籍之權輿也。古者大事勒之鼎彝，故彝器文字，三代之載籍也。唐以前無雕板，而周秦兩漢有金石刻，故周秦兩漢之金石刻，雕板以前之載籍也。載籍愈遠，傳世愈罕，故古彝器之視碑版爲尤重焉。[1]

金，指青銅器。青銅是銅和錫的合金。它的主要成分是銅，因爲加了一定分量的錫，鑄造出來的器物呈青灰色，所以有青銅器之稱。鑄在青銅器上的文字，稱爲金文。

從發掘出來的殷墟青銅器作坊遺址裏，人們發現了許多用陶土做的模子。可見青銅器是先民將陶模刻上花紋及文字，燒

---

[1]《窊齋集古録》卷首。

硬以後，再用熔化了的青銅澆鑄而成的。我國青銅器出現很早，公元前一千三百多年前，即商代後期，人們就已熟練地掌握青銅器的鑄造技術，如安陽出土的司母戊鼎，是商王祭祀他的母親戊用的一個四隻脚的大方鼎，重約八百七十五公斤，鼎身以雷紋爲地，上有龍紋盤繞，四角爲饕餮紋。這種精品，沒有熟練的技術是鑄造不出來的。

　　青銅器主要是奴隸主階級的生活用品：有酒器，如尊、爵、盉；炊器，如鼎、鬲、敦；食器，如簠、簋、盤；樂器，如鐘、鎛等，約三十餘種。這些器物也可用作祭祀用的禮器，被稱爲吉金。上海博物館藏曾子斿鼎，其銘文云：“曾子斿擇其吉金，用鑄□彝。惠於烈且匕（祖妣）……”[①]；而鐵則被稱爲惡金。《國語·齊語》有云：“美金以鑄劍戟，試諸狗馬；惡金以鑄鉏夷斤欘，試諸壤土。”郭沫若認爲這美金和惡金的區別，也就是青銅和生鐵的區別。[②]在煉鋼術還沒有發明以前，生鐵當然不及青銅之堅靭耐用。

　　阮元《商周銅器説》云：

　　　　三代時，鐘鼎爲最重之器，故有立國以鼎彝爲分器者。武王有分器之篇，魯公有彝器之分是也。有諸侯大夫朝享而賜以重器者，周王予虢公以爵，晉侯賜子產以鼎是也。有以小事大而賂以重器者，齊侯賂晉以地而先以紀甗，魯公賄晉卿以壽夢之鼎，鄭賂晉以襄鐘，齊人賂晉以宗器，陳侯賂鄭以宗器，燕人賂齊以斝耳，徐人賂齊以甲父鼎，鄭伯納晉人以鐘鎛是也。[③]

青銅器既是當時極爲貴重的器物，因而也就被當作統治權力的

<hr>

①郭沫若《曾子斿鼎·無者俞鉦及其它》，載《文物》一九六四年第九期。
②《郭沫若全集》歷史編第一卷《青銅時代·青銅器時代》。
③《揅經室三集》卷三。

象徵。在春秋戰國時代，如果甲國消滅了乙國，總要做兩件事：一是"毀其宗廟"，一是"遷其重器"。①《漢書·郊祀志》云："禹收九牧之金，鑄九鼎。……夏德衰，鼎遷於殷；殷德衰，鼎遷於周；周德衰，鼎遷於秦；秦德衰，宋之社亡，鼎乃淪伏而不見。"此即遷其重器之事例。又如《左傳》宣公三年："楚子伐陸渾之戎，遂至於雒，觀兵於周疆。定王使王孫滿勞楚子。楚子問鼎之大小輕重焉。"楚子詢問周鼎的重量，就暗示有取周而代之的野心。

　　青銅器既極貴重，又可長久保存，所以到了周代，鐘和鼎就被貴族刻上文字用來記載他們認爲重要的事件。這種鑄或刻在青銅器上的文字也就稱爲鐘鼎文，成爲金文的一稱。《說文·序》即已指出："郡國亦往往於山川得鼎彝，其銘即前代之古文，皆自相似，雖叵復見遠流，其詳可得略說也。"②例如一九五四年出土的周初青銅器矢段，段上有銘文一百二十餘字，記載了周成王把一個奴隸主貴族矢封到宜，賞給了他大量的土地和奴隸。③還有舊在陝西郿縣出土的大盂鼎，鼎上有銘文二百九十一字，首先說"文王受天有大命"，接着比較了周之所以興和殷之所以亡，乃由於用酒的節制與放縱之別，要大奴隸主貴族盂禁酒。末叙周康王一次就賞給盂成千奴隸。銘上還有"文王受天有大命"、"受民受疆土"等語，說明統治者爲了維護自己的統治，竭力宣傳君權神授的觀點。④ 在現存一萬多件有銘文的青銅器中，銘文最長的要算毛公鼎〔圖版三〕，共四百九十七字。首先追述宗周開國盛時君臣之相得；次說策命毛公及所以策命毛公之意，並標往事以爲龜鑒，使之儆戒；最後確定毛公權限，並錫以秬鬯、服御、

①《孟子注疏》卷二下《梁惠王》下。
②《說文解字》第十五上。
③參見郭沫若《矢段銘考釋》，載《考古學報》一九五六年第一期。
④見陳夢家《西周銅器斷代》，載《考古學報》一九五六年第一期。

車馬、兵器等物。^① 青銅器在我國一直沿用到西漢。

"圖書是以傳播知識爲目的而用文字或圖畫記錄於一定形式的材料之上的著作物。"^②如果用這種標準衡量青銅器銘文,其中一部分記載財産、疆界等,顯然是檔案資料,而另一部分已經具備了書的性質。就以上引的幾段銘文來説,有的宣傳君權神授的觀點,目的在於鞏固自己的統治權;有的總結了歷史教訓,要人們引以爲誡;有的是周王發布的誥命,要臣屬遵守。總之,它們都是有意識地要人讀的。

特別應當提到的是出現於公元前五三六年及前五一三年的鑄有法律條文的刑鼎。《左傳》:昭公六年"三月,鄭人鑄刑書"。杜預注曰:"鑄刑書於鼎,以爲國家之常法。"又昭公二十九年"冬,晉趙鞅、荀寅,帥師城汝濱,遂賦晉國一鼓鐵,以鑄刑鼎,著范宣子所爲刑書焉"。接着《左傳》還記載了孔子對晉國作刑鼎一事的批評:

> 仲尼曰:晉其亡乎,失其度矣。夫晉國將守唐叔之所受法度,以經緯其民。卿大夫以序守之,民是以能尊其貴,貴是以能守其業。貴賤不愆,所謂度也。文公是以作執秩之官,爲被廬之法,以爲盟主。今棄是度也,而爲刑鼎。民在鼎矣,何以尊貴? 貴何業之守? 貴賤無序,何以爲國?

無論從這兩部刑書的製作目的,還是從它們已經産生的實際效果看,都可以算是書,雖然其文獻載體和後世通行的書不同。

金石並稱。我國將石作爲文獻載體的歷史也是相當早的,

---

① 參見郭沫若《金文叢考·毛公鼎之年代》。
② 劉國鈞著、鄭如斯訂補《中國書史簡編》第一章《圖書的社會意義》。

《墨子·明鬼》篇就有"琢之盤盂,鏤之金石"的話。《史記·封禪書》:"管仲曰:古者封泰山,禪梁父者七十二家,而夷吾所記者十有二焉。"桓譚《新論》亦云:"泰山之上有刻石凡千八百餘處,而可識知者七十有二。"①

　　現陳列於北京故宮博物院的秦刻石鼓,是今存最早的石刻文字〔圖版四〕,舊在陝西鳳翔。學者多謂乃周宣王時物,宋鄭樵獨認爲秦刻。其《通志·金石略·金石序》云:"三代而上,惟勒鼎彝,秦人始大其制而用石鼓。"郭沫若指出:"石鼓之年代,近人馬衡著《石鼓爲秦刻石考》論之甚詳。② 石刻於秦,已成不刊之論,唯刻於秦之何世,則尚是問題。"③關於石鼓文的價值,郭沫若又説:

　　　　石鼓剛好是十個,所刻的詩剛好是十首,這和《小雅》《大雅》以十首爲"一什"的章法恰恰相同,這也恐怕不是偶合。故從文學史的觀點來看,《石鼓詩》不僅直接提供了一部分古代文學作品的寶貴資料,而且更重要的貢獻是保證了民族古典文學的一部極豐富的寶藏《詩經》的真實性。④

　　秦代除石鼓外,還有秦始皇所刻石。這位皇帝從二十八年(前二一九)至三十七年(前二一○)期間,巡行天下,每到一地,都要把他滅六國、統一天下的功德,刻在石上,曉示百姓。所刻石約有嶧山、泰山、琅琊臺、芝罘、東觀、碣石、會稽山七處,其文都載在《史記·秦始皇本紀》中。現在只有琅琊臺刻石還有殘石留存下來。因爲秦代刻石是公然要人去讀的,其所具備的書籍

①《太平御覽》卷五三六《禮儀部》引。
②馬衡《石鼓爲秦刻石考》,載《凡將齋金石叢稿》卷五《石刻》。
③《郭沫若全集》考古編卷九《石鼓文研究》。
④《郭沫若全集》考古編卷九《石鼓文研究·重印弁言》。

性質頗爲明顯，所以在書史上有重要意義。

　　東漢末年刻的熹平石經則是真正的石頭的書〔圖版五〕。
《後漢書·蔡邕傳》云：

　　　　邕以經籍去聖久遠，文字多謬，俗儒穿鑿，疑誤後學。
　　熹平四年（一七五），乃與五官中郎將堂谿典、光禄大夫楊
　　賜、諫議大夫馬日磾、議郎張馴、韓説、太史令單颺等，奏求
　　正定六經文字，靈帝許之。邕乃自書丹於碑，使工鐫刻，立
　　於太學門外，於是後儒晚學咸取正焉。及碑始立，其觀視及
　　摹寫者，車乘日千餘兩，填塞阡陌。

自漢以後，歷代都有重刻石經之舉。馬衡《石經詞解》述其略云：

　　　　當熹平之立石經也，祇就立於學官之五經，各刻其一家
　　之章句，而以諸家異同列爲校記，刻於各經之後。此所謂諸
　　家者，即學官所立之十四博士，皆今文也。其時古文經雖未
　　得立，但其説已盛行，傳今文者多兼通古文，故至魏正始中，
　　又刻古文經於石，以應學者之需求，與熹平石經並立於太
　　學。古文不易識，則以篆隸二體列於古文之下以銓釋之，世
　　謂之"三體石經"。又以正始中立，謂之"正始石經"。其實
　　漢爲今文經，魏爲古文經耳。……自是之後，唐有"開成石
　　經"，後蜀有"廣政石經"，宋有"嘉祐石經"，清有"乾隆石
　　經"，皆準熹平故事，踵而行之。①

其中《開成石經》與《乾隆石經》今存。

　　從上面的引文中可以清楚地看到蔡邕等人早已認識到經書
傳本存在着很大差異，他們經過精心校勘，確定了一個善本。這
一工作，不僅受到了漢靈帝的重視，而且也受到了廣大知識分子

---

①《凡將齋金石叢稿》卷六《石經》。

的歡迎，産生了深遠影響。可見《熹平石經》作爲一種特殊的文獻載體，在版本學上有着重要地位。它既説明讀書應注意版本，又説明善本需精心校勘。故馬衡《石經詞解》復云：

　　熹平刊立石經之用意，爲正誤訂訛，樹立準則，使學者有所取正。其後歷代之繼踵，亦同此意。是則在教育上之意義，固甚顯著。既收效於當時，亦冀以垂示於久遠。蓋六經爲儒家學説之淵源，章句文字之異同，關乎思想之純駁，是故經學家對歷代石經，雖片言隻字，亦皆視爲瑰寶。唐以後之石經與今本經籍差異者尚少，然顧炎武尚據唐石經以補萬曆北監本《儀禮》之脱文若干處，則漢魏石經之有裨經學更無論矣。[①]

第三節　竹木

　　《尚書·多士》：“惟殷先人，有册有典。”何謂册？《説文》云：“象其札，一長一短，中有二編之形。”復云：“古文册從竹。”[②]何謂典？《説文》云：“五帝之書也，从册，在丌上，尊閣之也。莊都説：典，大册也。古文典從竹。”[③]典爲大册，而册與策通。按《説文》的説法，似乎商代以前就已經使用竹木作爲文獻載體了，但迄今發現的實物，最早的簡策只出於戰國時代，漢以來則已通行〔圖

---

① 《凡將齋金石叢稿》卷六《石經》。顧炎武據唐石經補萬曆北監本《儀禮》脱文若干處，見《日知録》卷一八《監本二十一史》。
② 《説文解字》第二下。
③ 《説文解字》第五上。

版六〕。

　　策由簡編成，簡有竹製的，也有木製的，當然是由於就地取材，故《論衡·量知篇》云：“竹生於山，木長於林。截竹爲筒，破以爲牒，加筆墨之迹。”乃成文字，大者爲經，小者爲傳記。斷木爲槧，析之爲版，刀加刮削，乃成奏牘。《說文》：“牒，札也。”①孔穎達云：“單執一札謂之簡。”②所以，牒、札也就是簡了。不過把竹子加工成簡，尚需殺青。應劭《風俗通》：“劉向《別錄》云‘殺青’者，直治竹作簡書之耳。新竹有汁，善朽蠹，凡竹簡者，皆於火上炙乾之，陳楚間謂之汗。汗者，去其汁也。吳越曰殺，殺亦治也。”③

　　《說文》稱：“槧，牘樸也。”④顯然，槧是牘的原料。牘以指版，故《說文》又云：“牘，書版也。”⑤孔穎達亦謂：“牘乃方版。”⑥也可指木簡，如《漢書·昌邑哀王髆傳》注：“版，木簡也。”由於牘的長度相當於漢尺一尺，常用來寫信，所以書信又稱尺牘。如《漢書·陳遵傳》云：“與人尺牘，主皆臧去（弄）以爲榮。”這也爲出土文物所證實。一九七二至一九七四年在甘肅居延漢代遺址的出土文物中有竹尺、木尺各一件。“竹尺長二十三點六厘米，邊緣刻十等分，屬昭、宣時期。木尺長二十三點二厘米，墨綫界格，屬西漢晚期。”⑦而一九七二年在甘肅武威漢墓出土的“牘版，現存

---

①《說文解字》第七上。
②《左傳注疏》卷一《春秋序》疏。
③《太平御覽》卷六〇六引。按此數語前人多誤認爲劉向《別錄》文，實則應劭釋“汗青”一詞之語耳，辨詳《余嘉錫論學雜著·書冊制度補考·殺青縑寫》。
④《說文解字》第六上。
⑤《說文解字》第七上。
⑥《左傳注疏》卷一《春秋序》疏。
⑦甘肅居延考古隊《居延漢代遺址的發掘和新出土的簡册文物》，載《文物》一九七八年第一期。

十四片，寬度由一點一至四厘米左右不等，長度爲二十二點七至二十三點九厘米，合漢尺一尺左右，故可稱爲尺牘"。^①如果版做得大一些，則稱爲"業"，《爾雅·釋器》："大版謂之業。"《禮記·曲禮》上："請業則起。"鄭玄注："業，謂篇卷也。"現在在學校上學叫做"肄業"，完成了某一階段的學習任務稱畢業，就是這種現象的遺留。"肄業"的本義是讀大版子，"畢業"則是大版子讀完了。可見簡兼竹木，而版牘則專用木〔圖版七〕。

簡有長短之別。杜預《春秋序》："大事書之於策，小事簡牘而已。"孔穎達疏曰："《春秋》二尺四寸書之，《孝經》一尺二寸書之，故知六經之策皆稱長二尺四寸。"^②古稱法律爲"三尺法"，亦與其文獻載體有關，王國維《簡牘檢署考》云：

> 周末以降，經書之策皆用二尺四寸。……禮制法令之書亦然。《後漢書·曹褒傳》："褒撰天子至於庶人冠昏吉凶終始制度，以爲五十篇，寫以二尺四寸簡。"則禮書之制也。《鹽鐵論》下《貴聖篇》："二尺四寸之律，古今一也。"則律書之制也。此上所云尺寸，皆漢尺，非周尺。周尺二種：一以十寸爲尺，一以八寸爲尺。其以八寸爲尺者，漢之二尺四寸正當周之三尺。故《鹽鐵論》言二尺四寸之律，而《史記·酷吏傳》稱三尺法，《漢書·朱博傳》言三尺律令，蓋猶沿用周時語也。^③

簡策的長度，從現有實物看，似無定例。如一九七五年十二月在湖北睡虎地十一號秦墓出土的記載秦代法律條文的竹簡長

---

①甘肅省博物館、甘肅省武威縣文化館《武威旱灘坡漢墓發掘簡報》，載《文物》一九七三年第十二期。
②《春秋左傳注疏》卷一。
③《王國維遺書》第九册《簡牘檢署考》。

度,按二十三點三厘米爲一漢尺計算的話,只合一尺二寸。一九七二年四月山東臨沂銀雀山二號漢墓出土的漢元光元年曆譜,其竹簡長六十九厘米,將近漢尺三尺,而以前敦煌出土的西漢木簡,還不到前者長度的一半。屬於西漢早期馬王堆三號墓所出二百枚竹木簡,有三種長度:二十二點四厘米,二十三厘米和二十九點八厘米。它們是同地同墓出土的,内容又同是醫書,差別却相當大。這些例子説明現存的簡,不管内容如何,其長度總與文獻記載不盡相符[①],也説明簡册長度在古代並没有完全標準化。

　　每簡的字數也是多少不一,例如一九五三年夏長沙仰天湖第二十五號墓出土的"竹簡,計有四十二片。完整的長二十二、寬一點二厘米,四角爲方形。寫字的一面修治得很平整,每片字數不一致,由二個多到二十一個,内容是記載隨葬品的名稱與數量"。[②]又《山東臨沂西漢墓發現〈孫子兵法〉和〈孫臏兵法〉等竹簡的簡報》亦稱:"每簡的字數多少不等,整簡每枚多達四十餘字。"[③]一九五九年甘肅武威出土的《儀禮》,有枚木簡多達一百二十三字。[④]

　　一部書或一篇文章往往需要有許多簡,把若干簡編在一起就成爲策。《儀禮·聘禮》:"百名以上書於策。"賈公彦疏曰:"簡謂據一片而言;策是編連之稱。是以《左傳》云:南史氏執簡以

①詳見王紅元《三十年來的考古發現與書史研究》,載《文獻》一九七九年第一期;高大倫《簡册制度中幾個問題的考辨·出土簡書分類及長度(今長、漢長)簡表》,載《文獻》一九八七年第四期。
②湖南省文物管理委員會《長沙出土的三座大型木槨墓》,載《考古學報》一九五七年第一期。
③載《文物》一九七四年第四期。
④中國科學院考古研究所、甘肅省博物館編《武威漢簡·由實物所見漢代簡册制度》。

往。是簡者，未編之稱。此經云：百名以上書之於策。是其衆簡相連之名。"孔穎達也指出："單執一札謂之爲簡，連編諸簡乃名爲策。故於文，策或作册，象其編簡之形。"①〔圖版八〕

其連綴之法，則如王紅元所云：

> 一般的簡册大多是兩道編綸，尤其遺策如此。如江陵鳳凰山八、九號漢墓所出。② 甘肅居延新出土簡册的編綸有兩道也有三道，其他如銀雀山《漢元光元年曆譜》有四道編綸。睡虎地秦簡《孫臏兵法》，馬王堆醫簡等，都有三道編綸。相反，還有少於兩道的，江陵鳳凰山一六七號漢墓的七十四枚木簡，只有距簡首七厘米處有一道編綸。③ 可見《説文》指的二編之形，僅指其通常情況而言，而編綸的多少是依簡的長度而定的。④

爲了便於固定，有的簡上還刻有小缺口，例如一九七二年在甘肅武威縣旱灘坡出土了兩種竹簡：

> 簡寬約一厘米者，現存四十一枚……每簡容字一般三十五字左右。簡的上、中、下編聯處右側，有用刀削製的三角形小缺口，以容編繩，使其穩固而不易脱失。

> 簡寬約零點五厘米者，現存三十六枚，每簡容字一般三十七字左右，此種窄簡片除二枚在編連處有三角形缺口外，其餘三十四枚均無缺口，而上、中、下三端有明顯的三道綸編痕迹。⑤

①《春秋左傳注疏》卷一。
②《湖北江陵鳳凰山西漢墓發掘簡報》，載《文物》一九七四年第六期。
③《江陵鳳凰山一六七號漢墓發掘簡報》，載《文物》一九七六年第十期。
④《三十年來的考古發現與書史研究》，載《文獻》一九七九年第一期。
⑤《武威旱灘坡漢墓發掘簡報》，載《文物》一九七三年第十二期。

從出土實物看,編簡成策用的是麻繩、絲繩或帛帶。①

　　簡册經過編連,爲了便於保存,把它卷在一起叫做收卷。即以最後一簡爲中軸,有字的一面在內,無字的一面在外,從左至右卷起來,使簡策的首簡在最外層。爲了便於檢索,往往在首簡的背面寫上標題。甘肅武威旱灘坡出土的醫簡中,編連在最前面的有兩枚空白簡,叫做贅簡,同今天的封面或扉頁一樣,顯然是爲了保護以下有字的竹簡。② 還有一種情況可能是以首簡爲軸,從右至左卷起來,爲了便於檢索,在末簡正面寫上標題。許獲《略談臨沂銀雀山漢墓出土的古代兵書殘簡》云:"《禽龐涓》《客主人分》《月戰》《陳忌問壘》《將敗》諸篇之題,題在簡背,應該是長篇。每篇各自爲一卷,故題於篇首的簡背,卷束起來,篇題外露,一見便知。有些則題在篇末的正面,末行有空白,低幾格題篇名,有些還計字數。"③也有題在末簡簡背的,如秦簡《語書》《日書》等。④ 還有既在首簡簡背題了篇名,又在末簡題篇名的,如山東臨沂出土的《孫臏兵法》殘簡中的《將義》《八陣》兩篇。⑤無論是題在首簡的簡背,還是題在篇末,都是著作完成後所加,目的是爲了便於檢索。

　　戰國直到漢代,簡策是書籍最主要的物質形態。簡策制度

①《史記·孔子世家》稱"孔子晚而喜《易》……讀《易》,韋編三絶"。前人多釋韋爲柔皮,謂以皮繩編簡,但今出土之簡無以皮繩編者,故中山大學中文系古文字研究室楚簡整理小組《戰國楚竹簡概述》謂:"韋編,即緯編,也就是竹簡上的橫編。"詳見《中山大學學報》一九七八年第四期,今從其説,參看圖版八器物册上的編綸。

②《武威旱灘坡漢墓發掘簡報》,載《文物》一九七三年第十二期。

③見《文物》一九七四年第二期。

④《雲夢睡虎地秦墓》第二章《隨葬器物》。

⑤《山東臨沂西漢墓發現〈孫子兵法〉和〈孫臏兵法〉等竹簡的簡報》,載《文物》一九七四年第二期。

一直延續到晉代。《桓玄僞事》說晉桓玄曾下令道："古無紙，故用策，非主於敬。今諸用簡者，宜以黃紙代之。"[①]可見東晉時人們還在使用簡，不過它的地位正處在被紙取代之中。

<h2 style="text-align:center">第四節　帛</h2>

　　竹木製成的簡策同龜甲、金石比起來，具有取材容易、書寫便利的優點，但也還有一個明顯缺點就是仍很笨重，閱讀不便。如《史記·秦始皇本紀》云："天下之事無小大皆決於上，上至以衡石量書，日夜有呈，不中呈，不得休息。"裴駰《集解》云："石，百二十斤。"張守節《正義》云："衡，秤衡也。言表牋奏請，秤取一石，日夜有程期，不滿不休息。"[②]又《史記·東方朔傳》云："朔初入長安，至公車上書，凡用三千奏牘。公車令兩人共持舉其書，僅然能勝之。"[③]均其例證。

　　正因爲簡策笨重，所以人們早就開始用帛也即絲織品來代替它了。《論語·衛靈公》云："子張問行。子曰：'言忠信，行篤敬，雖蠻貊之邦行矣。言不忠信，行不篤敬，雖州里行乎哉？……'子張書諸紳。"[④]《說文》："紳，大帶也。"[⑤]這也許是以織物作文獻載體的最早例子。《墨子·明鬼》："古者聖王必以鬼

①《初學記》卷二一引。
②《史記》卷六。
③《史記》卷一二六。
④《論語注疏》卷一五。
⑤《說文解字》第十三上。

神爲其務，又恐後世子孫不能知也，故書之竹帛，傳遺後世。"[1]
《晏子春秋》記載了齊景公對晏子講的一段話："昔吾先君桓公，
予管仲狐與穀，其縣十七，著之於帛，申之以策。"[2]這些例子説明
春秋時期竹帛就已並用，而到了戰國時期，用帛書寫的現象則更
加普遍，如《越絶書》在記載了范蠡對勾踐説的一段話後接着寫
道："越王曰：'善。'以丹書帛，置之枕中，以爲邦寶。"[3]進入漢代，
帛書就相當盛行了。《風俗通》載："劉向爲孝成皇帝典校書籍二
十餘年，皆先書竹，爲易刊定。可繕寫者，以上素也。"[4]顏師古爲
《急就篇》作的注説："素謂絹之精白者，即所用寫書之素也。"[5]東
漢宮廷所藏似多爲帛書，《後漢書·儒林傳》云："初，光武遷還洛
陽，其經牒祕書載之二千餘兩，自此以後，參倍於前。及董卓移
都之際，吏民擾亂，自辟雍、東觀、蘭臺、石室、宣明、鴻都諸藏典
策文章，競共剖散，其縑帛圖書，大則連爲帷蓋，小乃制爲縢囊。
及王允所收而西者，裁七十餘乘。"[6]可見帛書之多。直到唐代，
帛書仍在流行，還有用帛來寫信的。如李白《寄東魯二稚子》云：
"裂素寫遠意，因之汶陽川。"[7]

　　帛雖然有輕便、經久耐用、易於保管等優點，但比較貴，故一
直同竹木長期共存，如《風俗通》云："光武車駕徙都洛陽，載素、
簡、紙經凡二千兩。"[8]

　　帛書的流行也爲出土文物所證實，早在一九四二年九月，長

---

①《墨子》卷八。

②《晏子春秋》外篇《重而異者第七》。

③《越絶書》卷一三。

④《太平御覽》卷六〇六。

⑤《急就篇》卷二。

⑥《後漢書》卷七九上。

⑦《全唐詩》卷一七二。

⑧《意林》卷四引《風俗通》佚文。

沙戰國楚墓曾出土一件馳名世界的帛書。商承祚先生《戰國楚帛書述略》對已流落國外的這一塊寶作了如下描述：

> 戰國楚帛書是用古文字寫在絲織品上，爲字最多而又保存較爲完整的一件重要楚文物。它不僅有墨書的"小楷"，而且周圍以三色顏料（朱、絳、青）繪出各種神怪的形象，又是一張最古老的采畫。……
>
> 帛書發現的確實年月及地點爲一九四二年九月，墓地在東郊子彈庫的紙源冲（又名王家祖山）。……帛書八摺（帛書八摺並不等齊，當中部分摺迹縱約十七點五厘米，橫約十一點五厘米），放在一個竹匣中〔圖版九〕。①

一九七三年十二月，長沙又出土了一批古代帛書。根據同時出土的一件紀年木牘，可以斷定該墓下葬的年代是漢文帝前元十二年（前一六八），說明這批寶物埋藏在地下，已經有二千一百五十多年了。《長沙馬王堆漢墓發掘簡報》對出土的帛畫帛書介紹道：

> 這次出土的帛畫共有四幅。一幅是覆蓋在內棺上的"T"字形的帛畫，兩幅張挂在棺室的東西兩壁上，另一幅則藏在東邊箱出土的五十七號長方形漆奩內。
>
> 帛書出於東邊箱的五十七號長方形漆奩的下層。大部分疊成長方形，放在漆奩的一個格子裏，少部分壓在兩卷竹簡的下面。由於年久粘連，有殘損。
>
> 帛的寬度約十八厘米。字的行列與緯絲方向一致，每行寬六至七毫米。有的先用朱砂劃好直行，即所謂"朱絲欄"，然後寫字；有的未劃行格。字體除個別爲篆書外，絕大

---

① 《文物》一九六四年第九期。

部分是早期隸書，有的書寫十分工整，有的則較潦草，看來並非出自一人之手。

　　這批帛書的內容，經初步整理，有《易經》《老子》和《戰國策》，有天文、曆法、五行、雜占等數術方面的文籍，還有兩幅地圖，共計二十餘種，總字數在十萬字以上。過去有傳本存世的幾種先秦文獻，與今本對比都有不同程度的出入，其中《老子》保存最多〔圖版十〕。①

　　這批帛書的出土爲戰國、秦漢時期的哲學、歷史、地理、天文、醫學、軍事、語言等方面的研究提供了豐富的資料。同時，我們也可以從中清楚地看到帛書物質形態上的若干特點。曉菡《長沙馬王堆漢墓帛書概述》描述道："帛書中有一種寫在通高四十八厘米的寬幅帛上，折疊成長方形，放在漆盒下層的一個格子裏，折疊的邊緣已有斷損；另一種通高二十四厘米，卷在長條形木片上，壓在兩卷竹簡下邊，年久粘連，破損比較嚴重。"②漢代帛書卷在長條形木片上的這種方式，顯然是書籍卷軸制度的先驅，如在帛上用朱砂畫行格，則對後代卷軸裝書籍的烏絲欄、朱絲欄的形成有明顯影響。唐李肇云："宋亳間，有織成界道絹素，謂之烏絲欄、朱絲欄。"③這說明唐代帛書還在流行，帛上的行格越來越考究。敦煌卷子上的鉛灰色界行，當然也與此一脈相承。

　　關於帛書的長短，唐徐堅《初學記》云："古者以縑帛，依書長短，隨事裁之也。"④意思是說書的長短與帛的長短是一致的。葉德輝提出了新的看法：

---

①《文物》一九七四年第七期。
②《文物》一九七四年第九期。
③《國史補》卷下。
④《初學記》卷二一。

　　吾嘗謂《呂氏春秋》,每卷《月令》十二紀後,雜入他文四五篇,其義絶不可曉。後始悟所書《月令》後有餘幅,故以他文接鈔,迨改爲刻本,遂仍其舊。又悟大小二戴《記》之分析,初本無所去取,特兄弟分執數卷,習之日久,各自爲學,而小戴先列學官,大戴遂微。然觀大戴三十九篇中,又雜出《曾子》十篇,益信古人鈔書,取便誦習。自卷并爲本,此義益無可考見矣。[①]

　　葉德輝的意見是書的長短與帛的長短不一定完全一致,如帛有餘幅,也可鈔上其他文章以便誦習。這一設想已爲帛書所證實,例如在馬王堆漢墓所出帛書《老子》甲本卷後、《老子》乙本卷前、《周易》卷後皆鈔有其他文章,如《經法》《十大經》《稱》等,還有一些文章無篇題。

　　許慎云:"著於竹帛謂之書。"[②]帛同竹木都是中國古代極其重要的文獻載體。帛書的大批發現不僅爲研究古代著作提供了新資料,而且也爲我們對帛這種文獻載體及卷軸這種書籍形式的研究提供了實證。

第五節　紙

　　作爲文獻載體,竹木的優點是便宜,缺點是形體笨重;帛的優點是輕便,缺點是價格昂貴。紙却兼有兩者的優點,而無兩者的缺點,所以它就必然地取代了竹木與帛。

----

①《書林清話》卷一《書之稱卷》。
②《説文解字》第十五上。

　　中國紙的出現很早，在東漢元興元年（一〇五）蔡倫把他所製造的紙獻給皇帝之前，人們就已經使用紙了。《三輔故事》云："衛太子獄鼻，太子來省疾，至甘泉宮，江充告太子勿入，陛下有詔惡太子鼻獄，當以紙蔽其鼻。充語武帝曰：'太子不欲聞陛下膿臭，故蔽鼻。'武帝怒太子，太子走還。"①《漢書·趙皇后傳》還談到元延元年（前一二），皇后趙飛燕之妹趙昭儀爲害死後宮的曹偉能，派獄臣籍武送給她裹藥二枚，赫蹏書曰："告偉能，努力飲此藥，不可復入，汝自治之。"唐顏師古注引應劭曰："赫蹏，薄小紙也。"又引孟康云："蹏猶地也，染紙素令赤而書之，若今黃紙也。"②到了東漢，紙便用來寫書了。《風俗通》曾云：光武帝徙都洛陽，載素、簡、紙經凡二千輛，已見前引。《後漢書·賈逵傳》亦載：章帝建初元年（七六）"令逵自選《公羊》嚴、顏諸生高才者二十人，教以《左氏》，與簡、紙經傳各一通"。③同書《皇后紀》載有永元十四年（一〇二）和帝鄧皇后命令禁絕方國貢獻珍麗之物，"歲時但貢紙墨而已"。④　可見以紙寫書，已通行上下。

　　這些記錄雖然在時間上都比蔡倫造紙要早，但蔡倫的功績仍然是偉大的。《後漢書·宦者傳》云：

　　　蔡倫字敬仲，桂陽人也。……永元九年（九七）監作祕劍及諸器械，莫不精工堅密，爲後世法。自古書契多編以竹簡，其用縑帛者謂之爲紙。縑貴而簡重，並不便於人。蔡倫乃造意，用樹膚、麻頭及敝布、魚網以爲紙。元興元年（一〇

①《太平御覽》卷三六七引。
②《漢書》卷九七下。
③《後漢書》卷三〇六。
④《後漢書》卷十上。

五)奏上之。帝(和帝)善其能,自是莫不從用焉,故天下咸稱蔡侯紙。[1]

蔡倫的功勞在於他總結了勞動人民造紙的經驗,擴大了造紙原料,降低了造紙成本,從而使紙得到了普遍使用,天下咸稱蔡侯紙就是對他的成就所作的肯定。

漢人能以植物纖維造紙也已爲出土文物所證實。如近年居延新出土的文物中有"麻紙二種。紙Ⅰ,出土時圍成一團,經修復展平,最大一片長寬二十一乘十九厘米,色澤白净,薄而勻,一面平整,一面稍起毛,質地細密堅韌,含微量細麻綫頭。顯微觀察和化學鑒定,只含大麻纖維。同一處出的簡最晚年代是宣帝甘露二年(前五二)。紙Ⅱ,長寬十一點五乘九厘米。暗黄色,似粗草紙,含麻筋、綫頭和碎麻布塊,較稀鬆。出土地層屬於平帝建元(公元一)以前"。[2]

由於紙價廉物美,作爲文獻載體,它出現以後就逐漸取代簡與帛的地位。崔瑗《與葛元甫書》云:"今遣送《許子》十卷,貧不及素,但以紙耳。"[3]可見東漢末年帛書還在盛行時,紙就以它廉價的優點被用來鈔書了。王隱《晉書》云:"陳壽卒,詔河南尹華澹下洛陽令張泓遣吏齎紙筆,就壽門下寫取《三國志》。"[4]足證晉代用紙鈔書已比較普遍,以用紙鈔書爲不敬的觀念逐漸淡化。

南北朝以後的書基本上是以紙作爲文獻載體的。《隋書·經籍志》總序云:"宋武入關,收其圖籍,府藏所有,才四千卷,赤

①《後漢書》卷七八。
②甘肅居延考古隊《居延漢代遺址的發掘和新出土的簡册文物》,載《文物》一九七八年第一期。
③《北堂書鈔》卷一〇四引。
④《北堂書鈔》卷一〇四引。

軸青紙，文字古拙。"又稱隋文帝平陳以後，所得"多太建時書，紙墨不精，書亦拙惡"。①

　　到了唐代，更是紙書一統天下。《舊唐書·經籍志》序云："凡四部庫書，皆以益州麻紙寫。"②《新唐書·藝文志》序也稱："太府月給蜀郡麻紙五千番，季給上谷墨三百三十六丸，歲給河間、景城、清河、博平四郡兔千五百皮爲筆材。"③

　　宋代以後，造紙水平提高了，增加了許多紙料來源。北宋蘇易簡云："蜀中多以麻爲紙，有玉屑、屑骨之號，江浙間多以嫩竹爲紙，北土以桑皮爲紙，剡溪以藤爲紙，海人以苔爲紙，浙人以麥莖、稻稈爲之者脆薄焉，以麥藁、油藤爲之者尤佳。"④宋以後印書、裝書用紙主要是麻紙、竹紙和皮紙，此外還使用還魂紙即再生紙。明宋應星云："其廢紙洗去朱墨污穢，浸爛入槽再造，全省從前煮浸之力，依然成紙，耗亦不多。南方竹賤之國不以爲然，北方即寸條片角在地，隨手拾取再造，名曰還魂紙。"⑤宋以來印書、裝書紙，根據原料、產地、特點、用途等，有許多不同品種。如白麻紙、黃麻紙、楮皮紙、桑皮紙、藤皮紙、椒紙、繭紙、綿紙；⑥澄心堂紙、由拳紙、開化紙、常山紙、麻沙紙、鉛山紙、清江紙、宣紙、東昌紙、蒲圻紙、英山紙、雞林紙、高麗紙；羅紋紙、鵠白紙、連四紙、連七紙、毛邊紙（又名官堆）、連史紙、毛太紙、桃花紙；藏經紙、榜紙、奏本紙、冊子紙等。⑦ 關於宋以後書籍用紙情況，我們

---

①《隋書》卷三三。
②《舊唐書》卷四六。
③《新唐書》卷五七。
④《文房四譜》卷四《紙譜》。
⑤《天工開物》卷中《殺青第十三》。
⑥繭紙與綿紙並非以蠶繭和絲綿造成，而是兩種精美的皮紙。
⑦詳見潘吉星《中國造紙技術史稿》第五章《宋元時期的造紙技術》、第六章《明清時期的造紙技術》。

將在本編第四章第一節中加以介紹。

紙的發明與應用，不僅促進了書籍物質形態的巨大變化，而且也有力地推動了中國文化乃至世界文化的發展。

第三章　紙書的裝式

　　人們對於文獻載體期其輕便，終於發明了紙書，而紙書也先後有卷軸裝、旋風裝、梵夾裝、經摺裝、蝴蝶裝、包背裝、綫裝等多種不同的裝幀形式，使得它越來越便於閱讀。現將其衍變過程簡述如下。

第一節　卷軸裝

　　初期紙書在形式上模仿帛書，把鈔成了書的紙粘成長卷，用木或竹作軸，粘於最後一幅紙上，卷成一束，合若干卷爲一帙。這種書籍裝幀形式稱爲卷軸裝。

　　南朝以來，紙書逐漸取代帛書，但下及隋、唐、五代，書皆仍爲卷軸裝。梁阮孝緒在《七錄序》中説他編撰《七錄》時“儻欲尋檢，内寡卷軸”。① 此以卷軸爲書籍的代稱，正證明了卷子本在這一時期的普遍存在。卷軸日益流行，使得這種裝式日趨考究。如《隋書·經籍志》序云：“煬帝即位，秘閣之書限寫五十副本，分

①《廣弘明集》卷三。

爲三品：上品紅瑠璃軸，中品紺瑠璃軸，下品漆軸。"[1]唐代宮廷藏書又進了一步，能注意到用不同顏色和質地的軸、標、帶、簽來區分不同類別的書。《唐六典》注云：唐玄宗時集賢院藏書，"其經庫書鈿白牙軸，黄帶，紅牙簽；史庫書鈿青牙軸，縹帶，綠牙簽；子庫書雕紫檀軸，紫帶，碧牙簽；集庫書綠牙軸，朱帶，白牙簽，以爲分別"。[2]　由南朝至五代書籍用卷軸已爲敦煌卷子所證明。斯坦因説："就卷尾以及文書中間所記載的正確年代，這些卷子的年代大概自第五世紀的最初以迄於第十世紀的終了。"[3]

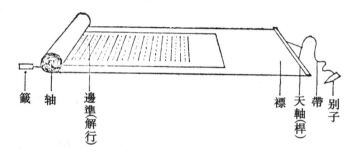

采用卷軸裝的手寫紙書，一般稱爲卷子。我們現在見到的卷子，其形製大體如上圖所示：

軸是一根棍子，兩端可涂漆，考究的則鑲嵌珊瑚、玳瑁、琉璃、象牙、金等。軸的作用是用來把卷子卷起，如同現在經過裝裱的字畫下端或終端的軸一樣。卷就是用來鈔了書的紙或帛，它是卷軸裝書籍的主體。從敦煌所提供的實物看，紙卷的長短不同，長的有二三丈，短的僅二三尺，以糊粘接而成。短卷少的只有兩張紙，長卷則幾幅乃至幾十幅紙不等。敦煌

---

①《隋書》卷三二。
②《唐六典》卷九李林甫注。
③向達譯《斯坦因西域考古記》第十三章《秘室中的發見》。

卷子①雖至斷爛，而粘連之處未有脱落者，可見當時的粘連之法還是相當高明的。其接縫之處如有鈐印或署名者，則謂之印縫，或曰押縫，或曰款縫。

　　一般的書多用單層紙卷卷成卷軸，貴重的則要裝背。余嘉錫云："今敦煌所得六朝、唐人手寫書卷，皆單層紙無裝褾者，論者遂謂古紙厚於今紙，故不須裝背，其實不然。唐祕書省崇文館皆有裝潢匠。所謂裝者，必兼裝背言之，不僅接縫褾軸也。且唐人摹書之紙較寫經紙尤爲硬厚，書畫尚須裝背，豈書籍獨不可裝背乎？……特今敦煌所得書皆民間通行之本，初非珍異，故僅用單紙耳。"②明胡應麟云："自漢至唐猶用卷軸，卷必重裝一紙，表裏常兼數番。"③都説明貴重的書需要裝背。

　　從敦煌卷子看，唐代紙張有一定的尺寸，一般長爲四十到五十公分左右，高約二十五到二十七公分，也有少數比一般尺寸更大或更小的紙。敦煌寫本，每卷幾乎都劃有淺淡的上下橫綫與直行。唐人稱上下橫綫爲邊欄，直行則稱爲邊準，相當於帛書中的烏絲欄或朱絲欄。每行寫的字數也大不相同。宋程大昌云："唐人舉進士，必行卷者，爲緘軸録其所著文以獻主司也。其式見李義山集《新書・序》（卷七），曰：治紙工率一幅以墨爲邊準（今俗呼解行也），用十六行式（言一幅解爲墨邊十六行也），率一行不過十一字（此式至本朝不用）。"④宋趙彦衛云："釋氏寫經一

---

①清光緒二十六年（一九〇〇），甘肅敦煌發現了大量古代卷軸裝鈔本書籍，世稱敦煌卷子。我們現在之所以能見到唐及先唐的這種書籍，主要靠敦煌卷子的發現。關於敦煌卷子及其發現經過，海内外學人已有專著論述，這裏不再贅及。

②《余嘉錫論學雜著・書册制度補考・裝背》。

③《少室山房筆叢》甲部《經籍會通》卷四。

④《演繁露》卷七。

行以十七字爲準,故國朝試行誦經,計其紙數,以十七字爲行,二十五行爲一紙。"①據程氏、趙氏所説,行數字數各有定式,今所見敦煌卷子,似不盡相同,惟釋氏寫經多爲每行十七字,然也有每行二十幾字、三十幾字的。

關於書寫的格式,劉國鈞先生説:

> 每卷起首空兩行,這是"贅簡"的遺迹,預備寫全書總名的。然後開始寫本篇的名稱(小題)和卷次。此下空數字,再寫全書名稱(大題)。也有起首不留空行,徑寫小題的。然後寫正文。正文寫完,隔一行,再寫本篇篇名和卷次,這空着一行是爲了填寫鈔書年、月和鈔書人姓名而用的。但也有不寫的。有時卷尾還寫上用紙的數字,裝潢人、校正人的姓名。如果是寫經,還要寫上鈔經的目的、願望或經文、注文的數字。……

> 一九六九年新疆吐魯蕃唐墓中出土的寫本《論語鄭氏注》殘篇,是一位小學生卜天壽於中宗時代景龍四年(七一〇)所鈔寫。篇後就注有鈔寫的年、月,鈔寫人姓名、年齡。這爲我們瞭解唐代書寫方式,又提供了新的例證。②

關於褾和帶,馬衡先生指出:"縑帛或紙之一端既卷入軸内,而他端則以其他材料黏連之,裹於卷外,以爲防護,今俗稱包首,古謂之褾。褾字之本義爲領袖之緣飾,此裝於卷端,故亦謂之褾。褾首繫絲織品以縛之,其名謂之帶。"③

另外,"卷子在書架上排架時,總是以軸頭向外,這樣就便於

---

① 《雲麓漫鈔》卷三。
② 《中國書史簡編》第三章《從公元二世紀到八世紀的中國書》第四節《寫本書的極盛時期》。
③ 《凡將齋金石叢稿》卷七《書籍制度》:《中國書籍制度變遷之研究》。

抽出和插入，所以稱爲‘插架’。軸頭上往往繫上一根籤子，在上面寫簡單的書名和卷數，以便於尋找”。① 這，古人稱之爲籤。貴重者多以象牙製成，故稱牙籤，如明彭大翼云：“唐李鄴侯泌起書樓積書三萬餘卷。經用紅牙籤、史用綠牙籤、子用青牙籤、集用白牙籤。韓退之詩云：‘鄴侯家多書，插架三萬軸。一一皆牙籤，新若手未觸。’”②

　　一部書往往有許多卷，爲了免於將某部書和別的書混在一起，同時也爲了防止卷軸弄髒受損，卷軸裝的書常以帙包裹。《說文》云：“帙，書衣也。……褾，帙或從衣。”③顯然，簡册就已經用帙來包裹了。帙的原料用布或絲織品。晉荀勗《中經簿》云：“盛書有縑褾、青縑褾、布褾、絹褾。”④爲了便於統計，每帙多爲十卷。馬衡曾舉例說：

　　　　晉葛洪《西京雜記·序》曰：“（劉）歆欲撰《漢書》，編録漢事，未得締構而亡。故書無宗本，止雜記而已。失前後之次，無事類之辨，後好事者以意次第之，始甲終癸爲帙，帙十卷，合爲百卷。”此後漢之以十卷爲帙也。梁《昭明太子集》前有劉孝綽序曰：“謹爲一帙十卷，第目如次。”《隋志》有“《周易》一帙十卷，盧氏注”。此六朝之以十卷爲帙也。唐陸德明《經典釋文·序》曰：“合爲三帙三十卷，號曰《經典釋文》。”魏徵《群書治要·序》曰：“凡爲五帙，合五十卷。”此唐之以十卷爲帙也。宋李清照《金石録·後序》曰：“裝卷初

①《中國書史簡編》第三章《從公元二世紀到八世紀的中國書》第四節《寫本書的極盛時期》。
②《山堂肆考》角集卷二八。韓愈詩題爲《送諸葛覺往隨州讀書》，載《全唐詩》卷三四二。
③《說文解字》第七上。
④《太平御覽》卷六〇六引。

就,芸藏縹帶,束十卷爲一帙。"此宋之以十卷爲帙也。①

以十卷爲帙也不是絕對的,特別是當一部書不足十卷時,爲了避免同其他書相雜,也自成一帙。

第二節　旋風裝

卷軸裝是寫本書的主要裝幀形式,但它也有明顯缺點,即不便尋檢。胡應麟云:"自漢至唐,猶用卷軸。卷必重裝,一紙表裹,常兼數番。且每讀一卷,或每檢一事,紬閱卷舒,甚爲煩數,收集整比,彌費辛勤。"②爲了克服這個缺點,在綫裝書出現之前,人們進行了不斷的探索,較早出現的一種形式是旋風裝,亦稱龍鱗裝。

吳彩鸞寫本《唐韻》是今存這種形式的惟一實證。它大約起於唐代而盛於北宋。歐陽修云:"唐人藏書皆作卷軸,其後有葉子,其制似今策子。凡文字有備檢用者,卷軸難數卷舒,故以葉子寫之,如吳彩鸞《唐韻》、李邰《彩選》之類是也。"③張邦基亦云:"裴鉶《傳奇》載:成都古仙人吳彩鸞,善書小字,嘗書《唐韻》鬻之。……今世間所傳《唐韻》猶有,皆旋風葉,字畫清勁,人家往往有之。"④吳彩鸞所書《唐韻》,黃庭堅也有過,其《跋張持義所藏吳彩鸞〈唐韻〉》云:"右仙人吳彩鸞書孫愐《唐韻》,凡三十七葉,

①《凡將齋金石叢稿》卷七《書籍制度》:《中國書籍制度變遷之研究》。
②《少室山房筆叢》甲部《經籍會通》卷四。
③《歸田錄》卷二。
④《墨莊漫錄》卷三。

此唐人所謂葉子者也。按彩鸞隱居在鍾陵西山下，所書《唐韻》，民間多有。余所見凡六本，此一本二十九葉，彩鸞書，其八葉後人所補。"①

　　爲了克服卷軸裝的缺點，旋風裝有兩個特點。一是紙的正反兩面皆書寫，可以節省紙張縮小卷軸的體積，也就是擴大了書的容量。黃庭堅所談到的張持義收藏的吳彩鸞《唐韻》，清初尚流傳，卞永譽《式古堂書畫彙考》卷八曾著錄。又同卷載有明項元汴舊藏的彩鸞楷書《四聲韻帖》（即孫愐《唐韻》），注云："徽宗御書籤題《韻帖》，共六十葉，每葉面背俱書，帖內小字自注。"

　　旋風裝的第二個特點是逐葉錯開一定距離粘在卷底上。元王惲說：

　　　　吳彩鸞龍鱗楷韻後，柳誠懸題云："吳彩鸞，世傳謫仙也。一夕書《唐韻》一部，即鬻於市，人不測其意。愻聞此說，罕見其書，數載勤求，方獲斯本。觀其神全氣古，筆力遒勁，出於自然，非古今學人可及也。時太和九年九月十五日題。"其冊共五十四葉，鱗次相積，皆留紙縫。天寶八年制。②

　　現故宮博物院還保留着一卷旋風裝的實物，卷端題《刊謬補缺切韻》，其裝式如馬衡所述：

　　　　一九四七年秋，故宮博物院收得唐王仁昫《刊謬補缺切韻》一卷，爲海內佚書。其裝潢雖爲卷子，而內涵散葉二十四葉。蓋以兩紙裱成一葉，故兩面有字。其裝爲卷子也，則以第一紙裱於卷內。自第二葉起，僅以葉之一端黏著卷上，

①《山谷別集》卷一一。
②《玉堂嘉話》卷二。

以次錯疊，如魚鱗然，卷之則成卷軸，不見散葉之跡。……
蓋即龍鱗裝也。[1]

李致忠《古書"旋風裝"考辨》一文談得更詳細：

　　一九八〇年九月，有幸在故宮博物院見到《唐寫本王仁
昫刊謬補缺切韻》一件，其裝幀形式，對研究古書的旋風裝，
是一件十分難得的實物資料。

　　《唐寫本王仁昫刊謬補缺切韻》，卷端題《刊謬補缺切
韻》。前人多題爲唐吳彩鸞書《唐韻》。因吳彩鸞書無確據
可考，故改稱《唐寫本王仁昫刊謬補缺切韻》。

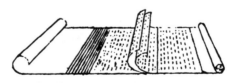

　　《唐寫本王仁昫刊謬補缺切韻》，全書共五卷，凡二十四
葉。除首葉單面書寫文字外，其餘二十三葉均兩面書寫，所
以共四十七面。每面三十五行，自四十"耕"起，每面三十六
行。每葉高二十五點五、長四十七點八厘米。以一長條卷
紙作底，除首葉因單面書寫，全幅裱於卷端外，其餘二十三
葉因雙面書寫，故以每葉右邊無字空條處，逐葉向左鱗次相
錯地粘裱在首葉末尾的卷底上，看去好似龍鱗，錯疊相積。
收藏時，從首至尾卷起，外表完全是卷軸的裝式；但打開來

---

①《凡將齋金石叢稿》卷七《書籍制度》；《中國書籍制度變遷之研究》。

時,除首葉全裱於卷底,不能翻閱外,其餘均能逐葉翻轉。其裝幀形式獨具風格,世所罕見,當是古書旋風裝的實物證據。①

　　旋風裝的書葉兩面書寫,鱗次相錯地粘在卷底上,這樣既擴大了卷子的容量,又縮短了卷子的長度,翻閱起來也比較方便,因此爲需要經常查檢的韻書所采用。但是它沒有改變卷軸制度,因而也就不會徹底改變卷舒之難,所以這種形式後來並沒有被普遍采用。

第三節　經摺裝與梵夾裝

　　旋風裝(龍鱗裝)仍然保留了卷軸的形式,因此不可能真正克服卷軸裝書籍卷舒困難的缺點。爲了克服這一明顯缺點,人們終於創造並采用了了新的形式。

　　北宋初年孫光憲云:“盧光啟策名後,敭歷臺省,受知於租庸張濬。清河出征并汾,盧每致書疏,凡一事別爲一幅,朝士至今效之,蓋八行重疊別紙,自公始也。”②盧光啟,《新唐書》有傳,係唐末人。他創造的“重疊別紙”的奏摺形式一直爲後世普遍采用。既然寫信可以將紙折疊起來,書籍當然也可以這樣做。宋羅璧云:“唐末年猶未有摹印,多是傳寫,故古人書不多而精審。作冊亦不解綫縫,只疊紙成卷,後以幅紙概粘之(原注:猶

---

①載《文物》一九八一年第二期。
②《北夢瑣言》卷四。

今佛老書），其後稍作册子。"①所謂册子即由紙幅摺疊而成，因爲這種裝幀形式便於誦讀，爲佛、道二教經典普遍采用，所以通稱經摺裝。

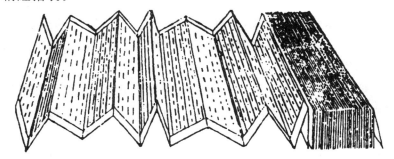

一九七五年，香港中文大學出版了錢存訓的《中國古代書史》，錢先生在該書圖版二十五中介紹了一種唐代經摺本《入楞伽經疏》，計二百十一葉，左右相連摺疊爲經摺裝。如上圖所示。美國學者卡特談到斯坦因在敦煌獲得一部刻印簡陋的小佛經，也是一本小小的摺疊而成的書。他分析道：

　　中國的載籍告訴我們，紀元前一、二世紀開始在縑帛上作書時，書是手卷式的。這種形式，在紙張發明以後，仍舊保持，直到唐末受了印刷的影響，才開始出現逐頁裝訂的書籍。在手卷和逐頁裝釘成册之間，有一個過渡階段，就是摺疊成册，即把一張連續不斷的紙摺成書的樣子，好像現代鐵路行車時刻表一樣。這本小經就是這樣的摺疊册子。全書共有八葉，也像所有的雕版印刷一樣，只印一面，經摺疊以後，一邊用漿糊粘牢，就可以像現代書籍一樣的逐頁翻閱。在外頁的裏封，明白印有印刷者的姓名和年代（九四九），這

①《羅氏識遺》卷一。

種格式更增加了我們的現代感。①

　　有的經摺裝書後來可能經過改裝,昌彼得介紹道:"敦煌所出的玄奘法師譯《般若波羅蜜多心經》殘卷一卷,每行十七字。此殘卷現在雖作卷子式,但其中每隔六行,有一顯然的摺痕,因之推測它原來必定是作摺疊式的。此經就字體觀之,約寫於唐中葉以後。"②

　　他山之石,可以攻玉。在我國書籍制度由卷軸裝向綫裝轉變的過程中,印度貝葉經的輸入起了相當大的作用。葉德輝說:"吾嘗疑葉名之緣起,當本於佛經之梵貝書。釋氏書言西域無紙,以貝多樹葉寫經,亦稱經文爲梵夾書。此則以一翻爲一葉,其名實頗符。不然,草木之葉,於典册之式何涉哉?"③明末潘之恒在《葉子譜》題辭中也認爲:"葉子,古貝葉之遺制。"④他們的看法是有根據的。唐玄奘云:"恭建那補羅國王宮城北不遠,有多羅(貝多)樹林,周三十餘里。其葉長廣,其色光潤,諸國書寫,莫不采用。"⑤唐段成式亦云:"貝多出摩伽(揭)陀國,長六七丈,經冬不凋。此樹有三種……西域經書,用此三種皮葉。"⑥

　　隨着佛教的傳入,用貝多葉書寫的佛經也傳入了我國。《大慈恩寺三藏法師傳》卷六曾記載玄奘宣講佛經的情況說:"法師方操貝葉,開演梵文。"《宋史·天竺國傳》亦稱:"僧道圓自西域

---

① 卡特(T・F・Carter)著,吳澤炎譯《中國印刷術的發明和它的西傳》第二編《中國的雕版印刷》第八章《最早的雕版書——咸通九年金剛經》。
② 《版本目録學論叢》(一):《唐代圖書形制的演變》。
③ 《書林清話》卷一《書之稱葉》。
④ 《續説郛》卷三九。
⑤ 《大唐西域記》卷一一。
⑥ 《酉陽雜俎》卷一八《廣動植之三》。

還，得……貝葉梵經四十夾來獻。"敦煌石室遺書中的實物也證明了這一點，《斯坦因西域考古記》云："梵文寫本中有一篇大貝葉本，就材料上證明，毫無疑義是來自印度的，應算現存最古的印度寫本之一。"①

李致忠説："梵夾裝，本指古印度用梵文將經文書寫在貝多樹葉上的裝幀，而後依次將貝葉經順好，每葉穿一圓孔，用兩塊長條形竹板或木板上下相夾，然後用繩穿過板上圓孔，再逐葉穿過每葉圓孔，最後穿過另一板圓孔。繩頭打起比圓孔大的疙瘩，以防脱出。閲讀時從首逐葉翻閲，穿繩總要擦磨葉孔，故葉孔常有磨痕。收藏時，勒緊一頭，再繞過上下兩板捆緊。這種裝幀由於是兩板相夾，又是梵文書寫，故中國人把它稱爲梵夾裝。"②梵夾裝在唐五代時期頗流行。李賀《送沈亞之歌》云："白藤交穿織書笈，短策齊裁如梵夾。"③

梵夾裝有兩個特點：一是以板夾之，一是所夾爲散葉。《資治通鑑》卷二十五唐懿宗咸通三年説，唐懿宗"奉佛太過，怠於政事。嘗於咸泰殿築壇，爲内寺尼受戒，兩街僧尼皆入頂；又於禁中設講席，自唱經，手録梵夾"。胡三省注云："梵夾者，貝葉經也。以板夾之，謂之梵夾。"正因爲如此，所以計算采用這種裝式的佛經，其量詞爲夾。如《續高僧傳》卷二載："那連提黎耶舍，天保七年居於京鄴，文宣皇帝安置天平寺中，請爲翻經……殿内梵本千有餘夾，敕送於寺。"此類梵夾，我國至今尚有遺存。如浙江圖書館即藏有二夾：一夾三百二十片，一夾二百二十六片，都是巴利文寫的。④

---

① 向達譯《斯坦因西域考古記》第十三章《秘室中的發見》。
②《英倫閲書記》（下），載《文獻》一九八七年第四期。
③《全唐詩》卷三九〇。
④ 見毛春翔《古書版本常談·如何鑒别版本》。

　　由於采用梵夾裝的書，所夾是散葉，如未經繩穿，便常會出現丟失書葉的現象。梁釋慧皎等撰《高僧傳》卷五《玄逸傳》稱：玄逸喟然嘆曰："若犍度失其夾葉，猶《禮記》脱落先後。"唐釋道宣《續高僧傳》卷三十七《法聰傳》云："貞觀二十一年（六四七年），海鹽縣鄱陽府君神因常祭降祝曰：爲請聰法師講《涅槃經》，道俗奉迎，旛花相接。遂往就講，餘數紙在。"法聰講完《涅槃經》後，還遺落數紙，可見這數紙即所持講的《涅槃經》。由於梵夾裝經書不便尋檢和保存，所以這種裝幀形式也未被廣泛采用。爲了克服梵夾裝的缺點，人們很自然地會想到將書的散葉用糊粘或用綫縫成一册。故梵夾裝這種外來形式的輸入，對於下面要談到的蝴蝶裝和綫裝是起了某種促進作用的。

　　綜上所述，經摺裝與梵夾裝是有區别的。經摺裝由卷軸裝發展而來，它是由紙摺疊而成的；梵夾裝則是由印度傳入的，書本身原來就是一些散葉。然而不少談版本的著作都把經摺裝與梵夾裝等同了起來。如有的著作説："有人把一幅長卷一反一正地摺疊起來，成爲長方形的一疊，在這疊紙的前後，各加上一張硬紙，以便保護。這就出現了一種新的書籍形式，稱爲'經摺裝'或'梵夾裝'，這可能受印度'貝葉經'形式的影響。"①新版《辭海》亦誤認爲："經摺裝，也稱'梵夾裝'。"②這或許因爲采用梵夾裝的書現存較少，而經摺裝、梵夾裝都爲佛教經書所采用因而産生誤會。③

---

① 《中國書史簡編》第三章《從公元二世紀到八世紀的中國書》第四節《寫本書的極盛時期》。

② 新版《辭海》系部"經摺裝"條。

③ 辨詳李致忠《古書經摺裝、梵夾裝、旋風裝考辨》，載《文獻》一九八六年第二期。

第四節　蝴蝶裝與包背裝

　　經摺裝同卷軸裝比起來有了很大改進，但是它也有個缺點，就是摺縫容易裂開。裂開之後，書便成了散葉，也會和梵夾裝一樣造成散亂現象。爲了克服這個缺點，人們便創造了一種新的册葉制度。元吾丘衍《閑居録》云："古書皆卷軸，以卷舒之難，因而爲摺；久而摺斷，復爲部帙。"當然普遍采用印刷術也爲新的册葉制度的産生奠定了物質基礎，明胡應麟云："至唐末宋初，鈔録一變而爲印摹，卷軸一變而爲書册。"①

　　馬衡介紹書册的初級形式蝴蝶裝的形成過程説：

　　　　蓋卷軸爲長幅，無從割裂，自有葉子而後，每葉有一定字數，由一葉以至於十葉百葉，自爲篇幅，而遞相銜接，以一葉爲一版，而編次其數。積行而成葉、積葉而成册、積册而成部，而後書籍之制日臻於進化，至今日而未變。其裝訂之法，最初以每葉反摺之，黏其版心之背，使兩旁之餘幅向外，不用綫釘，謂之胡蝶裝。謂攤書之時，中有黏著，兩旁各半葉，如胡蝶之有兩翼也。②

　　葉德輝給蝴蝶裝下了一個定義："蝴蝶裝者，不用綫釘，但以糊粘書背，夾以堅硬護面。以板心向内，單口向外，揭之若蝴蝶翼然。"③其裝式略如下圖：

---

①《少室山房筆叢》甲部《經籍會通》卷四。
②《凡將齋金石叢稿》卷七《書籍制度》：《中國書籍制度變遷之研究》。
③《書林清話》卷一《書之稱本》。

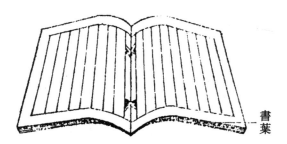

書葉

　　其裝幀過程是將印好的書葉，按版心的中縫正面對正面地摺起來，以硬紙（有的還用帛）作裹背紙，並將書葉背面的摺縫處粘在裹背紙上即成。

　　馬氏又述蝴蝶裝的特點云：

　　　　宋時初改冊葉，多爲胡蝶裝。書版之左上角，往往於闌外刻書之篇題一小行，爲便於翻檢而設。今之裝法，既以版心向外，而刻書者猶於此處刻字，殊可笑也。胡蝶裝所以有版心者，一以誌書之名目卷第，使印刷或裝釘時不致紊亂，一以留黏貼之餘地，使讀者不致礙目。故書名之在二三字以上者，往往摘取其一二字以著之，絕無意義可言也。其庋置之法，乃以書背向上，書口向下，排比植立，不似綫裝之墨置者。何以知之，以北平圖書館藏原裝宋本《歐陽文集》《册府元龜》等書，其書根上皆寫書名卷第，自書背至書口，一行直下，而書口餘幅之邊際，皆曾受摩擦也。其分卷之法，不必以一卷爲一册。有一册之中容數卷者，則以異色之紙或帛，黏貼於每卷首葉之書口，以爲識別，如西文字典之標 AB 等字母之法，爲其便於檢尋也。北平圖書館藏《文苑英華》爲宋景定元年（一二六〇年）裝背，其每卷首葉即有黃帛標識，可以爲證。[1]

────────────

[1]《凡將齋金石叢稿》卷七《書籍制度》；《中國書籍制度變遷之研究》。

　　蝴蝶裝早在唐末五代時就已出現了，向達《記倫敦所藏的敦煌俗文學》一文說："倫敦所藏《季布罵陣詞文》，我一共看到五卷，其二爲卷子，三爲蝶裝小本。"①到了宋元時代，蝴蝶裝成了書籍裝幀形式的主流，《明史·藝文志》序云："文淵閣藏書，皆宋元所遺，無不精美。書背倒摺，四周向外，此即蝴蝶裝也。"采用蝴蝶裝的書保存至今的還相當多。錢基博《版本通義·歷史第二》曾舉北京圖書館所藏爲例，並云："蓋蝶裝書之多，未見有如北京圖書館之夥頤沉沉者，可謂洋洋乎大觀也哉！"

　　蝴蝶裝流行了一個相當長的歷史時期，但是它也有一個明顯的缺點，就是翻閱起來很不方便，因爲第一葉的後半葉的背面和第二葉前半葉的背面沒有字，又不相黏連，讀下去必須連翻兩葉，因此就有人將印好的書葉按版心的中縫背面對背面地摺起來，然後再裹以護葉，這樣就産生了包背裝。大略如下圖：

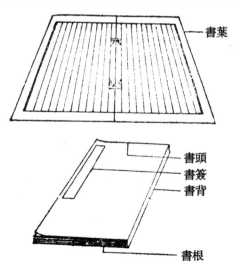

　　　　　　　　　　　　　　　　　　　　　——書葉

　　　　　　　　　　　　　　　　　　　　　——書頭
　　　　　　　　　　　　　　　　　　　　　——書簽
　　　　　　　　　　　　　　　　　　　　　——書背

　　　　　　　　　　　　　　　　　　　　　——書根

①見向達《唐代長安與西域文明》。

　　包背裝有兩種裝訂方法。一種是將背面對摺的書葉黏連在裏背紙上,這種方法除背面對摺外,同蝴蝶裝没有多大差别。另一種方法是考慮到書葉黏連費事,且易散落,糊多生霉生蟲,由於需黏連的這一邊尚有餘紙,於是有人便在邊欄外的餘紙上打兩個或三個孔,用紙捻成綫穿訂起來,再黏上裏背紙。明代的包背裝大部分采用第二種方法。錢基博説:"明則盛行包背裝,始由糊黏而改綫裝,版心向外,而以綫緝單口,用厚紙或綾絹等包之,以滅鍼綫之迹,如今之和裝然。世所傳之《永樂大典》殘本及清纂《四庫全書》,咸用黄綾包裱者是也。"①

　　采用包背裝的書閱讀方便了,但排架時直立容易磨損書口,使書葉斷裂,因此改爲平放。既然平放,就不必用硬封面,因此就有了軟面的書。

　　陳國慶曾專門介紹過現存采用包背裝的書,他説:

　　　　現今存世的這種裝訂的書,以元明版本爲最多。如北京圖書館所藏的元刊本《漢書》《文獻通考》等書,都是元刊元裝,其包背雖有破損,尚可看出當初裝訂的痕迹。其屬於明本的,如《明太祖御製詩集》《遼金元三史》《永樂大典》等書,全是朱絲欄寫本,黄綾包背裝。清代的包背裝,則以《四庫全書》爲最著。現今尚存四部,②各三萬六千餘册,一色包背形式。

　　　　到了清代,包背裝的技術,可以説已達到頂點。在其所謂内府寫本之中,除《四庫全書》外,還有一種所謂《玉牒》——皇室的家譜。每册長約九十公分以上,寬約五十公分以上,其最厚的可在五十公分以上。一律用宣紙畫朱絲

①《版本通義·歷史第二》。
②引者案:文瀾閣本有補配。

欄,端楷寫成。其最重的,一册約可百五六十市斤。每當庋藏上架,須要二人力舉,方能移動。裝訂方法,就是采用包背形式。結束極爲堅固,二百年來,雖屢經遷動,至今毫無綻裂痕迹,這在裝訂史上,可以算是一個奇觀。[①]

蝴蝶裝、包背裝比其以前的書籍形式進步,但是它們也存在着一些缺點。葉德輝指出:"蝴蝶裝如禩帖,糊多生霉而引蟲傷。包背則如藍皮書,紙豈能如皮之堅韌? 若仿爲之,既費匠工,又不如綫裝之經久。"[②]正由於此,所以它們最終又被綫裝代替了。

第五節　綫裝

綫裝的方法,基本上同包背裝一樣,但不用整紙裹背,而是前後各加一張護葉,用綫連同正文訂在一起。

蔣元卿《中國書籍裝訂術的發展》一文,詳細介紹了綫裝的各道工序,現鈔録如下:

> 摺頁　書葉印成之後,首先摺葉。"摺書葉須看版心正中,勿隨手亂摺,恐致歪斜。遇破碎及首尾不全者,即斬補完全,薄漿細粘,勿纍前後葉。將油板細麻用力夾緊,置潔處。"摺書葉的方法有二:"一曰復摺,即每葉對齊版口之綫而復摺之,佳本書多如此。二曰捻摺,亦曰提摺,即用手捻書葉之版口,纍數葉而傾摺之,故所摺不無摺差,此於次等書多用之。"總之,"摺書葉,要摺得直,壓得久,捉得齊,乃爲

---

①《古籍版本淺説》第四章《書籍裝訂的演進》四《紙書的裝訂》。
②《觀古堂所著書》第二集《藏書十約》。

高手"。

　　分書　"摺葉之後，再依次排之，是曰分書，亦曰排書。但書數少者，類多先分後摺。"因爲我國書籍，大部分爲卷數，印刷和摺葉時，難免有此先彼後的。紙張柔薄，不便檢取，恐夾雙張，所以須將卷數、葉碼，分別理清，從末帖排起。如先排一百本的，就攤成一百椿，然後依次堆疊之。

　　齊綫　分好的書葉，天頭地脚不一定整齊，必須逐葉對準中縫，使其整齊，所以又曰"齊欄"。"約十餘日，取書齊綫，齊畢，照前法夾放净處一二日。"齊綫法有二：就是挨齊與撒齊。"挨齊者，葉與葉挨綫而齊也，此匯摺成之書葉，以左手傾書葉之角，以右手移書葉，挨綫而齊之，大都由上葉而齊至下葉。撒齊者，將摺成書葉匯之，撒開如扇，用指挑書葉而齊，大都由下葉而齊至上葉。但齊綫恒以下脚爲標準，蓋木版書籍，版心類多不一，而書之下脚又較天頭爲小，若盡齊其上，則版心大之書葉，其下脚之短顯而易見，既不美觀，又難裝訂，故不如齊下而使其上雖有參差，在天頭空位長處尚不覺也。書有無邊欄者，則依書口之字齊之。"

　　添副葉　所謂"副葉"就是每册書衣内的空白葉，"每本前後添副葉二三張"。"副葉用太史連，前後一樣兩張。"也可以用"單宣或汀貢（汀州所造竹料厚者），或潔净官堆"。按副葉的功用有二：第一可以保護書葉不受損傷，所以又名"護葉"。其次可避免潮濕，我國南方裝訂的書，有用萬年紅紙的，紅白相間，鮮艷異常。

　　草訂　書葉經過齊綫，添副葉以後，就要草訂，免使走動，"草訂，每本用綿紙訂三條，每條要挽一結，不用糊"。

　　加書面　書面位於副葉之外，所以也稱"書衣"，現在稱封面。"書面有用宋箋者，亦有用墨箋灑金書面者。明人收藏書籍，講究裝訂者少，總用棉料古色紙書面，襯用川連者多。錢遵王述古堂裝訂書面，用自造五色箋紙，或用洋箋書面，雖裝訂華美，却未盡善。不若毛斧季汲古閣裝訂書面，用宋箋藏經紙、宣德紙染雅色，自製古色紙更佳。至於松江黃綠箋書面，再加錦套，金箋貼籤，最俗。"按書面有布、紙兩種，現在最通行的書面紙有二，"一栗色，用毛邊紙刷以栗色裱成，普通書籍多用之。二瓷青色，用太史連（又稱杭連），施以瓷青色裱成者，佳本書籍多用之"。

裱書面的方法　"書面紙以細文宣紙，染古銅色，內襯以雲南皮紙。"也可"用涇縣連，或上好太史連紙，染荔枝或荔枝殼色，再摺帖紙一層（須有根者佳），棉紙一層襯之。將花椒煎湯，下白芨、白礬末少許，調乾麵打成糊，候天氣晴明，杉木板上裱之。如遇陰雨，發霉點，不可裱。裱後一二月方可裝書，如早用，紙性未定，後來必致短縮"。所以裱書面要"挺足候乾，揭下壓平，最好夏天做，秋天用"。

截書　書面加上，就進一步截書，"截書時，上下天地頭及書腦毛邊要放展，以闊且長爲貴，用力一刀截下"。"截要刀快，然後方平而光。"按明人截書，往往一本爲一本，所以一部書的各本刀口不齊。徐康《前塵夢影錄》說："在玉峰得《鴻慶居士大全集》，刀口不齊，據江湖書友云，明代人裝訂書籍，不解用大刀，逐本裝訂。"葉德輝《書林清話》卷七，也舉出很多例子，證明"明人截書，一本爲一本，推而至於宋元，亦莫不然"。證以北京圖書館所藏宋元殘冊，可知確是事實。近時用切刀機，按照規定尺寸切成，大小一致，無參差不齊的毛病。

打磨　切好的書，難免或有刀紋，還要"砂紙磨光，勿要參差毛糙"。在打磨時，"用力須輕而勻，則書根光而平。否則不妥"。

　　包角　珍貴的書籍,多有用綾絹包角的,取其堅固,並增美觀。又有一種"鑲包角",就是包角時遺去上下副葉數張,驟視之,好似鑲的白邊。大概"北方書喜包角,南方殊不相宜。包角不透風,則生蟲,糊氣三五年尚在,則引鼠"。

　　釘眼　磨光或包角之後,在靠近書背之處,隨書本的闊狹,確定打眼的距離。"打眼時,須與草訂之孔一綫筆對,勿出於參差。""訂書眼要細,打得正而小。草訂眼亦然。又須少,多則傷書腦,日後再訂,即眼多易破,接腦煩難。"所以"通常四眼或六眼",有用八眼的。主要的是應視書本大小、書背寬狹而定。

　　穿綫　穿綫又叫訂綫,"用上好清水絹綫左手捻成者。約每本書,綫經七本書長,方可長條雙扣。書本薄者,綫經六本足矣。極厚者再加"。訂的時候,"要訂得牢,嵌得緊,方能不脱而緊"。

　　貼簽　書簽是書的衣飾,古人十分注意。"書簽用宋箋藏經紙,古色爲上。"用深古色裱一層,但仍要視書衣的顏色而定。貼書簽時,要款貼、整齊,不可長短、闊狹、上下、歪斜。

　　以上就是綫裝書籍的裝訂過程和方法(當然前五項也適用於包背裝)。①

　　綫裝書出現也很早,李致忠在大英圖書館東方部所藏的敦煌遺書中,見到了不少綫裝書。如唐寫本《金剛般若波羅蜜經》,尾有"時天復五年(九〇五)歲次乙丑三月一日寫竟。信心受持,

---

① 載《圖書館學通訊》一九五七年第六期。其中引文均見其所據《古今秘苑》《藏書紀要》《藏書十約》及《圖書館組織與管理》等書,不再一一注明。

老人八十有三”兩行，該書“原來用綫縫續的孔眼猶存，凡三眼，表明當年是一本綫裝書。這一事實表示，早在唐代末期，綫裝形式的書就已出現”。又如五代寫本《開蒙要訓》，卷尾有“顯德五年（九五八）十二月十五日大雲寺學郎”一行，該書“右邊有裝訂遺孔，裝訂綫已佚。證明此件當時是綫裝形式”。再如北宋寫本《金剛般若波羅蜜經》，卷尾有“于時大宋乾德七年（九六九）己巳歲四月十五日，大乘賢者兼當學禪録，何江通發心敬寫大小經三築子，計九卷。晝夜念誦，一心供養，故記之耳”題記四行。“此經裝幀，亦是將雙面書字的單葉對摺，形成四面有字。凡五十二葉，一百零四面。首葉背面右半葉，末葉背面左半葉均不書字，以爲前後封面。前封面居中豎題‘金剛般若波羅蜜經’，對摺好書葉依次排完，摺邊朝右，戳齊，做爲書脊，而後沿右邊上中下等距離鑿四個洞，用雙股擰好的絲綫繩橫索豎穿，最後在中孔書背處打繫蝴蝶結。迄今雖已歷一千餘年，裝幀宛在，裝綫猶存，且還相當堅實牢固。這又是一本典型的綫裝書。”①一九七四年七月在山西應縣佛宮寺木塔内發現的遼代寫經、雜鈔中，《大方廣佛華嚴經隨疏演義鈔卷第一並序》《大方廣佛華嚴經隨疏演義鈔序》《大方廣佛華嚴經隨疏演義鈔玄鏡記卷第三》上半、《大乘雜寶藏經及唱詞》等四件均爲綫裝成册。② 宋張邦基也談到某些宋本書已采用了綫裝的形式：

　　　　王洙原叔内翰常云：作書册，粘葉爲上。久脱爛，苟不逸去，尋其次第，足可鈔録。屢得逸書，以此獲全。若縫績，

---

①《英倫閱書記》（下），載《文獻》一九八七年第四期。

②見國家文物局文物保護科學技術研究所、山西省古代建築保護研究所、山西省雁北地區文物工作站、山西省應縣木塔文物保管所《山西應縣佛宮寺木塔内發現遼代珍貴文物》表二，載《文物》一九八二年第六期。

歲久斷絕，即難次序。初得董氏《繁露》數册，錯亂顛倒，伏讀歲餘，尋繹綴次，方稍完復，乃縫繢之弊也。嘗與宋宣獻談之，宋悉令家所録者作粘法。予嘗見舊三館黄本書及白本書，皆作粘葉。上下欄界出於紙葉，後在高郵借孫莘老家書，亦如此法。又見錢穆父所蓄亦如此……蓋前輩多用此法。予性喜傳書，他日得奇書，不復作縫繢也。①

文中"粘葉"指的是蝴蝶裝，而"縫繢"顯然指的是綫裝了。從這段記載可知綫裝在當時還是一種不成熟的裝訂方法。大約在明代才爲人們所普遍接受，然後從清代一直風行到現在。②

　　綫裝書是現存古書的主要形式，現在大量的雕版印刷書籍多爲綫裝。其單葉形式與包背裝略同，整本則各異。今分別附圖。

　　首先，我們依據下面的附圖介紹一下一本書版面上的有關術語：

　　版面　　紙面上印版所占有的面積叫版面。

　　版框　　版面的四周叫版框。

　　邊欄　　版框的邊綫叫邊欄，也叫欄綫。上邊的邊欄叫上欄，下邊的邊欄叫下欄，左邊的邊欄叫左欄，右邊的邊欄叫右欄。上下左右爲單綫的叫四周單邊，上下左右爲雙綫的叫四周雙邊，上下爲單綫，左右爲雙綫的叫左右雙邊。

　　天頭、地脚、邊　　上欄以外的空白餘紙叫天頭，下欄以外的空白餘紙叫地脚。天頭、地脚也合稱天地頭。左欄、右欄以外的空白餘紙都叫邊，供裝訂用。

　　書耳　　邊欄的左上方，刻有長方形的欄格用來記書名或篇

①《墨莊漫録》卷四。
②參看蔣元卿《中國書籍裝訂術的發展》。

名的叫書耳。

　　界行　劃分版面的直綫叫界，兩條直綫之間部分叫行。一葉書有幾行，每行有幾個字通常按半葉計算，稱爲半葉幾行幾字，有時將"半葉"二字省掉。這幾行幾字又叫行格。

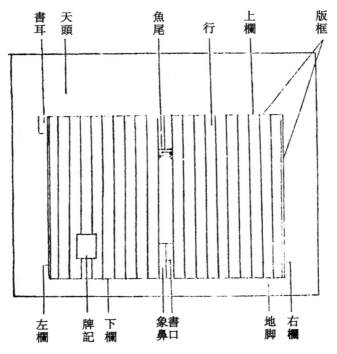

　　版心（書口）　版面中間不刻正文的那一行叫版心，也稱版口或書口。版心中間不印黑綫的叫白口，印有黑綫的叫黑口。黑綫細窄的叫小黑口，黑綫長寬的叫大黑口或闊黑口。黑綫刻在版心上方的叫上黑口，黑綫刻在版心下方的稱下黑口。版心上、下都刻黑綫的叫上下黑口。白口中間印有書名的稱花口。

　　魚尾　在版心刻有"◤"記號，按其形狀叫魚尾。魚尾分叉處，正當版面中心，是摺疊書葉的標準點。版心中有一個"◤"記

號的叫單魚尾,版心上下各有一個"▰"記號的叫雙魚尾。版心
中刻有三個"▰"記號的稱三魚尾,如明初刻本《春秋書法鉤玄》
即是,但不多見。

象鼻　多數版心上下各有一道橫綫,版心中的上下橫綫至
上下邊欄形成上下各一個空格叫象鼻。象鼻中往往刻有該葉字
數、刻工或書名。

牌記　有的綫裝書往往在序目、卷末以及其他空白處刻上
出版單位的標記、廣告等,統稱牌記。

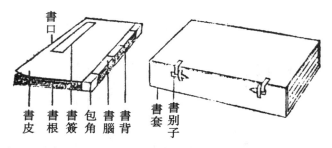

下面,再介紹一下一册綫裝書的有關術語:

書腦　書葉左右邊欄以外錐眼訂綫的地方叫書腦。

四眼針裝、六眼針裝　一般在書腦上打四個孔的裝式叫四
眼針裝。厚一點、書頁大一點的書有時在上下角各多打一個孔,
其裝式稱六眼針裝。

書背　書葉裝訂縫合之處與書口相對的側面,稱爲書背,也
叫書脊。

書根、書頭　一册書的最下端稱爲書根。書根上每寫明書
名和册數以便檢索。書的最上端稱爲書頭。

書皮　書籍的最外層,起保護書的作用,或稱書衣,也叫
書面。

書簽　書皮上黏附的簽條,記有書名和卷數,或題名書款

等，也叫作書皮題簽。

　　副葉　在書皮的裏面，另襯兩三張空白紙稱爲副葉，一般都是前三、後二，或前後各二葉。它的作用主要是保護書葉，使之不受損傷，因此也叫護葉；也可供寫跋語題識。

　　封面　古書的封面位於副葉的後面。封面上印有書名、撰書人姓名和刊版地點等。現在常稱爲書名葉，與封皮加以區別，又稱內封面。

　　這些術語都是辨別和記載版本時所必須知道的。

　　綫裝是我國古書册葉制度發展的最高階段。它主要是用來裝刻印本及活字印本書的，但對鈔本書也同樣適用。直到今天，綫裝書在出版物中仍占有一定數量，雖然它已逐步被平裝、精裝等現代形式所替代了。

第四章　雕印本的品類

　　現存古籍絕大部分是雕印本,而雕印本又因雕印的時代、地域、刻書單位,以及版本形式、刻印情況、流通情況等具體條件的不同,具有不同的特點和價值。將雕印本的品類加以區分和研究,對於我們鑒定和使用各種版本是十分重要的。陳寅恪先生《隋唐制度淵源略論稿》一《叙論》云:"此書微仿天竺佛教釋經論之例,首章備致詳悉,後章則多所闕略。"此章亦效之,故第一節論證甚詳者,其後更不細述。

第一節　按時代區分

一　唐本

　　印刷術發明於中國並非偶然,它是在我國古代一些原始印刷方法的啟發下產生的。

　　清李元復云:"書籍自雕鐫板印之法行,而流布始廣,亦藉以永傳。然創之者必不甚難,以自古有符璽可師其意,正無待奇想巧思也。"①我們祖先有用印章的習慣,它一直保持到現在。將印章鈐在紙上,這就同雕版印刷近似。值得注意的是元陶宗儀曾紀述漢人佩帶的一種用來逐鬼辟邪的大印:印長三寸,廣一寸,四方,或用玉,或用金,或用桃木,因其作於正月卯日,故名剛卯,又謂之大堅。上面刻着銘文,長的達六十餘字。② 晉葛洪云:"古之人入山者,皆佩黃神越章之印,其廣四寸,其字一百二十,以封泥③著所住之四方各百步,則虎狼不敢近其內也。"④顯然這數十字乃至一百二十字的印文,已經是一篇短文。紙流行以後,道家就不僅在入山時,把這種黃神越章之印印在封泥上,而且平時也印在紙上送給信徒,這就更容易使人們產生利用這種方法來印書的聯想。

此外拓碑也給雕版印刷術的發明以啟發。《後漢書·蔡邕傳》談到熹平四年(一七五)蔡邕書丹刻石而立石經之事,已見本編第二章第二節。石經既可拓印,一般碑文當然也可拓印。有的石碑因年長日久經風化而看不清了,或者在天災兵燹中毀掉了,可是拓印本還在,人們自然會想到利用拓印本復刻石碑,並且會進一步想到也可以利用木板根據拓印本來復製原碑文。杜甫《李潮八分小篆歌》就提到了人們用木板復刻李斯所書嶧山碑的情況:"嶧山之碑野火焚,棗木傳刻肥失真。"⑤一般碑文利用木板傳刻再被人們轉拓,這又朝印刷術的發明邁進了一步。

雕版印刷術發明於何時,學術界尚無一致看法。明胡應麟

①《常談叢錄》卷一。
②《南村輟耕錄》卷二四《剛卯》。
③古人簡牘、書函等用繩穿連,卷起後以丸泥封之,泥上加蓋印章,以防偷拆。其泥稱封泥。
④王明《抱朴子內篇校釋》卷一七《登涉》篇注:"方術家以爲黃神越章能避虎狼,亦能殺鬼。《善齋吉金錄·璽印錄》具載黃神越章之印數圖。"
⑤《全唐詩》卷二二二。

稱:陸深"《河汾燕閒録》云:'隋文帝開皇十三年十二月八日敕廢像遺經,悉令雕板。此印書之始。'據此説,則印書實自隋朝始"。① 當然,這還需要研究證實。有人認爲唐太宗貞觀十年(六三六)開始雕版印書②,主要依據是明邵經邦的一段話:"太宗后長孫氏,洛陽人。……崩,年三十六,上爲之慟。及宫司上其所撰《女則》十篇,采古婦人善事……帝覽而嘉嘆,以后此書足垂後代,令梓行之。"③清鄭機引用並肯定了邵經邦的觀點,指出:"可見梓行書籍,不始於馮道。"④

　　唐馮贄《雲仙散録》引《僧園逸録》云:"玄奘以回鋒紙印普賢像,施於四方,每歲五馱無餘。"玄奘法師於貞觀三年(六二九)西游印度,十九年(六四五)歸國,寧德元年(六六四)圓寂。所以這應是七世紀中葉的事。雖然《雲仙散録》已被公認是一部僞書⑤,這條資料不盡可靠,但唐代佛教徒爲了傳教常把佛像刻在紙上施於四方却是事實,敦煌遺書中就有不少印有佛像的卷子。這也可説是雕版印刷術的先驅。

　　九世紀,雕版印刷術已經流行。元稹《白氏長慶集序》云:

　　　　《白氏長慶集》者,太原人白居易之所作。……二十年間禁省觀寺,郵候牆壁之上無不書,王公妾婦、牛童馬走之口無不道,至於繕寫模勒,衒賣於市井,或持之以交酒茗者,處處皆是(揚、越間多作書模勒樂天及余雜詩,賣於市肆之中也)。……長慶四年冬十二月十日(八二五年一月二日)

---

① 《少室山房筆叢》甲部《經籍會通》卷四。
② 張秀民《中國印刷術的發明及其影響》一《印刷術的起源》之二《雕板的發明》。
③ 《弘簡録》卷四六。
④ 《師竹齋讀書隨筆彙編》卷一二。
⑤ 參看《四庫全書總目》卷一四〇《雲仙雜記》提要、余嘉錫《四庫提要辨證》卷一七《雲仙雜記》。

微之序。①

　　清人趙翼首先注意到這條材料，指出："'摹勒'即刊刻也，則唐時已開其端歟？"②王國維認爲："夫刻石亦可云摹勒，而作書鬻賣，自非雕板不可，則唐之中葉吾浙亦已有刊板矣。"③這樣理解是符合實際情況的。當時民間雕印日常應用圖書的現象已相當普遍，故馮宿《禁版印時憲書奏》有云："準敕：禁斷印曆日版。劍南兩川及淮南道皆以版印曆日鬻於市，每歲司天臺未奏頒下新曆，其印曆亦已滿天下，有乖敬授之道。"④大概馮宿的意見被采納了，所以《舊唐書·文宗紀》載："太和九年（八三五）十二月……丁丑，敕諸道府不得私置曆日板。"然而政府的這道禁令似乎收效甚微。⑤ 現在尚存有乾符四年（八七七）和中和二年（八八二）出的曆書，都是僖宗時期的出版物，後者還有"劍南西川成都府樊賞家曆"字樣，顯係民間雕印的。這兩部曆書現均存倫敦。⑥ 值得注意的是這個時期雕印的書，內容相當豐富並且呈現出民間實用的特色。唐柳玭《家訓序》云："中和三年（八八三）癸卯夏，鑾輿在蜀之三年也。余爲中書舍人。旬休、閱書於重城之東南，其書多陰陽雜説、占夢相宅、九宮五緯之流，又有字書小學，率雕板印紙，浸染不可盡曉。"⑦根據這段記載，説明唐末成都

①《元氏長慶集》卷五一。

②《陔餘叢考》卷三三《刻書書冊》。

③《王國維遺書》第十二册《兩浙古刊本考》。

④《全唐文》卷六二四。

⑤宋王讜《唐語林》卷七云："僖宗入蜀，太史曆本不及江東。而市有印貨者，每參互朔晦，貨者各徵節候，因爭執，里人拘而送公。執政曰：'爾非爭月之大小盡乎？同行經紀，一日半日殊是小事！'遂叱去。"可證。

⑥書影見張秀民《中國印刷術的發明及其影響》圖九、圖十。

⑦《舊五代史·唐書·明宗紀》注引，兩《唐書》本傳及《全唐文》所載《家訓》均無此序。

書鋪出售的，大部分已經是雕印本了。

我們還應當注意到：道教徒、佛教徒在進行宗教宣傳時，客觀上也爲印刷術的發明與推廣作出了貢獻。唐范攄云："紇干尚書泉苦求龍虎之丹十五餘稔，及鎮江右，乃大延方術之士。乃作《劉宏傳》，雕印數千本，以寄中朝及四海精心燒煉之者。"①張秀民指出："雁門人紇干泉做江南西道觀察使，是在宣宗大中元年（八四七）至三年（八四九）……這是有關道教徒印書的最早記載。"②唐代佛教徒雕印的書籍似乎更多，今舉司空圖一文爲例：

> 爲東都敬愛寺講律僧惠確化募雕刻律疏（印本共八百紙）……今者以日光舊疏，龍象弘持，京師盛筵，天人信受，□迷後學，競扇異端。自洛城罔遇，時交乃焚，印本漸虞散失，欲更雕鏤。惠確無愧專精，頗嘗講受，遠欽信士，誓結良緣，所希龜鏡益昭，津梁靡絕，再定不刊之典，永資善誘之方。必期字字鑴銘，種慧牙而不竭；生生親眷，遇勝會而同聞。敢期福報之微，願允標題之請。謹疏。③

向達認爲司空圖此文"必作於咸通末第一次入洛時，距宣宗大中復修佛寺不遠，故'洛城罔遇，時交乃焚'云云，當指會昌廢佛之禍而言。……迄大中時佛教復興，敬愛寺亦亟圖恢復，重雕律疏，故圖文所云'自洛城罔遇，時交乃焚'以下四語，其爲特指會昌毀佛之事而言，蓋確然有據。而會昌、咸通時之即有印本，亦

---

①《雲溪友議》卷下《羨門遠》。
②張秀民《中國印刷術的發明及其影響》一《印刷術的起源》之二《雕板的發明》。
③《一鳴集》卷九。

於斯可見"。[①] 另外,疏題附注載明要印八百紙,可見當時印書規模已很可觀。

一般認爲我們現在能見到的最早的雕印本,是在唐懿宗咸通九年(八六八)印的《金剛經》〔圖版十一〕。它由七張紙粘成一卷,全長十六尺,完整無缺。卷首,還有一幅釋迦牟尼佛在祇樹給孤獨園的説法圖,妙相莊嚴,鏤刻精美,是一幅技法成熟的作品。卷末,有"咸通九年四月十五日王玠爲二親敬造普施"一行。這一本書被英籍匈牙利人斯坦因竊取,現收藏在大英博物院。一九五三年,在四川成都東門外望江樓附近唐墓中發現的,唐成都府成都縣龍池坊卞家刻印的《陀羅尼經咒》,上刻古梵文經咒和小佛像。這可以説是國内現存最古的印刷品。

不過本世紀六十年代又發現了更早的刻經。美國富善(L·C·Goodrich)説:

最近,有一項新的發現,如果證實是確鑿的話,它將把木板印刷術的歷史推前十五年左右,甚至更早一些。一九六六年十月,一些朝鮮學者在慶州〔位於朝鮮東南部,古老的新羅王朝(六六八至九三五)的首都〕佛國寺内,發現一座名叫釋迦塔的石塔(Stupa——是一種塔形結構,用於保存佛教宗教物品)遭到破壞。經過調查,他們發現在石塔的内部藏有一卷印刷的佛經。……

新發現的經卷,是厚桑皮紙卷軸形式,軸心是竹制的,兩端都涂以光漆。經文長約六百三十厘米,闊六厘米,印刷部分爲五點三厘米闊。由於經軸的保存情況較差,不能把它全部展開,因而無法決定它的準確長度。實際上,

---

①向達《唐代長安與西域文明》:《唐代刊書考》。

經軸的大約三分之一已遭到嚴重的蟲蛀；然而，其餘部分的情況尚佳。經過進一步檢查，發現經文是用一組木板進行印刷的，木板共十二塊，每塊約二十到二十一吋長，經過印刷，然後將紙張粘連起來，成爲連續不斷的經卷。①

胡道静爲該文所作的注釋説：

由於建塔是在公元七五一年，所以這件印刷品的印成年代，下限是公元七五一年。

《無垢净光大陀羅尼經》的漢字譯本是彌陀山留居唐王朝首都長安的最後一年譯成的，也就是此經的第一個漢字譯本。所以這件印刷品的印成年代，上限是公元七〇四年。印品不能超越譯成的年代。

富善還説："我認爲，所有這一切，仍然説明中國是最早開始發明印刷術的國家，印刷術是從它那裏傳播到四面八方的，而佛教是主要傳播媒介之一。"如果上述這件印刷品是可靠的話，那麼它的出現比咸通九年（八六八）雕印的《金剛經》還要早一百多年。現存的東西未必就是首先出現的東西，所以印刷術的發明年代實際上應當更早。有人説印刷術出現於唐代以前，這種可能性是有的，不過還没有實物作證。

綜上所説，從現有材料看，印刷術至遲出現於唐代。唐雕印本有日曆、佛經、字書、小學、詩集，以及陰陽雜説、占夢相宅、九宮五緯、道家著述等。刻書地點可考者有四川、江蘇、浙江、洛陽、敦煌等處。

---

① 梁玉齡譯《關於一件新發現的最早印刷品的初步報告》，載《書林》一九八〇年第三期。下列富善文及胡道静注均出此。

二　五代本

五代雕印圖書較唐代有了很大發展，比較突出的是國子監雕印的九經。《册府元龜》云：

> 後唐宰相馮道、李愚重經學，因言漢時崇儒有三字石經，唐朝亦於國學刊刻。今朝廷日不暇給，無能別有刊立。嘗見吳蜀之人鬻印板文字，色類絕多，終不及經典。如經典校定雕摹流行，深益於文教矣。乃奏聞。敕下儒官田敏等考校經注。敏於經注，長於詩傳，孜孜刊正，援引證據，聯爲篇卷，先經奏定，而後雕刻。①

《舊五代史》亦載後唐長興三年（九三二）二月，"中書奏請依石經文字刻九經印版。從之"。②

九經是指《易經》《詩經》《書經》《春秋左氏傳》《春秋公羊傳》《春秋穀梁傳》《儀禮》《周禮》《禮記》。其中有四部是在後漢時才開始雕印的。宋王溥云："乾祐元年（九四八）閏五月，國子監奏：'見在雕印板九經內，有《周禮》《儀禮》《公羊》《穀梁》四經未有印本。今欲集學官校勘四經文字鏤板。'從之。"直到後周太祖廣順三年（九五三）六月，九經才全部印完，一共用了二十年時間。故王溥復云："廣順三年六月，尚書左丞兼判國子監事田敏進印板九經書、《五經文字》《九經字樣》各二部一百三十册。"③此外，後周國子監還雕印了一部《經典釋文》，亦見《會要》同卷。由於這些書籍是由國子監主持刊刻的，書版也藏在國子監，所以稱爲五

---

①《册府元龜》卷六〇八學校部《刊校》。
②《舊五代史》卷四二《唐書・明宗紀》。
③《五代會要》卷八《經籍》。

代監本,其九經稱爲監本九經。

五代監本曾經宋人收藏並加珍視。邵博云:"予曾大父遺書,皆長興年刻本,委於兵火之餘,僅存《儀禮》一部。"[1]洪邁亦云:

> 予家有舊監本《周禮》,其末云:"大周廣順三年癸丑五月,雕造九經書畢。"前鄉貢三禮郭嶸書。列宰相李穀、范質、判監田敏等銜於後。《經典釋文》末云:"顯德六年己未三月,太廟室長朱延熙書。"宰相范質、王溥如前,而田敏以工部尚書爲詳勘官。此書字畫端嚴有楷法,更無舛誤。[2]

南宋陳振孫還提到他收藏過《九經字樣》:"《九經字樣》一卷,往宰南城,出謁,有持故紙鬻於道者,得此書,乃古京本,五代開運丙午(九四六)所刻,遂爲家藏書籍之最古者。"[3]

五代監本今已無存,王國維研究過它的行款及影響。他説:

> 監本行款據日本室町氏所刊《爾雅》(《古佚叢書》有復刊本)末有"將仕郎守國子四門博士臣李鶚書"一行,其本避南宋諱,當是南渡後重翻五代監本或翻宋時遞翻之本(觀《釋草》"椴、木、槿"注"日及"不作"白及",是經宋人修改之證)。其書每半葉八行,行大十六字,小二十一字,與唐人卷子本大小行款一一相近,竊意此乃五代南北宋監中經注本舊式。他經行款固不免稍有出入,然大體當與之同。如吳中黃氏所藏《周禮・秋官》二卷,昭文張氏所藏《禮記》殘卷,內府所藏《孟子章句》十四卷,皆與李鶚本《爾雅》同一行款,亦疑宋時監本。若翻監中之本,又後來公私刊本,若建大字

---

①《河南邵氏聞見後錄》卷五。
②《容齋續筆》卷一四《周蜀九經》。
③《直齋書錄解題》卷三《九經字樣》。

本、興國軍本、盱江廖氏及相臺岳氏本,凡八行十七字之本,殆皆淵源於此。①

後唐明宗十分重視經書的雕印工作,使五代國子監雕印經書有了一個良好的開端。他曾下詔說:

> 朕以正經事大,不同諸書,雖以委國學差官勘注,蓋緣文字極多,尚恐偶有差誤,馬縞以下皆是碩儒,各專經業,更令詳勘,貴必精研,宜委國子監於諸色選人中召能書人謹楷寫出,旋付匠人雕刻。②

王溥還詳細介紹了後唐國子監刻書的具體情況:

> 後唐長興三年(九三二)二月,中書門下奏請依石經文字刻九經印板,敕令國子監集博士儒徒,將西京石經本,各以所業本經句度鈔寫注出,仔細看讀,然後雇召能雕字匠人,各部隨帙刻印板,廣頒天下。如諸色人要寫經書,並須依所印敕本,不得更使雜本交錯。其年四月,敕差太子賓客馬縞、太常丞陳觀、太常博士段顒、路船、尚書屯田員外郎田敏充詳勘官。兼委國子監,於諸色選人中,召能書人端楷寫出,旋付匠人雕刻,每日五紙。③

從這一系列的嚴格措施中,可以看出五代監本的質量是相當高的。將校勘者、書寫人的姓名附於書後,也體現了當時國子監刻書的負責態度。

五代時期還開了封建士大夫私家刻書的風氣。宋王明清云:"毋丘儉貧賤時,嘗借《文選》於交游間,其人有難色,發憤:

①《王國維遺書》第十一冊《五代兩宋監本考》卷上。
②《冊府元龜》卷六○八《學校部》《刊校》。
③《五代會要》卷八《經籍》。

'異日若貴,當板以鏤之,遺學者。'後仕王蜀爲宰,遂踐其言。"①
此毋丘儉當爲毋昭裔之誤。《宋史·毋守素傳》云:"昭裔性好藏
書,在成都令門人勾中正、孫逢吉書《文選》《初學記》《白氏六帖》
鏤板,守素齎至中朝行於世。"②在宋滅蜀時,他家的書板曾被運
到汴京,宋朝政府考慮到這些書板是毋家私財自造,仍將書板發
還。毋氏書遍銷海内,其子孫也因而致富。③《愛日齋叢鈔》卷一
云:"自唐末以來,所在學校廢絕,蜀毋昭裔出私財百萬營學館,
且請板刻《九經》,蜀主從之,由是蜀中文學復盛。"吴則虞認爲:
毋昭裔請蜀主孟昶雕印的《九經》"即蜀大字本《九經》也,其刻在
馮氏《九經》刊成之後"。④

除毋昭裔外,五代私人還有刻自家集子的。和凝在後唐爲
翰林學士,後晉初爲端明殿學士兼判度支,天福五年(九四〇)爲
相,後周顯德二年(九五五)卒。《舊五代史·和凝傳》稱他"平生
爲文章,長於短歌艷曲,尤好聲譽,有集百卷,自篆於板,模印數
百帙,分惠於人"。⑤又貫休《禪月集》有王衍乾德五年(九二三)
曇域後序,稱其"檢尋稿草及暗記憶者,約一千首,乃雕刻成都,
題號《禪月集》"。再如宋黄伯思《東觀餘論》卷二《跋何水部集》
稱該集爲"天福本,但有詩二卷"。於此可見,五代監本多爲儒家
經典,私家刻本則更及類書、集部等。

五代刻本傳世甚少。羅振玉《鳴沙山石室秘録·雕版第二》
稱:"石室出《唐韻》《切韻》二種,爲五代細書小板刊本。"〔圖版十

①《揮麈録》:《揮麈餘話》卷二。

②《宋史》卷四七九。

③焦竑《焦氏筆乘》續集卷四《雕板印書》。

④《版本通論》卷三《五代刻書》。

⑤《舊五代史》卷一二七。

二〕《秘録》還著録有："《金剛經》梵夾小本①，每本葉七行十四字。經後題：'弟子歸義軍節度使特進檢校太傅兼御史大夫譙郡開國侯曹元忠普施受持'，後晉天福十五年（九五〇）己酉歲五月十五日記，雕板押衙雷廷美。"曹元忠在後晉開運四年（九四七）還請匠人雕印過觀世音菩薩像與大聖毘沙門天王像，這些單篇佛像下均刻有文字。如觀世音菩薩像下所刻文字有云："特進檢校太傅譙郡開國侯曹元忠雕此印板，奉爲城隍安泰，闔郡康寧。"下署"時大晉開運四年丁未歲七月十五日紀。匠人雷廷美"。②

　　國內現存五代雕印本當推杭州雷峰塔所出《一切如來心秘密全身舍利寶篋印陀羅尼經》。毛春翔介紹道：

　　　　一九二四年八月二十七日，杭州雷峰塔忽然倒塌，發現經卷，乃吳越國王錢俶刻的《陀羅尼經》，時在宋太祖開寶八年，論時代，已入宋朝，而其時錢氏猶未納土，視作五代刊物亦可。經卷長七尺六寸，高二寸五分，卷端題曰："天下兵馬大元帥吳越國王錢俶造此經八萬四千卷舍入西關磚塔永充供養。"經文共二百七十一行，每行十字，皮紙印，墨色淡而無香氣。因經卷塞在磚空內，年久受潮，不免霉爛，首尾完具中無破空的少極。浙館所藏一卷，首尾皆有缺失；惟浙江博物館藏的一卷，首有供養佛圖及錢俶題字。③

　　在此之前，一九一七年，吳興天寧寺經幢被毀，幢中也發現同樣經卷，其題記云："天下都元帥吳越國王錢弘俶印《寶篋印

①在這裏，羅振玉將經摺裝混稱爲梵夾裝。下面所引文獻也間有這種情況。
②《中國印刷術的發明及其影響》圖十六。
③《古書版本常談·唐五代刻本》。王國維《兩浙古刊本考》稱該經"共二百七十行，每行十字許"。

經》八萬四千部在寶塔供養,顯德三年(九五六)丙辰歲紀。"①但是這次發現的經卷下落不明。

綜上所述,五代雖然只有五十多年時間,而且政權頻繁更迭,但是在中國雕版史上却是一個十分重要的階段。首先,國子監雕印儒家經書是五代刊本的主流;其次,家刻本蓬勃興起,在五代本中也占有相當大的比重;再次則是公私雕印佛經都相當普遍,這三個方面對宋刻本都有巨大影響。

三　宋本

宋是我國雕版印刷事業的昌隆時代。宋章俊卿云:"景德二年(一〇〇五)五月戊申,(真宗)幸國子監閱書庫,問祭酒邢昺:'書版幾何?'昺曰:'國初不及四千,今十餘萬,經史正義皆具。'"②蘇軾也説:"余猶及見老儒先生,自言其少時欲求《史記》《漢書》而不可得,幸而得之,皆手自書,日夜誦讀,惟恐不及。近歲市人轉相摹刻諸子百家之書,日傳萬紙。學者之於書,多且易致如此。"③可見北宋公私雕印圖書事業發展都很迅速。

宋代刻書事業空前繁榮是與宋代統治階級大力提倡,以及社會經濟發展、刻書能力提高等原因密切相關的。爲了鞏固政權,太祖、太宗采取了中央集權的方法,州縣長官由文士擔任,而大批官員則由科舉産生。和唐代科舉名額限制甚嚴不同,宋代科舉向文人廣泛開放,只要文章合格,不分門第、鄉里,都可録取。地主階級知識分子通過科舉考試就可以當官,這在相當大

---

①《王國維遺書》第十二册《兩浙古刊本考》引。
②《山堂先生群書考索》後集卷二六。
③《蘇東坡全集》卷一一《李氏山房藏書記》。

的程度上造成了宋人喜歡讀書、藏書、刻書的社會風氣。仁宗時又開始在各州縣設立學校，逐步進展爲公立學校和私設書院都可講學。講學之風大盛，也刺激了儒家典籍的出版工作。

提倡佛道也是宋代統治者鞏固政權的措施之一。宋太祖統一後，對佛教采取保護政策，以爭取南方地主階級的支持，同時也爲了麻痹人民的思想。同樣，朝廷也重視道教。仁宗曾命徐鉉校正道書，真宗復命王欽若主持續修道藏，搜編道書四千三百多卷。全國各地還大修道觀，道教得以廣泛流行。這就是宋代大量雕印佛道經書的社會背景。

宋代還編了《太平御覽》《太平廣記》《文苑英華》《神醫普救》《册府元龜》《彤管懿範》等大型類書和總集。其目的固然是爲了粉飾太平、籠絡人才以鞏固政權，但在客觀上也推動了宋代刻書事業的發展。

總之，公元九六〇年宋朝建立後，社會日益安定，經濟日益發達，爲刻書印書事業之興旺提供了條件，而四川、浙江在五代已逐步形成了兩個刻書中心，也爲宋代出版業的繁榮奠定了基礎。

宋代刻書大抵分公私兩大系統，現將宋代官方刻書單位及現存書籍舉例列表如下：

刻書單位		書名	卷數	時間	出處	附注
官府刻	中央官府刻	國子監　脈經		一〇九六	書林清話	
		秘書監　張邱建算經	三	一〇八四	書林清話	
		崇文院　吳志	三〇	一〇〇〇	書林清話	
		左廊司局　春秋經傳集解	三〇	一一七六	書林清話	

續表

刻書單位			書名	卷數	時間	出處	附注
官府刻	地方官府刻	州(府、軍)	漢官儀	三	一一三九	國圖	臨安府
		縣	資治通鑑	二九四	一一三二	書林清話	餘姚縣
		各路臺、使、司 計臺	春秋繁露	一七	一二一一	國圖	江右計臺
		倉臺	隸續	二	一一八〇	書林清話	江東倉臺
		公使庫	禮記鄭注	二〇	一一七六	國圖	舒州公使庫
		漕司	呂氏家塾讀詩記	三二	一一八二	國圖	江西漕臺
		茶鹽司	資治通鑑	二九四	一一三三	國圖	兩浙東路茶鹽司
		轉運司	臨川先生文集	一〇〇	一一五一	國圖	兩浙西路轉運司
		提刑司	容齋隨筆	一六	一二一二	書林清話	江西提刑司
		安撫司	建康實錄	二〇	一一四八	國圖	湖北路安撫使司
學校刻(郡、縣、齋刻附)	州(府、軍)學	書院	袁爕絜齋家塾書鈔	一二	一二三一	書林清話	象山書院
		學舍	呂祖謙大事記	一二	一二一二	書林清話	吳郡學舍
		頖宮	論語集説	一〇	一一七九	國圖	湖州頖宮
		學宮	渭南文集	五〇	一二二〇	國圖	溧陽學宮
		郡齋	洪氏集驗方	五	一一七〇	國圖	姑執郡齋
		郡庠	通鑑紀事本末	四二	一一七五	國圖	嚴陵郡庠
		州(府、軍)學	群經音辨	七	一一三九	國圖	臨安府學
	縣學	縣學	漢雋	一〇	一一八三	國圖	象山縣學
		縣齋	乖崖先生文集	一二	一二六九	國圖	崇縣縣齋

　　宋代官府刻書十分注意爲政治服務，就其出版圖書的内容言，明顯偏重經史。太宗淳化五年(九九四)兼判國子監李至上言："五經書疏已板行，惟二傳、二禮、《孝經》《論語》《爾雅》七經

疏義未備，豈副仁君垂訓之意！今直講崔頤正、孫奭、崔偓佺皆勵精强學，博通經義，望令重加讎校，以備刊刻。"從之。同年，李至又建議"國子監舊有印書錢物所，名爲近俗，乞改爲國子監書庫官"。① 於是"始置書庫監官，以京朝官充，掌印經史群書，以備朝廷宣索賜予之用，及出鬻而收其直以上於官"。② 這説明國子監不僅是宋朝的最高學府，而且還是國家的主要出版機構，其雕印的重點則爲經史群書。到真宗時，經傳正義皆具，而到北宋末年，正史也全部由國子監鏤版頒行了。晁公武云：

> 嘉祐中，以宋、齊、梁、陳、魏、北齊、周書舛謬亡闕，始詔館職讎校。曾鞏等以秘閣所藏多誤，不足憑以是正，請詔天下藏書之家悉上異本。久之，始集。治平中，鞏校定《南齊》《梁》《陳》三書上之；劉恕等上《後魏書》；王安國上《周書》，政和中始皆畢，頒之學官。③

南宋時國家雖遭禍亂，經濟方面也困難重重，但國子監仍然出版了大量的經史圖書。李心傳云：

> 監本書籍者，紹興末年所刊也。國家艱難以來，固未暇及。九年（一一三九）九月，張彦實待制爲尚書郎，請下詔諸道州學，取舊監本書籍，鏤板頒賜。從之。然所取諸書多殘缺，故舊監刊六經無《禮記》，三史無《漢書》。二十一年（一一五一）五月，輔臣復以爲言。上謂秦益公曰："監中其他闕書，亦令次第鏤板，雖重有費，不惜也。"由是經籍復全。④

---

① 《宋史》卷二六六《李至傳》。
② 《宋史》卷一六五《職官志》。
③ 《郡齋讀書志》卷五《宋書》。
④ 《建炎以來朝野雜記》卷四。

　　爲了改變唐末五代武裝割據政權的混亂局面，太祖在開國以後不久便組織人員編輯刊行法律方面的書籍。李燾云：太祖乾德元年（九六三）"己卯，判大理寺事竇儀等上《重定刑統》三十卷，《編敕》四卷，詔刊板模印頒天下"。[①]《重定刑統》係根據後周的《大周刑統》刪訂，而《大周刑統》又繼承了《唐律疏議》，所以《重定刑統》是研究北宋以前法律的重要文獻。所附《編敕》則是皇帝臨時下達的有關法律規定的文獻彙編。《重定刑統》和《編敕》的印行，對當時國家政權的鞏固顯然起了不可替代的作用。

　　宋代雕印佛經達到了空前絕後的程度，公私所刊佛藏共有六部，凡三萬五千一百八十一卷。于乃義作過介紹，現節錄如次：

（一）開寶藏

　　北宋開寶四年（九七一）宋太祖趙匡胤派高品、張從信等人主持，在益州（今成都）監雕大藏經，至太平興國八年（九八三）大部刻成。此種佛藏，係根據唐代智昇和尚的《開元釋教録》編排，大部分在益州刊刻，刻成移到汴京。據記録，全藏有一千零七十六部，五千零四十八卷，經版十三萬多片。

　　此書框高二二·五厘米，每版二十二行，每半葉五行、行十四字或十六、十七字。硬黃紙、卷軸裝，用《千字文》編號（即天、地、玄、黃……）。就現存殘卷看，版心刻經名、頁次及編的字號，卷尾有"大宋開寶某年某歲奉敕雕造"及刻工姓名，也有印刷的經過及年月。

　　此書現僅有零殘本，國家圖書館藏開寶藏《阿惟越致遮

---

① 《續資治通鑑長編》卷四。

經》上卷，國內和日本也還存其他零卷。此本字體仿歐書，整齊有稜角，但仍具疏落之致。

（二）崇寧萬壽大藏

宋神宗元豐三年（一〇八〇），福州城外白馬山的東禪寺沖真、普明、咸暉等和尚發起刻印佛藏，至宋徽宗政和二年（一一一二）畢成，但在南宋紹興、乾道以及元至治、泰定年間，還多次修補。據記錄，全藏六千四百三十四卷，開始用梵夾裝，計五百九十五函，《千字文》編號，始"天"字，終"號"字。

此書框高二三·八厘米，每半頁六行，每行十七字。其所以稱之爲"崇寧萬壽大藏"，是根據主持人普明題記："福州等覺禪院住持普明收印經版頭錢，恭爲今上皇帝祝延聖壽……雕造大藏經，印版計五百餘函，時崇寧元年日謹題。"（案："崇寧"是宋徽宗趙佶第二次改元的年號）"等覺禪院"即東禪寺。

此本現有零冊存國家圖書館、南京圖書館、上海圖書館等，字體仿效柳公權書，易於鑒別。

（三）毗盧大藏

此藏也是福州版。北宋政和二年（一一一二）開雕，至南宋乾道八年（一一七二）告成。主持人爲本明、宗鑒、行宗、了一和尚及蔡俊臣、馮檝、陳詢、陳靖、劉漸等人。此本框高二四·三厘米，每半頁六行，行十七字，六千一百一十七卷，也是梵夾本，五百六十七函。有刻工姓名。現存的一卷，卷末有一段題記："福州開元禪寺住持傳法賜紫慧通大師了一謹募衆恭爲今上皇帝祝延聖壽文武官僚資崇祿住圓成雕造毗盧大藏經版一副，時紹興戊辰閏八月□日謹題。"（案："毗盧大藏"即以此得名）

現國家圖書館和日本存有少數零本，字體仿歐陽詢書，爲宋刻的標準體。

（四）思溪圓覺藏

宋紹興二年（一一三二）湖州歸安縣松亭鄉思溪王永從圖家舍資開雕此藏，勸緣住持圓覺禪院懷深及凈梵和尚協助，因此得名《思溪圓覺藏》（案：湖州今屬浙江省）。此藏的刻印反映南宋初年浙江省已流行刻書事業。全本一千四百二十一部，五千四百八十卷，梵夾本裝爲五百五十函，《千字文》編號，始“天”終“合”。

此本框高二四·二厘米，每半葉六行，行十七字，卷尾刻有王永從的題識，也是爲“祝延今上皇帝”的。並刻有“雕經作頭李孜、李敏，印經作頭金紹，掌經沙門覺清，幹雕經沙門法祖，對經沙門仲謙、行堅、靜仁、道能、修敏，都對證宗鑒”。等於列舉了編輯（掌經）、校對（對經）和刻工領班（作頭）等姓名。

字體仍效歐書，但已兼虞世南的筆法（葉恭綽介紹説是蘇東坡體，與實際對證不符）。國家圖書館有《大智度論》，是清末楊守敬自日本取回的。

（五）思溪資福藏

此藏也是浙江刻本，記録爲“安吉州思溪法寶資福禪院開雕”。自淳熙二年（一一七五）始工，何時竣工不詳。此書與思溪圓覺藏同在一個地區雕刻，湖州在宋寶慶元年（一二二五）改名安吉州，可能此書刊刻於此時或再後一些時。清末楊守敬自日本購得此本四千多卷，現藏國家圖書館，惜均無年月地址姓名可考（前面的記録是根據日本收藏引録的）。此本板框及行數，均與《思溪圓覺藏》相同，所編《千字文》字號亦全同，但延長到“最”字，數量計五千七百四十卷，梵夾本五百九十九函。

（六）磧砂藏

此藏係宋代平江府磧砂延聖院在乾道年間（一一六五至一一七三）創始，紹定四年（一二三一）才開設了經坊，一名大藏經局，開雕全藏。主持人爲法忠和尚，直至元至治二年（一三二二）才完成，共歷時九十多年。計一千五百三十二部，六千三百六十二卷，梵夾裝，五百九十一函。《千字文》編號，始"天"終"煩"。

案：平江府即今蘇州，此時刻印事業不斷發展，磧砂藏雖然經歷的年代甚長，但全屬民間募刻。字體初效柳書，入元後，又兼有趙子昂秀麗的筆意。西安開元、臥龍兩寺收藏此部藏經約十分之八（今歸陝西省圖書館）。抗日戰爭前曾據以影印，改爲綫裝。云南省圖書館收藏原刻本曾借以補印兩百多冊，成爲全部。日本《昭和法寶總目錄》曾收錄《磧砂藏目錄》，核對缺元以後所刻部分，全目當以影印本爲準。[①]

宋代官府還刻了不少醫書，如《新編金匱要略方論》三卷、《傷寒論》十卷。據王國維所引當時公文，知宋代政府對這項工作比較重視。其文云："敕中書省勘會：下項醫書冊數重大，紙墨價高，民間難以買置，八月一日奉聖旨令國子監別作小字雕印。內有浙路小字本者，令所屬官司校對，別無差錯，即摹印雕板，並候了日廣行印造，只收官紙工墨本價，許民間請買，仍送諸路出賣。"[②]

---

① 《古籍善本書佛、道教藏經的版本源流及鑒別知識》，載《四川圖書館學報》一九七九年第三期。
② 《王國維遺書》第十一冊《五代兩宋監本考》卷中。

宋代私人刻書事業也十分發達,今就現存舉例列表如下。

刻書單位	書名	卷數	時間	藏所
建安劉日新三桂堂	童溪王先生易傳	三〇	一二〇五	國圖
婺源市門巷唐宅	鄭玄注周禮	一〇		國圖
鶴林于氏家塾	春秋經傳集解	三〇		國圖
建安余仁仲萬卷堂	春秋公羊經傳解詁		一一九一	國圖
建溪三峰蔡夢弼東塾	史記集解索隱	一三〇	一一七一	國圖
建安黃善夫家塾之敬堂	史記集解索隱正義	一三〇		國圖
錢塘王叔邊	後漢書注	九〇		國圖
趙與慫	通鑑紀事本末	四二	一二五七	國圖
畢萬裔宅富學堂	李侍郎經進六朝通鑑博議	一〇		國圖
劉通判宅仰高堂	纂圖分門類五臣注揚子法言	一〇		國圖
王氏取瑟堂	中說注	一〇		國圖
臨安府榮六郎家書籍鋪	抱朴子內篇	二〇		遼寧省圖書館
金華雙桂堂	梅花喜神譜	二		上海圖書館
杭州貓兒橋開箋紙馬鋪鍾家	文選	三〇		國圖

刻書單位	書名	卷數	時間	藏所
廖瑩中世綵堂家塾	昌黎先生集	四〇	一二六五至一二七四	國圖
吉安周必大	歐陽文忠公集	一五三	一一九六	江西省圖書館
建安虞平齋務本堂	東坡詩	二五		國圖
婺州王宅桂堂	三蘇先生文集	七〇		國圖
陳仁玉	趙清獻公文集	一六	一二六〇	國圖

　　從内容上看，官刻本側重正經正史，而私刻本遍及四部，却明顯偏重於子、集，正好彌補了官刻本的不足。可見宋代刻書事業的隆盛，是官私共同努力的結果。

　　下面我們談談宋刻本在形式上的一般特徵。從版式方面看，由於受到古卷子本的影響，前期多白口，四周單邊，書之首行小題在上，大題在下，序文、目録和書之正文不分開。後期多白口，左右雙邊，上下單邊，少數四周雙邊。這種變化是人們追求版面活潑美觀的結果。爲了便於計算勞動成果，便於裝訂，也爲了表示負責，版心上方常鐫刻大小字數，下方常鐫刻刻工姓名或出版單位簡稱，上下魚尾之間常鐫刻書名、卷次、頁碼。官刻本多在卷末鐫刻校勘人銜名；私刻本多在卷末鐫刻刻書題記或牌記。

　　從字體方面看，宋刻本多采用唐代著名書法家歐陽詢、柳公權、顔真卿諸家楷體。如臨安府陳宅書籍鋪雕印的《唐女郎魚玄機詩》用的就是歐體，建安黄善夫家塾之敬堂刊的《史記集解索隱正義》用的就是柳體，四川《眉山七史》用的就是顏體。這是因爲歐、柳、顏諸家楷體筆畫有棱角，便於施刀，爲刻工們所樂用，而北宋前期宋朝自己的書法大家如蘇、黃、米、蔡還尚未出現，因此未造成影響。當然也有的書其字體的特點不夠鮮明，這是我們在鑒定版本時應當注意的。

　　再從裝幀形式方面看，宋本多用蝴蝶裝與包背裝。《明史》稱：“秘閣書籍皆宋元所遺，無不精美。裝用倒折，四周向外，蟲鼠不能損。”[1]這段話中的“裝用倒折，四周向外”指的就是蝴蝶裝。李致忠指出：“今天北京圖書館所藏宋刻本《文苑英華》即保留着宋代包背裝的原樣，卷末有‘景定元年十月廿五日裝背臣王潤照管訖’字樣，説明南宋包背裝已很流行，並有專人管理了。”[2]

　　此外，宋本避諱已嚴。避帝諱、家諱的習俗反映在刻書上，就出現了許多諱字，這對我們鑒定版本是大有好處的。但是一些私刻本在避諱方面也不是很嚴格的。所以我們不能單憑避諱來鑒定版本〔圖版十三〕。[3]

　　從宋本書價的不斷提高，可以看出它越來越受到人們重視。在宋代，刻本書並不貴。《藕香零拾》本《藏書紀要》繆荃孫跋云：

　　　　宋王禹偁《小畜集》影宋鈔本，有紹興十七年（一一四七）校刊開列紙墨工價云：“今得舊本，計一十六萬三千八百四十八字，一部共八册，計五百三十二板。書紙並副板五百四十八張，表背碧青紙共一十一張，大紙八張，共錢二百六

①《明史》卷九六《藝文志·序》。
②《宋代刻書述略》，載《文史》第十四輯。
③請注意圖版十三第七行末“恒”字闕筆，宋真宗名恒。關於宋刻特徵，請參看其他宋代書影。餘可類推。

文足。賃板棕墨錢五百文足。裝印工食錢四百三十文足。
除印書紙外，共計錢一貫一百三十六文足。見成出賣每部
錢五貫文省。"

但是到了明代就出現了宋刻本按葉論價的現象。[①] 清黃丕烈云：
"近日書直昂貴，聞有無錫浦姓書賈，即浦二田之後，持殘宋本
《孟東野集》，索直每葉元銀二兩。"[②]

清孫慶增《藏書紀要·鑒別》云："宋刻本書籍傳留至今，已
成希世之寶，其未翻刻者及不全者，即翻刻過而又不全者，皆當
珍重之，吉光片羽，無不奇珍，豈可輕放哉！"這段話表達了明清
以來人們重視宋本的心理。

人們特別重視宋本，首先由於它刻印時間早，比較接近書的
原貌。黃丕烈云："校勘群籍，始知書舊一日，則其佳處猶在，不
致爲庸妄人刪潤，歸於文從字順，故舊刻爲佳也。"[③]其次則由於
當時重視這項工作，傳世宋本多數經過認真的校勘。王國維《五
代兩宋監本考》卷中曾録北宋監本《春秋左傳正義》校勘經進銜
名，現摘鈔如下：

> 承奉郎守光禄寺丞臣趙安仁書
> 勘官承奉郎守國子禮記博士賜緋魚袋臣李覺
> 勘官承奉郎守國子春秋博士賜緋魚袋臣袁逢吉
> 都勘官朝請大夫守國子司業柱國賜紫金魚袋臣孔維
> 詳勘官登仕郎守高郵軍高郵縣令臣劉若納
> 詳勘官登仕郎守將作監丞臣潘憲

---

① 見《書林清話》卷七《明毛晉汲古閣刻書之二》引滎陽悔道人《汲古閣主人小
傳》，後論明本具詳。
②《蕘圃藏書題識》卷四。
③《士禮居藏書題跋記續》卷上《武林舊事六卷》跋。參看本編第一章第二節。

　　詳勘官朝奉大夫太子右贊善大夫臣陳雅
　　詳勘官朝奉郎守大理正臣王炳
　　登仕郎守大理評事臣王煥再校
　　文林郎守大理寺丞臣邵世隆再校
　　中散大夫守國子祭酒兼尚書工部侍郎柱國會稽縣開國
　　　男食邑三百户賜紫金魚袋臣孔維都校
　　淳化元年（九九〇）庚寅十月　　日

從引文中可以看出北宋國子監刻書，委著名書法家寫樣，經過專家
反覆校勘，才付雕版。國子監這樣做當然會對宋代刻書事業産生廣
泛而深遠的影響。宋代的家刻本也非常注重校勘。清錢泰吉云：

　　宋岳倦翁刊九經三傳，以家塾所藏諸刻並興國于氏、建
　　安余仁仲本，凡二十本。又以越中舊本注疏，建本有音釋注
　　疏、蜀注疏合二十三本，專屬本經名士，反覆參訂，始命良工
　　入梓。其所撰《相臺書塾刊正九經三傳沿革例》於書本、字
　　畫、注文、音釋、句讀、脱簡、考異皆羅列條目，詳審精確，不
　　可不家置一編也。[①]

可見，岳氏爲了保證圖書質量，做了三項工作，即廣集異本、延用
專家、確定校勘程序。他刻印的書無怪乎要受到人們的重視了。
即使坊刻本，有的也經過認真校勘，如余仁仲爲其新刻《春秋公
羊經傳解詁》所作後記云：

　　公羊、穀梁二書，書肆苦無善本，僅以家藏監本及江浙
　　諸處官本參校，頗加釐正。惟是陸氏釋音字或與正文字不
　　同，如此序"釀嘲"，陸氏"釀"作"讓"；隱元年"嫡子"作"適"，
　　"歸含"作"唅"，"召公"作"邵"；桓四年"曰蒐"作"廋"。若此

――――――――――
①《甘泉鄉人稿》卷七《曝書雜記》。

者衆，皆不敢以臆見更定，姑兩存之以俟知者。紹熙辛亥
（一一九一）孟冬朔日建安余仁仲敬書。①

這篇文字雖然是書坊的廣告，但也反映了其主持人嚴蕭認真的
態度。

　　宋刻本的水平也是不平衡的。清杭世駿云："今之挾書以求
售者，動稱宋刻。不知即宋亦有優有劣，有太學本，有漕司本，有
臨安陳解元書棚本，有建安麻沙本，而坊本則尤不可更僕以
數。"②蘇軾、陸游都曾對當時"以意改書"③、"略不校讎"④的現象
提出過尖銳的批評。錢大昕云："今人論宋槧本書，謂必無差誤，
却不盡然。陸放翁《跋歷代陵名》云：'近世士大夫所至，喜刻書
板，而略不校讎。錯本書散滿天下，更誤學者，不如不刻之爲愈
也。'是南宋初刻本已不能無誤矣。"⑤顧千里還專門對南宋建本
提出過批評：

　　　　若夫南宋時建陽各坊刻書最多，惟每刻一書必倩雇不
　　知誰何之人任意增删換易，標立新奇名目，冀自衒價，而古
　　書多失其真。逮後坊刻就衰而浮慕之敝起。其所刻也，轉
　　轉舛錯脱落殆不可讀者有之，加以"牡丹""水利"觸目滿
　　紙，⑥彌不可讀者有之，又甚而奮其空疏白腹，敷衍謬談，塗

①《中國版刻圖錄》三七頁。參看本章第二節論坊刻本及圖版三十三。
②《道古堂全集》卷一九《欣託齋藏書記》。
③十二卷本《東坡志林》卷五。
④《渭南文集》卷二六《跋歷代陵名》。
⑤《十駕齋養新錄》卷一九《宋槧本》。
⑥顧炎武《日知錄》卷一八《別字》云："山東人刻《金石錄》，於李易安《後序》'紹
　興二年，元黙歲，壯月朔'，不知'壯月'之出於《爾雅》，而改爲'牡丹'。"《勘
　書》云："偶見《焦氏易林》舊刻，有曰……'井堙水刊'，乃'木刊'之誤；注云
　'刊，疑當作利'，失之遠矣。'隨山刊木'見於《尚書·禹貢》。"

竄創痕，居之不疑；或且憑空構造，詭言某本。變亂是非，欺
紿當世，陽似沽名，陰實盜貨，而古書尤失其真，若是者刻一
書而一書受其害而已矣。[①]

　　那麼，怎樣認識前人對宋本所作的這些批評呢？陸貽典
跋所校宋本《管子》云：“古今書籍，宋板不必盡是，時板不必盡
非。然較是非以爲常，宋刻之非者居二三，時刻之是者無六
七，則寧從其舊也。”[②]此言近乎佞宋，但從實踐的結果看，却大
體可信。

　　再次，宋刻爲世所共寶，還因爲它刊印精美，足爲後世刻書
的模範，同時還應將其作爲一種珍貴歷史文物而予以重視和保
存。孫慶增《藏書紀要》第二則《鑒別》云：“若果南、北宋刻本，
紙質羅紋不同，字畫刻手，古勁而雅，墨氣香淡，紙色蒼潤，展
卷便有驚人之處。所謂墨香紙潤，秀雅古勁，宋刻本之妙盡之
矣。”這乃是從文物的角度來肯定宋本書的價值。也是我們所
贊同的。

　　宋本情況及其可貴之處大體如此。

四　遼、金、元本

　　關於遼本。

　　一九七四年七月二十八日，國家文物局等單位在山西應縣
佛宮寺木塔内釋迦塑像中發現遼代珍貴文物一百六十件，其中
有遼刻經四十七件；寫經、雜抄共三十件；刻書與雜刻八件；繪

---

① 《思適齋集》卷十《重刻古今説海序》。
② 《書林清話》卷六《宋刻書多訛舛》條引。

畫、版刻印刷佛像七件。^①　這批遼代文獻的發現，使我們窺見了遼刻本的大概。

　　其值得注意的是十二卷契丹藏的發現。契丹藏有五百七十九帙，是我國繼北宋初開寶藏之後雕印的第二部大藏經。^②　在十二卷《契丹藏》中，《稱贊大乘功德經》卷尾有"燕臺聖壽寺慈氏殿主講法華經傳菩薩戒懺悔沙門道撰，時統和貳拾壹祀癸卯歲（一〇〇三）季春月朢生五葉記。弘業寺釋迦佛舍利塔主沙門智雲書，穆咸寧、趙守俊、李存讓、樊遵四人同雕"題記，可以推知契丹藏是在遼聖宗耶律隆緒統和年間用漢字書寫雕印於遼之燕京。閻文儒等人將契丹藏的一般情況，歸納爲以下幾點：

　　　　一、全部用漢字書寫雕版，大字楷書，工整有力。未見契丹字。

　　　　二、每版印成一整紙，由數紙至數十紙粘連成一卷，每卷各紙行數、每行字數基本一樣。

　　　　三、全部爲卷軸裝，圓木軸，竹製杆，縹帶爲絲織品。其中三卷爲原軸，兩卷杆和縹帶爲原物。

　　　　四、每卷用《千字文》編號。

　　　　五、每卷有譯者名，其中六卷卷首殘缺，不見譯者名。

　　　　六、行格疏朗，排列整齊，版式統一。

---

①詳見國家文物局文物保護科學技術研究所、山西省古代建築保護研究所、山西省雁北地區文物工作站、山西省應縣木塔文物保管所《山西應縣佛宮寺木塔內發現遼代珍貴文物》等六篇文章，均載《文物》一九八二年第六期。鄭恩淮《應縣木塔發現的七件遼代印刷品》，載《文獻》一九八六年第一期。本文所引有關遼本資料，皆據此數文，不再一一注明出處。

②見王昶《金石萃編》卷一五三《暘臺山清水院創造藏經記》。遼代自聖宗統和元年（九八三）至道宗清寧十年（一〇六四）的八十二年中，以契丹爲國號，故雕印於這個時期的遼藏稱爲契丹藏。

七、十卷經在開頭或前幾行行格間用一行小字注明經名、版碼及《千字文》編號。另外兩卷，一卷刻有小字"第二"及版碼，一卷只有小字版碼。

八、均爲硬黃紙。紙質極好，光潔堅韌，入漬避蠹，未見蟲蛀。

九、不避諱，與其他遼刻經不同。

十、其中三卷經卷首有精美的木刻佛畫，一卷僅存殘畫邊。知《契丹藏》經卷卷首多有精緻的佛畫。

十一、有三卷經背面蓋有戳記。《大方廣佛華嚴經卷第四十七》每紙背面均有長方形陽文楷書"寶嚴"戳記；《大法炬陀羅尼經卷第十三》和《中阿含經卷第三十六》兩卷，每紙背面均蓋有長方形雙邊陽文楷書"神坡雲泉院藏經記"朱印。[1]

還有唐代李翰編撰的兒童啟蒙課本《蒙求》，新發現的遼版是該書現存最早的版本，也是目前僅存的除佛經以外的遼刻本圖書〔圖版十四〕。

錢大昕說"遼人謹於避諱"[2]，這在新發現的遼刻本中得到了證實。在六十一件雕版印刷品中，有七件避遼諱。其中光字避遼太祖耶律德光諱；明字避遼穆宗耶律璟諱，因爲他後來改名爲明；賢字避遼景宗耶律賢諱，因爲他小字明扆，故亦諱明；真字避遼興宗耶律宗真諱。同宋本一樣，遼本不但避本字，而且也避同音字，其方法也用缺筆的方式。如《蒙求》一書中的甄、鎮、明、真、慎等字都缺末筆。[3]

---

① 閻文儒、傅振倫、鄭恩淮《山西應縣佛宮寺釋迦塔發現的〈契丹藏〉和遼代刻經》，載《文物》一九八二年第六期。
② 《十駕齋養新錄》卷八《壽隆年號誤》。
③ 詳見畢素娟《世所僅見的遼版書籍——〈蒙求〉》，載《文物》一九八二年第六期。

　　就版式而言，遼刻本中四周單邊、左右雙邊、四周雙邊兼而有之。其中大部分是四周單邊，《蒙求》係左右雙邊。有七種佛經及《燕臺大憫忠寺新雕諸雜贊一策》是四周雙邊。一般認爲魚尾都刻在版心，是供摺葉用的，而《燕臺大憫忠寺新雕諸雜贊一策》中的兩個魚尾不在版心，而被分別刻在兩行烏絲欄中，其作用顯然是爲了醒目和美觀。《燕臺大憫忠寺新雕諸雜贊一策》係細黑口，這對我們研究細黑口產生的時間頗有參考價值。

　　就裝幀形式而言，這次發現的遼刻經，絕大部分爲卷軸裝，計有四十二卷；蝴蝶裝四件。此外《妙法蓮華經卷第一》（Ⅲ式）原爲卷軸裝，爲了閱讀方便，改爲經摺裝。這些裝幀形式都與北宋相一致。值得我們重視的是在新發現的寫經、雜鈔中，有四件綫裝成冊。遼政權終於北宋末年，遼的書籍制度直接受到北宋的影響，因此遼本的發現對於我們研究北宋刻本也有十分重要的意義。

　　新發現的遼代文獻表明燕京是遼代的刻書中心。首先，契丹藏刻於燕京。該藏《稱贊大乘功德經》卷尾題記有刻工趙守俊之名，而《妙法蓮華經卷第四》（Ⅰ式）卷首畫題記也見契丹藏雕印於遼之燕京。其次，遼國政府還組織了燕京的一些寺廟雕印過其他經書。例如《釋摩訶衍論通贊疏》卷第十與《釋摩訶衍論通贊疏科》卷下之卷尾均有下面這段題記："咸雍七年（一〇七一）十月□日，燕京弘法寺奉宣校勘雕印流通。殿主講經覺慧大德臣沙門行安勾當，都勾當講經詮法大德臣沙門方矩校勘，右街天王寺講經論文英大德賜紫臣沙門志遠校勘，印經院判官朝散郎守太子中舍驍騎尉賜緋魚袋臣韓資睦提點。"從題記中可以看出遼代專門設有印經院，同北宋國子監一樣，遼印經院組織刻經，分工明確，態度認真。此外，寺中印經的紙也是由政府供給的。如《釋摩訶衍論通贊疏科》卷下第十四紙背面即有"宣賜燕

京"朱印。燕京有些寺廟自己也雕印了一些佛教宣傳品。例如
《燕臺大憫忠寺新雕諸雜贊一策》,其首行云:"燕臺大憫忠寺常
住院内新雕諸雜贊隨名各列如後。"再次,遼代燕京私人書坊也
很興旺。例如《妙法蓮華經卷第四》(Ⅲ式)的題記云:"攝大定府
文學龐可昇書,同雕造孫壽益、權司展、趙從業、弟從喜雕。燕京
檀州街顯忠坊南頰住馮家印造。"此外,《佛説八師經》題記爲"大
昊天寺福慧樓下成造"。《上生經疏科文》卷尾題記云:"時統和
八年(九九〇年)……燕京仰山寺前楊家印造。"

　　關於金本。

　　由於受到漢族文化的影響較深,金人的刻書事業同遼人比
較,又有明顯的發展。金世宗於大定二十三年(一一八三)八月,
"以女真字《孝經》千部,付點檢司分賜護衛親軍"。同年九月,
"譯經所進所譯《易》《書》《論語》《孟子》《老子》《揚子》《文中子》
《劉子》及《新唐書》。上謂宰臣曰:'朕所以令譯《五經》者,正欲
女真人知仁義道德所在耳。'命頒行之"。① 顯然,金世宗很會利
用漢族的傳統文化來加強思想統治。金章宗十分喜愛漢人詩
歌,史載明昌二年(一一九一)四月,"學士院新進唐杜甫、韓愈、
劉禹錫、杜牧、賈島、王建,宋王禹偁、歐陽修、王安石、蘇軾、張
耒、秦觀等集二十六部"。② 吳則虞認爲這些書是"金之官本之可
考見者"。③

　　金代官刻本發達與其推行科舉制度以吸引漢族地主階級知
識分子有關。《金史》還記載了當時學校用書情況:

　　　　凡經:《易》則用王弼、韓康伯注;《書》用孔安國注;《詩》

---

① 《金史》卷八《世宗紀》下。
② 《金史》卷九《章宗紀》一。
③ 《版本通論》卷三《遼之刻書》。

用毛萇注、鄭玄箋;《春秋左氏傳》用杜預注;《禮記》用孔穎達疏;《周禮》用鄭玄注、賈公彥疏;《論語》用何晏集注、邢昺疏;《孟子》用趙岐注、孫奭疏;《孝經》用唐玄宗注。《史記》用裴駰注;《前漢書》用顏師古注;《後漢書》用李賢注;《三國志》用裴松之注,及唐太宗《晉書》、沈約《宋書》、蕭子顯《齊書》、姚思廉《梁書》《陳書》、魏收《後魏書》、李百藥《北齊書》、令狐德棻《周書》、魏徵《隋書》、新舊《唐書》、新舊《五代史》。《老子》用唐玄宗注疏,《荀子》用楊倞注,《揚子》用李軌、宋咸、柳宗元、吳祕注。皆自國子監印之,授諸學校。[①]

這些書係金國子監出版印行,但是否全爲金代所刻,或者也包括北宋公私刻版在内,歷史記載不詳。但金國子監刻印過《東坡奏議》與《山林長語》等書,則確實有據。[②]

金代私人刻書風氣也很盛行,《中國版刻圖錄》著錄有《壬辰重改證呂太尉經進莊子全解》《南豐曾子固先生集》《重編補添分門字苑撮要》《新修累音引證群籍玉篇》《蕭閑老人明秀集注》〔圖版十五〕《劉知遠諸宮調》《重修政和經史證類備用本草》《增節標目音注精義資治通鑑》等。這些都是平陽(一名平水,今山西臨汾縣一帶)的出版物。國家圖書館即藏有崇慶元年(一二一二)河北寧晉荆珍刻印的《崇慶新雕改併五音集韻》。該書半葉十三行,行二十字,注文雙行,行四十一字,白口,雙魚尾,左右雙邊,則證明其他地方也有私人刻書之事。

金刻本最著名的要算皇統八年(一一四八)開始雕版,大定十八年(一一七八)完成的一部大藏經。這部大藏經爲當時佛教

①《金史》卷五一《選舉志》一。
②張秀民《金源監本考》,載《圖書季刊》二卷一期。

女信徒崔法珍斷臂募捐，由解州天寧寺開雕大藏經版會主持刻印，原庋山西趙城縣東南四十里的廣勝寺内，因稱趙城藏，又稱金藏。它是國内外從未著録的孤本。李致忠曾介紹了它的發現過程，可以參閱。[①] 國務院古籍整理出版規劃小組決定出版的《中華大藏經》，就以這部趙城金藏爲底本。

金刻本在内容和形式上都明顯受到宋刻本的影響。金代官刻本同宋代官刻本一樣，多爲正經正史和一些文集。金代的私刻本在内容上充分體現了民間色彩，已如上所舉列。當時民間盛行説唱諸宫調，平水書肆也適應大家需要而刻版流通。國家圖書館現藏《劉知遠諸宫調》五卷四十二頁，即爲金時平水坊本。這些民間文藝創作的傳播，對我國説唱文學和戲劇的發展起了不小作用。金刻本在形式上與宋刻本没有明顯差别，而且也有避諱現象。例如《蕭閑老人明秀集注》"堯""曉"缺筆顯然是避世宗父親睿宗宗堯諱，"恭""供"缺筆顯然是避章宗父親顯宗允恭諱。清趙翼説："金一人二名，其國語之名，便於彼此相呼；漢名則用之詔令章奏。其避諱之法，則專避漢名，而國語之名不避，蓋國語本有音無正字也。"[②]《蕭閑老人明秀集注》等金刻本還出現了一些簡體字，如竜（龍）、处（處）、斈（學）、礼（禮）、迁（遷）、乱（亂）、尽（盡）、尘（塵）等，爲現代文字改革工作所取資。這個特點在元刻本中表現得更加鮮明。

關於元本。

元代刻書可媲美宋代，所以言版本者，至今宋元並稱。爲了鞏固政權，元代統治者十分重視吸收漢族文化。明陳邦瞻云：元"自太祖、太宗即知貴漢人，延儒生講求立國之道"。[③] 因而也重

①李致忠《略談建國以來北京圖書館入藏的善本書》，載《文獻》第二十一輯。
②《廿二史劄記》卷二八《金一人二名》。
③《元史紀事本末·自序》。

視出版工作。如大德十一年（一三〇七）八月，"中書左丞孛羅鐵木兒以國字《孝經》進，（武宗）詔曰：'此乃孔子微言，自王公達於庶民，皆當由是而行。'其命中書省刻版模印，諸王而下皆賜之"。① 至大四年（一三一一）"帝（仁宗）覽《貞觀政要》，諭翰林侍講阿林鐵木兒曰：'此書有益於國家，其譯以國語刊行，俾蒙古、色目人誦習之。'"② 再如"仁宗延祐四年（一三一七）四月以《大學衍義》譯國語。先是帝爲太子時，有進《大學衍義》者，命詹事王約等節而譯之。帝曰：'治天下此一書足矣。'因命與圖象《孝經》《列女傳》並刊以賜臣下。至是翰林學士承旨和搭拉都里默色、劉賡寺譯《大學衍義》以進。帝復令翰林學士阿琳特穆爾譯以國語。五年（一三一八）八月，復以江浙省所印《大學衍義》五十部賜朝臣"。③

　　正因爲元朝統治者充分認識到文化典籍對加强思想統治的重要性，所以歷朝都特別重視圖書的搜羅與印行。如太宗八年（一二三六）六月，"耶律楚材請立編修所於燕京、經籍所於平陽，編集經史"。④ 世祖至元十二年（一二七五）九月，"以玉昔帖木兒爲御史大夫，括江南諸郡書版及臨安祕書省《乾坤寶典》等書"。⑤至元十五年（一二七八）四月，"以許衡言，遣使至杭州等處取在官書籍版刻至京師"。⑥ 元朝國家中央級的刻書機構有祕書監的興文署、藝文監的廣成局、太史院的印曆局、太醫院的廣惠局或醫學提舉司。元王司點、商企翁《秘書監志》卷八云：

────────────

①《元史》卷二二《武宗紀》一。
②《元史》卷二四《仁宗紀》一。
③《續文獻通考》卷一四一《經籍》一。
④《元史》卷二《太宗紀》。
⑤《元史》卷八《世祖紀》五。
⑥《元史》卷十《世祖紀》七。

　　至元十年（一二七三）十一月初七日，太保大司農奏過事內一件，興文署掌雕印文書，交屬秘書監。……本署元設官三員，令一員，丞二員，校理四員，楷書一員，掌紀一員。事故：官一員，楊時煦（身故）；校理二員，今改大都儒學教授孫英、劉震；見任官二員，署令馬天昭，署丞王鼎；校理二員，李嘉、古申；楷書呂昺；掌紀趙謙；雕字匠花名計四十名，作頭一名；匠三十九名；印匠一十六名。

　　至元十三年（一二七六），興文署雖曾併入翰林院，但刻書活動並未中斷。至元二十七年（一二九〇）正月，"復立興文署，掌經籍板及江南學田錢穀"。[1] 清丁丙亦云："至元二十七年正月，立興文署，召集良工刊刻諸經、子、史，以《通鑑》爲起端。"[2] 葉德輝謂："興文署本。至元二十七年刻《資治通鑑》二百九十四卷，見瞿《目》、陸《跋》、莫《錄》；刻胡三省《通鑑釋文辨誤》十三卷，見陸《跋》。"[3] 除興文署外，屬於藝文監的廣成局也"掌傳刻經籍及印造之事"。[4] 廣成局所刻，惜無傳本。見於著錄的其他官刻本尚有國子監本、太醫院本等。此外，地方官醫提舉司也刻了不少醫書。

　　元代出版的書籍，數量多、質量高的要推學校刻本。而這與元朝統治者對學校的重視是分不開的。在他們看來，"興舉學校，乃王政之先"。[5] 所以"元世學校之盛，遠被遐荒，亦自昔所未有"。[6] 據至元二十三年（一二八六）大司農司的統計，元朝建立

---

①《元史》卷一六《世祖紀》十三。
②《善本書室藏書志》卷七《資治通鑑二百九十四卷》。
③《書林清話》卷四《元監署各路儒學書院醫院刻書》。
④《元史》卷八八《百官志》四。
⑤《大元聖政國朝典章》卷二《興學校》。
⑥《元史紀事本末》卷二。

不到二十年，"諸路學校凡二萬一百六十六所，儲義糧九萬五百三十五石，植桑棗雜果諸樹二千三百九萬四千六百七十二株"。①

於此可見元代學校既多且富，因而刻書印書事業也隨之發達。

今據《書林清話》將元代各路儒學、書院刻本舉例列表如後：

出版單位	書名	卷數	出版時間
中興路儒學	沈棐春秋比事	二○	至元十六年
贛州路儒學	南軒易説	三	至元二十九年
太平路儒學	漢書	一二○	大德九年
寧國路儒學	後漢書	一二○	大德九年
瑞州路儒學	隋書	八五	大德九年
建康路儒學	新唐書	二二五	大德九年
池州路儒學	三國志	六五	大德十年
紹興路儒學	越絶書	一五	大德十年
信州路儒學	北史	一○○	大德十年
嘉興路儒學	陸宣公集	二二	至大四年
武昌路儒學	大易緝説	一○	皇慶二年
臨江路儒學	春秋集傳	二二	延祐元年
龍興路儒學	唐律疏議	三○	泰定元年
集慶路儒學	修詞鑒衡	二	至順四年
漳州路儒學	北溪先生大全文集	五○	（後）至元元年

①《元史》卷一四《世祖紀》十一。

續表

出版單位	書名	卷數	出版時間
婺州路儒學	論孟集注考證	一〇	(後)至元三年
揚州路儒學	馬石田文集	一五	(後)至元五年
杭州路儒學	遼史	一六〇	至正三年
饒州路儒學	金石例	一〇	至正三年
撫州路儒學	道園類稿	五〇	至正五年
江北淮東道本路儒學	勤齋集	八	至正六年
福州路儒學	禮書	一五〇	至正七年
江浙省本路儒學	燕石集	一五	至正八年
平江路儒學	吳師道校正鮑彪注國策	一〇	至正二十五年
贛州路府學	南軒易説	三	無年號
無錫郡學	白虎通德論	一〇	大德九年
婺郡學	六書故	三三	延祐七年
嘉興郡學	易禆傳	二	至正四年
三山郡庠	通志	二〇〇	至治二年
吳郡庠	通鑑總類	二〇	至正二十二年
吉水郡庠	申齋劉先生文集	一五	無年號
興賢書院	濟南遺老集	四五	至元二十年
廣信書院	稼軒長短句	一二	大德三年

續表

出版單位	書名	卷數	出版時間
宗文書院	經史證類大觀本草	三一	大德六年
梅溪書院	千金翼方	三〇	大德十一年
圓沙書院	大廣益會玉篇	三〇	延祐二年
西湖書院	文獻通考	三四八	泰定元年
蒼巖書院	標題句解孔子家語	三	泰定元年
武溪書院	新編古今事文類聚前集	六〇	泰定三年
龜山書院	李心傳道命録	一〇	至順四年
建安書院	蜀漢本末	三	至正九年
屏山書院	止齋先生文集	五二	至正二十年
豫章書院	豫章羅先生文集	一七	至正二十五年
南山書院	廣韻	五	至正二十六年
臨汝書院	通典	二〇〇	大德十一年
桂山書院	孔叢子	七	無年號
梅隱書院	書集傳	六	無年號
雪窗書院	爾雅郭注	三	無年號

　　在學校書刻中，以九路分刻的十七史爲最有名。大德九年（一三〇五），江東建康道肅政廉訪司副使伯都以爲："浙西十一經已有全板，獨十七史未也。職居風憲，所當勉勵。"①因而發起

————————

①元建康路刊《新唐書》跋。

刊印。太平路儒學教授曲阜孔文聲爲太平路新刊《漢書》所寫的
題記述九路分刻十七史的經過云：

> 江東建康道肅政廉訪司以十七史書艱得善本，從太平路
> 學官之請，遍牒九路。今本路以《西漢書》率先，俾諸路咸取
> 而式之。置局於尊經閣，致工於武林。三復對讀者，耆儒姚
> 和中輩十有五人；重校修補者，學正蔡泰亨。版用二千二百
> 七十五面，工費具載學記，茲不重出。始大德乙巳（一三〇五）
> 仲夏六日，終是歲十有二月二十四日。……承務郎太平路總管
> 府判官劉尊督工；江東建康道肅政廉訪副使伯都提調。[1]

據此可見，九路儒學刻印十七史，指導思想是明確的，組織是落
實的，刻印工作也是非常認真的。但只有太平、寧國、瑞州、建
康、池州、信州等七路儒學，刻印了《漢書》《後漢書注》《隋書》《新
唐書》《晉書》《新五代史》《三國志》《北史》《南史》等，其餘諸史均
未付梓。其中《漢書》《後漢書》《隋書》《南史》《北史》等，國家圖
書館至今均有珍藏。[2]

　　顧炎武總結過書院刻書的優點。他認爲："聞之宋元刻書，皆
在書院。山長主之，通儒訂之，學者則互相易而傳布之。故書院
之刻有三善焉：山長無事而勤於校讎，一也；不惜費而工精，二也；
板不貯官而易印行，三也。"[3]此外，元代學校刻書有雄厚的物質基
礎，也是一種優越條件。明陸深云："勝國時，郡縣俱有學田，其所
入謂之學糧，以供師生廩餼，餘則刻書，以足一方之用。工大者則
糾數處爲之，以互易成帙，故讎校刻畫頗有精者，初非圖鬻也。"[4]

---

①見丁丙《善本書室藏書志》卷六《明重刊元大德太平路學本前漢書一百卷》。
②李致忠《元代刻書述略》，載《文獻》第十輯。
③《日知錄》卷一八《監本二十一史》。
④《金臺紀聞》。

〔圖版十六〕

元代的私刻本也相當可觀。太宗八年"置編修所於燕京、經籍所於平陽，由是文治興焉"。[①] 置經籍所於平陽顯然是承認、管理和利用那裏從金代開始就興盛起來的私人刻書事業。太宗十三年（一二四一），大臣姚樞棄官隱居輝縣，"又汲汲以化民成俗爲心，自版小學書、《語孟或問》《家禮》，俾楊中書版《四書》、田和卿版《尚書》《聲詩折衷》、《易》程《傳》、《書》蔡《傳》、《春秋》胡《傳》，皆脱於燕。又以小學書流布未廣，教弟子楊古爲沈氏活板，與《近思録》《東萊經史論説》諸書，散之四方"。[②] 這是元朝定鼎之前私家刻書的記録。世祖中統二年（一二六一）平陽道參幕段子成刻印的《史記集解索隱》一百三十卷，現藏國家圖書館，這是元朝定鼎之前，有實物流傳的最早的家刻本。《書林清話》卷四《元私宅家塾刻書》共著録三十九家刻印的書六十餘種。並指出："以上各家多者刻數種，少者或一二種，皆極鏤板之工。"其中"劉君佐翠巖精舍，始元延祐至明成化"。"西園精舍，始元至正迄明永樂"。"梅軒蔡氏，始元至元迄明弘治"。"此其世業近者百年，久者百五六十年，子孫繼守書香。"可見由於元代文化政策相對穩定，私家刻書事業也獲得了持續不斷的發展。

葉德輝還認爲："元時書坊所刻之書，較之宋刻尤夥。蓋世愈近則傳本多，利愈厚則業者衆，理固然也。"所著録有書坊四十家，書約九十種。葉氏還分析了元代坊刻本的特點："大抵有元一代，坊行所刻，無經史大部及諸子善本，惟醫書及帖括經義淺陋之書傳刻最多。由其時朝廷以道學籠絡南人。士子進身儒學，與雜流並進。百年國祚，簡陋成風，觀於所刻之書，可以覘一代之治忽

---

① 《元史》卷一四六《耶律楚材傳》。
② 姚燧《牧庵集》卷一五《中書左丞姚文獻公神道碑》。

矣。"①對此,王欣夫發表了不同的看法,他認爲:"前人説,書坊目的在謀利,所以没有刻大部經史,而多刻醫書和帖括、小説、戲曲,不知這正是面向大衆,符合人民的需要,並且保存了不少民間的優秀文學作品,絶對不能加以輕視。"②時代不同,故觀點各異,是很清楚的。

　　葉德輝還談到元本"有名爲書院而實則私刻者",如方回虚谷書院、茶陵東山陳仁子古迂書院、詹氏建陽書院、潘屏山圭山書院、平江路天心橋南劉氏梅谿書院、鄭玉師山書院等,"皆私宅坊估之堂名、牌記而託於書院之名。以元時講學之風大昌,各路各學官私書院林立,故習俗移人,爭相模仿,觀其刻本流傳,固可分別得其主名矣"。③

　　元刻本在形式上也呈現出一些鮮明的特點:從版式方面看,元刻本絶大多數是粗黑口。將宋朝出現的細黑口改變爲粗黑口的原因是出版單位與刻工爲了節省工時。這種風氣對明初刻本還有較大影響。從字體方面看,元刻本多用趙體。趙孟頫是亡宋宗室,入仕新朝,爲元世祖所寵,所以趙體在元代極爲流行。清徐康《前塵夢影録》卷下云:"元代不但士大夫競學趙書……其時官本刻經史,私家刻詩文集,亦皆摹吳興體。"④元刻本還有一個特點是基本上不避諱。其諱例只限於全用御名。而元代諸帝的名字又多是音譯長名,這樣,在前代舊籍以及當代人的著述中,碰上觸犯御名的地方幾乎没有。加之蒙古族來自漠北,禮制觀念和文字禁忌都比較薄弱,查禁不嚴,所以在元代的刻書中,很難見到諱字。

　　元刻本,特别是元坊刻本愛用簡化字。刻書用簡體,南宋已經開始,例如羅振玉在日本影印的南宋臨安中瓦子張家雕印的

①《書林清話》卷四《元時書坊刻書之盛》。
②《古文獻學要略》第三章《版本》六《遼金元版本的概述》。
③《書林清話》卷四《元監署各路儒學書院醫院刻書》。
④趙孟頫是吳興人,吳興體亦即趙體。

《大唐三藏取經詩話》中，"過獅子林及樹人國"一章裏有"一個驢兒吊在厅前"及"到山西王長者兒處"，其中"驴""厅""处"三字都是簡體。元朝中葉以後，坊間刻本使用簡體字就非常普遍了。如"無"作"无"、"龐"作"庞"、"鹽"作"盐"、"雙"作"双"、"隱"作"隐"、"氣"作"气"、"馬"作"马"等等。建本的《樂府新編陽春白雪》《古今翰墨大全》《古今源流至論》，虞氏務本堂刻《全相平話五種》，簡體字更多。[1]

五　明本

明代官私刻書的數量和品種都遠超宋、元。究其原因，首先是明太祖朱元璋在奪取政權以後，爲了鞏固政權，一方面大興文字獄，一方面又在中央和地方大力興辦學校，培養維護封建統治的人才。洪武二年（一三六九）旨云：

> 朕恒謂治國之要，教化爲先；教化之道，學校爲本。今京師雖有大學，而天下學校未興。宜令郡縣皆立學，禮延師儒，教授生徒，以講論聖道，使人日漸月化，以復先王之舊，革污染之習，此最急務，當速行之。[2]

既重視辦學，也就必然重視書籍的出版和流通。如洪武十四年（一三八一）"頒《五經》《四書》於北方學校"。[3] 十五年（一三八二）太祖指出："今國子監所藏舊書板多殘缺，其令諸儒考補，命工部督修治之，庶有資於學者。"[4]都是當時的具體措施。

---

① 參看魏隱儒《中國古籍印刷史》第二編《古籍雕版印刷發展史》第十二章《元代的刻書事業》第四節《元代刻書的特點》。
② 見《南雍志》卷一。
③《明史》卷二。
④《南雍志》卷一。

　　其次,明初實行簡約商稅,扶持工商的政策,也促進了出版事業的發展。明代官私兩方都形成了一些組織嚴密、分工細緻的出版機構。例如嘉靖初司禮監內有刊字匠三百十五名、印刷匠一百三十四名、摺配匠一百八十九名、裱背匠二百九十三名,及筆匠、墨匠各數十名。① 再如無錫顧起經、顧起綸兄弟的奇字齋於嘉靖三十四年(一五五五)刻的《類箋王右丞詩集》〔圖版十七〕後面,即附有全部開局氏里〔圖版十八〕。可見顧氏奇字齋已是一個頗具規模的出版社。

　　復次,宋元以來,通俗文藝日趨發達,明初統治者和宮廷宦官不少人文化水平不高,喜歡這類作品,這也導致了明代刻書數量的明顯增長。清梁清遠云:"洪武初年親王之國,必以詞曲一千七百本賜之。"②當時有二十餘位藩王,則賜書總數約在四萬本左右。這些書當然有宋元舊本,但也必有不少明刊新本。又明宦官劉若愚說:"皇城中內相學問讀《四書》《書經》《詩經》;看《性理》《通鑑節要》《千家詩》《唐賢三體詩》;習書束活套,習作對聯,再加以《古文真寶》《古文精粹》,盡之矣。"又云:"《三國志通俗演義》《韻府群玉》皆樂看愛買者也。"③所以像北京都察院這樣的衙門竟然也刻了《三國志演義》《水滸傳》是不足為怪的。明中葉後,隨着手工業和商業的發展,都市日趨繁華,市民階層日益活躍,通俗讀物較前就更多了。為了適應廣大讀者的需要,明代的插圖本與套印本也得到了長足的發展。

　　明周弘祖《古今書刻》上編記載了明代官私出版的書籍約二千五百種,為我們研究明刻本提供了依據。錢亞新曾編《古今書刻》刻書統計表④,今轉載如下:

<hr>

① 見《大明會典》卷一八九。
② 《雕丘雜錄》卷一五。
③ 《酌中志》卷一八《內板經書紀略》。
④ 見《談談〈古今書刻〉上編的意義和作用》,載《廣東圖書館學刊》一九八二年第一期。

《古今書刻》刻書統計表

中央		地方	布政司		按察司		府		州		藩邸		書坊		其他		合計		總計（種數）
刊者	種數	省	刊者	種數	刊者	種數	刊者	種數	刊者	種數	刊者	種數	刊者	種數	刊者	種數	刊者	種數	
内府	83	北直隸					8	78									8	78	
禮部	5	南直隸					15	445	3	6							18	451	
兵部	4	浙江	1	8	1	6	11	159									13	173	
工部	1	江西	1	21	1	16	13	230					3	60			18	327	
都察院	33	福建	1	18	1	10	7	53	1	2			1	366	3	21	16	470	
國子監	41	湖廣	1	7	1	17	12	51			3	24					18	100	
欽天監	1	河南	1	21	1	3	5	30			2	3					9	57	
太醫院	3	山東	1	20	1	6	5	13			2	10			1	3	10	52	
隆福寺	2	山西	1	21	1	3	4	13			1	2			1	2	8	41	
南京國子監	273	陝西	1	35			8	58			3	15			1	1	13	109	
南京提學察院	1	四川	1	13	1	3	5	20	1	4	1	28					12	68	
		廣東	1	17	1	2	9	31									11	50	
		廣西	1	2	1	3	2	4									4	9	
		雲南	1	25	1	6	3	11									5	42	
		貴州	1	7			1	1									2	8	
合計	447	合計	13	215	11	75	108	1197	9	13	15	142	1	366	6	27	165	2035	2482
百分比	18			8.7		3		48.3		0.6		5.6		14.6		1.1		82	100

　　《古今書刻》上編大致反映了隆慶三年（一五六九）以前明代刻書概況。從表中可以看出中央有十一個單位刻了四百四十七

種書,這説明中央部門刻書是比較普遍的現象。其中内府刻八十三種,占相當大的比重。《明史·藝文志》序云:"明御製書文,内府鏤版,而儒臣奉敕修纂之書,及象魏布告之訓,卷帙既夥,文藻復優,當時頒行天下。"[①]内府刻書由司禮監主管。司禮監設有漢經廠、繙經廠、道經廠。漢經廠刻印一般經、史、子、集,繙經廠刻佛經,道經廠刻道藏,因此後人又將明内府刻本稱爲經廠本。《四庫全書總目》卷八十七著録《經廠書目》一卷,其提要云:

> 明内府所刊書目也。黄虞稷《千頃堂書目》有此書,亦作一卷。經廠即内繙經廠,明世以宦官主之。書籍刊版,皆貯於此。所列書一百十四部,凡册數頁數,紙幅多寡,一一詳載。蓋即當時通行則例,好事者録而傳之。然大抵皆習見之書,甚至《神童詩》《百家姓》亦廁其中,殊爲猥雜。今印行之本尚有流傳,往往舛錯、疑誤後生。蓋天禄、石渠之任,而以寺人領之。此與唐魚朝恩判國子監何異? 明政不綱,此亦一端。

這種經廠本,因爲校勘不精,後人不甚重視。

從《古今書刻》刻書統計表中還可以看出,在中央刻書的十一個單位中,以兩京的國子監刻書較多,共三百一十四種,占中央部門所刻總數四百四十七種的百分之七十,占全國所刻總數二千四百八十二種的百分之十二。《南雍志·經籍考》分制書、經、史、子、文集、類書、韻書、雜書、石刻九類,共著録了三百零一種書。於此可見南京國子監刻書的盛況。南京國子監的書版多自舊國子學而來,還有不少是各地送繳的,而這在《南雍志》中也

----

①《明史》卷九六。

有明確的記載,茲舉二例:

> 史記中字七十卷　存者一千六百面,缺者二百一十九面,本集慶路儒學梓,見《金陵新志》。

> 懷麓堂藁一百二十卷　板完,計二千一百零五面,有模糊。少師兼華蓋殿大學士李東陽撰,徽州張昕所刻,正德十年以板送監。①

南京國子監持續不斷地補刻了許多書,而且經過比較認真的校勘,質量比内府刻本當然要高些。明永樂十九年(一四二一)遷都北京後,又建立了北京國子監。《古今書刻》著録北監刻書四十一種,成化《國子監通志》卷九載北監書版四十七種,可見北監書版比南監少得多。其中最重要的要算翻刻南監校刊的《十三經注疏》與《二十一史》。丁丙云:"北監《二十一史》奉敕重修者,祭酒吳士元、司業黄錦也,自萬曆二十四年(一五九六)開雕,閲十有一載,至三十四年(一六〇六)竣事,皆從南監本繕寫刊刻,雖行款較爲整齊,究不如南監之近古,且少訛字。"②張秀民也認爲:"北監本板式淩雜,字體時方時圓,校對魯莽,訛舛較多。遼、金諸史缺文動至數葉,《儀禮》脱誤尤多。"③看來北監本在數量和質量上皆不如南監本。

另外明代都察院也刻了不少書,《古今書刻》著録了三十三種,有《算法大全》《千金寶要》《史記》《文選》《杜詩集注》《千家注蘇詩》《盛世新聲》《太平樂府》《三國志演義》《水滸傳》等。從内容上看,所刻同民間坊本已經没有多大差別了。

從《古今書刻》中,還可以看出明代地方官府刻書之風非常

---

①《南雍志》卷一八《經籍考》下篇《刻梓本末》。
②《善本書室藏書志》卷六《明北監二十一史》。
③《明代北京的刻書》,載《文獻》第一輯。

盛行。清袁棟《書隱叢談》云："官書之風，至明極盛。内而南北
兩京，外而道學兩署，無不盛行雕造。官司至任，數卷新書與土
儀並充饌品。"清王士禎也稱："明時翰林官初上，或奉使回，例以
書籍送署中書庫，後無復此制矣。又如御史、巡鹽茶、學政、部
郎、榷關等差，率出俸錢刊書，今亦罕見。"①由此可見明代地方官
府曾掀起過一個刻書高潮。但由於把書籍當禮品，便不免草率
從事，敷衍塞責。清顧炎武云："今學既無田，不復刻書，而有司
間或刻之，然祇以供饋贐之用，其不工反出坊本下，工者不數見
也。"②葉德輝也説："明時官吏奉使出差，回京必刻一書，以一書
一帕相贈，世即謂之書帕本。……按明時官出俸錢刻書，本緣宋
漕司郡齋好事之習，然校勘不善，訛謬滋多。至今藏書家，均視
當時書帕本比之經廠、坊肆，名低價賤，殆有過之。然則昔人所
謂刻一書而書亡者，明人固不得辭其咎矣。"③

　　明本中最有特色的要算藩刻本。明代實行分封皇子到外地
爲藩王的制度。爲了防止藩王篡奪政權，建文帝、明成祖都對他
們采取了嚴厲的抑制政策。明成祖即位後，藩王逐漸喪失了地
方軍政大權。於是有的以聲色狗馬自娛，有的則把閑散精力用
在校刻書籍方面。由於藩王具有雄厚的財力，既有善本可供繙
雕，又有碩儒幫助校勘，所以藩刻本的質量是有保證的。昌彼得
曾介紹過明藩刻書概況：

　　　　明藩刻書，今可知者，無慮卅家。明初則有周、蜀、慶、
　　　寧、楚諸府。周府自洪武間刻《千金方》，以迄萬曆，屢經傳
　　　刻，《金丹正理》，其著者也。其支裔博平，亦有刻本傳世。

---

①《居易録》卷七。
②《日知録》卷一八《監本二十一史》。
③《書林清話》卷七《明時書帕本之謬》。

蜀府恒多賢王，自明初迄萬曆，傳本不絕，四部之籍，皆曾槧雕，尤爲著稱。慶藩纂刻，皆在明初，多屬總集。寧藩多獻王權所自纂刻，自洪武以迄正統，據其目所載，凡百餘種，今傳世亦最夥。楚府刻書，自明初以迄萬曆，《說苑》《新序》，至今傳誦，支裔武岡，亦有詩集傳世焉。成弘以降，槧雕尤廣。淮、唐諸府，多刻總集；吉府多刻子書，以迄萬曆；益府多刻小學譜錄，迄於崇禎，活字印書，媲美蜀藩。秦府《史記》、魯府《抱朴子》，咸稱善本；遼藩《昭明文選》，人爭寶之。嘉靖間當推晉、趙二府最著，晉府多刻重集，卷帙爲諸藩之冠；趙康王於四部之籍，無不繙雕，尤爲淹雅。他如德藩之《漢書》、瀋藩之《易林》、徽藩之《萬花谷》、崇府之《包公奏議》、靖江之李杜集，並爲士林所重，而萬曆間鄭藩之通音律，所刻《樂律全書》，尤爲審音家所推重，不獨以雕版著聲藝苑也。其他諸藩如：漢、衡、伊、榮、襄、潞、代、岷、汝等府，或繙雕舊籍，或自刻詩文。稽古右文，於焉爲盛。此諸藩刻書之梗概也。①

在許多藩王中，寧藩朱權和晉藩朱鍾鉉較爲突出。朱權爲太祖第十七子。《四庫全書總目》卷八十七著錄《寧藩書目》一卷，其提要云：“初，寧獻王權以永樂中改封南昌，日與文士往還，所纂輯及刊刻之書甚多。”《寧藩書目》“所載書凡一百三十七種，詞曲、院本、道家煉度、齋醮諸儀俱附焉”。晉藩朱鍾鉉是太祖的曾孫，博古善法書，曾刻《寶賢堂法帖》。他的子孫也都好學嗜古，代有刻書。今傳世的刻本有總集《文選》《唐文粹》《宋文鑑》《元文類》等有系統的巨編。總之，明藩都各隨所好地刻了一些有特色的書，而又校勘精當，刻工細緻，所以爲

---

① 《版本目錄學論叢》一《明藩刻書考》。

後世藏書家所珍視。

明代家刻本也非常盛行。早在洪武十年（一三七七），就出現了浦江鄭濟所刻劉基編選的《宋學士文粹》十卷。由鄭濟、鄭洧兄弟約會同門劉剛、林靜、樓璉、方孝孺等共同手寫上版。他們都是宋濂的學生，對本師著作非常尊重；書寫認真，字體娟秀，刻工版式也極精雅。半葉十六行，每行二十七字，左右雙邊，黑口，無魚尾。卷十末有洪武丁巳七月十日鄭濟題記，略云："右翰林學士潛溪宋先生《文粹》十一卷，青田劉公伯溫丈選定者也。濟及同門等相與繕寫成書，以字計之，約計十二萬二千有奇，於是命工十人鋟梓以傳。自今夏五月十七日起至七月九日畢工，凡歷五十二日。"①

明代中葉，前後七子掀起了一個聲勢浩大的復古運動，反映在刻書事業上便是私家大量覆刻宋本與仿刻宋本。世人推重嘉靖本，即由於此，例如金臺汪諒、震澤王延喆都影刻了宋黄善夫本《史記》；吳縣袁褧嘉趣堂影刻了宋本《大戴禮記》和《六臣注文選》；錫山安國桂坡館刻宋紹興本《初學記》；吳縣顧春世德堂刻《六子全書》；蘇州徐時泰東雅堂影宋刻《昌黎先生集》、郭雲鵬濟美堂影宋刻《河東先生集》。②

在覆刻宋本中，袁褧刻《六臣注文選》堪稱這一時期的代表。其跋云："余家藏書百年，此本甚稱精善，因命工翻雕。匡郭字體，未少改易，計十六載而完。用費浩繁，梓人艱集。今模揭傳播海内，覽兹册者，毋徒曰開卷快然也。"正因爲刻得與宋本沒有多少差别，所以書估常常利用袁刻《文選》作僞。葉德輝指出：

---

① 參看魏隱儒《中國古籍印刷史》第二編《古籍雕版印刷發展史》第十三章《明代的刻書事業》。
② 參看《書林清話》卷五《明人刻書之精品》。

"合計內府所藏《文選》十部，而作僞居八九，此可見袁本雕刻之精。"①此云"內府"係指清廷。此外，這個時期錢塘洪楩的清平山堂刻印了不少文學書籍，如《六臣注文選》《唐詩紀事》，特別是《清平山堂話本》保存了若干篇宋元人短篇小說，對文學史的發展有重要意義。

　　萬曆以後，雕版事業呈現出更加繁榮的景象。這一時期的著名刻書家吳勉學、陳仁錫、胡文煥、毛晉等相繼出現。特別是毛晉的汲古閣在中國刻書史上占有突出地位。毛晉初名鳳苞，晚更名晉，字子晉，世居虞山東湖。平生專意校書刻書，僅據《汲古閣校刻書目》統計，所刻《十三經注疏》《十七史》《津逮祕書》《漢魏六朝一百三家集》《列朝詩集》《宋名家詞》《六十種曲》等約有十萬多板片。毛氏刻書是建築在豐富的藏書的基礎上的。滎陽悔道人《汲古閣主人小傳》云：

　　　　晉少爲諸生，蕭太常伯玉特賞之，晚乃謝去。以字行，性嗜卷軸。榜於門曰："有以宋槧本至者，門內主人計葉酬錢，每葉出二佰。有以舊鈔本至者，別家出一千，主人出一千二百。"於是湖州書舶雲集於七星橋毛氏之門矣。邑中爲之諺曰："三百六十行生意，不如鬻書於毛氏。"前後積至八萬四千冊，構汲古閣、目耕樓以庋之。子晉患經史子集率漫漶無善本，乃刻《十三經》《十七史》、古今百家及二氏書，至今學者寶之。②

　　毛晉刻書不少，質量却不甚高，曾受到孫從添、黃丕烈、陳鱣、顧廣圻、段玉裁等人的批評。③　如孫從添云："毛氏汲古閣《十

①《書林清話》卷十《坊估宋元刻之作僞》。
②《汲古閣校刻書目》卷首。
③參看《書林清話》卷七《明毛晉汲古閣刻書之一》。

三經》《十七史》校對草率，錯誤甚多，不足貴也。"又云："毛氏汲古閣所刻甚繁，好者亦僅數種。"①葉德輝甚至批評毛刻本説："略舉黃、顧、陳、段諸家所糾，則其刻書之功，非獨不能掩過，而且流傳謬種，貽誤後人。今所刻《十三經》《十七史》《説文解字》傳本尤多，淺學者不知，或據其本以重雕，或奉其書爲祕笈。昔人謂明人刻書而書亡，吾於毛氏不能不爲賢者之責備矣。"②這種批評未免苛求，葉氏後來又産生了後悔之情。他感嘆道："毛刻書余幸當年隨意獲之，又悔當年等夷視之。今雖備數而未得選購初印之本，是亦失之眉睫之事也矣。"③那麼怎樣評價毛刻本，怎樣看待專家們對毛刻本的批評呢？王欣夫曾對此作過全面而中肯的分析：

> 我以爲毛氏藏書既多善本，重刻時不能一一據以詳校；又有既據宋本，不纖悉照摹，而用己意校改，當然是個缺點，但也許有其它原因存在。譬如原書的刊刻在先，而善本的收得在後，就發現底本與刻本的不同了。他既得善本之後，因爲刻書太多，勢不能一一修改，但他的主觀是要求精益求精的，只好選擇幾種來改正和重刻，如陸游《南唐書》的重刻便是。也有他並沒有見過宋本，只得根據別本傳刻，這就不應該根據宋本來攻擊他的錯誤。如《李群玉集》，毛氏以體分統前後併爲三卷，究竟作了一番整理工作，倘是他見到了宋本，自然不必多此一舉。至於毛晉和毛扆的校刻《説文》，前後共經過五次的校改。段玉裁説他謬戾多端，也是事實。但是我們應該看一看毛氏的時代，明代對於《説文》之學，除

---

① 《藏書紀要》第二則《鑒別》。
② 《書林清話》卷七《明毛晉汲古閣刻書之一》。
③ 《書林清話》卷七《明毛晉汲古閣刻書之三》。

了趙宦光外，本來是很少有人注意的，所以連《說文》這部書也幾乎失傳。以顧炎武的博學，他生平就沒有見過《說文》原本，經毛氏重刻了才家有其書，蔚成了清代許學的盛況，他的功績就在這裏。至於毛氏父子治學的水平，受條件的限制，是無可奈何的。但主觀也是要精益求精，所以不憚煩地校改至五次之多，他的成就怎能與段玉裁這樣的大專家來比呢？把許學極盛時的準繩來衡量萌芽時的版本，是不符實際的。毛氏刻了十餘萬的版片，當然有不少缺點，對這些缺點嚴肅地指出來，使後人不被所誤，也是必要的。但決不能強調了部份缺點，而否定了全部成績。①

毛氏所刻各書，版心下端鐫"汲古閣"或"綠君亭"。清龐鴻文等撰《毛鳳苞傳》稱其"所用紙歲從江西特造之，厚者曰毛邊，薄者曰毛太，至今猶沿其名不絕"。②

明代私家刻書還在彩色套印方面做出了突出貢獻。套版印刷雖然在十四世紀已經出現，但到十七世紀才得到廣泛應用。這是和吳興（湖州）凌氏、閔氏的努力分不開的。葉德輝指出："朱墨套印，明啟禎間有閔齊伋、閔昭明、凌汝亨、凌濛初、凌瀛初，皆一家父子兄弟刻書最多者也。"③套印本的蓬勃發展，顯然與明代盛行評點式的文學批評方式有關。

此外，"餖飯"與"拱花"兩種方法在此時期也得到了成功的運用。胡正言在崇禎末年用這兩種方法編印的《十竹齋畫譜》《十竹齋箋譜》，由於刊版工緻、設色妍麗，它所達到的水平直到現在還難以超過。

---

①《古文獻學要略》第三章《版本》七《明代版本的概述》。
②《常昭合志稿》卷三二。
③《書林清話》卷八《顏色套印書始於明季盛於清道咸以後》。

　　明代坊刻本，出版單位多，分佈地域廣，呈現出一派異常繁榮的景象。家刻本、坊刻本都是私刻本，都要出售，並無本質差別。所以《書林清話》卷五《明人私刻坊刻書》將兩者合在一起介紹。

　　明人喜歡爲自己的出版機構取美名：有稱書院的，如紫陽書院、九峰書院；有稱精舍的，如建溪精舍、詹氏進德精舍；有稱書堂的，如古杭勤德書堂、書林魏氏仁實書堂；有稱書屋的，如南星書屋、前山書屋；有單稱堂的，如梁氏安定堂、鰲峰熊宗立種德堂；有單稱館的，如翠巖館、潘元度玉峰青霞館；有單稱齋的，如書戶劉洪慎獨齋、顧起經奇字齋；有稱山房的，如徐焴萬竹山房、喬世寧小丘山房；有稱草堂的，如椒郡伍氏龍池草堂、玉蘭草堂；有稱書林的，如書林劉寬、書林余氏；此外還有稱書鋪的，如正陽門内巡警鋪對門金臺書鋪；稱書室的，如蔣德盛武林書室；稱書齋的，如衆芳書齋；稱紙鋪的，如杭州錢塘門裏橋南大街郭宅紙鋪；稱藥室的，如劉氏博濟藥室；稱別墅的，如東里董氏茭門別墅；有稱寓舍的，如龍邱桐源舒伯仁梁溪寓舍；有稱鋪的，如國子監前趙鋪；稱亭的，如尹耕療鶴亭；稱樓的，如贛郡蕭氏古翰樓；稱屋的，如芙蓉泉屋；稱閣的，如吳興花林東海居士茅一相文霞閣；稱軒的，如清夢軒等等。[①]

　　從《古今書刻》統計表中可以看出福建書坊刻了三百六十六種，在地方刻書中可謂首屈一指。其中四書類十三種、五經類五十八種、制書類十三種、理學類十三種、史學類三十四種、雜書類六十二種、刑書類九種、兵戎類八種、詩文類六十種、醫卜星相堪輿玄修等類九十五種。可知福建坊刻側重於科舉考試、文史與民間實用之類的書。福建坊刻主要集中在建寧一處，

────────────

① 參看《書林清話》卷五《明人私刻坊刻書》。

約有六十家^①,通稱建本。詳本章第二節。

明代南京是政治、經濟、文化中心,同時也是刻書中心。明胡應麟云:

> 吳會、金陵擅名文獻,刻本至多,巨帙類書咸會萃焉。海內商賈所資二方十七,閩中十三,燕、越弗與也。然自本坊所梓外,他省至者絕寡,雖連楹麗棟,蒐其奇祕,百不二三,蓋書之所出,而非所聚也。^②

張秀民考證明代南京書坊有五十七家,其中唐姓十二家,周姓七家。萬曆間唐氏各家除刻醫書、經書、文集、尺牘、琴譜外,又刻了很多戲曲。尤以唐對溪富春堂爲最多,現存《管鮑分金記》《三顧草廬記》《呂蒙正破窰記》等約三十種。其刻書有一特色,即在版框四周有花紋圖案,稱爲"花欄",改變了宋元以來單調的單邊、雙邊。南京書坊除大批出版戲曲外,也多刻小說,其著名的有金陵萬卷書樓刻李卓吾訂正《三國志傳》、金陵榮壽堂刻《西游記》、唐氏世德堂刻《出像官板大字西游記》,又刻《唐書志傳通俗演義》,金陵兼善堂則刻了《警世通言》。爲迎合讀者的愛好,一般戲曲小說都有插圖。過去建陽坊本多爲上圖下文,圖畫扁形橫幅,南京本改爲整版半幅,或前後頁合拼成一大幅,圖像放大,綫條粗放,頗饒古趣。南京書坊也刻了不少醫書,如嘉靖間雷鳴刊《濟生產寶方》、趙君耀刻《胎產須知》等。大致金陵坊刻醫書、雜書、小說,不及建陽書坊之多,而戲曲則超過建刻。

---

①張秀民《明代南京的印書》注十四:"拙文《明代印書最多的建寧書坊》(《文物》一九七九年第六期),舉出了四十七家,但有不少書坊雖未標明建陽、潭陽,而爲閩建書林,多至二三十家,故實際上建陽書坊應有六十家左右,當時爲慎重計,未算入。"載《文物》一九八○年第十一期。
②《少室山房筆叢》甲部《經籍會通》卷四。

兩處刻書均以萬曆時爲最盛。嘉靖以後，安徽歙縣的刻書工藝急遽發達，作品精美。萬曆崇禎間歙縣刻工多移居南京、蘇州一帶。這說明除南京外，明中期以後蘇州地區刻書之盛。但是人們更重視蘇州地區的家刻本。[①]《書林清話》卷五《明人刻書之精品》所列，大部分出自蘇州地區，如吳郡沈辨之野竹齋、崑山葉氏菉竹堂、江陰涂禎、錫山安國桂坡館、震澤王延喆恩褒四世之堂、吳郡金李澤遠堂、吳門龔雷、吳郡袁褧嘉趣堂、顧春世德堂、蘇獻可通津草堂、東吳郭雲鵬濟美堂、東吳徐氏、東吳徐時泰東雅堂、吳郡杜詩。葉德輝甚至認爲這些出版家"皆刻書有根據，不啻爲宋槧作千萬化身者也"。[②]

　　明代北京書坊可考的有七八家：北京永順堂、金臺魯氏、國子監前趙鋪、正陽門內大街東下小石橋第一巷內金臺岳家、正陽門內西第一巡警更鋪對門汪諒金臺書鋪、刑部街住陳氏、北京宣武門裏鐵匠胡同藥鋪、隆福寺。一九六七年上海嘉定縣城東公社平整土地時，在明代宣姓墓中發現成化七年至十四年（一四七一至一四七八）永順堂用竹紙刊印的十一種說唱詞話和一種南戲《白兔記》。在《唐薛仁貴跨海征遼故事》封面上端橫書《北京新刊》四字。書名前多冠"新刊全相說唱"字樣，書名頁上刻着"全相說唱詞話"，主要爲七字唱句，有《說唱石郎駙馬傳》《說唱包待制出身傳》《包龍圖斷烏盆傳》《斷曹國舅公案傳》等。《包龍圖斷白虎精傳》長達九百多句，全部爲七言唱句，沒有說白，但書名仍題"說唱"。這是後來鼓詞、彈詞的先河。成化間金臺魯氏刊有《四季五更駐雲飛》是我們今日所能見到的最早的明代時調小曲唱本。國子監前趙鋪，弘治丁巳（一四九七）刻《陸放翁詩

---

① 參看張秀民《明代南京的印書》，載《文物》一九八〇年第十一期。
②《書林清話》卷五《明人刻書之精品》。

集》。金臺岳家弘治戊午（一四九八）季冬重刊印行《奇妙全相注釋西廂記》。刑部街住陳氏新刊《律條便覽直引》封面書籤印《大明律》三字。金臺書鋪汪諒於嘉靖元年（一五二二）刻《文選注》，目錄後附鬻書廣告，載其所刻十三種圖書的書名，實際上是我國現存較早的鬻販書目。鐵匠胡同葉鋪以"麒麟爲記"，萬曆十二年（一五八四）新刊《真楷大字全號縉紳便覽》一卷（今存藍印本），同年又刊《南北直隸十三省府州縣正佐首領全號宦林便覽》二卷（中央與地方官員名錄），開清代琉璃廠書鋪刊《縉紳錄》之先河。隆福寺爲東城第一大廟，與西城的白塔寺、護國寺，攤肆林立，舊均有廟會。隆福寺明代刊有《詞林摘艷》《五音篇海集韻》。北京書坊刻書雖無建陽、南京之盛，但在刻民間實用書籍與通俗文藝作品方面，各地書坊都是一致的。[1]

　　明代杭州刻書之盛不及宋、元，故謝肇淛云："今杭本不足稱矣，金陵、新安、吳興三地，剞劂之精者，不下宋板。"[2]但是由於杭州刻書有悠久的歷史和雄厚的基礎，坊間還是刻了不少的書，其中比較突出的是一些小說和戲劇。例如杭州容與堂刻《李卓吾先生批評幽閨記》二卷，版心下刻"容與堂"三字，並題"虎林容與堂梓"，有圖二十幅，甚精；《李卓吾先生批評琵琶記》二卷，有圖十幅，兩書行款悉同；《李卓吾先生批評紅拂記》二卷，有圖二十幅，卷端下題"虎林容與堂梓"一行。又有《李卓吾先生批評浣紗記》二卷，王重民先生說："此本無校刻人姓氏及題記，以版式、行款及刀迹觀之，頗似虎林容與堂校刻李評《幽閨記》，因疑此亦容與堂校刻本也。"[3]容與堂還刻有《李卓吾先生批評忠義水滸傳》一百卷，卷七、卷八版心下間刻"容與堂藏板"五字，刻印俱精。

---

①詳見張秀民《明代北京的刻書》，載《文獻》一九七九年第一輯。
②《五雜俎》卷一三。
③《中國善本書提要》集部曲類。

明萬曆間杭州還有一位楊爾曾，刻過不少的書，其中部分出於自撰。王重民《新鐫海內奇觀》提要云："爾曾事迹無考，然以編刻小説及刻書知名。據是書自序，爾曾字聖魯，號臥游道人，浙江錢塘人。所居曰夷白堂。"①此書即爲其自刻，美國國會圖書館藏《新鐫海內奇觀》十卷書封面記云："武林楊衙夷白堂精刻，各坊不許翻刊。"此外見於著錄的有武林坊間所刻楊爾曾《新編東西晉演義》十二卷，五十回，前有附圖，刊印極精細。武林書坊人文聚刻楊爾曾撰《新鐫批評出相韓湘子》三十回，有天啟三年（一六二三）烟霞外史序和十六頁插圖，封面題："武林人文聚藏板。"坊刻比較重視版權，如杭州李氏静常齋刻有《月露音》四卷，"是書寫刻極精，圖尤雅緻，具徽工之輪廓，擅蘇刻之纖道，在版畫群中，尤居上品"。② 其藍印封面題："静常齋藏板，不許翻刻。"封面右下角鈐一朱文長方印，文曰："杭城豐樂橋三官巷口李衙刊發，每部紋銀八錢，如有翻刻，千里究治。"③

　　明代書坊在普及和提高插圖本方面做出了突出貢獻。爲了滿足廣大人民群衆，特別是市民階層的需要，大量的小説、戲劇及其他通俗讀物都附有插圖，明萬曆以後插圖本空前繁榮。顧廷龍序《明代版本圖錄初編》云："繡像圖籍，流衍説部，而傳奇雜劇，點綴景物，名實工致，妙擅絕藝。隆、萬以還，斯業特盛，金陵之富春堂、文林閣、繼志齋，其最著者也。版刻嬗變，於斯爲極。"唐對溪富春堂所刻插圖本著名的有《新刻重訂出像附釋標注琵琶記》《新刻出像音注花欄韓信千金記》《新刻出相音注勸善目連救母行孝戲文》等。唐錦池文林閣所刻插圖本著名的有《全像包

①《中國善本書提要》史部地理類。
②《中國善本書提要》集部曲類。
③參看魏隱儒《中國古籍印刷史》第二編《古籍雕版印刷發展史》第十三章《明代的刻書事業》第三節《坊刻本》。

龍圖公案》《新刻全像易鞋記》《新刻全像觀音魚籃記》《新刻牡丹亭還魂記》等。陳大來繼志齋刻有《旗亭記》《折桂記》《重校五倫傳香囊記》等。建陽坊刻插圖本更加普遍，肖東發《建陽余氏刻書考略》云：

> 隨着雕版手工業的發展，到了明朝萬曆、崇禎年間，插圖本無論就數量而言還是就質量而言，都達到了極盛時期，尤其是通俗小說和雜書幾乎無書不附插圖。這些插圖，格調新穎，形式多樣，有每回卷首插一頁版畫的萃慶堂《大備對宗》、三臺館《三臺便覽通書正宗》；有同一書頁，上半欄爲圖像，下半欄爲書文的三臺館《全漢志傳》《南北兩宋志傳》《唐虞志傳》《有夏志傳》；有的刊本則是上評、中圖、下文，如雙峰堂《全像水滸志傳評林》《全像批評三國志》；還有更新穎的是圖嵌文中，如余新安的《荔鏡記》、三臺館的《武功名世英烈傳》和萃慶堂的《呂仙飛劍記》；有的一部書插圖幾十幅，如永慶堂的《梁武帝傳》。這些余氏插圖本雖不如徽派精緻，但古樸簡潔，自饒風趣。[①]

北京書坊與杭州書坊都刻有不少插圖本。前者的例子如弘治十一年（一四九八）金臺岳家刻《新刊大字魁本全像參增奇妙注釋西廂記》，係兩節版，上圖下文，半葉十二行，行十八字，四周雙邊，黑口，雙魚尾，卷末牌記云：“弘治戊午季冬金臺岳家重刻印行。”可見這是《西廂記》的較早刻本。後者的例子如楊爾曾夷白堂的《新鐫海內奇觀》十卷，其《凡例》云：“繪圖係今時名士鐫刻，皆宇內奇工，筆筆傳神，刀刀得法，覽者當具隻眼。”王重民指出：“是書特點，誠在山各有圖，於都、何、慎三家書後，爲能另闢

———————————
① 《文獻》一九八五年第一期。

一新境界,而開後來諸名山記有圖之端。此本剞劂頗工,凡例後題:'錢塘陳一貫繪,新安汪忠信鐫。'"①

　　在談到明代插圖本時,我們應當特別重視徽州刻工的傑出貢獻,其中尤以黄、汪兩姓獨步一時。他們的代表作有黄鏻、黄應泰刻的《程氏墨苑》;黄應瑞刻的《女範編》《大雅堂雜劇》;黄應光刻的《琵琶記》《新校注古本西廂記》六卷附圖一卷、《元曲選》;黄一楷刻的《北西廂》;黄一彬刻的《青樓韻語》《西廂五劇》;黄應組刻的《坐隱圖》等,都已達到了木刻畫的高峰。汪忠信刻《海内奇觀》、汪文宦刻《仙佛奇踪》、汪士珩刻《唐詩畫譜》作風也和諸黄相近。此外《水滸傳》《金瓶梅》的插圖也出自歙縣刻工之手。明謝肇淛云:"《水滸》《西廂》《琵琶》及《墨譜》《墨苑》等書,覃精聚神,窮極要妙,以天巧人工爲傳奇耳目之玩。"②安徽歙縣刻工們鐫刻的插圖,一般説來無不精雅絕倫。萬曆初年的作品,如黄鋌刻《新編目蓮救母勸善戲文》插圖四十餘幅,雖然是一種大刀闊斧的作風,有時不免草率粗糙,但綫條精健、豪放有力,富有木板鏤刻趣味。萬曆中期以後的作品,由粗豪變爲雋秀,由質直變爲婉麗,形成精密細巧、俊逸秀麗的徽派風格。特別是當時的名畫家,都熱心於版畫底本的創作,如丁雲鵬繪《列女傳》和《程氏墨苑》;陳洪綬繪《水滸》葉子和《博古》葉子;程起龍繪《女範編》;吳門王文衡繪《西廂五劇》等等。由於畫家與刻工的密切合作,各窮技巧,二妙匯流,因而形成了空前絕詣的徽州版畫。它們的特點是流麗工緻,柔潤有澤,剛勁處寓以婉約,典雅中顯出樸實,毫無板滯現象和刻劃痕迹。其運用刀法,能掌握剛柔輕重、疾遲轉

---

①《中國善本書提要》史部地理類。
②《五雜俎》卷一三。

換的技巧,使之具有節奏感的轉折頓挫。傳統繪畫中向背起伏的布局以及皴擦拂披等筆法,表現無遺,從而使畫面的遠近離合,千態百容生動逼真地呈露出來。[①]

明刻本也曾遭到學者們的嚴厲批評,其意見主要集中在兩個方面:一是校勘不精,一是逞臆妄改。

校勘不精的例子是監本史書,葉德輝曾批評道:

> 明兩監書板,尤有不可爲訓者。如南監諸史,本合宋監及元各路儒學板湊合而成,年久漫漶,則罰諸生補修,以至草率不堪,並脱葉相連亦不知其誤。北監即據南本重刊,謬種流傳,深可怪歎。吾不知當時祭酒司業諸人,亦何尸位素餐至於此也。或謂當時監款支絀,不得不借此項收入略事補苴,且於節用之中而見課士之嚴肅,其立法未爲不善。雖然,南監板片,皆有舊本可仿,使其如式影寫,雖補板亦自可貴,乃一任其板式凌雜,字體時方時圓,兼之刻成不復細勘,致令訛謬百出,然則監本即不燬於江寧藩庫之火,其書雖至今流傳,亦等於書帕坊行,不足貴重矣。[②]

地方官刻的書帕本質量更差,葉氏《書林清話》卷七《明時書帕本之謬》論之甚詳,已見前引。

臆改的原因有的是出於無知,有的則由於坊估射利。魯迅説:"明末人好名,刻古書也是一種風氣,然而往往自己看不懂,以爲錯字,隨手亂改。不改尚可,一改,可就反而改錯了,所以使後來的考據家爲之搖頭嘆氣,説是'明人好刻古書而古書亡'。"[③]

---

① 參看蔣元卿《徽州黃姓刻工考略》,載《江淮論壇》一九八〇年第四期;馬彬《徽派版畫》,載一九五七年一月十九日《安徽日報》。
② 《書林清話》卷七《明南監罰款修板之謬》。
③ 《準風月談》:《四庫全書珍本》。

早在明代,郎瑛就已談到坊估射利妄改舊書的問題,他説:

> 我朝太平日久,舊書多出,此大幸也,惜爲福建書坊所
> 壞。蓋閩專以貨利爲計,但遇各省所刻好書,聞價高,即便
> 翻刊。卷數目録相同,而於篇中多所減去,使人不知,故一
> 部止貨半部之價,人爭購之。近徽州刻《山海經》,亦效閩之
> 書坊,只爲省工本耳。①

但是對明刻本也要具體情況具體分析。從時間上看,明刻
本各個時期的風格是不同的。從洪武到弘治,刻本基本上沿襲
元代的風氣,刊刻的精美程度可比元刊,雖有例外,但一般來説
質量是比較高的。明中葉的覆宋本,則更可媲美宋本。嘉靖以
後,特別是萬曆以後,私意删改書籍的現象比較嚴重,遭到的非
議就較多。

從刻書地區來看,各地的水平也不平衡。胡應麟云:"凡刻
之地有三:吳也,趙也,閩也。蜀本,宋最稱善,近世甚稀。燕、
粵、秦、楚,今皆有刻,類自可觀,而不若三方之盛。其精,吳爲
最;其多,閩爲最;越皆次之。其直重,吳爲最;其直輕,閩爲最;
越皆次之。"復云:"天下印書,以杭爲上,蜀次之,閩最下。余所
見當今刻本,蘇常爲上,金陵次之,杭又次之。近湖刻、歙刻驟
精,遂與蘇、常爭價。蜀本行世甚寡,閩本最下,諸方與宋世
同。"②前人的這些分析還是符合實際情況的。

就刻書單位説,藩刻本、家刻本一般都比較精,特別是不少
翻宋刻本幾乎達到了亂真的程度。清王士禛云:

> 明尚寶少卿王延喆,文恪少子也。其母張氏,壽寧侯鶴

---

①《七修類稿》卷四五《書册》。
②《少室山房筆叢》甲部《經籍會通》卷四。

齡之妹,昭聖皇后同産。延喆少以椒房入宮中,性豪侈。一
日,有持宋槧《史記》求鬻者,索價三百金。延喆紿其人曰:
"姑留此,一月後可來取直。"乃鳩集善工,就宋版本摹刻,甫
一月而畢工。其人如期至索直,故紿之曰:"以原書還汝。"
其人不辨真贋,持去,既而復來曰:"此亦宋槧,而紙差不如
吾書,豈誤耶?"延喆大笑,告以故,因取新雕本數十部散置
堂上,示之曰:"君意在獲三百金耳,今如數予君,且爲君書
幻千萬億化身矣。"其人大喜過望。今所傳有震澤王氏摹刻
印,即此本也。①

這則逸聞未必實有其事,但是它却充分地證實了王延喆嘉靖六
年(一五二七)所刻《史記集解索隱正義》一百三十卷之精。明刻
本中,經廠本、書帕本、坊本名聲不佳。但是對於這些書也不能
一概而論。就拿坊刻本來說,"金陵富春堂刻的戲曲,都是很好
的"。② 商務印書館影印《四部叢刊》采用了不少明刻本作爲底
本。葉德輝起草的《印行四部叢刊緣起及例言》肯定了明刻精本
的價值:

> 宋、元舊刻,盡善盡美,但閱世既久,非印本模糊,即短
> 卷缺葉,在收藏家固不以爲疵纇,而以之影印,則於讀者殊
> 不相宜。明嘉、隆以前,去宋、元未遠,所刻古書,儘多善本。
> 昔顧亭林已甚重之,況今更閱三四百年,宜求書者珍如拱璧
> 矣。茲之所采,多取明人覆刻宋本,喜其字迹清朗,首尾完
> 具。學者得之,引用有所依據,非有宋、元本不貴,貴此明刻
> 本也。③

---

①《池北偶談》卷二二。
②毛春翔《古書版本常談·明刻本》引趙萬里語。
③《書林餘話》卷下。

顧廷龍《明代版本圖録初編》序亦云：

> 明本之於今日，其可貴誠不在宋元之下，蓋清初之去北
> 宋末葉與今日之距洪武紀元，其歷年相若，一也；經史百家
> 之中，若鄭注《周禮》《儀禮》《紀年》《周書》《家語》《孔叢》等
> 書，無不以明覆宋本爲最善，賴其一脈之延，二也；又以前明
> 掌故之作，特盛往代，後世鮮有重刻之本足以訂補史乘之未
> 備，而晚明著述，輒遭禁燬，其中正多關繫重要者，三也；橅
> 刻舊本，維妙維肖，虎賁中郎，藉存真面，四也。[①]

明刻本在形式上的特點也隨時代的不同而呈現出明顯的差
異。就版式而言，葉德輝云：

> 明初承元之舊，故成弘間刻書尚黑口。嘉靖間多從宋
> 本繙雕，故尚白口，今日嘉靖本珍貴不亞宋、元，蓋以此也。
> 大抵此類版心，書名只摘一字，下刻數目。其白口、小黑口
> 空處上記本葉字數，下記匠人姓名，不全刻書名也。全刻書
> 名在萬曆以後，至我國初猶然。[②]

魏隱儒對明刻本的版式也作了類似的描述：

> 洪武至弘治年間，一般多是四周雙邊，粗黑口，少數細
> 黑口。經廠本、藩刻本，行寬字大，開本也大。從正德起，風
> 氣逐漸改變，以宋本爲模範，黑口變爲白口，版心刻字數，下
> 刻刊工姓名，有的也將寫工姓名刻上，卷末書尾或序目後邊
> 多刻有牌記。萬曆以後，白口爲多，黑口較少，單邊雙邊兼
> 而有之。[③]

---

①《明代版本圖録初編》卷首。
②《書林餘話》卷下。
③《古籍版本鑒定叢談》第七章《雕印本的鑒定》第八節《版刻時代特點》。

就字體而言,弘治以前刻本,多用趙孟頫體。清徐康《前塵夢影録》卷下云:

> 昔在申江書肆得《黄文獻公集》二十二卷,狹行細字,筆筆趙體。……元代不但士大夫競學趙書,其時如官刻經史,詩家刊詩文集,亦皆摹吳興體。至明初,吳中四杰高啟、楊基、張羽、徐賁,尚沿其家法。即刊版所見,如《茅山志》、周府《袖珍方》,皆狹行細字,宛然元刻,字形仍作趙體。

明初經廠本基本上用趙體字。正德中葉以後,覆刻宋本之風漸盛。當時風氣最重詩文,而南宋臨安陳氏書籍鋪所刻唐人詩集最多,故正嘉間覆刻唐人詩集,率祖書棚本。書棚本字爲歐陽詢體,翻刻本也采用歐體。刻工爲便於施刀,又將這種字體演變爲橫平豎直、撇捺直挺、整齊方正的匠體字,也即今人所謂宋體字。萬曆以後,流行兩種字體:一是楷體,字形變長,筆畫橫細豎粗,缺少生氣,也即今人所謂長宋體;二是行書體,字擬董其昌手筆,圓潤流暢,婉轉秀麗,金陵、建陽坊刻民間通俗讀物多用這種字體。

明刻本的用紙,胡應麟論之甚詳,今略舉如下:

> 凡印書,永豐綿紙上,常山柬紙次之,順昌書紙又次之,福建竹紙爲下。綿貴其白且堅,柬貴其潤且厚。順昌堅不如綿,厚不如柬,直以價廉取稱。閩中紙短窄黧脆,刻又舛訛,品最下而直最廉。余筐篋所收,什九此物,即稍有力者弗屑也。

> 餘他省各有產紙,余弗能備知。大率閩、越、燕、吳所用刷書,不出此數者。燕中自有一種紙,理粗龐質擁腫而最弱,久則魚爛,尤在順昌下,惟燕中刷書則用之。

> 惟滇中紙最堅。家君宦滇,得張愈光、楊用修等集。其

堅乃與絹素敵，而色理疏慢蒼雜，遠不如越中。①

此就産地而言，如就原料而言，則苦竹齋主指出：

　　明刻用紙，亦分黃白兩種。白紙復分白棉與白皮。白
棉紙色純白，質堅而厚，表面不如開花之光滑；白皮紙白中
微帶灰黃，頗似米色，不如白棉之細密，亮處照之，常見較粗
之纖維盤結於簾紋間。黃紙復分黃棉與竹紙。黃棉與白棉
略同，而色帶灰黃，竹紙則類多脆薄易碎，故藏家購求明版，
必以白紙爲貴。又有所謂黑棉紙者，余所見明馮天馭所刻
《文獻通考》及嘉靖刻薛應旂《四書人物考》兩書用之，其色
灰白，似經薰染。蓋明人喜翻刻宋元舊槧，書法版式，一仍
其舊。黠估即將紙色薰染，冒充舊刻出售，非精於鑒別者，
不易辨識也。②

同宋元本相比，明刻本用墨較差。毛春翔説：

　　明人印書，用墨佳者罕見（據張閬聲先生説自萬曆始）。
萬曆以後，多用煤和以麵粉，以代墨汁（明萬曆刻本《南京禮
部編定印藏經號簿》，首列條約，中有一條云："作料：烟煤五
簍，銀壹兩；麵伍百斤，銀叁兩。"這是明萬曆時用煤、麵調和
印書之確證），取其價廉，成本輕。這種代用墨水，烟煤易於
脱落，書葉成爲大花臉。明季刊本，往往見之，醜惡異常，令
人一見生厭。惟萬曆年徽板書，墨色有極精者，如所見《淮
南鴻烈解》、程幼博《墨苑》、方於魯《墨譜》之類，真所謂墨色
青純，可愛之至。③

---

①《少室山房筆叢》甲部《經籍會通》卷四。
②《書林談屑》四《談紙》。
③《古書版本常談·明刻本》。

以上是明本的大略情況。

六　清本

清朝統治者重視利用漢族文化爲奪取政權和鞏固政權服務，視元有過之而無不及。嘉慶朝禮親王昭槤説：

> 崇德四年（一六三九），文廟（清太宗）患國人不識漢字，命巴克什達文成公海翻譯國語《四書》及《三國志》各一部，頒賜耆舊，以爲臨政規範。定鼎後，設繙刻房於太和門西廊下，揀旗員中諳習清文者充之，無定員。凡《資治通鑑》《性理精義》《古文淵鑑》諸書，皆翻譯清文以行。

康熙、乾隆等皇帝還以欽定、御纂的名義編撰了一批書籍供士子學習以加强思想統治。對此，禮親王也指出："列聖萬機之暇，乙覽經史，爰命儒臣，選擇簡編，親爲裁定，頒行儒宫，以爲士子仿模規範，實爲萬世之巨觀也。"[①]《四庫全書總目》與《嘯亭雜錄續錄》著録的欽定書約一百五十種，這些書的刊刻造成了中央官刻本的盛況。陶湘《清代殿版書始末記》一文對此述之甚詳，兹録於後：

> 清代殿版書，實權輿於明代經廠本。惟明以司禮監專司，清則選詞臣從事耳。順治一朝，纂刻書籍，均經廠原有工匠承辦，故其格式，與經廠本小異而大同。康熙一朝，刻書極工，自十二年（一六七三）敕廷臣補刊經廠本《文獻通考》脱簡，冠以御序。此後刻書，凡方體均稱宋字，楷書均稱軟字（見《大清會典》），雖雜出衆手，必斠若劃一。於武英殿

---

① 均見《嘯亭雜錄續錄》卷一。

設修書處,校對官員,寫刻工匠,咸集於茲。又敕刻銅字(非鑄),活板擺印(初印曆算等書,繼印《圖書集成》),其書均稱內府本。兩淮鹽監政曹寅以鹽羨刻《全唐詩》,軟字精美,世稱揚州詩局刻本,以奉敕亦稱內府本。雍正一朝,精刻內典,別規格式,字體力求方整,刀法力求勻凈。乾隆一朝,四年(一七三九)詔刻《十三經》《二十一史》(內典停刻),於武英殿設刻書處,特簡王、大臣總裁其事,殿板之名遂大著(凡前稱內府本,後亦統稱殿本)。十二年(一七四七)刻《明史》《大清一統志》,次刻三通,再次刻《舊唐書》。凡在十二年前刊印者,其寫刻之工緻,紙張之遴選,印刷之色澤,裝訂之大雅,莫不盡善盡美,斯爲極盛時代。十三年(一七四八),開三禮館,刻《三禮義疏》,與《易》《詩》《書》《春秋傳說彙纂》合裝,總名《御纂七經》,而《三禮義疏》即遜於《四經彙纂》。揚州詩局,於曹寅故後,工亦中綴。……自此以後,敕纂各書之寫刻印裝,每下愈況。試舉三十年(一七六五)後所刻之六通,四十年(一七七五)後所刻之《舊五代史》,五十年(一七八五)後所刻之《續纂大清一統志》,與十二年(一七四七)前所刻諸書,校其優劣,判若霄壤。嘉慶一朝,四年(一七九九)刻《續纂八旂通志》,工料逾遜。九年(一八〇四),敕纂《熙朝雅頌集》,特諭阮元刊進,亦不如乾隆初年諸殿本。十九年(一八一四)敕纂《全唐文》,仍由揚州詩局承辦,然亦不如《全唐詩》。道光、咸豐兩朝,天下多故,稽古右文,萬機無暇。同治一朝,大亂甫定,天子沖齡,此事遂廢。八年(一八六九)夏,武英殿災,凡康熙二百年來之藏書儲板,一炬蕩然,幸大內宮廷殿閣、奉天陪都、熱河行宮陳設書籍,尚有存者。武英殿災,纂修協修之官猶在,寫刻印裝之工匠未撤,而刊書之事,終同治一朝,闃寂無聞,此爲極衰時代矣。①

清代初年，地方官刻本遠不如宮廷刻本之多。乾隆四十一年（一七七六）九月，曾頒發武英殿聚珍版書於東南各省，並准許雕刊通行，於是江寧、浙江、江西、福建、廣東等省均翻刻了若干種。此後最有名的是嘉慶二十年（一八一五）阮元在南昌府學所刻的《十三經注疏》。清代地方官刻本最有特色的，是清代後期各省蓬勃興起的官書局刻本。錢基博述其緣起云：

> 同治二年（一八六三），曾國藩刻《船山遺書》；三年，置局於南京鐵作坊；四年，《船山遺書》竣工。李鴻章與獨山莫友芝子偲、南匯張文虎嘯山等議刻經史諸書，於是因其人其地而爲金陵書局。七年，移局冶城山之飛霞閣。局制，官督而紳佐，一時學者雲集。而刊本之最著者，《四書》《十一經》《史記》《漢書》《三國志》《文選》、漁洋山人《古詩選》、王氏《讀書雜志》諸書，皆文虎所手校；而《毛詩》《春秋穀梁傳》《後漢書》，則出德清戴望子高之手；而《史記集解索隱正義》一書，文虎用力尤勤。當時京朝大官索局刻書者紛起，蓋以其校刊之精，突過殿本也。至光緒初，乃改名江南官書局。自江南官書局之興，踵之起者，杭州、蘇州、武昌三官書局。江南先刊《四史》，武昌踵刻史書，因有分任《二十四史》之議。江南官書局任十五史，直至《隋書》而止。淮南官書局與江南官書局相輔翼，分其《隋書》，江都薛壽衸伯所校，極爲精核。此外又有道州何紹基子貞校《毛詩注疏》，亦爲淮南局刻之佳者。杭州局刻《二十二子》，多出名家藏校本，亦爲精善。而蘇州局繙宋本《資治通鑑目錄》，武昌局重刻明

---

①載《武進陶氏書目叢刊》。

　　震澤王氏本《史記》,古刻精繕,其來皆有自云。[①]

　　此外長沙、濟南、成都、太原、福州、廣州等地的官書局也刻了不少古籍。官書局刻書的目的顯然是爲了維護清朝的封建統治,所以它們刻的多是一些符合正統觀念的典籍。但局刻本中,有不少選擇較好的底本,經過專家們認真的校勘,所以在客觀上也起了一定的保存和流傳古書的作用。

　　清初的統治者實行文化專制政策。他們一方面利用八股文和科舉制度來籠絡和限制知識分子,另一方面又制造文字獄來迫害具有民族意識的人,許多有氣節的知識分子不願意被籠絡,又害怕受迫害,便埋頭從事整理和出版古籍的工作,這使得清代家刻本在質量和數量上都很突出。

　　康熙年間,徐乾學代納蘭成德校輯宋、元人的經學書一百三十九種爲《通志堂經解》,刻工就非常精細。無錫秦鑅刻的巾箱本《九經》白文,也深爲王士禎所贊嘆,其《分甘餘話》卷三云:“近無錫秦氏摹宋刻小本《九經》,剞劂最精,點畫不苟,聞其版已爲大力者負之而趨。余曾見宋刻於倪檢討雁園(粲)所,與秦刻方幅正同,然青出於藍而青於藍矣。”又吳郡張士俊刻《廣韻》《玉篇》《佩觽》《字鑒》《群經音辨》爲《澤存堂五種》也很有名,葉德輝云:“……張士俊《澤存堂五種》,摹仿宋刻,極肖極精。自明至國朝,刻工如此之精研者,蓋亦尟矣。”[②]

　　乾嘉以來,清代私家刻書呈現出兩個特點:一是大量刻印叢書,一是請名家寫樣上版。刻叢書特別注意校勘的代表人物是鮑廷博與盧文弨。鮑廷博字以文,號淥飲,安徽歙縣人,寄寓杭州,是乾隆年間大藏書家。四庫館采訪遺書時,鮑氏曾以家藏祕

①《版本通義·歷史第二》。
②《書林清話》卷九《納蘭成德刻通志堂經解》之一。

籍六百餘種進呈。他校輯所藏秘籍刻成《知不足齋叢書》三十
集，計一百九十八種，許多幾被湮没的著作，都賴他付刻才得以
保存流傳，不單是校勘和刻印精良而已。

盧文弨，字召弓，號磯魚，晚號弓父，餘姚人，是乾隆年間著
名校勘學家。清段玉裁云：

> 公好校書，終身未嘗廢。在中書十餘年，及在上書房，
> 歸田後主講四文書院，凡二十餘年，雖耄，孳孳無怠。早昧
> 爽而起，繙閲點勘，朱墨並作，几間闐闐，無置茗盌處。日且
> 暝，甫出户散步庭中，俄而籌燈如故，至夜半而後即安，祁寒
> 酷暑不稍間。官俸脯修所入，不治生産，僅以購書，有舊本
> 必借鈔之，聞有善説必謹録之；一策之間，分別迻寫諸本之
> 乖異，字細必工，今抱經堂藏書數萬卷皆是也。①

清嚴元照《書盧抱經先生札記後》也説：“先生喜校書，自經
傳子史，下逮説部詩文集，凡經披覽，無不丹黄，即無別本可勘同
異，必爲之釐正字畫然後快。嗜之至老愈篤，自笑如猩猩之見酒
也。”②盧文弨將自己編著與校勘的書約十九種匯刻爲《抱經堂叢
書》。他所校勘的書均有校記，因受經濟條件的限制，又將未能
全部付刊的三十八種書的校語匯刻爲《群書拾補》。

刻叢書特別注意版本的代表人物是黄丕烈與顧廣圻。黄丕
烈字蕘圃，吴縣人。王芑孫《陶陶室記》云：

> 今天下好宋版書，未見如蕘圃者也。蕘圃非惟好之，實
> 能讀之。其於版本之後先，篇第之多寡，音訓之異同，字畫
> 之增損，及其授受源流，繙摹本末，下至行幅之疏密廣狹，裝

---

① 《經韻樓集》卷八《翰林院侍讀學士盧公墓志銘》。
② 《悔庵學文》卷八。

綴之精粗敞好，莫不心瞥目識，條分縷析，積晦明風雨之勤，奪飲食男女之慾，以沉冥其中，蓋圖亦時自笑也，故嘗自號佞宋主人云。①

黄丕烈在鑒藏的基礎上，精選自己所得的宋元佳槧，並由著名校勘學家顧廣圻爲之刊定，然後照原樣覆刻，附以札記，於嘉慶二十三年（一八一八）匯成可與宋、元本等價的《士禮居叢書》。

顧廣圻，字千里，號澗蘋，深有取於邢子才"日思誤書，更是一適"②之語，自號思適居士。因爲出身寒士，自己無力刻書，就幫助當時著名的學者和藏書家從事校刻工作。李兆洛爲顧廣圻所作的墓志銘説："孫淵如（星衍）觀察、張古餘（敦仁）太守、黄丕烈孝廉、秦敦夫（恩復）太史、吴山尊（鼐）學士，皆深入校勘之學，無不推重先生，延之刻本。"③凡顧氏校刻的書，大都據宋、元善本精摹覆刻，並各附考異於後，質量很高。

清代私家所刻叢書，大都出自名家之手，數量多，質量高，範圍廣。除上面提到的外，他如經部有錢儀吉的《經苑》，史部有李桓的《耆獻類徵初編》，子部有梅文鼎後人所刻之《勿庵曆算全書》，集部有涇縣潘錫恩所刊之《乾坤正氣集》。影仿善本的有蔣鳳藻的《鐵華館叢書》，輯佚的有馬國翰的《玉函山房輯佚書》，薈萃一地文獻的有盛宣懷《常州先哲遺書》，匯集一姓所著書的有王念孫、王引之《高郵王氏遺書》，匯集一人所著書的有顧炎武《顧亭林先生遺書》。上海圖書館編的《中國叢書綜録》，收叢書二千多種，清代佔了一大半。

清代家刻本還有一個特點是喜歡請名家寫樣刻版。武英殿

---

①《淵雅堂全集》卷七。
②《北齊書》卷三六《邢邵傳》。
③《思適齋集》卷首。

和曹寅主持的揚州詩局喜用軟體字手寫上版，在其影響下，私家刻書也興起了請名家寫刻的風氣。清代有許多以善於寫版著稱的專家，如林佶、黄儀、余集、許翰屏等。這些人多數是清貴的官吏，知名的學者。像康熙進士，曾官内閣中書，著有《樸學齋集》的林佶曾手寫汪琬《堯峰文鈔》、陳廷敬《午亭文編》、王士禎《古夫于亭稿》和《漁洋山人精華録》付刻，被書林和藏書家稱爲"林佶四寫"〔圖版十九〕，極負盛名。黄儀則是很精博的地理學家，曾與閻若璩、顧祖禹同修《清一統志》。王士禎《漁洋續集》付梓時，擬仿宋槧，專門請他寫版。爲周密《志雅堂雜鈔》等書寫版的余集，曾以與修《四庫全書》聘入翰林，累遷侍讀學士。書法家許翰屏爲人寫樣更多，徐康《前塵夢影録》卷下云："乾嘉時，有許翰屏以書法擅名，當時刻書之家，均延其寫樣。如士禮居黄氏、享帚樓秦氏、平津館孫氏、藝芸書舍汪氏以及張古餘、吴山尊諸君，所刻影宋祕籍，皆爲翰屏手書。一技足以名世，洵然。"在清代寫刻本中，還有一部分是手寫個人撰述或所輯作品的。乾隆時著名的畫家、詩人金農曾自書其《冬心先生集》，汪士慎曾自書其《巢林集》，鄭燮曾自書其《板橋全集》，皆爲藝林所重。稍後則許梿也以善於寫版著稱，他除爲李文仲《字鑒》、吴玉搢《金石存》以及自編的《六朝文絜》寫版外，還曾寫刻自己輯録的《古均閣寶劍録》。其書鈎摹工細，紙潤墨香，一向被認爲是當時吴中版刻的傑作。另外如江聲以篆體自書所撰的《尚書集注音疏》和《釋名疏證》，張敦仁以草體自書所撰《通鑑刊本識誤》，則在版刻中別樹一幟。這類自己書刻的古籍，都是既有文物價值，又有藝術價值的。

　　清代坊刻本的成就爲官刻本、家刻本所掩，其實它不僅數量多，而且在内容上也表現出了自己的特色。其最著名的是蘇州的掃葉山房。張静廬云：

　　據葉九如君述：上海未開商埠前，書叢盛在蘇閶，而以掃葉山房歷史最久，遠在明萬曆間，松江席氏買下有名的毛氏汲古閣《二十二史》等書板，與蘇人洪、謝、陸三人合資在松江開辦掃葉山房，不久移設蘇州閶門內，同治間設分店於上海彩衣街，並設木版印刷所於東唐家弄。[①]

　　掃葉山房刻書最有名的有《十七史》《四朝別史》《百家唐詩》《元詩選》癸集等。到同、光間，掃葉山房刻書行銷大江南北，常見的有《毛聲山評點繡像金批第一才子書三國演義》《繡像評點封神榜全傳》《千家詩》《龍文鞭影》初、二集附《童蒙四字經》。清末民初，掃葉山房出版各書，多用新法石印，逐步代替了刻版印刷。除掃葉山房外，在許多蘇州書坊中，較有特色的是書業堂，刻書以小説爲重點，如乾隆四十四年（一七七九）刻《説呼全傳》十二卷，四十回；乾隆四十六年（一七八一）刻艾衲居士編《豆棚閑話》十二卷；乾隆五十八年（一七九三）刻《新刻批評繡像後西游記》四十回；嘉慶十年（一八〇五）刻《英雲夢傳》八卷。

　　南京是清代坊刻中心地區之一，從清初到清末一直很興盛，最有名的要算李光明莊。據所刻《書經》附載的刻書目錄，知其刻印了一百六十七種，計經部四十一種，史部六種，子部三種，集部五十二種，啟蒙類二十四種，閨範類四種，醫算雜學類二十四種，善書類十三種。尤以四書五經、《三字經》《百家姓》《千字文》《史鑒節要》等私塾課本的影響爲最大。

　　北京爲清代首都，是政治文化中心，更是書坊林立。其著名的有乾隆時陶氏五柳居、嘉慶時謝氏文萃堂、道光以後的老二酉堂、聚珍堂、善成堂等。北京書坊所刻大部分爲村塾課本與啟蒙

①王漢章《刊印總述》注釋五引，載《中國近代出版史料》二編。

讀物以及醫、卜、星相、佛經、善書、類書、小説等。[1]

　　清代後期坊刻本遍及全國，兹不贅述。總之，許多大衆讀物，兒童、婦女讀物，以及小説、戲劇、唱本、日用雜字都是由這些書坊出版的。許多反映人民日常生活、風俗習慣的資料，也只有在書坊的出版物中才可以找到。因此清代坊刻本對於繁榮文化教育事業是有着不容否認的功績的。然而清代書坊所刻各書，因力求降低成本，所以采用的紙墨工料不如官刻、家刻之精也是事實。

　　清刻本在形式上也有其特點。就版式而言，清代比較尊重古刻本，影宋刻本的風氣頗盛，所以在形式上受宋本影響比較明顯，一般左右雙欄，也有四周雙欄或單欄的；大部分是白口，也有少數黑口。值得注意的是字行橫豎都排列得比較整齊，書前不少都刻封面。封面一般爲三行：中間一行是書名，字略大，右行是編著者，左行是刻版者或藏版者。封面多用薄薄的黄色、綠色、粉紅色紙印。

　　清代刻書，由於文字獄的殘酷，特別是莊廷鑵《明書》案發，刻工也被處死，所以刻工多不敢在書上留名，但嘉道以後，禁網稍疏，刻工在所刻書上留名者漸多。如乾隆至道光年間，金陵劉氏著名刻工劉文奎、劉文楷、劉文模、劉覲宸、劉仲高、劉漢洲等就在他們所刻書的卷尾留下了名字。

　　就字體而言，清代内府刻書字體有一定格式：方體的稱宋字，楷體的稱軟字，已見前。如《康熙字典》《佩文韻府》《十三經注疏》《二十四史》等，則用宋字，疏行大字，最宜老眼；御纂《七經》《全唐詩》《全金詩》等，則用軟字，密行端楷，酷肖宋鑴。影響

---

[1] 參見魏隱儒《中國古籍印刷史》第十四章《清代的雕版印書事業》第三節《坊刻本》。

所及,清刻本主要就采用這兩種字體。宋字,也叫仿宋體或硬體字,這種字體在清刻本中最爲普遍〔圖版二十〕。道光前刻的橫細豎粗,撇長而尖,捺拙而肥,還比較美觀;道光以後,字體更顯呆板,世稱匠體。[1] 軟體字也即手寫體。清代手寫上版的名家除我們介紹過的林佶等人外,清初爲毛氏汲古閣寫樣的周榮起也很著名。陸心源《皕宋樓藏書志》卷一〇七著録《梧溪集》七卷,卷末有王士禎跋云:"壬申歲,門人楊庶常名時所貽、江陰老儒周榮起硯農氏手録本也。書學鍾太傅,稍雜八分,終卷如一。硯農壽八十有七,乃卒。"他如净雨《清代印刷史小紀》所稱:"黄丕烈爲季振宜寫《季滄葦書目》,江元文爲王芑孫寫《碑版文廣例》,顧蒪爲錢大昕寫《元史藝文志》,其初刻初印直駕宋元而上之。"[2]可見清代寫刻本也是舉不勝舉的。

就用紙而言,苦竹齋主云:

　　　清代印書,上焉者用開花紙,色白而堅韌細密,表面光滑,清康熙殿版《御製詩文集》及《性理精義》等書,即其一例。武進陶蘭泉氏在世時,藏書甚富,陶氏最醉心於清初精刻初印之開花紙書,故世人常以"陶開花"呼之。嘉道間殿版書,多用白榜紙,較之開花,質鬆而稍厚,嘉慶《御製全史詩》及道光《欽定新疆識略》等書均用之。宣紙多用於印譜、畫譜,普通書用之者極鮮,惟雍正十三年所刻《陝西通志》一百卷,其最初印本全用宣紙,同光以後,宣紙印書,乃漸盛行。又有所謂太史連與粉連、綿連等名目,色白質鬆,類似宣紙。竹紙色黄,上焉者堅韌光滑,如康熙殿版《淵鑑類函》及《佩文韻府》,其初印本用紙,與今日江西所出之玉版、官

[1]參看圖版四十二、四十三。
[2]載《中國近代出版史料》二編。

堆無異；下焉者質鬆脆薄，直與毛邊等耳。①

普通印本則竹紙較多。

由於清代實行文化專制主義，所以清刻本避諱很嚴，除避廟諱御名外，往往還從種族歧見出發，刻書時避胡、虜、夷、狄等字。其方法每作空白，或改易形聲，如以夷爲彝，以虜爲鹵之類。這也是我們在研究清刻本時應當注意的。

第二節 按地域區分

一 浙本

浙江地區的刻本稱爲浙本。浙江自然環境優越，經濟富庶，文化發達，宋以來一直是我國刻書中心之一。

據前引文獻，早在唐代中葉，浙江就已刊印元稹和白居易的詩在市肆出賣。五代時，吳越王刻印了大量佛經，其中有一部雕造了四萬八千卷，置入磚塔内，永充供養。這在客觀上造就了一批良工巧匠，提高了浙江地區的雕版印刷水平，爲宋代浙江地區刻書事業的高速發展創造了條件。王國維云：

> 及宋有天下，南併吳越，嗣後國子監刊書，若《七經正義》，若《史》《漢》三史，若南北朝七史，若《唐書》，若《資治通鑑》，若諸醫書，皆下杭州鏤板，北宋監本刊於杭者殆居泰

---

① 《書林談屑》，載《中國現代出版史料》丁編。

半。南渡以後,臨安爲行都,胄監在焉,板書之所萃集。①

南宋奠都臨安,浙本也隨之進入了黄金時代。除國子監外,德壽殿修内司廊司局、太醫局、浙西轉運司和臨安府也都刻書。京城内私人設立的書鋪林立,今可知者有如下十六家:

　　臨安府棚北睦親坊南陳宅書籍鋪,或作臨安府睦親坊陳宅經籍鋪

　　臨安府棚北大街陳解元書籍鋪,或作臨安府棚北睦親坊巷口陳解元宅

　　臨安府洪橋子南河西岸陳宅書籍鋪

　　臨安府鞍鼓橋南河西岸陳宅書籍鋪

　　臨安府太廟前尹家書籍鋪,或作太廟前尹家父子文字鋪

　　臨安府衆安橋南街東開經書鋪賈官人宅,或作臨安衆安橋南賈官人經書鋪

　　臨安府修文坊相對王八郎家經鋪

　　錢塘門裏車橋南大街郭宅經鋪

　　保佑坊前張官人經史子文籍,或簡稱中瓦子張家

　　行在棚南街前西經坊王念三郎家

　　杭州沈二郎經坊

　　杭州猫兒橋河東岸開箋紙馬鋪鍾家

　　太學前陸家

　　臨安府中瓦南街東開印經史書籍榮六郎家

　　錢塘俞宅書塾

---

①《王國維遺書》第十二册《兩浙古刊本考》。

　　錢塘王叔邊[1]

其中影響最大的當推字宗之號芸居的陳起及其子續芸所開設的
臨安府棚北大街睦親坊陳宅書籍鋪。葉德輝云：

> 　　南宋臨安業書者，以陳姓爲最著。諸家藏書志、目、記、
> 跋，載睦親坊棚北大街陳解元，或陳道人，或陳宅書籍鋪刊
> 行印行者，以唐宋人詩文小集爲最多。……大抵臨安府棚
> 北大街睦親坊陳宅書籍鋪，爲陳起父子所開。其云陳道人
> 者，當屬之芸居，其云陳解元者，當屬之續芸。[2]

葉氏又云：“蓋續芸所刻多説部、宋人集。起所刻多唐人集。”[3]
《兩浙古刊本考》亦稱：“宋季臨安書肆，若陳氏父子遍刊唐宋人
詩集，有功於古籍甚大。”

　　南宋浙本中的家刻，在數量上遠不如官刻、坊刻多，但質量
一般都相當高。譬如杭州廖瑩中家塾世綵堂所刻的《昌黎先生
集》和《河東先生集》刻印精妙，堪稱宋浙本及家刻本的代表作
〔圖版二十一〕。

　　浙本除杭州本外，還有越州本、婺州本、明州本、衢州本、嚴
州本等。越州本又有紹興府本及浙東轉運司本之分。紹興府刻
有《論衡》《越絕書》《嘉泰會稽志》等，浙東轉運司刻有《五經正
義》《事類賦》《蘭亭考》等。婺州書坊頗衆，有婺州市門巷唐宅，
婺州義烏青口吳宅桂堂，義烏縣酥溪蔣宅崇智齋，婺州東陽胡倉
王宅桂堂，東陽崇川余四十三郎宅。婺本經書與監本、建本、蜀
本齊名。浙江各州州學也刻了不少書，如婺州州學刻有蘇洵《嘉

---

①張秀民《南宋刻書地域考》，載《圖書館》一九六一年第三期。
②《書林清話》卷二《南宋臨安陳氏刻書之一》。
③《書林清話》卷二《宋陳起父子刻書之不同》。參看本章第三節論坊刻本及圖
　版三十一。

祐集》,嚴州州學刻有《唐柳先生集》,台州州學刻有《天台前集》,温州州學刻有《大唐六典》等。

　　原先設在杭州的南宋國子監,元代改爲西湖書院。元黃溍《西湖書院義田記》云:"西湖書院,實宋之太學,規制尤盛,舊所刻經史群書,有專官以掌之,號書庫官,宋亡學廢,而版庫具在。"①泰定元年(一三二四)立了一塊《西湖書院重整書目記》的碑刻,所列經史子集書版一百二十一種,有拓本流傳,吳昌綬曾刻入《松鄰叢書》。西湖書院本中絶大多數是南宋國子監遺留下來的,但是西湖書院有刻書基礎,杭州仍萃集了許多良工,因此宋、遼、金三史和其他要籍,皆奉旨發西湖書院刊行,刻工甚精。如至元五年(一三三九)刻成的《文獻通考》二百四十卷,今國家圖書館尚有藏本,書品精雅,堪爲元刻本之代表作。浙江各路、府、州、縣等設立的儒學也刻了不少書。如大德十年(一三〇六)紹興路儒學刻《越絶書》十五卷、《吳越春秋》十卷、徐天祜《吳越春秋音注》十卷;至大四年(一三一一)嘉興路儒學刻《陸宣公集》二十二卷;至治二年(一三二二)嘉興路儒學刻《王秋澗先生全集》一百卷;至元三年(一三三七)婺州路儒學刻金履祥《論孟集注考證》十卷;至元四年(一三三八)嘉興路儒學刻元沙克什《河防通議》二卷;至正九年(一三四九)嘉興路儒學刻劉因《靜修先生文集》三十卷;至正十四年(一三五四)嘉興路儒學刻《大戴禮記》十三卷。② 元代浙江的家刻、坊刻似不如書院、儒學刻本之盛。

　　明代浙江仍是刻書中心地區之一,其官刻本以布政使司所刊爲最多,據萬曆《杭州府志》所載,有《浙江通志》等二十七種。

---

①《元西湖書院重整書目記》。
②參看《書林清話》卷四《元監署各路儒學書院醫院刻書》。

他如浙江轉運司、浙江提學司等，均有刻版。私家刻書在萬曆間特盛，如餘姚聞人詮、嘉禾項篤壽萬卷堂、嘉禾項德棻宛委堂等，都聞名當世。此外還有古杭勤德書堂、浙江葉寶山堂、武林馮紹祖觀妙齋、武林馮念祖臥龍山房、吳興花林東海居士茅一相文霞閣、三衢近峰夏相、義烏沈氏楚山書屋等私人刻書和書坊刻書。明中葉以後，湖州刻書，可謂後起之秀。謝肇淛云："今杭本不足稱矣，金陵、新安、吳興三地剞劂之精者，不下宋板。"①湖州刻書以閔、凌兩家爲代表，世稱閔刻本和凌刻本。兩家喜用彩色套印，墨色印正文，彩色印評語圈點，所印書籍自經史子集、戲曲小說等約一百三十餘種。有些書，如凌氏套印的宋王十朋《會稽三賦》、明高明《琵琶記》等，並附插圖，多延名家繪刻，筆劃工致，神態秀逸。

　　清代浙江官私刻書都十分發達。乾隆三十八年（一七七三），清高宗命金簡把從《永樂大典》中輯出來的珍本秘籍用活字排印，定名爲"武英殿聚珍版"書②，凡一百三十八種，並令東南各省照式刊行，以廣流傳。浙江翻刻三十九種，是袖珍本，行格字數都依原版。

　　官刻本成就最突出的是浙江書局本。浙江書局是浙江省布政使楊昌濬、按察使王凱泰於同治三年（一八六四）設立的，首刻《欽定七經》及《御纂通鑑輯覽》等書。宣統元年（一九○九），巡撫增輯設立浙江圖書館，附官書局，又更名官書印售所。當時在書局任職的譚獻、黃以周、張大昌、張顔、王治壽等都是一時人選。他們選用底本都要經過研究，校勘也很精當。爲使貧寒學子容易購求，在刻版時縮小版式，增多行字，以盡量減低成本。

---

①《五雜俎》卷一三。
②參看圖版四十七。

字體也相當秀麗。據統計，浙江書局自同治六年（一八六七）到光緒十一年（一八八五），先後刊書達二百多種，刻工多時達一百多名。總計浙局在清末以前所雕刻的版片，凡十二萬八千一百零八片。①

　　清代浙江的私家刻書盛於前明，這與當時浙江人才之盛及考據、輯佚、校勘之學的興起密切相關。有些著名文人往往自刻所作詩文，或由親友學生出資刊行。有的人則依據宋元善本影摹上版，或者重行校訂付印，也陸續出版了許多質量較高的叢書，如杭州盧文弨的《抱經堂叢書》；吳興陸心源的《十萬卷樓叢書》《湖州叢書》等，編刊叢書是清代家刻本的一大特色，浙江在這方面的成績尤爲顯著。②

　　在浙刻本中，官刻實爲主流，家刻、坊刻在一定程度上受到了官刻的影響，都注重校勘，質量較好。就形式而言，宋浙本多用歐陽詢體，絕大多數是白口，單魚尾，魚尾在書口上方，魚尾之上的象鼻內多記本葉字數，魚尾之下常刻書名卷次，多用簡稱。書口下端每有刻工名，或姓或名或姓名全稱。版框多左右雙邊。書品寬大，多用麻紙、皮紙。宋浙本避諱較嚴。元浙本形式上的特點，略同宋浙本，惟字體受趙孟頫的影響較大。也出現了一些細黑口書。明、清兩代浙本形式大體仍宋元之舊，有的則因出版事業日益發達，版刻流派互相影響，特色不似前此之顯著。

二　蜀本

　　安史之亂及黃巢起義，使得唐代政治經濟文化中心兩次移

①見洪煥椿《浙江文獻叢考》：《浙江雕版印書雜識》。
②參見劉寅《浙江古籍刻印管窺》，載《浙江師範學院學報（社會科學版）》一九八〇年第一期。

向成都，加上四川盛産麻紙，都爲刻書事業的發展創造了有利條件。早在公元九世紀，四川成都就刻印了曆書、字書及陰陽雜說、占夢相宅之類的書。如咸通六年（八六五）來我國留學的日本和尚宗叡携帶回國的漢籍就有四川刻印的《唐韻》一部五卷、《玉篇》一部三十卷。[①]五代時孟蜀建都成都，宰相毋昭裔先刻石經，不久又令門人寫定《九經》，鏤版行世，以後還刻了《文選》《初學記》《白氏六帖》等，從而使蜀本在刻書的範圍和規模上向前發展了一大步，爲宋蜀本的興盛奠定了基礎。

開寶四年（九七一），宋太祖派高品、張從信等人在成都監雕《大藏經》，至太平興國八年（九八三）大部刻成。全藏有一千零七十六部，五千零四十八卷，經版共十三萬多片。這項工程的完成充分説明了當時四川技術力量和經濟基礎的雄厚。此後，四川又承擔了像《太平御覽》《册府元龜》這樣卷帙浩大的大型類書的刻印任務。

南宋初年，四川又出了一個致力於收書刻書的人，對蜀刻本的發展作出了一定的貢獻，他就是在紹興十一年至十四年（一一四一至一一四四年）任四川轉運使的井憲孟。著名的眉山七史就是在他的主持下刻印的。晁公武記其事云：

> 嘉祐中，以《宋》《齊》《梁》《陳》《魏》《北齊》《周書》舛謬亡缺，始詔館職讎校。曾鞏等以秘閣所藏多誤，不足憑以是正，請詔天下藏書之家悉上異本，久之始集。治平中，鞏校定《南齊》《梁》《陳》三書上之，劉恕等上《後魏書》，王安國上《周書》，政和中，始皆畢，頒之學官，民間傳者尚少。未幾遭靖康丙午（一一二六）之亂，中原淪陷，此書幾亡。紹興十四

---

① 參看張秀民《中國印刷術的發明及其影響》一《印刷術的起源》之二《雕板的發明》。

年(一一四四)井憲孟爲四川漕,始檄諸州學官求當日所頒本。時四川五十餘州皆不被兵,書頗有存者,然往往亡闕不全,收合補綴,獨少《後魏書》十許卷,最後得宇文季蒙家本,偶有所少者,於是七史遂全,因命眉山刊行。[1]

在井憲孟的倡導下,眉山地區還出版了《周禮》《春秋》《禮記》《孟子》和《史記》《三國志》等,都是以監本爲底本刊行的。蜀刻的中心由成都移向眉山大約就在這個時期。

四川也有書坊,而且大多集中在眉山。如刻《新編近時十便良方》的萬卷堂,刻《國朝二百家名賢文粹》的書隱齋。現存蜀小字本唐人別集數量較多,有一套是十一行本,現存《駱賓王文集》《李太白文集》《王摩詰文集》三種。有一套是十二行本,現存《孟浩然詩集》《劉文房集》《陸宣公集》《新刊權載之文集》《昌黎先生文集》《孟東野文集》《李長吉文集》《劉夢得文集》《張文昌文集》《皇甫持正文集》《歐陽行周文集》《新刊元微之文集》《姚少監詩集》《許用晦文集》《張承吉文集》《孫可之文集》《鄭守愚文集》《司空表聖文集》《杜荀鶴文集》等完缺共十九種。從采用小字本的形式與有"新刊"的標題看,這些唐人別集可能係坊刻本。[2]

十三世紀中葉,元兵南下,首先攻占四川。四川經濟文化遭到浩劫,書版大都毀於戰火,再加上明清以來東南沿海日趨發達,蜀地較偏,所以元後蜀本名聲不顯。

蜀本傳世較少,多爲經史類書、唐人詩文集。其形式上的特點比較顯著。就版式而言,一般爲白口,單魚尾,左右雙欄,無書耳〔圖版二十二〕。版心下端一般都有刻工姓名。刻工中且多一

---

①《郡齋讀書志》卷五《宋書一百卷》。
②參看顧廷龍《唐宋蜀刻本簡述》及所附《蜀刻書目》,載《四川圖書館學報》一九七九年第三期。

族同姓之人，如單氏、任氏、文氏等。蜀本字體多似顏體，字劃肥勁樸厚，正文、小注字體統一。就大字而言，字大如錢，版式疏朗，讀來賞心悅目。一般采用麻紙，紙張潔白。校勘精審，翻刻監本也一絲不苟，故一向爲人們所推重。但刻書序跋及坊刻本的牌記都很少見，因此不易判定刻書年月及刻書人姓名。

三　建本

早在宋代，福建特別是建寧府建安、建陽兩縣就已成了當時的刻書中心。宋朱熹説："建陽版本書籍，上自六經，下及訓傳，行四方者，無遠不至。"[①]宋祝穆亦云："建寧麻沙、崇化兩坊産書，號爲圖書之府。"[②]葉德輝也曾指出："閩中造紙印書，宋時極盛，岳珂《九經三傳沿革例》即有建本之名。"對建安、建陽兩縣書坊主人有名姓可考者，張秀民作了統計：

> 建寧府黄三八郎書鋪
> 建寧書鋪蔡琪純父一經堂，或作建安蔡純父
> 建安萬卷堂
> 建安曾氏家塾
> 建安王懋甫桂堂
> 建安劉元起家塾
> 建安劉日新宅三桂堂
> 建安劉叔剛
> 建安劉之問
> 建安江仲達群玉堂

①朱彝尊《經義考》卷二九三引。
②《方輿勝覽》卷一一。

建安魏仲立宅

建安魏仲舉家塾

建安陳彥甫家塾

建安黃善夫家塾

建安蔡子文東塾

建安虞平齋務本書堂

建安虞氏家塾

建安慶有書堂

建溪三峰蔡夢弼傅卿家塾（建溪或作建安）

建陽崇化書坊陳八郎家（或作建寧府陳八郎書鋪）

建寧府麻沙鎮虞叔異宅

麻沙鎮南齋虞千里

麻沙鎮水南劉仲吉宅

麻沙劉仲立

麻沙劉智明

麻沙劉將仕宅

麻沙劉通判宅

建安余恭禮宅

夏淵余氏明經堂（或作建安余唐卿宅）

建安余彥國勵賢堂

余氏廣勤堂

建安余仁仲萬卷堂

余靖安勤有堂

並云："以上三十三家書坊各刻了不少書，經、史、子、集、日用、迷信都有。他們編刊的考試用書，更是'日輯月刊，時異而歲不同'。其中蔡夢弼、黃善夫各刊《史記》〔圖版二十三〕，蔡琪、劉之問、劉元起均雕《漢書》，劉仲立梓前、後《漢書》以及魏仲立本《唐書》、魏仲舉本《昌黎集注》等在學術上較有價值。"①這些書坊中，尤以余氏最爲有名。國家圖書館尚藏有南宋余仁仲萬卷堂刊《春秋公羊經傳解詁》十二卷、《禮記注》二十卷、《周禮注》十二卷。

　　建陽、建安成爲南宋刻書中心是由於地處閩北山區，受戰禍影響較小，且盛産竹木，書版與造紙原料都非常充足。宋葉夢得論刻書云："蜀與福建多以柔木刻之，取其易成而速售，故不能工。福建本幾遍天下，正以易成故也。"②此外，兩地水陸交通十分方便，除爲省内貨物集散地外，還可直達蘇、杭、江西，這就爲刊本速售創造了條件。

　　元建本同宋建本相比，在數量上有過之而無不及，兹將其出版單位名稱羅列於下：

　　　　建安鄭明德宅
　　　　余彦國勵賢堂
　　　　麻沙劉通判宅仰高堂
　　　　建安蔡氏
　　　　建安劉承父
　　　　建安詹璟
　　　　劉君佐翠巖精舍
　　　　劉錦文日新堂
　　　　高氏日新堂
　　　　建安陳氏餘慶堂
　　　　建安朱氏與耕堂
　　　　建安同文堂

①張秀民《南宋刻書地域考》，載《圖書館》一九六一年第三期。
②《石林燕語》卷八。

　　　建安萬卷堂

　　　麻沙萬卷堂

　　　董氏萬卷堂

　　　李氏建安書堂

　　　雙桂書堂

　　　麻沙劉氏南澗書堂

　　　建陽劉氏書肆

　　　建陽書林

　　　建安虞氏務本書堂

　　　建安鄭天澤宗文書堂

　　　建安葉氏廣勤堂

　　　建安余氏勤有堂①

　　除一般的經史子集外，元建本中還有一些通俗讀物，最有名的是一套建安虞氏刊刻的講史話本，現存《新刊全相平話武王伐紂書》《新刊全相平話樂毅圖齊七國春秋後集》《新刊全相秦并六國平話》《新刊全相平話前漢書續集》《至治新刊全相平話三國志》五種。所謂全相，就是每葉都有插圖。此外建陽書坊還刻了一些元散曲選本，現存《朝野新聲太平樂府》《梨園按試樂府新聲》《樂府新編陽春白雪》。其中《陽春白雪》還有初編、重編兩種刻本，可見頗受時人歡迎。

　　明建本是沿着宋元遺風發展下來的，不少書坊經營刻書事業持續了相當長的時間。方品光指出：

　　　　如勤有堂由北宋幾經轉折一直延續至明初，日新堂從元至元戊寅（一三三八）延續到明嘉靖八年（一五二九）前後

―――――――――

① 見《書林清話》卷四《元私宅家塾刻書》《元時書坊刻書之盛》《元建安葉氏刻書》。

共一百九十一年，翠巖精舍從元延祐元年（一三一四）到明成化己丑（一四六九）共一百五十五年，宗文堂從元大德壬寅（一三〇二）至明萬曆二十八年（一六〇〇）營業達二百九十八年，安正堂從明弘治甲子（一五〇四）至萬曆三十九年（一六一一）共一百零七年，清江書堂從明宣德六年（一四三一）到嘉靖三十二年（一五五三）共一百二十二年等等。[①]

此外，比較著名的建陽書坊還有朱氏尊德書堂、劉氏敬善書堂、詹氏進德書堂、劉氏慎獨齋、楊氏歸仁齋、江氏宗德堂、熊氏忠正堂、楊氏清白堂、熊氏誠德堂、熊氏種德堂、余氏三臺館、余氏雙峰堂、書林楊敏齋、書林劉求茂、書林劉龍田、書林鄭以楨、書林詹秀閩等。[②] 從現有傳本情況來看，明建本遠遠超過宋元。故葉德輝云：“自宋至明六百年間，建陽書林擅天下之富，使有史家好事，當援貨殖傳之例增書林傳矣。”[③]

明建本同樣也受到官府重視，嘉靖五年（一五二六）朝廷曾特派專使到建陽監督坊本刻售工作。[④] 十一年（一五三二），福建提刑按察司又牒建寧府云：“照得五經四書，士子第一切要之書，舊刻頗稱善本，近時書坊射利，改刻袖珍等版，款制褊狹，字多差訛。……該本司看得書傳海內，板在閩中，若不精校另刊，以正書坊之謬，恐致益誤後學。議呈巡按察院詳允會督學道選委明經師生，將各書一遵欽頒官本，重複校讎。……再不許故違官式，另自改刊。如有違謬，拿問重罪，追版鏟毀，決不輕貸。”葉德輝據此説：“足見明時法制之嚴，刻書之慎。而建寧匠人之盛，自

---

①《福建刻書考略》，載《中國圖書館學會第一次討論會文件》（一九七九）。
②參看魏隱儒《中國古籍印刷史》第二編《古籍雕版印刷發展史》第十三章《明代的刻書事業》第三節《坊刻本》。
③《書林清話》卷五《明人私刻坊刻書》。
④見朱彝尊《經義考》卷二九三。

宋以來至明五六百年，流風不墜。觀於此牒，亦可想其專精雕鏤矣。"①

　　建本書自明後期漸趨衰落，到了清代仍無起色，主要原因是明末清初福建受到戰爭的影響，建安、建陽幾成廢墟，刻工紛紛外逃，書版損失殆盡，致使刻書事業一蹶不振。其次是江蘇、安徽等地刻書事業在明中葉以後蓬勃興起，逐步取代了建本的地位。故清初王士禎云："今則金陵、蘇、杭書坊刻板流行，建本已不復過嶺。"②

　　坊刻是建本的主流。無論內容還是形式，建刻坊本都有鮮明的特色。就內容而言，書坊爲了適應歷代官府的需要，也刻了不少經書、史書，特別是明代萬曆以前，所刻經史尤多。但是建陽所刻經書大部分都是爲科舉考試服務的。正如宋岳珂所説："場屋編類之書，建陽書肆日輯月刊，時異而歲不同，四方傳習。"③此外，建安、建陽書肆刻了大量民間實用的書和通俗文藝作品，許多小説都是書坊主人自編的或請人編的。如明代書林熊大木，就曾自編《全漢志傳》《大宋中興英烈傳》等小説。萬曆年間建陽雙峰堂主人余文臺所刻《新刊京本編輯二十四帝通俗演義西漢志傳》也是自編的，卷一首題"書林仰止山人編集，余氏文臺重梓"。

　　就形式而言，建本也勇於創新。從版式上看，宋浙本和蜀本多白口，左右雙欄，建本則多黑口，早期爲細黑口，後來轉爲黑口，四周雙欄，這種刻風開了元代雕版之先河。有一些宋建本還在欄外左上角刻上書耳，書耳內刻篇名或小題，頗便讀者查找。

①《書林清話》卷七《明時官制書只準翻刻不準另刻》。
②《居易錄》卷一四。
③《愧郯錄》卷九。

建本書喜用具有廣告性質的題識與牌記，而不喜歡用長篇序跋，這或許與書坊主人文化水平高者不多有關。爲了謀利，建本千方百計降低成本，浙本與蜀本一般都書品寬大，版式疏朗，而建本字刻得較密，紙多用竹紙，質地較薄，顏色發暗。校勘不精，喜歡删改也是出於這個原因。爲了吸引讀者，宋、元、明建本都愛用插圖。至於字體，代有不同，宋建本多似柳體，起落頓筆，結構方正，字畫嚴謹不苟。爲了減少篇幅，增加版面容量，建本還采用一種特有的筆劃很細的瘦長字體。

　　關於建本，還有一點應當説明的就是建陽麻沙鎮所刻書，由於粗製濫造，當時及後世都獲得了不好的名聲。麻沙本幾乎成了劣本的代稱。我們在本編第一章第二節介紹過杭州府學教官姚祐據麻沙本《易經》出錯考題的事，宋周煇《清波雜志》卷八也説："麻沙本之差舛，誤後學多矣。"但事實上，麻沙鎮書坊也刻過一些好書，不能一概而論。

四　平水本

　　平水即今山西臨汾，因處平水之陽，故又稱平陽，金、元兩朝都曾在此設立出版書籍的管理機構。《金史》稱"平陽府……有書籍"。[①] 繆荃孫《平水板本考》亦云："平水，鎮名，元太宗八年（一二三六）用耶律楚材言，立經籍所於平陽，當是因金之舊。"[②] 葉德輝認爲平水成爲北方的刻書中心是由於"金源分割中原不久，乘以干戈，惟平水不當要衝，故書坊時萃於此"。[③] 平水歷來

---

① 《金史》卷二六《地理志》下。
② 《藝風堂文漫存》卷三。《元史》卷一四六《耶律楚材傳》："置編修所於燕京，經籍所於平陽，由是文治興焉。"
③ 《書林清話》卷四《金時平水刻書之盛》。

爲晉南經濟、政治、文化的中心，又未受戰爭破壞，國家圖書館《中國版刻圖録·序》云："北宋亡後，平陽代替了汴京成了黃河以北地區的出版中心。"又云："其地盛產紙張，質地堅韌，私人開設的書坊很多。"現國家圖書館藏金平水本有《南豐曾子固先生集》《壬辰重改證吕太尉經進莊子全解》《重編補添分門字苑撮要》《新修累音引證群籍玉篇》《蕭閑老人明秀集注》等。其他平水書籍如王文鬱撰《增注禮部韻略》爲金大定六年（一一六六）平水刻本。王文鬱併舊韻二百零六部爲一百零六部，在音韻發展史上頗有影響。金大定二十六年（一一八六）平水書軒陳氏印行的《銅人俞穴針灸圖經》歷來爲醫學界所珍重。清末貴池劉世珩已影刻，日人涉園山崎子政亦曾據以重雕。此外，著名的平水本尚有李子文於大定二十九年（一一八九）所刻王明壽《重刊增廣分門類林雜説》。這是一部内容廣泛、具有實用價值的類書，現有清代翻刻本行世。又《中國版刻圖録·序》云：

> 當時民間盛行諸宫調説唱，平水書肆適應大衆需要也刻版流通。……《劉知遠諸宫調》就是平水坊本。……這些民間文藝創作的及時傳播，對後代説唱文學和戲劇的發展，具有深遠的影響。平水書肆又曾刻印民間招貼畫……甘肅張掖古塔内發現的平陽徐氏刻印的關羽像，和平陽姬氏刻印的王昭君等四美人像，畫面生動美麗，是兩幅巨大的富有藝術價值的版畫傑作。

元代仍以平陽爲刻書中心，人們將至元八年（一二七一）使用大元國號之前的元初刻本稱爲蒙古本。蒙古本分量最重的要算太宗九年（一二三七）開雕，乃馬真后三年（一二四四）完成的道藏七千八百餘帙，因爲該藏爲宋德方刻於平陽玄都觀，故又稱宋德方藏或玄都寶藏。由於釋、道二教鬥争激烈，元世祖信佛排道，於至元十八年（一二八一）下令銷毀道藏經版，這部玄都寶藏也就被付之一炬。現僅有《雲笈七籤》《太清風露經》二種，藏於國家圖書館。玄都寶藏雖然被燒了，但是這次巨大的出版工程，却將平水刻工的雕版技術提高到前所未有的水平。稍後，平水書肆晦明軒主人張存惠刻印的《重修政和經史證類備用本草》《增節標目音注精義資治通鑑》《丹淵集》《滏水集》等，紙墨刻工比過去平水本更爲精美。又《史記集解附索隱》一百三十一卷，係平陽道參幕段子成中統二年（一二六一）刊，也爲蒙古本。

　　元刻平水本還有平陽府梁宅元貞二年（一二九五）刻《論語注疏》二十卷；平水許宅大德十年（一三〇六）刻《重修政和經史證類備用本草》三十卷、目錄一卷；平水曹氏進德齋大德三年（一二九九）刻巾箱本《爾雅郭注》三卷，至大三年（一三一〇）刻《翰苑英華中州集》十卷，《中州樂府》一卷；平水高昂霄尊賢堂皇慶二年（一三一三）刻《河汾諸老詩集》八卷；平陽司家頤真堂至元三十年（一二九三）刻《御藥院方》；平陽曹輒刻《遺山詩集》二十卷。[①]

　　明清平水刻本的成就爲其他地區所掩，不如金、元時代那麼知名，但是也持續不斷地刻了不少書，如平陽呂氏冰玉堂成化年間刻《管窺外編》一卷；平陽陳宣弘治年間刻《二程全書》六十五卷；平陽府呂柟嘉靖四年（一五二五）刻《司馬文正公集略》文集三十一卷，詩集七卷；平陽府張松刻《藝文類聚》一百卷；平陽萬曆二十九年（一六〇一）刻《針灸大全》十卷；臨汾桑拱陽松風書院在崇禎年間刻有自著《四書則》《松風草》《家禮維風》。其《四書則》，乾隆時經山西巡撫呈進，收入《四庫全書》。其餘平陽府明刊本尚有《銅人針灸集》七卷、《新編西方子明堂灸經》八卷。

––––––––––

① 參看《書林清話》卷四《元私宅家塾刻書》。

清代平水刻本較著名的有劉組曾百禄堂於乾隆九年(一七四四)刻《司馬文正公文集》八十二卷,乾隆十六年(一七五一)刻《蓮洋詩鈔》十卷。清代臨汾坊間還刻了不少四書五經及啟蒙讀物,但其刻書質量較差,不足深論。[①]

　　平水刻本似以私人刻書爲主,多醫書、類書、詩文集,在内容上顯示出民間注重實用的特色。在形式上,金、元平水本皆爲白口,但版式不盡統一,金本的魚尾或單或雙,邊欄或左右雙邊或四周雙邊,各書每半葉行數、每行字數多不同,因此横看過去字是不整齊的。書名、卷次、葉次的位置同宋本。元本多爲雙魚尾,四周雙邊,其餘大致同金本。金本缺少序跋和牌記,元本則多有之。例如蒙古憲宗三年至五年(一二五三至一二五五),平水張存惠刻《增節標目音注精義資治通鑑》,卷首有序〔圖版二十四〕,序後有"泰和甲子下癸丑歲平陽張宅晦明軒"刻書牌記,目録後有"平陽府張宅印"琴形牌記、"晦明軒"鐘形牌記。卷末還有"泰和甲子下乙卯歲季秋工畢,堯都張宅"題識。這就爲版本的鑒定工作帶來了極大的方便。平水本多用桑皮紙,紙墨瑩潔,字體瘦勁挺拔,一般來説不避諱。

　　由於近古文化事業日益發達,刻書事業也由幾個中心而逐漸向全國各地拓展,地區特色及影響也有所淡化,所以我們以上僅舉幾個最有代表性的地區爲例,來顯示從這一角度區分版本的情況。

　　此外,中國古代文化對比鄰諸國産生過深遠影響,朝鮮、日本、越南在古代都刻印過漢文古籍,這些書我國收藏單位在著録時,往往分別稱爲高麗本、日本本、越南本,其中越南本鮮見。清

---

① 參看劉緯毅《山西古代刻書考略》,載《圖書館通訊》(山西)一九八○年第二期。

孫從添云：“外國所刻之書，高麗本最好。五經、四書、醫藥等書皆從古本。凡中夏所刻，向皆字句脫落，章數不全者，而高麗竟有完全善本。”①於此可見，外國刊本是很有價值的。但關於外國刊行漢籍的版本情況，事涉專門，我們所知極少，因此未敢述論。

第三節　按刻書單位區分

如按刻書單位分，則雕印本大體上可區別爲官刻本、家刻本和坊刻本三種。它們又往往因具體主持的官府、私家書坊各異而有不同名稱，今擇要列舉如下，其已見前第一節者，此不復出。

一　官刻本

甲、監本　　各朝國子監所刻印的書，稱爲監本。五代國子監即已刊刻圖書，惜五代監本、北宋監本、金監本，今皆不傳。南宋屢經戰亂，國家艱難，故世傳南宋監本也多非國子監自刻。王國維云：

> 北宋監本經史既爲金人輦之而北，故南渡即有重刊經疏者，如日本竹添氏所藏《毛詩正義》，乃紹興九年（一一三九）九月十九日紹興府雕造，此事是否奉行是月七日詔書，抑或先已刊刻，別無可考。又刊經疏者，紹興之外尚有婺州所刊《春秋左傳正義》，溫州所刊《爾雅疏》，雖未審在何時，至紹興十五年（一一四五）令臨安府雕造群經義疏未有板

①《藏書紀要》第二則《鑒別》。

者，則高宗末年經疏當盡有印板矣。此種州郡刊板當時即入監中，故魏華父、岳倦翁均謂南渡監本盡取諸江南諸州。蓋南渡初監中不自刻書，悉令臨安府及他州郡刻之。此即南宋監本也。①

錢基博云：

> 宋監刻之僅有存者：國立北京圖書館藏有監本《春秋穀梁注疏》殘冊；南京國學圖書館藏有監本《纂圖重言重意互注禮記》殘冊，有監本《纂圖春秋經傳集解》三十卷（有鈔配），有監本《附音春秋公羊注疏》二十八卷（有元、明修補葉），有監本《附音春秋穀梁傳注疏》二十卷（有元、明修補葉）。②

這些書即使全爲南宋監本，也所剩無幾。

元代中央機關掌管刻書的有興文署和藝文監。國子監刻書不多，《書林清話》卷四《元監署各路儒學書院醫院刻書》僅提到元祐三年（一〇八八）刻小字本《傷寒論》十卷。但元國子監卻通過中書省讓各路儒學代刻了不少書。李致忠《元代刻書述略》云：

> 後至元六年（一三四〇），國子監牒呈中書省批准，下浙東道宣慰使司都元帥府，分派慶元路儒學召工鐫刻《玉海》二百卷、《辭學指南》四卷、《詩考》一卷、《地理考》六卷、《漢藝文志考證》十卷、《通鑑地理通釋》十四卷、《漢制考》四卷、《踐阼篇集解》一卷、《周易鄭康成注》一卷、《姓氏急就篇》二卷、《急就篇補注》四卷、《周書王會補注》一卷、《小學紺珠》

---

①《王國維遺書》第十二冊《兩浙古刊本考》。
②《版本通義·歷史第二》。

十卷、《六經天文篇》二卷、《通鑑答問》五卷。此爲國子監通過中書省下各路儒學刻書的實例。北京圖書館也有所珍藏，其中部分版本爲明初遞修。[①]

到了明朝，南、北兩京皆刻經史，因此又有南監本和北監本的區別。已見前。

乙、經廠本　　明內府刻書由司禮監負責，司禮監下設經廠庫，明宦官劉若愚云：“凡司禮監經廠庫內所藏祖宗累朝傳遺秘書典籍皆提督總其事，而掌司監工分其細也。”“掌司四員或六員，在經廠居住，只管一應經書印板及印成書籍，並佛藏、道藏、番藏皆佐理之。”[②]故司禮監經廠刻的書被稱爲經廠本。經廠本多刻制書、五經、四書、《性理大全》以及宮女、太監們的讀本，一般認爲經廠本出於宦官之手，故校勘不精，但它在形式上卻十分美觀。版式寬闊、行格疏朗，大黑口、雙魚尾、大黑雙邊。正文小注，斷句加圈。趙體字，字大如錢。紙潔白、墨色如漆。多大本，包背裝。故太平老人《袖中錦》云：“監書、內酒、端硯、浙漆、吳紙，皆爲天下第一。”此監書乃指司禮監經廠本，而非國子監本〔圖版二十五〕。

丙、藩府本　　明代藩府刻書情況，已如前述。錢基博云：

藩府刻本，亦稱名貴，而吉府其一。其他見著錄者，曰蜀府、代府、崇府、肅府、唐府、晉府（寶賢堂，亦稱志道堂，亦稱虛益堂，又稱養德書院）、益府、秦府、伊府、魯府（敏學書院，亦稱承訓書院）、趙府（居敬堂，亦稱味經堂）、楚府、寧藩、周藩、沈藩、德藩（最樂軒）、潞藩。吉府刻多諸子，晉府刻多總集，益府刻多茶書。而北京圖書館藏有嘉靖秦藩刊

①載《文獻》第十輯。
②《酌中志》卷一八。

《史記》一百三十卷，國學圖書館藏有嘉靖魯藩刊晉葛洪撰《抱朴子》七十卷，嘉靖秦藩刊鮑雲龍撰《天原發微》五卷，嘉靖益府刊明《理學類編》八卷，萬曆益藩《新刊增修大廣益會玉篇》三十卷，《篇韻指南》一卷，《總目》一卷。《四部叢刊》景印者，則有國學圖書館藏魯藩刊《抱朴子》，及涵芬樓藏趙府居敬堂刊《靈樞經》十二卷焉。①

葉德輝《書林清話》著錄藩府本頗夥，可參看。他還指出："諸藩時有佳刻，以其時被賜之書，多有宋元善本可以繙雕，藩邸王孫又頗好學故也。"②藩王財力雄厚，自有碩儒協助校勘，又不必像其他官刻本那樣專刻制書和經史，所以藩刻本在內容上有其特色，在形式上又相當精美，歷來爲藏書家所珍視〔圖版二十六〕。

丁、書帕本　　明代授官上任，或奉差出使回京，例刻一書，以一書一帕相饋贈，當時稱這種書爲書帕本。地方官吏刻書作爲禮品是明代的社會風氣，明陸深《金臺紀聞》云：

> 勝國時州、縣皆有學田，所入謂之學租，以供師生廩餼，餘則刻書，工大者合數處爲之，故讎校刻畫頗有精者。洪武初，悉收上國學，今南監《十七史》諸書，地理歲月，勘校後並存可識。今學既無田，不復刻書，而有司間或刻之，然只供饋贐之用，其不工反出坊本下，工者不數見也。明隆萬間，承嘉靖古學盛興之後，皆喜刻書，然大率皆爲好名起見，刻而不校，又或妄加刪削，都無古意。饋遺當道，附之一帕，有一書一帕之稱，此類書世謂書帕本。

---

①《版本通義・歷史第二》。
②《書林清話》卷五《明時諸藩刻書之盛》。

　　葉德輝《書林清話》曾對明代書帕本進行過嚴厲的批評,本章第一節已引用,可參看。但是也應當看到書帕本的刻書水平是不平衡的,其中不乏精心校勘之作,也曾流布稀見之書,所以對書帕本也應具體對待,未可全盤否定。

　　戊、内府本、殿本　　明、清兩朝宫廷内部刻印的書通稱内府本。明代内府本刻自司禮監所屬經廠,故稱經廠本。清代内府所刻欽定各書稱内府本[①],其中包括曹寅主持的揚州詩局所刻的欽定書。聖祖玄燁於康熙十二年(一六七三)命廷臣補刻了明經廠本《文獻通考》的漫漶殘版,在武英殿設修書處,由翰林院詞臣總領其事。從此清内府本就改稱武英殿本了。清吴長元云:"武英殿在北京皇城之熙和門,西南向,崇階九級,環繞御河,跨石橋三……殿宇前後二重,皆貯書板;北爲浴德堂,即修書處。"[②]殿本多刻欽定書籍,注重校勘。其寫刻工緻,紙墨精良,裝訂典雅,都是一般刻本難以企及的。

　　己、局本　　清末各地官書局刻本稱爲局本。況周頤云:"咸豐十一年(一八六一)八月,曾文正克復安慶,部署粗定,命莫子偲大令采訪遺書,既復江寧,開書局於冶城山……此江南官書局之俶落也。"[③]此後各地繼之而起,兹列各局名稱如次:

　　　　江南書局(江蘇江寧)

　　　　江楚書局(江蘇江寧)

　　　　淮南書局(江蘇揚州)

　　　　蘇州書局(江蘇蘇州)

　　　　浙江書局(浙江杭州)

①參看圖版三十五。

②《宸垣識略》卷二《大内》。

③《蕙風簃二筆》卷一。

　　　崇文書局（湖北武昌）

　　　思賢講舍（湖南長沙）

　　　江西書局（江西南昌）

　　　存古書局（四川成都）

　　　皇華書局（山東濟南）

　　　山西書局（山西太原）

　　　福州書局（福建福州）

　　　廣雅書局（廣東廣州）

　　　雲南書局（雲南昆明）①

此外還有安徽的敷文書局、河北的直隸書局。

　　這些書局的著名刻本有：金陵書局（即江南官書局）刻的《史記》《漢書》《三國志》《王船山遺書》《讀書雜志》；淮南書局刻的大字本《毛詩注疏》；蘇州書局刻的《資治通鑑》；浙江書局刻的《二十二子》《九通》《玉海》；思賢講舍刻的王先謙《漢書補注》、孫詒讓《墨子閒詁》；廣雅書局刻的《廣雅叢書》等。

　　官書局所刻多爲傳統的經史子集，新的東西不多。各局刻書水平亦不一致，影響大的書一般都注意選擇底本，精心校勘，有些書的成績超過了殿本。由於局本出現得比較晚，注意降低成本，校勘又比較精審，因此受到了讀者歡迎，流傳比較廣泛。

　　庚、書院本　　　書院初爲官設教育機構。書院刻書發端於宋。葉德輝嘗著録書院刻本，大略如下：

　　婺州麗澤書院紹定三年（一二三〇）重刻司馬光《切韻指掌圖》二卷，無年號刻呂祖謙《新唐書略》三十五卷。象山書院紹定四年（一二三一）刻袁燮《絜齋家塾書鈔》十二卷。泳澤書院淳祐

────────────

① 見净雨《清代印刷史小紀》，載《中國近代出版史料》二編。

六年(一二四六)刻大字本朱子《四書集注》十九卷。龍溪書院淳祐八年(一二四八)刻陳淳《北溪集》五十卷、《外集》一卷。竹溪書院寶祐五年(一二五七)刻方岳《秋崖先生小藁》八十三卷。環溪書院景定五年(一二六四)刻《仁齋直指方論》二十六卷、《小兒方論》五卷、《傷寒類書活人總括》七卷、《醫學真經》一卷。建寧府建安書院咸淳元年(一二六五)刻《晦庵先生朱文公文集》一百卷、《續集》十卷、《別集》十一卷。鷺州書院無年號刻《漢書》一百二十卷。① 元代書院刻書掀起高潮，已詳本章第一節〔圖版二十七〕。明代書院沒有學田，失去財源，因此也就不大刻書了。

　　書院刻書一般有通儒校訂，再加上書院刻書目的不在賺錢，所以校勘工作相當認真。書院本歷來比較受到重視。

　　辛、其他　　在官刻本中，根據刻書單位的不同，還有各色各樣的名稱。如宋有崇文院本、秘書監本、德壽殿本、左廊司局本、茶鹽司本、安撫使本、庾司本、漕司本、轉運司本、轉運使本、倉臺本、計臺本、漕臺本、漕廨本、漕院本、公使庫本〔圖版二十八〕、州軍學本、郡齋本〔圖版二十九〕、郡庠本、郡府學本、縣齋本、縣學本、學宮本、頖宮本、學舍本、太醫局本等；元有興文署本、各路儒學本、郡學本、郡庠本、府學本、儒司本、太醫院本、官醫提舉本等。

　　總之，官刻書一般都由於有明確的政治目的，刻了大量正經正史、制書和御纂欽定書。因爲財力雄厚，官刻本多半雕印精審，形式美觀。但無論內容和形式，都比較保守，缺乏創新精神。其中明經廠本和書帕本則因校勘不精，不免爲當時及後世所詬病。

---

①《書林清話》卷三《宋司庫州軍郡府縣書院刻書》。

二　家刻本

家刻本與坊刻本都是私人刻印的書，它們之間有時很難區別。大體上說，家刻本多由學者或藏書家主持其事，其目的主要是爲了流傳善本、保存自己或親友的著作，而不是專門爲了贏利，刻印的書一般都質量較高。坊刻本則由書坊主人主持其事，其目的主要是爲了贏利，因此刻印的書，質量高低差別很大。

家刻本往往刻於家塾，如宋黃善夫刻《史記正義》一百三十卷，其列傳第一卷末有"建安黃善夫刊於家塾之敬室"牌記。[①]　元花谿沈氏家塾刻趙孟頫《松雪齋集》十卷、《外集》一卷、《附錄》一卷，目錄後有"至元後己卯，花谿沈氏伯玉刻於家塾"等字，所以這些刻本又稱家塾本。但是某些坊刻本也混用家塾的名義，以便行銷，這就造成了鑒別時的困難。

家刻本多冠以室名，如宋廖瑩中刻《昌黎先生集》《河東先生集》稱世綵堂本，明袁褧刻《大戴禮記》《世說新語》《文選注》稱嘉趣堂本，清黃丕烈刻的書稱士禮居本。也有以姓名相稱的，如宋周必大本《歐陽文忠公集》、元丁思敬本《元豐類稿》。還有單稱姓的，如明萬曆間吳興閔氏刻本稱閔刻本，凌氏刻本稱凌刻本，清秦鐄刻的書稱秦刻本，阮元刻的書稱阮刻本。

宋元家塾刻書情況，詳見葉德輝《書林清話》。[②]　宋代突出的要算廖氏世綵堂。廖瑩中，號藥洲，是權相賈似道的門客。他替賈鑒定圖書，自己也喜歡刻書。宋周密說廖氏所刻"《九經》本最佳，凡以數十種比校，百餘人校正而後成。以撫州萆草紙、油煙

---

①參看圖版二十三。
②參看該書卷三《宋私宅家塾刻書》及卷四《元私宅家塾刻書》。

墨印造,其裝池至以泥金爲籤。然或者惜其删落諸經注爲可惜
耳,反不若韓、柳文爲精妙"。[①]　現存《昌黎先生集》《河東先生集》
刻印尤爲精工,堪稱宋刻本的代表作。[②]　此外特别值得一提的是
陸子遹於嘉定十三年(一二二〇)刻其父陸游《渭南文集》五十
卷,游字缺末筆以避家諱。該書刊印皆精。

　　關於元家刻本,需要注意的是帶有"相臺岳氏刻梓荆谿家
塾"牌記的經注。現存《周易》《周禮》《春秋經傳集解》《論語》《孟
子》《孝經》六種,過去認爲是岳飛孫珂在南宋時刻印的,經今人
張政烺研究,實係在今江蘇宜興落户的岳浚據廖瑩中刻本覆刻
的,傳世的《相臺書塾刊正九經三傳沿革例》也是岳浚覆刻廖本
時,根據廖氏舊有的凡例增修而成,和岳珂無關。[③]《中國版刻圖
録》肯定了張的觀點。這樣《春秋經傳集解》等岳氏荆溪家塾本,
當爲元家刻本的代表作。此外,丁思敬於大德八年(一三〇四)
在江西南豐州刻的《元豐類稿》五十卷,版式寬大,字劃精整,結
構嚴謹,也爲元刻本的上品。

　　明家刻本的傑作不勝枚舉,可參見《書林清話》卷五《明人刻
書之精品》及《明人私刻坊刻書》,本章第一節也作了比較詳細的
介紹。這裏再强調幾點:其一是明家刻本的精品大都出現於嘉
靖年間,是與當時伴隨着文學上的復古運動而掀起的覆刻本之
風密切相關的。其二是明代私家已經形成了像顧氏奇字齋、毛
氏汲古閣這樣具有相當規模的出版機構了。我們已經引用過顧
氏刻《類箋王右丞詩集》的奇字齋開局氏里表[④],而萬曆元年(一
五七三)顧起綸刻自編的《國雅》二十卷,書末也附有刻工、寫工

---

① 《癸辛雜識》後集《賈廖刊書》。
② 參看圖版二十一。
③ 參看《張政烺文集·文史叢考·讀〈相臺書塾刊正九經三傳沿革例〉》。
④ 參看圖版十八。

氏里表：

　　　　梓授：吴郡顧植、顧賢、羅鑒、張璈、方之善；同邑何鑰、
何鎰、何釗、邵埴、王伯才。

　　　　筆授：吴郡顧楫、施雲、侯愚、家産子顧相、戴卿、朱謨。

又有姚咨題記云：“校是編者周天球、童珮、朱在明、俞淵、葉之
芳、成淳、從子道瀚、子祖源、祖河、祖漢偕余也。”題記後又有萬
曆元年（一五七三）顧起綸覆校識語。這些在一定程度上反映了
明代家刻的謹嚴工作態度以及其能力、水平。至於毛氏汲古閣
則規模更大。楊紹和《楹書隅録》卷一著録影宋精鈔本《五經文
字》三卷，有毛扆跋云：“吾家當日有印書作，聚印匠二十人，刷印
經籍。扆一日往觀之，先君適至，呼扆曰：‘吾縮衣節食，遑遑然
以刊書爲急務。今板逾十萬，亦云多矣。竊恐秘册之流傳尚十
不及一也。’”毛晉刻板十萬餘片猶不滿足，這就難怪汲古閣本傳
遍天下了。其三是明萬曆、天啟間，吴興閔、凌兩家爲套印本做
出了貢獻。其共同特點是用彩色套印，紙白、行疏、無界。閔刻
本多經、史、子、集[1]，凌刻本多戲曲小説。這都證明了明家刻本
的價值。

　　清代的家刻本，亦已詳前。它大致有以下幾個特點：一是繼
承明代家刻本的風氣刻了不少覆宋本，如清初秦鑅摹宋刊巾箱
本《九經》，以及稍晚一些的張士俊摹宋刻《澤存堂五種》，都是極
負盛譽的。清代私家摹刻宋、元本，四部皆有。就經、史而論，著
名的如黄丕烈影宋嚴州本《儀禮鄭注》，汪士鐘影宋景德本《儀
禮》單疏和元泰定本《孝經疏》，臧庸仿元雪窗書院本《爾雅注
疏》，以及胡克家覆元刊本《資治通鑑》等，均爲書林稱道。就子、

———————————
[1] 參看圖版三十七。

集而論，像吳騫影刻宋乾道本《韓非子》，繆曰芑仿宋本《李太白集》，項絪翻宋本《韋蘇州集》以及陸鍾輝碧筠草堂覆元刊《笠澤叢書》等，也都是名重一時的。在清代官刻本中，覆宋元版本的書很少，這就更顯出清家刻覆宋元本的可貴。另一清家刻本比較注重出版自己的著作和前人未經刊印的著作，而且都精寫細刻，其中多爲學術專著、詩文集、筆記、小説、戲曲等，在刻書内容方面顯示出了新的特色。如清康熙三十年（一六九一）西園書屋刊汪琬撰《堯峰文鈔》，係林佶手寫，吳郡良工程濟生所雕；乾隆十四年（一七四九）刻本《板橋集》，由鄭燮自己書寫，由其門徒司徒文膏刻字；康熙五十年（一七一一）商丘宋氏刊清宋犖所撰《西陂類稿》五十卷也十分精工，堪稱善本。前人的作品如白樸《天籟集》，元明兩代，向未梓行，清初楊希洛始據抄本釐爲二卷，並掇拾他書所收小令、套數附於編末，於康熙四十九年（一七一〇）由環溪王皓寫版付刻。又姜夔《白石道人歌曲》，舊有明初陶宗儀寫本，至乾隆十四年（一七四九），方由松江張氏松桂讀書堂刻版以傳。明代沈啓所撰《南船記》，内容翔實，圖文並茂，爲瞭解古代船舶製造提供了資料，其書成於嘉靖年間，作者的八世孫吳江沈守義終於在乾隆六年（一七四一）將其刻印行世。該書書寫精勁，鐫刻工整，紙白墨香，令讀者悦目怡神〔圖版三十〕。關於清代家刻本精校、寫刻、多印叢書的特點，前已論及，此不復詳。

　　葉德輝在《書林清話》卷三列舉了一批宋私宅家塾刻本之後説：“大抵槧刻風行，精雕細校，於官刻本外儼若附庸之國矣。”宋元家刻本在内容和形式上都與官刻本相一致，但不如官刻本之盛，把它視爲官刻的附庸是恰當的。明清家刻本特別重視詩文集的雕印，在校勘的精工方面同官刻本相比，有過之而無不及。無論内容和形式，明清家刻本都呈現出生氣與活力。它們在官刻本外，已逐步自立門户，蔚爲大國。

三　坊刻本

坊刻本指書商爲贏利而刻印的書。各朝代、各地區凡刻書出售的，不論其字號是書坊、書棚、書堂、書林、書肆，還是冒充書院、家塾，或采用其他雅致的名稱，其所刻書，統稱爲坊刻本。

葉德輝曾介紹過我國書肆的發展簡史，今録於後：

> 《揚子法言・吾子》二：“好書而不要諸仲尼，書肆也；好説而不要諸仲尼，説鈴也。”此“書肆”二字見於文士著述之始。《後漢書・王充傳》：“常游洛陽市肆，閲所賣書，一見輒能誦憶。”此後漢時有書肆也。梁任昉《答劉居士詩》：“才同文錦，學非書肆。”此六朝時有書肆也。唐柳玭《訓序》言其在蜀時嘗閲書肆，云“字書、小學，率雕板印紙”。又吕温《衡州集》中《上官昭容書樓歌》：“君不見洛陽南市賣書肆，有人買得《研神記》。”此唐時有書肆也。馬令《南唐書・魯崇範傳》：“崇範雖竄，九經子史世藏於家。刺史賈皓就取之，薦其名，不報。皓以己緡償其直。崇範笑曰：‘典墳天下公器，世亂藏於家，世治藏於國，其實一也。吾非書肆，何估直以償耶？’却之。”此五代時有書肆也。至宋則建陽、麻沙之書林、書堂，南宋臨安之書棚、書鋪，風行一時。迄今如乾嘉間錢景開萃古齋，陶正祥、珠、琳父子五柳居，以及李文藻《琉璃廠書肆記》中韋氏瑞錦堂（舊名鑒古堂）、劉氏延慶堂，一經文人品題，遂得附名千古。章學誠《文史通義》援周長發之言，目此輩爲横通，著《横通》篇以寓諷焉，亦可謂善於題目也已。[①]

①《書林清話》卷二《書肆之緣起》。

　　歷代坊刻本的情況，前亦略述。其中如臨安陳氏所刻唐人小集尤爲世人所重。黃丕烈云：“《唐山人詩》一卷、《女郎魚元機詩》一卷、《甲乙集》十卷、《許丁卯集》二卷、《朱慶餘集》一卷，每半頁十行，每行十八字，皆臨安府棚北大街睦親坊南陳宅書籍鋪印行，所謂書棚本是也。”①〔圖版三十一〕但其影響之大、歷祀之久，還不及建安余氏。葉德輝云：“夫宋刻書之盛，首推閩中，而閩中尤以建安爲最，建安尤以余氏爲最。”②孫毓修也認爲建陽余氏“歷宋、元、明未替，爲書林之最古者”。③建陽余氏是我國古代書坊刻書當之無愧的代表。今人肖東發《建陽余氏刻書考略》一文，論述這家古代出版商的情況甚詳④，今據以爲例。

　　余氏刻書曾引起乾隆皇帝的注意，他曾派人專門調查過余氏刻書情況，王先謙《東華續錄》云：

　　　　乾隆四十年（一七七五）乙未正月丙寅諭軍機大臣等：“近日閱米芾墨迹，其紙幅有‘勤有’二字印記，未能悉其來歷。及閱内府所藏舊板《千家注杜詩》向稱宋槧者，卷後有‘皇慶壬子余氏刊於勤有堂’數字。皇慶爲元仁宗年號，則其板是元非宋。繼閱宋板《古列女傳》，書末亦有‘建安余氏靖庵刊於勤有堂’字樣，則宋時已有此堂。因考之宋岳珂相臺家塾論書板之精者，稱建安余仁仲。雖未刊有堂名，可見閩中余板在南宋久已著名。但未知北宋時即行勤有堂名否？又，他書所載明季余氏建板猶盛行，是其世業流傳甚

---

① 《百宋一廛賦注》。
② 《書林清話》卷二《宋建安余氏刻書》。
③ 《中國雕版源流考》。
④ 載《文獻》第二十一輯及《文獻》一九八五年第一期。

久,近日是否相沿? 並其家刊書始自何年? 及勤有堂名所自? 詢之閩人之官於朝者,罕知其詳。若在本處考查,尚非難事,著傳諭鍾音於建寧府所屬,訪查余氏子孫,現在是否尚習刊書之業? 並建安余氏自宋以來刊印書板源流,及勤有堂昉於何代何年? 今尚存否? 或遺迹已無可考,僅存其名? 並其家在宋曾否造紙,有無印記之處? 或考之志乘,或徵之傳聞,逐一查明,遇便覆奏。此係考訂文墨舊聞,無關政治。鍾音宜選派誠妥之員,善爲詢訪,不宜稍涉張皇,猶不得令胥役等借端滋擾。將此隨該督奏摺之便,諭令知之。"尋奏:"據余氏後人余廷勤等呈出族譜,載其先世自北宋遷建陽縣之書林,即以刊書爲業,彼時外省板少,余氏獨於他處購選紙料,印記'勤有'二字,紙板俱佳,是以建安書籍盛行。至勤有堂名相沿已久,宋理宗時有余文興號勤有居士,亦係襲舊有堂名爲號。今余姓見行紹慶堂書集,即勤有堂故址,其年已不可考。報聞。"①

建陽余氏歷代刻書現在可見可知者約如下表:

分類 \ 朝代 種數	宋	元	明	清	合計
易類	1	2	3		6
書類	3	3	3		9
詩類		5	2		7
禮類	4	1	4		9

①《東華續錄》卷八一,亦見《清高宗實錄》卷九七五。

續表

分類 \ 朝代 種數	宋	元	明	清	合計
春秋	3	1	1	1	6
五經總義			3		3
四書		3	5		8
小學		2	5		7
經部合計	**11**	**17**	**26**	**1**	**55**
紀傳類		1	3		4
編年類			5		5
傳記類		2	3		5
史抄			3		3
政書		1	1		2
史評			6		6
地理		1	1		2
史部合計	**0**	**5**	**22**	**0**	**27**
子部總類			2		2
儒家			2		2
兵家			1		1
法家		1	3		4
醫家	3	4	6		13

續表

分類＼朝代種數	宋	元	明	清	合計
天文算法			2		2
術數			6		6
宗教			2		2
類書	2	3	26		31
子部合計	**5**	**8**	**50**	**0**	**63**
總集		1	27	1	29
別集	1	3	5		9
小説			28	1	29
曲類			2		2
集部合計	**1**	**4**	**62**	**2**	**69**
叢部			1		1
總計	17	34	161	3	215

　　此表反映出余氏刻本中比重最大的主要是三類書：一是科舉應試之書，即四書五經、小學、史評、總集等。經史名著在官刻、私刻中並不少見，然而它們大都因仍舊貫，而余氏刻本却不拘一格，在刻印這些書時，往往進行不同程度的加工，如添製插圖、增印匯刻各種注本等。僅《四書》就有集注、大全、精義、會解、講義、説苑、圖解、句意句訓、名物考等多種名目。遼寧省圖書館藏有一部余應虬刊的《酉陽探古奇編》，從書名上看不出該

入何類，一翻内容，即是《四書人物考》。再如史部的《通鑑》《綱要》《綱目》，集部的《文章軌範》等均屬此類。王重民在余氏雙桂書堂刊《周易傳義大全》提要中指出："是書爲明代功令書，學子所必讀，除《五經大全》本外，坊間翻刻必多，乃諸家絶少著録。或因坊刻差訛，見棄大方，今則有志搜訪者，已不易得矣。"①

　　二是民間與日常生活有關的實用書籍。余氏在宋、元、明三代都刻了不少醫書、類書。這些書爲廣大中下層民衆所重視和歡迎。尤其是廣收博采、包羅萬象的類書，更是他們日常生活中所不可缺少的。其中有社會交際的參考用書，如《博聞勝覽考實全書》《萬用正宗不求人全編》；還有啟蒙普及讀物，如《故事啟牘》《藝林尋到源頭》《小學日記故事》等〔圖版三十二〕。這類書不僅在當時的社會生活中起過重要的普及文化的作用，就是在今天，仍有一定的參考價值。正如鄭振鐸説："斯類通俗流行之作，爲民間日用的兔園册子②，隨生隨滅，最不易保存……研討社會生活史者，將或有取於斯。"③

　　三是通俗文學之書。此類書未見余氏所刊宋、元本。明代余氏刻印通俗小説的有余彰德的萃慶堂，余成章、余象斗的三臺館和雙峰堂，余鬱生的永慶堂等。其中尤以余象斗最爲著名，不僅刊行數量大、品種多，本人還編寫了不少神魔公案小説。後世的《楊家將演義》《説岳全傳》等演義小説也是在余氏三臺館所刊行的《北宋志傳通俗演義》《大宋中興英烈傳》基礎上發展起來的。余象斗編印的《皇明諸司公案傳》對後來的《三俠五義》等義

---

①《美國國會圖書館藏中國善本書目》經部易類。
②兔園册子爲唐代一種通俗類書，並用作啟蒙讀本。宋王應麟《困學紀聞》卷一四《考史》云："《兔園册府》三十卷，唐蔣王李惲令僚佐杜嗣先仿應科目策，自設問對，引經史爲訓注。惲，太宗子，故用梁孝王'兔園'名其書。"
③《西諦書目》附《西諦題跋》：《新鍥翰府素翁雲翰精華》六卷。

俠公案小説也有啟發和影響。馮夢龍《警世通言》卷四十的《旌陽宮鐵樹成妖》直接取材於余氏萃慶堂刊的《許仙鐵樹記》。萬曆丙午年（一六〇六）余象斗梓《全像列國志》，後來馮夢龍依據余邵魚本，參采史鑒，把西周一段腰斬，分爲一百零八回，定名《新列國志》。蔡元放評定後，又稱《東周列國志》，即現在的通行本。《三國志演義》《水滸傳》《西游記》等著名長篇小説，余氏均有刻本，有的甚至一版再版，多次印行。

　　爲了吸引讀者，擴大銷路，書坊刻本在圖書形式上也時有創新，形成了一些特點。

　　一是使用黑口與書耳。最早使用黑口和書耳的是南宋建陽書坊。余仁仲萬卷堂所刻的幾部經書均爲左右雙邊，細黑口，欄外刊小題。余志安勤有堂刊本發展爲粗黑口，有些欄外有耳，題記篇目。有了黑口就有了中綫，便於折疊、裝訂，有了書耳便於翻檢書中内容，既提高了效率，又方便了讀者。

　　二是喜刻彙注本，即把各家不同注釋彙編在一起，刻成一部書，有利於讀者對各家注釋進行比較，對水平不高的初學者尤爲方便。唐五代之前的經史典籍，其正文與注、疏是分開的，印本書出現之初亦是如此。從南宋開始，出現了多種合刊本，即把經、注、疏、音義、釋文等刻在一起，有些還加上了句讀（圈點）。其中最著名的是建安黄善夫的《史記》和劉叔剛的《禮記》等。余仁仲也刻了諸如《春秋公羊經傳解詁》〔圖版三十三、三十四〕、①《禮記》和《尚書注疏》一類的作品，每卷末均標出經、注、傳、音義若干字。勤有堂的《分類補注李太白集注》和《集千家注分類杜工部詩》《書集傳輯録纂注》，萬卷堂的《纂圖互注重言重意周禮》等也都頗受歡迎。所謂"重言"就是把同一書中重複出現的詞，

────────────

①注意圖版三十三《公羊傳解詁》序文的句讀。

注明曾在哪一篇中出現過；“重意”就是把語句不同而意思相同的語句也注明出處。這種做法增加了上下文的聯繫，便於讀者查考，也便於舉子應試。

　　三是多刊插圖本。插圖是幫助理解記憶正文内容，增加圖書通俗性、趣味性的有效方式。余氏勤有堂刊印的《古列女傳》的插圖十分精美，歷來受到重視。隨着雕版手工業的發展，到了明朝萬曆、崇禎年間，插圖本無論就數量而言還是就質量而言，都達到了極盛時期，尤其是通俗小説和雜書，幾乎無書不附插圖。這些插圖，格調新穎，形式多樣，有每回卷首插一頁版畫的如萃慶堂的《大備對宗》、三臺館的《三臺便覽通書正宗》；有同一書頁，上半欄爲圖像，下半欄爲書文的，如三臺館的《全漢志傳》《南北兩宋志傳》《唐虞志傳》《有夏志傳》；有的刊本則是上評、中圖、下文，如雙峰堂的《全像水滸志傳評林》[1]《全像批評三國志》；還有更新穎的是圖嵌文中，如余新安的《荔鏡記》、三臺館的《武功名世英烈傳》和萃慶堂的《吕仙飛劍記》等；有的一部書插圖幾十幅，如永慶堂的《梁武帝傳》。這些余氏插圖本雖不如徽派精緻，但古樸簡潔，自饒風趣。

　　四是普遍附刻刊記。早期的刊記反映了刻書者對本書負責，作了一些搜輯和校勘工作，當然主要目的還是爲了爭取商業信譽，競售産品。到了後來，純商業性的宣傳廣告特點愈發明顯，如余象斗刻《明律正宗》刊記云：

　　　坊間雜刻《明律》，然多沿襲舊例，有瑣言而無招擬，有招擬而無告判，讀律者病之。本堂近録此書，遵依新例，上有招擬，中有音釋，下有判告瑣言，井井有條，鑿鑿有據，閲者瞭然。買者可認三臺爲記，雙峰堂余文臺識。

①參看圖版四十。

　　明代余氏刻本中，此類廣告不勝枚舉，雖多爲自詡之詞，但從另一方面，我們也不難看出這些書坊當時的發達和競争的程度。書坊主人善於抓住讀者心理，不斷改進圖書内容，從形式上也不斷變換花樣，千方百計地招攬生意，使産品暢銷。

　　以上這幾點説明坊刻本在形式上較官刻、私刻更具有創新精神。從主觀上分析，書坊主人這樣做，無非是爲增强競争能力，謀取更多利潤。但從客觀上分析，坊刻所受的思想束縛較少，接近下層，瞭解並注重民間需要，敢於標新立異，也是重要原因。這就促進了圖書事業的發展，也加强了文化的傳播。

　　然而書坊刻書的目的總是爲了營利，因此不可避免地會産生一些局限性，余氏自不能例外：一是刻本質量參差不齊，有的書籍内容庸俗，價值低下。如所刻的類書、小説中往往有一些宣揚因果報應、鬼神迷信、色情淫穢内容的篇章。《柳莊麻衣相法》等書，當年就曾成批生産、推銷。二是有些書刻印技術很差，紙墨粗劣，字迹不清。這種情況在余氏刻本中雖不多見，但到了明末，質量明顯下降，如余應虬刻的《詩學會海大成》，余寅伯刻的《四民捷用注解翰墨駿》等書，紙黄墨淡，刻版粗陋，有的書葉甚至模糊一片，無法卒讀。三是文字校勘水平較低，錯誤較多。如余象斗三臺館刻的《南北兩宋志傳》卷首序中竟把熊大木的"木"字刻成"本"字。四是喜歡弄虚作假。如余彰德萃慶堂刊的《藝林聚錦故事白眉》目録中卷九地理部，有都邑、市肆、鄉村、關隘等目，而書中却找不到市肆一類的内容，都邑、鄉村内容也不完整。再如《大宋中興岳王傳》《唐國志傳》這兩部小説，本是熊鍾谷（大木）所編，而三臺館在翻刻時，却赫然寫上"紅雪山人余應鰲編次"，把熊大木的序跋改署"三臺館主人言"。雖花費了不少心機，但仍露出了馬腳。如《唐國志傳》卷一第七則《李密擁衆》章有"鍾谷演義至此，亦筆七言絶句"之語即漏而未改。

建陽余氏刻本内容和形式上的特點和缺點，與其他坊刻本大體上是一致的，舉一可以反三。

第四節　按形式區分

一　巾箱本（袖珍本）

書型小，便於携帶的書稱巾箱本或袖珍本。巾箱本早在漢魏時代就以手鈔本的形式出現了。葉德輝云：

> 巾箱本之名，不始於有刻本時也。晉葛洪集《西京雜記》二卷《序》云："劉子駿《漢書》一百卷，無首尾。始甲終癸，爲十袠，袠十卷，合爲百卷。今鈔出爲二卷，以裨《漢書》之闕。爾後洪家遭火，書籍都盡，此二卷在巾箱中，嘗以自隨，故得猶在。"《南史》：齊衡陽王鈞手自細書寫《五經》，部爲一卷，置於巾箱中，以備遺忘。諸王聞而争效爲巾箱《五經》。此蓋小裴，便於隨行之本。南宋書坊始以刻本之小者爲巾箱本。[①]

因爲巾箱本這種形式便於科舉考試時挾帶作弊，所以宋以後一直很盛行。宋戴埴云："今巾箱本無所不備。嘉定間，從學官楊璘之奏，禁燬小板，近又盛行。第挾書，非備巾箱之藏也。"[②]這種挾帶之風一直延續到清末，因而巾箱本也仍然流行不衰。

---

① 《書林清話》卷二《巾箱本之始》。
② 《鼠璞》下。

周越然云："當清末科舉時代，書肆中有所謂銅版《四書》者，高約三寸，廣約二寸，可謂書本之至小者矣。此種書專爲場屋之用，字小如蟻，非用顯微鏡不能讀其正文或注釋。"①

　　較有名的巾箱本有宋本白文《九經》，版框高十五點五厘米；宋婺州本《點校重言重意互注尚書》，版框高僅十點五厘米。元本有大德十一年（一三〇七）麻沙坊刻《新編事文類聚翰墨全書》，版框高十五點五厘米；又《詳注東萊先生左氏博議》，版框高十四厘米。明刻有萬曆三十年（一六〇二）玄覽齋刊唐趙崇祚編西吳温博補《花間集》十二卷、《補》二卷，版框高十點六厘米。②清乾隆年間，武英殿雕印經史所剩餘材，高宗弘曆不令遺棄，命仿古人巾箱本之意刻武英殿袖珍本書，即後來所稱《古香齋十種》。《中國版刻圖錄》著錄的《樂善堂全集》，清高宗弘曆撰，清乾隆元年（一七三六）內府刻本。《圖錄》云："框高六點三厘米、廣四厘米。七行，行十八字。白口，四周雙邊。此書較現存宋刻巾箱本《荀子》，開本尤小。開化紙精印。在刻版中爲別開生面之作。"〔圖版三十五〕

　　現代印書，開本小的仍稱袖珍本。

二　大字本、中字本、小字本

　　一些宋元版書，可按每半葉行格的多少及每行字的多少與大小分爲大字本、中字本、小字本。《相臺書塾刊正九經三傳沿革例》就有京師大字舊本、蜀大字舊本、蜀學重刻大字本、中字本、中字有句讀附音本、建大字本等版本稱謂。關於大字本、中

①《書・書・書》之六《小版書籍》。
②參見施廷鏞《中文古籍版本簡談》二《版本的種別》之四《刻本・巾箱本》。

字本、小字本的區別，顧廷龍《唐宋蜀刻本簡述》談得較爲具體，他説：

　　所見蜀本有八行、九行、十行、十一行、十二行、十三行、十四行諸種行格。其中尤以八行、九行的大字本最爲著名，且最易辨認。著名的眉山七史、《蘇文忠公集》《蘇文宣公集》《淮海先生閑居集》，上海圖書館藏有一部蜀刻《元包經傳》，都是八行十六字，真是字大如錢，版式疏朗，讀來賞心悦目。此外，十行、十一行本中也有開板弘朗者，如《新刊經進詳注昌黎先生文》和《資治通鑑》等。而一般的十一行、十二行本，自不能與八、九行的大字本相比，可以稱爲中字本，十三、十四行的則應以小字本名之。所以世稱蜀本"欄豁字大"，特指大字本而已，不能統而言之。[①]

　　大字本、中字本、小字本也是相對而言，一般來説，紙幅寬大，版式疏朗，每半頁八、九行以内，每行至多不超過十七八字，稱大字本。如《中國版刻圖録》著録之《春秋經傳集解》，框高二三・五厘米，廣一六・五厘米。八行，行十六字。注文雙行，行二十一字，字大如錢。[②]而普通中字本，框高二十厘米左右，廣十三、四厘米，每半頁十一、二行，行二十字左右。如元刻《周易傳義》，每半頁十一行，每行二十一字；注文雙行，每行二十五字。小字本的版框不一定比中字本小，主要是每半頁在十三行以上，每行字在二十三四以上，顯得行緊字密，被稱爲小字本。如宋刻《東坡應詔集》，半葉十四行，行二十五字；《類編增廣黃先生大全文集》，半葉十五行，行二十六、二十八字不等。

　　大字本的優點是適宜於老人閲讀，所謂"字大宜老"；小字本

①《四川圖書館學報》一九七九年第三期。
②參看圖版二十二。

係指受珍視的宋元刻本而言。明清刻本則一般無大、中、小字本的稱謂。

三　寫刻本

由作者或書法家手寫上版刻印而成的書稱爲寫刻本。葉德輝介紹宋寫刻本云：

> 宋時刻書，多歐、柳、顏體字，故流傳至今，人争寶藏。然當時有本人手書以上版者。瞿《目》（引者按：指瞿鏞《鐵琴銅劍樓藏書目録》）有宋刊本吴説編《古今絶句》三卷，後自跋云："手寫一本，鋟木流傳，以與天下後世有志於斯文者共之。"陸《志》（引者按：指陸心源《皕宋樓藏書志》）有宋岳珂《玉楮詩稿》八卷，後自記云："此集既成，遣人謄録，寫法甚惡，俗不可觀。欲發興自爲手書，但不能暇。二月十日，偶然無事，遂以日書數紙。至望日，訪友過海寧，携於舟中，日亦書數紙，迨歸而畢，通計一百零七版。肅之記。"按肅之，珂字也。又有楊次山《歷代故事》十二卷云："宋刊宋印本，其書乃次山手書付刊，書法娟秀可喜。"張《志》（引者按：指張金吾《愛日精廬藏書志》）有《文苑英華》一千卷，後有記云："吉州致政周少傅府，昨於嘉泰元年（一二〇一）春，選委成忠郎新差充筠州臨江軍巡轄馬遞鋪權本府使臣王思恭，專一手鈔《文苑英華》，並校正重複，提督雕匠，今已成書，計一千卷。其紙札工墨等費，並係本州印匠承攬，本府並無干預。今申説照會，四年八月一日權干辦府張時舉具。"此以一人之力寫千卷之書，較之肅之自書己集，尤爲難得。[1]

———————

[1]《書林清話》卷六《宋刻本一人手書》。

又介紹元寫刻本云：

> 元刻字體有倩名手書者……元刊楊桓《六書統》二十卷、《六書溯源》十三卷，瞿《目》云："桓夙工篆籀，全書皆其手寫，故世特重之。"又元刊本元吳萊淵穎《吳先生集》十二卷，云刻於至正二十六年（一三六六），末有"金華後學宋璲滕寫"一行。璲工四體書，此書爲其手寫，古雅可愛，尤足珍也。又元刊本劉大彬《茅山志》十五卷，云明永樂刻本，胡儼序謂原本爲張雨所書，至爲精潔。即此本也。此類元刻，其工者足與宋槧相頡頏，特以時代論，不免有高下之見耳。至陸《志》有元本俞琰《周易集說》，不分卷，上下經象傳，後跋所載，皆其孫貞木、貞植繕寫，謹鋟梓於家之讀易樓。此家寫家刻本，尤爲千古佳話，宋元以來刻書中所罕見也。[1]

又介紹明寫刻本云：

> 瞿《目》先文莊菉竹堂刻《雲仙雜記》十卷，云倩友俞質夫寫而刻之。質夫名允文，工書。黃《續記》（引者按：指黃丕烈《士禮居藏書題跋記續》）舊刻本《文溫州集》，云相傳爲其子徵明手書以付剞劂者，故於明人集中最爲珍重。繆《續記》（引者按：指繆荃孫《藝風堂藏書續記》）崇禎庚辰葉益蓀春畫堂刻《陶靖節集》六卷，版心有春畫堂三字，葉益蓀、林異卿手書上版。其他楊慎《升庵全集》、王世貞《弇州山人四部稿》，字體雅近歐柳，首尾如一筆書，意當時必覓工楷法者爲之。惜如此巨編，而不著其姓氏名字。[2]

---

[1] 《書林清話》卷七《元刻書多名手寫》。
[2] 《書林清話》卷七《明人刻書載寫書生姓名》。

　　清代的寫刻是其家刻本的特色之一，我們在前論清刻本時已述及。①

　　寫刻本一般書寫精美，刊刻細緻，訛誤極少，它們既有學術價值，又有歷史文物價值和藝術欣賞價值，所以一向被人珍視。

　　寫刻本之外的大量雕印本都是由能書工匠寫樣上版的，宋元寫工多模仿歐、柳、顏體及趙字，呈現出鮮明的時代特徵，前文已述。下面附帶談一下明清寫工普遍采用的仿宋體字的形成及變化。

　　明隆慶、萬曆以後模仿宋本字體刻的書稱仿宋本。清錢大鏞《明文在·凡例》云："古書具係能書之士各隨其字體書之，無所謂宋字也。明季始有書工專寫膚廓字樣，謂之宋體。"這種字體由宋匠體發展而來。南宋臨安書棚所刻唐宋詩集，多采用歐陽詢體字，書工爲便於刻工施刀，把每個字都寫得整齊方正，因而失去歐體原有的靈氣，被稱爲匠體。但宋代匠體仍帶有楷書風味。② 明中葉伴隨文學上的復古運動出現了覆刻宋本之風，書工們很自然地模仿起宋匠體字來。爾後梓人爲便於刻寫，進一步將宋匠體演變成爲橫細豎粗、方正板滯的宋體字。這種字體因爲寫刻便利、清晰易辨，所以一直流行不衰。③ 因爲這種字體出於坊間寫工之手，缺乏書法藝術的美感，因此不受人們的重視。明清寫刻本之所以盛行，主要也是針對這種所謂仿宋本的缺點而產生的一種現象。需注意的是有些人常把這種仿宋本同覆宋本這兩個術語混同起來使用。有些文章提到仿宋本時，其含義可能是指覆宋本。

---

①參看圖版十九、三十。
②參看圖版三十一。
③參看圖版二十、四十二、四十三。

四　朱印本、藍印本

用紅色刷印的書稱朱印本〔圖版三十六〕，用藍色刷印的書稱藍印本。

葉德輝認爲朱印本、藍印本始於明季，其作用在便於校對。《書林清話》卷八《顔色套印書始於明季盛於清道咸以後》云：

> 其一色藍印者，如黄《記》（引者按：指黄丕烈《士禮居藏書題跋記》）：《墨子》十五卷；陸《志》：《李文饒集》二十卷、《別集》十卷、《外集》四卷；邵注《四庫簡明目》：張登雲刻《吕氏春秋》二十六卷、明萬曆丁亥刻張佳胤《崌崍集》二十七卷。此疑初印樣本，取便校正，非以藍印爲通行本也。

盧前《書林別話》説得更明白："板成，印樣。紅樣爲多，亦有用藍色者，或逕刷黑色。紅樣可改藍、黑；而藍、黑色則不可重印紅樣。"[1]謝興堯《書林逸話》還談到在用朱色刷印以後，再用墨色刷印，有的印本呈紫褐色：

> 刊成後先以紅色印刷，次乃用墨，以紅印本分贈師友，墨印本送各地出售。初印即指紅印本，或墨色中尚帶紅色，成深紫褐色，且字劃鼓鬺，無缺筆斷綫，從美術上言，確有古色古香之致。但印刷愈多，字漸漶漫，年久板裂，文亦殘缺，故後印者，常有字迹模糊不清之病。[2]

有的書倒是習用朱色或藍色印刷，例如印譜、符籙等書，普通全用朱色印刷，明末不少志書喜用藍色印刷。

---

[1]《中國現代出版史料》丁編。
[2]載《中國出版史料補編》。

　　大體説來，朱印本、藍印本主要是用作初印樣本，便於校對。因爲是初印本，一般都很清晰，所以藏書家也樂於收藏。

五　朱墨本、套印本

　　用不同顏色，分幾次印刷的書稱爲套印本，其中用朱墨兩色套印的書稱爲朱墨本。

　　木刻套印本，淵源於多色寫本。我國古代一直把經書當作教科書，經的正文並不多，但各種各樣解釋性著作却汗牛充棟。人們爲了把經文同注釋區別開來，往往用墨筆寫經文，以朱筆寫傳注。如唐陸德明在《經典釋文》的《序録・條例》中規定："以墨書經本，朱字辨注。"其他著作有的也采用這種方法。如宋周煇《清波雜志》卷十一談到宋太宗淳化五年（九九四），翰林學士張洎獻《重修太祖紀》一卷，以硃墨雜書，凡躬承聖問及史官采摭事，即以硃別之。元王好古《湯液本草後序》引唐劉禹錫的話説："《神農》本經以硃書，《名醫別録》以墨書，傳寫既久，硃墨錯亂，遂令後人以爲非神農書。"[①]特別是明代盛行評點式的文學批評。有的書經過許多人之手，他們往往用不同顏色的筆留下自己的批語，將這種批本付刊時，通行的墨印本就無法清晰地表現出來，因而有人就想到用不同的符號來代替不同顏色。如明萬曆二十一年（一五九三）梅慶生刻楊慎批點的《文心雕龍》就以◎代紅圈，◉代紅點，⊙代黃圈，◣代黃點，□代緑圈，△代緑點等等。但仍然很不醒目，因而人們便想到在一張紙上印出不同顏色從而出現了套印本。就現存實物而言，元代就出現了朱墨本，至元六年庚辰（一三四○）中興路（今湖北江陵）資福寺刻無聞和尚注

[①]《東垣十書》本《湯液本草》卷首。

解《金剛經》,卷首靈芝圖及經注出現了朱墨二色(經文、圈、靈芝圖,朱色;注,墨色)。這是現在所知最早的木刻套印本,它比歐洲第一部帶色印的《梅因兹聖詩篇》(Mainz Psalter)早一百七十年。[1] 到明代,朱墨本、套印本繼續發展,明胡應麟云:"凡印有朱者,有墨者,有靛者;有雙印者,有單印者,雙印與朱必貴重用之。"[2]此所謂"雙印者""雙印與朱必貴重用之",顯然指套印本。萬曆末年,吳興閔氏、凌氏爲朱墨本、套印本的發展做出了傑出的貢獻。葉德輝云:

> 閔昭明刻《新鐫朱批武經七書》,閔齊伋刻《東坡易傳》《左傳》,《老》《莊》《列》三子,《楚辭》,陶靖節、韋蘇州、王右丞、孟浩然、韓昌黎、柳宗元諸家詩集,蜀趙崇祚《花間》詞,凌汝亨刻《管子》,凌濛初、瀛初刻《韓非子》《吕氏春秋》《淮南子》,皆墨印朱批,字頗流動。

朱墨本、套印本沒有實質差别,用朱墨二色套印稱朱墨本,其餘則稱三色套印本、四色套印本、五色套印本〔圖版三十七〕、六色套印本等。葉氏復舉例云:

> 他如三色套印,則有《古詩歸》十五卷、《唐詩歸》三十六卷,其間用朱筆者,鍾惺;用藍筆者,譚元春也。四色套印,則有萬曆辛巳(一五八一),凌瀛初刻《世說新語》八卷,其間用藍筆者劉辰翁,用朱筆者王世貞,用黄筆者劉應登也。五色套印,明人無之。道光甲午,涿州盧坤刻《杜工部集》二十五卷,其間用紫筆者明王世貞,用藍筆者明王慎中,用朱筆者王士禎,用緑筆者邵長蘅,用黄筆者宋犖也,是並墨印而

---

[1] 參看張秀民《中國印刷術的發明及其影響》一《印刷術的起源》之三《活字板的發明》。
[2]《少室山房筆叢》甲部《經籍會通》卷四。

六色矣。斑斕彩色，娛目怡情，能使讀者精神爲之一振。然刻一書而用數書之費，非有巨貲大力，不克成功。故虞山二馮評點《才調集》，其從子武刻之，以重圈細圈分别，又以三角尖點劃明。是亦節省工貲之道，但一經翻刻，則易混淆，固不如套印之易於區別也。①

"至清代，在殿版書中，亦有用套版印的書，如兩色印的《詞譜》《曲譜》；三色套印的《唐宋文醇》；四色套印的《唐宋詩醇》；五色套印的《古文淵鑑》等。"②

套印本的版式特點是周圍有版框、中間無行綫，以便在行間套印評點批注。套印本代表版刻印刷藝術的高度發展，又起着一書而備衆本的作用，所以頗受珍視。

六　插圖本

凡有插圖的雕印本書籍稱插圖本。冀淑英《中國書籍展覽介紹》對雕印本中的木刻插圖發展史作過簡要的介紹，其説云：

中國木刻畫的歷史也是很久的，現存公元八六八年刻的《金剛經》，前面扉頁上的佛像，雕板技術已非常純熟。③敦煌出現的五代刻版佛經，卷首都有精美生動的宗教畫。另外，有關應用科學、考古學之類的書，如《證類本草》《宣和博古圖》《三禮圖》等也附有精緻的木刻插圖。元代的版畫更爲發展，如小説和其他通俗讀物，幾乎都附有木刻圖。此

①均見《書林清話》卷八《顔色套印書始於明季盛於清道咸以後》。惟葉氏"五色套印，明人無之"之説可商。圖版三十七所示即明刊五色套印本。
②施廷鏞《中文古籍版本簡談》二《版本的種别》之四《刻本·套印本》。
③參看圖版十一。

外醫書、佛經等書有插圖的也不少。這風氣一直傳到明代，明代刻板的大量佛經，以及小說戲曲，很多帶有插圖，尤其是十六七世紀以來，木刻畫更爲盛行，當時南京著名的書肆如世德堂、富春堂、繼志齋等所出版的大量戲曲小說，都因附有版畫插圖，著名於世。當時徽州木刻家們的創作，尤其獨具風格，如徽州刻工黃鏻等刻有《程氏墨苑》，細緻精美，是當時卓越的作品。黃應光等刻的《元曲選》，也很有名。還有《歷代名公畫譜》《唐詩畫譜》等書，專以版畫爲主。這時許多畫家都與木刻家合作，供給木刻家以藝術水平較高的畫稿，如明末名畫家陳老蓮曾畫《水滸》葉子，清初蕭尺木畫《離騷圖》等。[①]

中國雕版插圖本之所以盛行，與寫本書即有插圖的傳統有關。葉德輝云：

> 吾謂古人以圖、書並稱，凡有書必有圖。《漢書·藝文志》論語家，有《孔子徒人圖法》二卷，蓋孔子弟子畫像，武梁祠石刻七十二弟子像，大抵皆其遺法。而《兵書略》所載各家兵法，均附有圖。《隋書·經籍志》禮類，有《周官禮圖》十四卷，又注云：“梁有《郊祀圖》二卷，亡。”又載鄭玄及後漢侍中阮諶等《三禮圖》九卷，論語類有郭璞《爾雅圖》十卷，又注云：“梁有《爾雅圖讚》二卷，郭璞撰，亡。”晉陶潛詩云：“流觀山海圖。”是古書無不繪圖者。[②]

說“古書無不繪圖”未免絕對，說古書有插圖的傳統大致符合實際情況。再則現存中國最早刊本多爲佛經，而這些佛經又多有

---

① 載《圖書館工作》一九五七年第三期。
② 《書林清話》卷八《繪圖書籍不始於宋人》。

插圖，説明佛教徒是很會利用圖畫來進行宗教宣傳的，這對插圖本的盛行當然也有影響。而最主要的原因還是書坊爲了招徠讀者刻了大量插圖本書。凡書名中有繡像、出像、繪像、全像、出相、畫圖、畫意、附圖等詞者，皆爲插圖本。插圖的方式主要有兩種：一是冠於卷首，二是插於葉中〔圖版三十八〕。

七　兩節版、三節版

凡版面分爲上下兩部分的刻本稱兩節版，凡版面分爲上、中、下三部分的刻本稱三節版。書坊爲了吸引讀者，節省篇幅，往往將版面分刻成兩欄，上欄是圖，下欄爲文〔圖版三十九〕。采用這種形式的多半爲小説、戲劇等民間通俗讀物，以及《孝經》《千字文》《列女傳》等兒童和婦女讀本。也有上下欄都是文字的，如明王世懋所著《仕學懸鏡》，下欄是該書的本文，上欄是與此書有關的故事。分三欄的例子如明建陽余氏雙峰堂刻的《全像水滸志傳評林》，下欄爲小説本文，中欄爲插圖，上欄爲評語〔圖版四十〕。

第五節　按刻印情況區分

一　祖本（原刻本）

一種書在不同時期或地區常有幾種刻本，其最初刻印者爲後刻諸本的依據，稱爲祖本或原刻本。祖本或原刻本是針對重刻本、翻刻本而言的。它同符或接近原稿，所以可貴。黄丕烈藏宋本《魏鶴山集》一百二十卷，其題識云：

> 凡書以祖本爲貴，即如此集，卷一失一葉，有二行題爲
> 《寄題雅州胥圃》，而目録仍存其舊。明刻並目録刻削之，是
> 可嘆也。且明刻不但此卷不遵宋刻，餘卷亦任意分併，有有
> 書而目録反無者，是又可嘆也。就此書而論，目録二卷，已
> 屬至寶，矧通體耶？[①]

謝國楨也談道：

> 書之所以重祖本者，若經部之書，宋本注與疏分刻，自
> 南宋以來，注與疏乃合刻，疏分隸於各章節之下，頗有刪節，
> 而彌失其真，此單注與單疏所謂正義本之可貴也。楨素昧
> 於讀經，故就史部言之，《史記》一書，在宋黄善夫本以前，裴
> 駰集解、司馬貞索隱、張守節正義，本自單行，自合刻本以
> 後，正義頗多刪節，如《項羽本紀》"項王自立爲西楚霸王"句
> 下，有正義云："舊名江陵爲南楚，吴爲東楚，彭城爲西楚。"
> 注明三楚之意義，今本脱去此十六字。《史記正義》中如此
> 例者，不勝枚舉，見於邵晉涵《南江文鈔》。[②]

正因爲如此，所以藏書家很注意鑒藏祖本，或利用祖本來做
鑒藏工作。如黄丕烈於明刻本《中論》二卷題識云：

> 此明刻《中論》二册，余友顧千里藏書也。重其明初刻，
> 且爲馮氏藏本，故以售余。余初不甚重視此本，因舊有此書
> 刻本，約略相似。及取出對勘，知舊有者已繙刻，非特行款

---

①《蕘圃藏書題識》卷八。

②《自莊嚴堪善本書目·序》，載《文獻》第二十一輯。按《史記正義》今本脱
文，日本瀧川龜太郎《史記會注考證》頗據日本古本掇拾，不下數千條，彌可
珍貴。

不同，且多墨釘，其字亦多錯誤，乃信書以初刻爲佳，即明一代已然矣，遂以番錢二枚易之。①

又錢曾於韓鄂《歲華紀麗》七卷題識云：“此是舊鈔，卷中闕字數行，又失去末葉，無從補入。後見章丘李中麓宋刻本，脱落正同，知是此本之祖。蓋因歲久，墨敝紙渝，字迹不可捫揣，故鈔本仍之耳。”②此例略同。

書估也知祖本可貴，他們在出售之前往往録副以備他日再行出售，黄丕烈於鈔本《詩説》十二卷的題識對這一現象作了比較全面的分析：

> 坊友射利，往往以祖本售人，先於未售之前録副，以爲別售之計。此其初心止爲射利起見。然余謂此法良善，使一本化爲無數之本，則其流傳廣矣。唯流弊有不堪言者，録副時豈能纖悉無誤，“烏焉”“帝虎”從此日多，且源流斷不肯明以示人。③

我們在進行古籍整理時，當然應當盡量覓取祖本進行校勘工作。王重民云：“匯集諸善本，從事校勘，必更追溯其板本之遞嬗，而以原本爲主，翻刻本爲副。不然，如王蘭泉校《老子》，以明皇御注本校明皇御注本，未有不遺笑大方者也。”④

二　修補本、遞修本（三朝本）、邋遢本（大花臉本）

書版在刷印和保存過程中，因殘缺漫漶而需修補。凡用經

---

①《蕘圃藏書題識》卷四。
②《讀書敏求記》卷二。
③《蕘圃藏書題識》卷一。
④《史記板本和參考書》，載《圖書館學季刊》第一卷第四期。

過修補的書版刷印的書稱修補本。有的書版屢經修補，用屢經
修補的書版印的書稱遞修本。①

　　《中國善本書提要》經部小學類著録的《書學正韻》三十六卷
即爲元刻明修本，王重民按："此本卷末有'二年八月江浙等處儒
學提舉余謙補修'一行，按二年上當有'元統'二字，蓋元統二年
（一三三四）謙奉廷命刊行於江浙者。"又同書史部紀傳類著録國
家圖書館藏殘存《晉書》三十二卷係宋刻明印本。王重民云："此
本當爲明代入南雍後所印，補版幾有三分之二。原版白口，記刻
工；明代補版皆黑口。"

　　在遞修本中最有名的是南宋監本。當時國子監所藏各種書
版多有殘缺，入元後，版片轉歸西湖書院，繼續修補刷印；明洪武
八年（一三七五）又移至南京國子監，再次修補刷印。這部分書
版，遞經宋、元、明三朝刊刻修補，言版本者往往稱這種印本爲三
朝本。這部分書版清代尚存在江南布政使衙門庫中，直到嘉慶
年間才遭火災燒燬，歷時七百餘年。

　　用模糊不清的書版印的書稱邋遢本，如南宋所刻《七史》，到
了元代，雖經修補，印本仍不清晰，因爲《七史》版片每半葉九行，
所以人們稱之爲九行邋遢本〔圖版四十一〕。大花臉本是舊書業
的行話，它指遞經元、明修補的宋版所印的書。這種書墨色深淺
不一，字體大小不同，印得又模糊不清，因得此名。

　　修補本各葉的版心、版框和字體，因修補的時代、刻工不同，
往往呈現出明顯的差異。有的修補時就在書版上注明修補的年
代，所以這種版本還是易於鑒別的。修補本保留了不同時代刻
書的痕迹，有些部分還保留了書籍的原始面貌，因此也自有它的
價值。

---

①參看圖版十三。

三　翻刻本（重刻本）、影刻本（覆刻本）

以原刻本爲底本，如式刻版再印，稱翻刻本或重刻本。翻刻本采用影摹寫樣上版的方法，刻印得同原刻本一模一樣稱影刻本或覆刻本。照宋版影刻的，稱影宋刻本或覆宋本；照元版影刻的，稱影元刻本或覆元本。

翻刻之風從宋代就開始形成了。宋紹聖元年（一〇九四）開雕《千金翼方》《金匱要略方》《王氏脈經》《補注本草》《圖經本草》等五部醫書，前有公牒，略云：

> ……今有《千金翼方》《金匱要略方》《王氏脈經》《補注本草》《圖經本草》等五件醫書，日用而不可闕，本監（引者按：指國子監）雖見印賣，皆是大字，醫人往往無錢請買，兼外州軍尤不可得。欲乞開作小字，重行校對出賣，及降外州軍施行。①

國子監欲用小字重刻醫書的目的，顯然是希望這些醫書能得到廣泛的流傳。而一些書商爲了贏利則反對翻刻。葉德輝曾舉兩例：

> 書籍翻板，宋以來即有禁例。吾藏五松閣仿宋程舍人宅刻本王偁《東都事略》一百三十卷，目錄後有長方版記云："眉山程舍人宅刊行，已申上司，不許覆板。"……吾藏元陳棻刊黃公紹《古今韻會舉要》三十卷。前有長方木牌記云："棻昨承先師架閣黃公在軒先生委刊《古今韻會舉要》，凡三十卷。古今字畫音義，瞭然在目，誠千百年間未睹之祕也。

---

① 《書林清話》卷六《宋監重刻醫書》。

今繡諸梓，三復讎校，並無訛誤，願與天下士大夫共之。但是編係私著之文，與書肆所刊見成文籍不同，竊恐嗜利之徒，改換名目，節略翻刻，纖毫爭差，致誤學者。已經所屬陳告乞行禁約外，收書君子，伏幸藻鑒。後學陳宷謹白。"①

這兩則不準翻刻的告白，恰恰說明宋、元翻刻書的現象十分盛行。

書多一次翻刻必然多一次出現訛誤的機會，所以藏書家重視原刻本，而對一些質量低劣的翻刻本特別是明代翻刻本則認爲價值不大。如葉德輝云：

> 吾嘗言明人好刻書，而最不知刻書，郎瑛《七修類稿》云："世重宋版詩文，以其字不差謬。今刻不特謬，而且遺落多矣。"予因林和靖詩而嘆之，舊名止曰漫稿，上下兩卷，今分爲四卷，舊題如《送范寺丞仲淹》，今改爲《送范仲淹寺丞》者最多，已非古人之意矣。②

黃丕烈於《宋提刑洗冤録》五卷亦云："明人喜刻書而又不肯守其舊，故所刻往往戾於古，即如此書，能翻刻之，可謂善矣，而必欲改其卷第，添設條目何耶？"③

但總的來說翻刻本還是功大於過。首先，許多古籍只有憑藉翻刻本才得以流傳。有不少書在宋元時雖曾付雕，惟以年代久遠，原版已毀，那麼現存較早的重刻本，其意義也就不在原刊本之下了。如北宋朱長文《樂圃餘稿》，據《四庫全書總目》知其全集本爲百卷，刻成後版毀於兵，南宋時其從孫朱思輯得部分佚作，編爲《餘稿》十卷付梓。但現在南宋刊本又不可見，傳世者惟

---

① 《書林清話》卷二《翻板有例禁始於宋人》。
② 《書林清話》卷七《明人不知刻書》。
③ 《蕘圃藏書題識》卷四。

康熙五十一年(一七一二)朱岳壽重刻本爲最早。此外如康熙三十七年(一六九八)震澤徐惇復校刊的《蘇學士文集》,康熙五十五年(一七一六)石鍵據漁洋書庫藏本重刻的《徂徠石先生全集》都是各書現存最早最佳的刊本。蘇集已爲《四部叢刊》采作底本。而且清代校勘之學大興,凡依古本重刊的書,其精審程度往往不在原刊本之下。這一情況也是我們不可忽視的。

　　特別受到人們重視的是明清私家影刻本,它們不僅在内容上,而且在形式上也保存了宋元本的面貌。如屈萬里、昌彼得介紹明影刻本云:

　　　　明正、嘉間,覆刻宋本之風頗盛,而以吳中爲最著,且大率出於私家。蓋吳中富庶,人文蔚起,刻者有求精之力,而不必期於牟利也。其流傳至今,而爲藏家所重者,則有吳郡沈辨之野竹齋之《韓詩外傳》,錫山安國桂坡館之《顏魯公文集》,震澤王延喆之《史記》,吳郡金李澤遠堂之《國語》,吳郡袁氏嘉趣堂之大戴《禮記》《文選》《世説新語》,顧春世德堂之六子,南平游居敬之韓柳文,餘姚聞人詮之《舊唐書》,東吳郭雲鵬濟美堂之《李太白詩集》《曹子建集》,俞憲鵯鳴館之《西溪叢語》,東吳徐時泰東雅堂之《韓昌黎集》,錫山顧氏文房之《四十家小説》等。大都仿舊本精刻,且多刻於嘉靖年間。以較並時及隆萬以後坊本之逞臆妄改者,直有天淵之判。[①]

　　黄永年嘗舉一例:"有一部元虞集的《道園學古録》是明景泰時刻本,但字體、版式完全同於元建陽刻本,前人定爲據元刻本覆刻,並認爲是用元刻印本直接貼到書板上覆刻。這是很可能的,因爲在明代前期,元刻本還不像後來那麼珍貴,爲了刻書,犧

————————

①《圖書板本學要略》卷二《源流篇》之七《明代刻書狀況》。

牲一部元刻本不見得會怎麼心痛。"①

葉德輝介紹清影刻本云：

> 乾嘉以來，黃蕘圃（丕烈）、孫伯淵（星衍）、顧澗蘋（廣
> 圻）、張古餘（敦仁）、汪閬源（士鐘）諸先生影刊宋、元、明三
> 朝善本書。模印精工，校勘謹慎，遂使古來祕書舊槧，化身
> 千億，流布人間。其禆益藝林，津逮來學之盛心，千載以下，
> 不可得而磨滅也。②

四　百衲本（配本）

用不同的版本湊成的一部書或一套叢書稱爲百衲本或配
本。清初錢曾即將所藏的一部《史記》錫以此名，其言云：

> 唐尊老子爲玄元皇帝，開元二十三年（七三五），敕升於
> 《史記》列傳之首，處伯夷上。予昔藏宋刻《史記》有四，而開
> 元本亦其一焉。今此本乃集諸宋版共成一書，小大長短各
> 種咸備。李沂公取絲桐之精者，雜綴爲一琴，謂之"百衲"，
> 予亦戲名此爲百衲本《史記》，以發同人一笑焉。③

章鈺爲此跋寫的案語細述了百衲本名稱的來歷：

> 鈺案：《鐵圍山叢談》："唐李汧公號善琴，乃自取靈材爲
> 之，曰百衲琴。"王隱《晉書》："董威輦於市，得殘繒輒結爲
> 衣，號曰百衲衣。"此百衲二字之最初見者。又蔡君謨書《晝
> 錦堂記》，每字一紙，擇其不失法度者連成碑形，當時謂百衲

---

①《古籍整理概論·影印·源流·影印的先驅覆刻古籍》。
②《書林餘話》卷下。
③《讀書敏求記》卷二《史記》一百三十卷。

本。見董逌《廣川畫跋》。①

　　《四庫簡明目錄標注》卷五《史記正義一百三十卷》稱"錢氏百衲本內，有抄補十餘卷。所集宋板止四種：一種小字十二行；一種大字十行；一種中字十二行；一種小字十三行。其十行、十三行本單《集解》，十二行本兼有《索隱》"。

　　此外，明末毛晉也集有這種《史記》，名曰百合錦；清初宋犖也合宋版二種、元版三種，集得百衲本《史記》八十卷；又清諸城劉燕庭亦輯藏一部，後爲端方所得。近人傅增湘印行之《資治通鑑》也係百衲本。傅氏題其藏書處曰雙鑑樓，其一指元興文署本《資治通鑑》，其二即指此百衲本《資治通鑑》。

　　商務印書館一九三〇年至一九三七年印行了百衲本廿四史，茲將其選用的不同版本列表如下：

書名	卷數	撰者	版本
史記	一三〇	漢司馬遷	宋慶元黃善夫刻本
漢書	一二〇	漢班固	宋景祐刻本
後漢書	一二〇	南朝宋范曄	宋紹興刻本，原缺五卷，以元覆宋刻本配補
三國志	六五	晉陳壽	宋紹興刻本，原缺《魏志》三卷，用新發現之宋紹興本配補
晉書	一三〇	唐房玄齡等	宋本，原缺《載記》三十卷，以他宋本配補
宋書	一〇〇	梁沈約	宋蜀大字本，缺卷以元明遞修本配補

①《錢遵王讀書敏求記校證》卷二之上。

書名	卷數	撰者	版本
南齊書	五九	梁蕭子顯	宋蜀大字本
梁書	五六	唐姚思廉	宋蜀大字本，缺卷以元明遞修本配補
陳書	三六	唐姚思廉	宋蜀大字本
魏書	一一四	北齊魏收	宋蜀大字本
北齊書	五〇	唐李百藥	宋蜀大字本，缺卷以元明遞修本配補
周書	五〇	唐令狐德棻	宋蜀大字本，缺卷以元明遞修本配補
隋書	八五	唐魏徵	元大德刻本
南史	八〇	唐李延壽	元大德刻本
北史	一〇〇	唐李延壽	元大德刻本
舊唐書	二〇〇	後晉劉昫	宋紹興刻本，缺卷以明聞人銓覆宋本配補
新唐書	二二五	宋歐陽修	宋嘉祐刻本，缺卷以他宋本配補
舊五代史	一五二	宋薛居正	原輯永樂大典有注本
新五代史	七五	宋歐陽修	宋慶元刻本
宋史	四九六	元托克托	元至正刻本
遼史	一一六	元托克托	元至正刻本，缺卷以元覆本配補
元史	二一〇	明宋濂	明洪武刻本
明史	三三六	清張廷玉	乾隆武英殿原刻本附王頌蔚編集考證捃逸

　　人們之所以重視百衲本，是因爲在原本不全的情況下，畢竟匯集了一些舊刻善本，既使其書完整無缺，也因補配了善本而錯誤較少，質量較高。用商務印書館百衲本《二十四史》同清武英殿本《二十四史》比較，就會發現百衲本《史記》的注文比殿本多出一百多條；《南齊書》《魏書》《宋史》等對殿本所缺之頁有所增補；殿本《元史》中的錯簡、缺文，也因用了洪武原刻本而恢復了舊觀。

　　從事古籍整理，當然要力求足本，但是在足本難求的情況下，努力將殘本配齊也是有功於祖國的文化事業的。百衲本《二十四史》的底本即有十多種是配本。就以《魏書》而論，王重民云：“明南監所藏唐以前諸史版，《魏書》最爲刓敝，萬曆間馮夢禎欲求一善本，已不可得。今涵芬樓輯印百衲本《二十四史》，於是書用涵芬樓、北京圖書館、雙鑑樓及嘉業堂四家藏本配成。”其中的雙鑑樓本也是配本。王重民指出該書“自卷三至十九，凡十七卷，九册爲鈔配，然鈔配本上鈐季氏印，則猶爲明末清初所寫，亦三百年前物也”。①

　　藏書家爲配齊一書往往要花費很多精力，鄭振鐸在其藏書題跋中不乏這方面的記載。如鄭氏所藏百衲本《南北宫詞紀》跋云：

　　　　這部百衲衣似的《南北宫詞紀》乃終於成爲一部完整無缺的本子了。像這樣完整的《南北宫詞紀》，恐怕是很少見的，可能是人間無上的本子也。不講版本之學的人，其能想像得到一書之求全求備，乃艱苦至此乎？

　　　　研究元明文學者能舍散曲不談麽？談散曲者能不備這部《南北宫詞紀》麽？作爲科學研究的必備之書，其能没有最完整不缺的好本子作爲研究的根據麽？把這部書好不容

---

①《中國善本書提要》史部紀傳類。

易地拼湊成爲完整的一部，當不是什麽没甚意義玩弄版本的事……①

鄭氏還藏有一部《古柏堂十四種曲》，雖屬清人之作，全者亦不多見。《西諦書目》中的一部也係配本，跋稱：

> 偶檢架上古柏堂傳奇，見只有十四種，憶昨晚在隆福寺大雅堂，睹其從山東購來書中有《鐙月閑情》第十五種《雙釘案》一册，因即驅車至大雅堂，携此册歸，恰好配成全書，大是高興。一書之全，其難如此，豈坐享其成之輩所能瞭然乎？②

可見，百衲本或配本一般都凝聚着學者及藏書家的心血，有較高的學術價值，值得珍惜。

五　叢書本

凡叢書中的刻本稱叢書本，凡叢書以外的一般刻本可稱單刻本。同單刻本一樣，叢書本的質量也是參差不齊的。由著名的版本學家、校勘學家主持刻印的叢書，其質量是可以信賴的。如黄丕烈輯印的《士禮居叢書》、盧文弨輯印的《抱經堂叢書》、孫星衍輯印的《岱南閣叢書》、黎庶昌輯印的《古逸叢書》等。但在有些叢書中，删節改易的現象相當嚴重。例如《説郛》，清周亮工云：

> 余幼時在金陵，聞舊曲中老寇四家有《説郛》全部，以四大櫥貯之。近見虎林刻本，才十六套，每一種爲數少者尚全鎸，多者咸爲逸去，甚至每一集有存不四、五葉者。陶氏當時即有去取，未必如是之簡。此刻未出時，博古之士多有就

---

① 《西諦書目》附《西諦題跋》：《新鎸古今大雅北宫詞紀六卷南宫詞紀六卷》。
② 均見《西諦書目》附《西諦題跋》。

寇氏鈔録者，及此刻出，不知者以爲《説郛》盡於此，更不知求其全。余常言，自刻本《説郛》出，而《説郛》亡矣。①

我們將叢書本同單刻本相比較，發現句删字易的現象更爲普遍。但是叢書本的優越性也是十分明顯的。首先是有的叢書輯印較早，某些著作賴之以傳。其次有些書並無單刻本，衹有在叢書中才能找到。

六　初印本、後印本

木版雕成後，最初刷印的書稱初印本。其特點是版面整潔，字迹清朗。及至印刷既久，字迹漫漶，常有修補痕迹，且墨色亦較初印本淡，這種印本便被稱爲後印本。如今人傅增湘所撰《分類補注李太白詩》二十五卷書録云：

> 此書傳世尚多，南北所見數矣，余家亦藏一帙，然率皆明修晚印，字畫模糊。此本初印精湛，墨色濃厚，生平所未見也。②

正因爲初印本與後印本有如此差別，所以藏書家多珍視初印本。如錢曾稱所藏元刻本《石田先生文集》十五卷云：“是書雕造精妙，爲元刻中之上駟，楮墨簇新，古香可愛。”③鄭振鐸也曾對初印本《無雙譜》贊不絶口：

> 金古良《南陵無雙譜》，予曾收得數本，皆不愜意。此本雖爲兒童所塗污，猶是原刊初印者，紙墨絶爲精良。一九五六年十月十八日午後，陽光甚佳，驅車至琉璃廠。於富晉書社得李時珍校刊之《食物本草》，於邃雅齋得此書，皆足自怡悦也。④

---

① 《書影》卷三。
② 《藏園群書經眼録》卷一二。
③ 《讀書敏求記》卷四。
④ 《西諦書目》附《西諦題跋》。

七　節本

對原書進行删節以後的本子稱節本。葉德輝對節本的流變論之甚詳，兹録於後：

古書無刻本，故一切出於手鈔，或節其要以便流觀。如《隋志》所載梁庾仲容《子鈔》，其書雖佚不傳，而唐魏徵《群書治要》、馬總《意林》，固其流派也。宋有曾慥《類説》、無撰人之《續談助》；元有陶九成《説郛》；明有陸楫《古今説海》，其體例頗相類，而於卷帙少者，無所消删。《四庫全書提要》入之子雜家雜纂、雜編之屬，蓋本《隋志》之例。至刻本書之節鈔者，宋坊行有《十七史詳節》，託名於吕祖謙，然未有及於他書者。魏了翁節録《五經正義》爲《五經要義》，是爲節鈔義疏之始，正以義疏過繁，故摘其要以便省覽，然未有及於經文者。乃周密《癸辛雜識》云：“廖群玉《九經》本最佳，凡以數十種比校、百餘人校正而後成，然或者惜其删落諸經注，反不若韓、柳文爲精妙。又有《三禮節》《左傳節》《諸史要略》，及建寧所開《文選》，其後又欲開《手節十三經注疏》、姚氏《戰國策》、注坡詩，皆未及入梓，而國事異矣。”竊謂吾人讀書，正苦浩博，鈎玄提要，如魏氏之節鈔《五經正義》，亦未始不可爲課程，若删節三《禮》、《左傳》並及其他古書，此三家村學究之所爲，而不謂南宋末已有此陋習。然則明人如胡文焕、陳繼儒之流，又何責焉？[①]

節本的出現，除嫌原書内容浩博、文字冗長外，也還有其他原

---

① 《書林清話》卷二《書節鈔本之始》。

因。例如魯迅的著作呈送國民黨政府内政部審查，因爲政治原因，他的《壁下譯叢》删改達三分之一，《三閑集》中之《太平歌訣》《鏟共大觀》兩文全部被删。《頭》《現今的新文學概觀》均被删去一段。《華蓋集》中之《十四年的讀經》也被删去。此類例子舉不勝舉。近年人民文學出版社出的《金瓶梅》删去色情描寫部分，也是一種節本。

　　節本也自有它的作用與價值，但從版本的角度看，就比足本差遠了，所以也有書估以節本冒充全本的。屈萬里、昌彼得嘗舉《三國志詳節》爲例：

　　　　"中央圖書館"所藏宋刊《十七史詳節》本《三國志詳節》一書，書名原題《東萊先生標注三國志詳節》。書賈欲充足本，將各卷前後書名標題中"詳節"二字皆挖去。"詳節"二字下原有卷若干等字，復將其字移上，與《三國志》之"志"字相接，不細審則不能見其挖補之痕。此以節本充足本者也。①

第六節　按流通情況區分

一　通行本

　　《四庫全書總目·凡例》云："其坊刻之書，不可專題一家者，則注曰通行本。"通行本有兩個含義：一是普遍，坊間流行甚多，隨時可以得到；二是普通，雕刻平常，不值得特別珍藏。不過這

---

①《圖書板本學要略》卷三《鑒別篇》。

是前人的看法,而現在古籍日少,許多圖書館即使是清刊本也很愛惜了。

二　舊刻本

刻印得比較早的書可籠統地稱爲舊刻本。這裏舊刻本的概念顯然是針對晚近刊本而言的。

有不少人即把舊刻本當作善本。如張之洞所稱善本即包含舊刻本在內,丁丙《善本書室藏書志》卷末編例列舉四點,其"一曰舊刻:宋元遺刊,日遠日尠,幸傳至今,固宜球圖視之"。爲什麼從事古籍整理工作的人都特別重視舊刻本呢?一般來說是因爲它們刻印時間比較早,較多地保留了書的原貌。屈萬里、昌彼得舉例云:

> 宋王楙所撰《野客叢書》本三十卷,而商氏《稗海》及《寶顏堂祕笈》所刻者,皆僅十二卷。凡精核之處,多遭刪削,倘不見嘉靖王穀祥刊本,幾何不以此十二卷本爲全書?

正因爲舊刻本比較符合書的原貌,所以是校勘工作的重要依據。屈、昌二氏復舉例云:

> 又如《漢書》,明以來刻本率多脫漏舛誤。清館閣諸臣,以宋劉之問刻本校明監本,明監本於顏師古注十刪其五,於慶元所附諸家之說,十僅存一。武英殿本遂一一補闕訂訛,然瞿中溶以宋嘉定蔡琪刻殘本八卷校殿本,復多出殿本所無及不全者三十餘條。錢泰吉以蔡刻殘本十四卷校汲古閣本,其改正乃不下數十百處。[1]

①均見《圖書板本學要略》卷三《鑒別篇》。

如是未經後世重刻的舊刻本，那就更寶貴了。

另外，圖書館著錄圖書的時候，凡未鑒定出其所屬時代的刻本也統稱舊刻本。

三　殘本、焦尾本

凡不完整的書稱爲殘本。

殘本的價值當然不如足本，但是在足本難求的情況下，殘本也非常可貴。《中國古籍善本書總目收錄範圍》前兩條對此曾加論及，見下引。如南京大學圖書館藏有宋寶祐五年趙與篡刻元補修本《通鑑紀事本末》，僅殘存兩卷。卷十末有常熟翁斌孫題識云："此南宋本也，雖僅有第四、第十兩卷，且亦殘闕，然吉光片羽，彌可寶貴。"

有的書雖是殘本，但其學術價值仍然相當高。如鄭振鐸云：

> 壬午（一九四二）秋日，北平邃雅齋書友許奇亮南來收書，告予曰："嘗於揚州某家見《秦詞正訛》二本，爲嘉靖黑口本，以中縫有挖補，疑其不全，故未收。"予聞之驚喜，力囑其爲予購之。其時猶以爲是秦淮海詞之明刊黑口本。予藏明刊本詞不多，故甚欲得之。數日後許君北上，半月後復至滬，示予《秦詞正訛》云："果是不全書。凡四十五翻，書名下亦有挖去痕迹，當是二卷而僅存其半者。"予略一翻閱，即驚爲奇書。蓋是秦時雍作者，非淮海詞也。雖僅存半部，亦是未見難得之書，因亟收得之。予之藏曲得此，大是生色矣。時雍號復庵，其曲僅見於諸明人選本中，不過寥寥數闋耳。不意今仍獲其曲集，且復是嘉靖黑口本，誠奇遇也。可見凡事須留心，求書尤須不厭其瑣瑣求詳。如以爲淮海詞不全本而不收，則必失之交臂矣。復庵曲生辣活潑，寫情入骨，

不類沈寧庵派之浮爛，實是明代南曲之最上品，無意得之，
欣喜無已，亦劫中杜門索居時一樂也。①

　　書在流通過程中情況複雜，常常會發生這樣的情況，有一部
分在甲圖書館，而另一部分則在乙圖書館。分散多年以後，有的
書還會珠聯璧合。因此只要是好書，不論它是否殘本，都應注意
收藏。周叔弢《弢翁藏書題識》中有一些很有意思的記載，今選
錄一組如次：

　　　庚午（一九三○）春，余從文友堂先得《春秋年表》及《名
　　號歸一圖》，是年秋從藻玉堂得是書卷十二、十三，卷廿七至
　　卅，計六卷。越歲辛未（一九三一）冬復從肄文堂得卷二至
　　十一、卷十四至廿六，計廿三卷，舊裝未改，居然璧合。聞卷
　　一前十年歸嘉定徐氏，因急訪之北平，乃前數日爲一龔姓用
　　六百圓買去，故都人海，渺不可追矣。延津之合，或有所待
　　耶？每展卷興歎，殊不能自已也。壬申（一九三二）十二月
　　弢翁。

　　　龔氏所得首冊，頃聞已毀於上海閘北之難，不在人間，
　　因從沅叔三丈乞所藏宋撫州本第一卷，以補此書之闕，而記
　　其歲月於此，癸酉（一九三三）三月三日叔弢記。

　　　宋岳刻《左傳》，自臨清徐氏散出後，予於庚午、辛未之
　　際，辛勤搜集，竟獲廿九卷，僅缺首冊，予前跋已詳之矣。甲
　　申（一九四四）十二月廿六日北平書友陳濟川以函來告云：
　　"嘉定徐氏藏岳刻《左傳》一卷，近在謝剛主先生處求售。"予
　　聞之，不禁驚喜過望，此正予本所逸，曩日傳爲毀於兵燹者，
　　今歸然猶在人間也。因馳書剛主爲我謀之。書甫發，剛主

---

①《西諦書目》附《西諦題跋》。

已介徐氏子於小除夕携書至津，開函神怡，惟索價出人意表，留齋中五日，乃復還之。此二年中，時時諧價，與日俱增，皆不能成。丙戌（一九四六）十二月姐丈孫靜厂卒爲我以黃金一兩易得之。珠還劍合，缺而復完，實此書之厚幸，豈僅予十餘年好古之願一旦得償爲可喜哉！丁亥（一九四七）正月弢翁志　男一良書

　　丁亥（一九四七）春，余既獲岳刻首册作延津之合，遂檢前得宋撫州本《左傳》二卷、宋汀州本《群經音辨》二卷，歸之故宫。此二書紙墨精美，宋刻上乘，《群經音辨》猶毛氏舊裝，所謂"宣綾包角藏經箋"者，宛在目前，然故宫所佚，得此即爲完書，余豈忍私自珍秘，與書爲仇耶！去書之日，心意惘然，因記其端委於此。弢翁①

殘本的價值不如足本，所以書估常用挖改目録，移綴卷次的方法以殘本冒充全本。例如黃丕烈舊藏宋嘉泰二年（一二〇二）淮東倉司刊本《施顧合注東坡先生詩》卷四十一及四十二兩卷，爲和陶詩之全部。其書後歸海源閣，楊紹和跋云："此本將原卷第四十一、第四十二數目字俱挖改作上下，板心亦然，則俗賈所爲，欲充完帙耳。"②屈萬里、昌彼得亦云：

　　"中央圖書館"所藏明原刊本《諸史將略》存卷一至卷四（按《千頃堂書目》著録此書全十六卷），書賈欲充完本，乃將卷五以後之目録抽除（在目録第五葉後面以下），將目録之第四、五兩葉（四卷之目録）之書口燒殘，更將原目録最後之編刊人姓名半葉（原當在目録第十六卷之後），移於第五葉之後半面，緊接目録第四卷子目之後，一若此書原止四卷

---

①載《文獻》一九八〇年第三輯。
②《楹書隅録》卷五。

者。此以殘本充全本者也。①

又毛春翔也曾舉一例：

> 袁刻《文選》，寧波蔡氏墨海樓藏本，缺卷四十一至五十，凡十卷，書估改補卷數，將卷五十一至六十改爲四十一至五十，充足本，又將袁氏牌記悉行割去，在書口上方，補上"淳祐三年善本校刊"兩行小字篆書，充宋刊本。蔡氏作宋本購進，後轉歸李氏萱蔭樓，又作宋本什襲珍藏。殘本充足本，明版充宋版，一書兩作假，而購者竟辨不出，作僞之巧妙如是。②

《後漢書·蔡邕傳》云："吳人有燒桐以爨者，邕聞火烈之聲，知其良木，因請而裁爲琴，果有美音，而其尾猶焦，故時人名曰焦尾琴焉。"③藏書家不幸遭火，焚餘之書略受損傷，稱焦尾本。張紉庵校《道德真經指歸》七卷，有錢氏跋云："絳雲樓餘燼亂帙中得之，囑遵王遣人繕寫成善本。"張紉庵跋云："此書亦胡氏所刻，從絳雲樓燼餘本補抄，案此亦焦尾本。"④焦尾本可說是另一種情況的殘本。

四　校本、批本、過録本

凡經讀者校勘過的書稱校本。

許多學者都在校勘上下過扎扎實實的工夫。趙萬里曾專門爲他的老師王國維編過《王靜安先生手校手批書目》，今録一目

---

① 《圖書板本學要略》卷三《鑒別篇》。
② 《古書版本常談·如何鑒別版本》。
③ 《後漢書》卷六〇下。
④ 《古籍版本鑒定叢談》第三章《古籍版本的類型》。

爲例：

千頃堂書目三十二卷　　適園叢書本　　清黄虞稷撰

　　烏程蔣氏藏吾鄉陳仲魚舊藏抄本。陳本較此本多出
數百條，均於眉端録之。又以《明史・藝文志》校之，其見
於《藝文志》者，以朱筆爲識。後據烏程蔣氏密韻樓所藏
書比勘其書名、卷數異同。丹黄滿卷，自爲先生手校書中
之最精者。[①]

下面我們再以王氏手校本爲例，看看他校書的具體情況：

輶軒使者絶代語釋別國方言十三卷、校正補遺一卷
清乾隆盧文弨刻抱經堂叢書本

　　丁巳（一九一七）季冬，以釋玄應《一切經音義》所引勘
一過。國維。

　　是月復以慧琳《一切經音義》所引勘一過。二書誤引者
不盡著，然大有佳處。

　　丁巳季冬初九、初十二日，以盛意園所藏宋李孟傳本校
於永觀堂。李本每半葉八行，行十七字，刊於慶元庚申（一
二〇〇），今歸蜀中某氏。盧氏校記補遺，所載李文授本異
同，與今所見本，同者廿八事，不同者十七事，殊不可解。或
盧所見非原刊歟？國維。

　　凡宋本異同校於行間，他書所引校於書眉。次日復以
原本《玉篇》所引校於書眉，此與釋氏二種音義皆戴、盧二君
所未見也。又記。

　　二十日，復以李文授本再勘一過。此本分音與注，大
誤。因郭氏强半爲注中字注音，非爲正文作也。子雲時音

讀，至景純時已不可知，故但注晉時之音以儗之，此景純之
微意也。抱經先生校此書，極有功，然於此事未可了。郭注
《爾雅》亦有音雜注内，後爲妄人刪去。然善本約尚未刪此，
亦音注不可分之一證。此本音注必須改從舊本。

　　　盧校屢云宋本，不知曹毅本歟，抑其所謂李文授也？[①]

於此可見，王國維能盡量搜集各種不同的版本及其他有關資料
一校再校，然後對盧文弨校本的是非功過作出了明確的判斷，從
而對《方言》的校勘作出了超越前人的貢獻。

　　顯然，校本對我們從事古籍整理與科學研究工作有極高的
參考價值，所以清孫慶增説：“書籍不論鈔刻好歹，凡有校過之
書，皆爲至寶。”[②]

　　凡經讀者加過批評（包括箋注批評等）的書稱批本或評本。

　　許多學者都喜歡在自己所讀過的書上留下批語。如殷孟倫
在《國學大師黃侃的治學態度和方法》一文中説：

　　　　他讀書一定要動筆或加批語。現在看到他存下的批點
　　過的書有百餘種，輯録下來，一定對後學啓發不少。他批過
　　《文選》，他的學生曾傳鈔過。所批郝懿行的《爾雅義疏》，幾
　　乎等於替郝氏改文。《説文》也批得密密麻麻。《廣韻》也是
　　如此。這三部分整理出來就是三部很可傳世的名著。他又
　　批過《資治通鑑》，顧頡剛在主持《二十四史》斷句時，曾通過
　　齊燕銘同志在陸宗達處借去一部分采入標點本。[③]

　　加批是我國文學批評的一種方式，甚至批評一詞也由此而
來。許多批本、評本的學術價值都是相當高的，如脂硯齋評本

① 《觀堂題跋選録》，載《文獻》第九輯。
② 《藏書紀要》第四則《校讎》。
③ 載《怎樣學習語言文學》，中國青年出版社一九八三年版。

《石頭記》、文龍批本《金瓶梅》等。而有的批語集中起來加以整理就是很有價值的著作。例如：

> 義門讀書記五十八卷
>
> 國朝何焯撰，其門人蔣維鈞編。焯文章負盛名，而自選刻時文以外，無所著作。焯没之後，維鈞乃蒐輯其所評所校之書，録其題識，共爲一編。凡經十二卷，史十七卷，集二十九卷。①

凡既經校勘又加批語的書稱批校本〔圖版四十二〕，凡既經圈點又加批語的書稱批點本。圈點的方式可以用筆圈，也可以用細管鈐印。

凡照樣移録名家批校文字或兼及其所施句讀圈點的書稱過録本〔圖版四十三〕。實踐證明過録名家批語、校語乃至句讀圈點是學習的好方法，許多學者都這樣做過。如殷孟倫《國學大師黄侃的治學態度和方法》一文説：

> 當我在一九三一年隨從先生避寇北上，與先生同住北京前門外上巷上四條時，適聞父喪之訊，不能即歸，哀慟無已。先生因以所批郝懿行《爾雅義疏》一書命我迻録，我朝夕從事，歷時五月方了。每卷末都特記年月，以示不忘。我在迻録時得到許多啓發，不獨專治訓詁而已。後於一九三四年，在南京，先生又命我過録清十三家校本《經典釋文》。其書批注，朱墨爛然，我也一點一畫，照樣過録，經半年之久方始蕆事，以呈先生審閲。先生翻檢後，並在封面上題了如下的一段話：
>
> "劉履芬過録衆家本，比孫毓修據葉寫本參校段、臧諸

---

①《四庫全書簡明目録》卷一三。

人校本所作校勘記尤詳密。乙亥（一九三五）七月六日，孟倫携其所迻録劉本就予復勘，因翻孫記，乃知劉本之佳。予與孟倫殷殷謄寫，功不唐捐也。量守居士書。"[1]

五　善本、珍本、孤本

從讀書治學的角度看，善本就是接近原稿的書。本編第一章第二節對善本的涵義已作了闡述，此不復及。

我們認爲凡具有歷史文物性、學術資料性、藝術代表性而又流傳甚少的書可視爲珍本，今録《中國古籍善本書總目收録範圍》以資參考：

一、元及元以前刻印、鈔寫的圖書（包括殘本與零頁）。

二、明代刻印、鈔寫的圖書（包括具有特殊價值的殘本與零頁）。但印版模糊，流傳尚多者不收。

三、清代乾隆以前流傳較少的刻本、鈔本。

四、辛亥革命前在學術研究上有獨到見解，或有學派特點，或集衆説較有系統的稿本，以及流傳很少的刻本、鈔本。

五、辛亥革命前反映某一時期、某一領域或某一事件資料方面的稿本，以及流傳很少的刻本、鈔本。

六、有名人學者親筆批校、題跋、評論的刻本、鈔本。

七、在印刷上能反映我國古代印刷技術發展，代表一定時期技術水平的各種活字印本，或有較精版畫、插圖的刻本。

八、太平天國及歷代農民革命政權所刊行的圖書。

[1]載《怎樣學習語言文學》，中國青年出版社一九八三年版。

　　九、印譜明代的可全收，清代的集古印譜、名家篆刻的印譜，有特色又係足本，或有親筆題記的收，一般不收。

世間僅存的書稱孤本，國內僅存的書稱海內孤本。

孤本人皆知珍重，周叔弢能不惜重金從日本購回錢謙益校宋本《東觀餘論》，表現出愛國主義精神，尤爲可貴。今録其藏書題識如下：

　　癸酉（一九三三）正月獲見日本《文求堂書目》，著録宋、元、明本凡百餘種。其中多沅丈舊藏，余嘗於雙鑑樓中得摩娑者，尤以北宋本《通典》、紹興本《東觀餘論》爲最罕秘，蓋海內孤本也。《通典》索價一萬五千元，余力不能贖，乃以日金一千元購此書歸國，聊慰我抱殘守缺之心。獨念今者邊氛益亟，日磨地奚止百里，當國者且漠然視之而無動於中，余乃惜此故紙，不使淪於異域，書生之見亦淺矣，恐人將笑我癡絶而無以自解也。噫！二月十二日弢翁記。[1]

判斷一部書是否孤本，最方便的方法是查聯合目録，例如查《中國地方志聯合目録》就會知道南京大學圖書館藏的清順治《攸縣志》、康熙《攸縣志》皆爲孤本。如果沒有聯合目録，那就要多查各家藏書目録。周叔弢原藏明正德六年（一五一一）徐興刻本《毅齋詩集別録》一卷、《家傳》一卷，其題識云："此書傳世甚稀，諸家書目皆未著録，阮文達曾録以進呈。今藏故宮之宛委別藏，比阮氏所著録者闕十三種，《家傳》即其一也，則此書或爲人間孤本矣。"[2]《中國古籍善本書目》的出版，爲我們判定孤本提供了極大的方便。

---

①《弢翁藏書題識》，載《文獻》一九八〇年第四輯。
②《弢翁藏書題識》，載《文獻》一九八〇年第四輯。

第五章 雕印本的鑒定

鑒定雕印本通常從書籍的形式入手，而書籍形式上的特點又是通過牌記、刻工、諱字、版式、紙墨、字體等個別事項表現出來的，因此需要對這些個別事項逐一加以研究。書籍的內容同形式一樣，不可避免地也打上了時代的烙印，所以研究書的序跋和正文的具體內容也是鑒定古籍版本的重要途徑。此外，前人的研究成果，書籍的題記與藏印，及其在各種目錄中的著錄情況，也同樣爲我們鑒定版本提供了可靠的依據。而由於作僞等因素增加了鑒定版本的複雜性，企圖僅凭個別事項作出精確的鑒定，有時是不可能的，這就需要我們進行異本比勘與綜合考辨的工作。現分別叙述如次。

第一節 牌記

現代出版的書多有版本記錄頁，它對書籍版本情況作了詳盡的介紹。早在一九一四年，當時政府公布的《出版法》第二條就已規定：

> 出版之文書圖畫，應將左列各款記載之：一、著作人之

姓名、籍貫；二、發行人之姓名、住址及發行之年月日；三、印
刷人之姓名、住址及印刷之年月日，其印刷所有名稱者，並
其名稱。①

這項規定一直被沿用着。一九七二年國務院出版口所修訂的
《關於圖書版本記錄的規定》指出：

圖書版本記錄包括以下項目：

一、書名

二、著作者（或繪製者）、編輯者、翻譯者的姓名（或筆
名、單位名稱）

三、出版者、印刷者和發行者的名稱

四、出版年月、版次、印次、印數

五、統一書號、定價②

版本記錄頁爲我們識別版本提供了可靠的依據。可惜古書
沒有版本記錄頁，所以要鑒定書的版本，需運用許多其他手段，
辨別書的牌記即其一種。如《中國版刻圖録》著録的《重修政和
經史證類備用本草》，卷首有"泰和甲子下己酉晦明軒刻書"螭首
龜座牌記，目録後有"平陽府張宅印"琴形牌記，又有"晦明軒記"
鐘形牌記。認真探索古書牌記的使用規律，對我們鑒定古書的
版本是有益的。

牌記俗稱書牌子，也叫木記。葉德輝云："宋人刻書於書之
首尾或序後、目録後，往往刻一墨圖記及牌記。其牌記亦謂之墨
圍，以其外墨闌環之也，又謂之碑牌，以其形式如碑也。元明以
後，書坊刻書多效之。"③

---

①載《中國近代出版史料》初編卷五《有關出版的各種法令》。
②載《中國一九八〇出版年鑒》。
③《書林清話》卷六《宋刻書之牌記》。參看圖版二十一、二十三。

　　牌記實質上是古書出版單位的標記，形狀一般呈長方形，也有的上下墨闌呈弧形，又有作鐘式、鼎式、琴式的。《中國版刻圖錄》著錄的《大明一統志》書末牌記呈蓮龕狀，中間分兩行，刻作"大明嘉靖己未孟秋吉旦書林楊氏歸仁齋重梓行"。又同書著錄的《大唐益會玉篇》的牌記，中間是一幅版畫，上爲"三峰精舍"四字，右爲"弘治壬子孟夏之吉"八字，左爲"詹氏進德書堂重刊"八字。簡單的則並無圖形或墨闌，僅刻一行或幾行字，其功用也與牌記相同。①

　　牌記在書中的位置無定。有在封面的，有在扉頁的，有在序後、跋後、目錄後、凡例後、校刊姓氏後、音圖後、附錄後的，有在卷端的、卷一末的、逐卷末的、書末的。特別值得注意的有兩點：一是有的牌記在書中某卷之後；一是書中好幾個地方有不同的牌記。前者的例子如《明代版刻綜錄》卷三著錄的《諸史會編大全》一百十二卷，卷七十七後有"嘉靖律年歲次己酉仲春望日鎮江府金壇縣刊"牌記；後者的例子如《明代版刻綜錄》卷四著錄的《何氏語林》三十卷，卷一後有"清森閣梓"牌記，卷三後有"嘉靖庚戌華亭柘湖何氏清森閣雕梓"牌記，卷十八後有"何氏清森閣梓"牌記。

　　有的書牌記內容還可能前後矛盾，如肖東發說：

　　　　有意作僞，以假亂真。在眾多的余氏刻書家中，書賈氣味最濃的當數余象斗，僅三臺館本就可舉出幾例，如明《萬用正宗不求人》一書，書後牌記題"萬曆歲次丁未潭陽余文臺梓"，然而在卷十六末又有"萬曆新歲喬山堂劉少崗繡"。原來是余象斗把劉氏這一卷全部編入己書，匆忙間，連喬山

①《中國版刻圖錄》著錄的宋書棚本《唐女郎魚玄機詩》，卷末有"臨安府棚北睦親坊陳宅書籍鋪印"一行十四字牌記。參看圖版三十一。

堂牌記都忘了剗去,粗心至此,却在卷端告白中把"坊間諸書雜刻"貶低一通,然後大肆自我吹噓,結果成了自我諷刺。[①]

顯然,這些牌記對我們全面認識版本、瞭解版本的嬗變是極有價值的。它的文字雖然較少,但是所透露的有關版本的信息却很多,因此我們在檢查牌記時要十分仔細。

牌記通常能反映出書的出版單位、時間和地點。如《中國版刻圖錄》著録的《國朝名臣事略》,目録後有"元統乙亥余志安刊於勤有書堂"一行,即說明了該書的出版時間、出版單位、出版方式。而勤有書堂是福建建陽名肆,所以也告訴了我們出版地點。

有的牌記還爲進一步研究版本提供了綫索。如《中國版刻圖録》著録的《文選五臣注》卷三十後有"錢塘鮑洵書字,杭州猫兒橋河東岸開箋紙馬鋪鍾家印行"二行,編者案:

> 紹興三十年(一一六〇)刻本釋延壽《心賦注》卷四後有"錢唐鮑洵書"五字,與此鮑洵當是一人。如此鮑洵一生可有三十年左右工作時間計算,則此書當是南宋初年杭州刻本。猫兒橋本名平津橋,在府城小河賢福坊内,見《咸淳臨安志》。卷中宋諱桓、構等字均不缺筆,則因南宋初年避諱制度未嚴之故。紹興初思溪王氏刻《新唐書》,北宋英宗以下諱均不避,即其一例。又考建炎三年(一一二九)升杭州爲臨安府,因推知此書之刻當在建炎三年前。總之,此書雖未必爲北宋本,定爲南宋初年刻,當無大誤。

此外,有的牌記反映了刻書過程,如南京大學圖書館藏《杜韓詩句集韻》的牌記稱"康熙歲次丙戌中秋日開雕,丁亥立夏日

---

① 《建陽余氏刻書考略》下,載《文獻》一九八五年第一期。

告竣"。

　　有的牌記記載了所刻字數，如《中國版刻圖録》著録的《禮記注》卷三後有"經伍阡柒拾肆字，注肆阡捌伯玖拾捌字，音義貳阡玖伯壹拾陸字，余仁仲刊于家塾"四行。

　　有的牌記反映了用紙情況，如《天禄琳琅書目》著録的宋本《春秋經傳集解》後有牌記云："奉敕用棗木椒紙各造十部。"

　　有的牌記印有刻書部數及售價，如《中國版刻圖録》著録的《甫里逸詩》姓氏後有"印一百部，五十分送四方，五十待售，紋銀貳錢"一行。

　　有的牌記强調了版權，如葉德輝藏五松閣仿宋程舍人宅刻本《東都事略》目録後有長方牌記云："眉山程舍人宅刊行，已申上司，不許覆板。"①國家圖書館藏明萬曆刊本《月露音》封面鈐朱文長方牌記云："杭城豐東橋三官巷口李衙刊發，每部紋銀捌錢，如有翻刻，千里究治。"

　　有的牌記顯示了版本的類型，如《中國版刻圖録》著録的《泥版試印初編》封面後有"歙州翟西園自造泥鬥板"牌記一行，可見該書爲泥活字印本。

　　有的牌記反映了版本的源流，如《明代版刻綜録》卷三著録的《新刻蔡中郎伯喈文集》，序後有"嘉靖甲申孟冬月宗文堂鄭氏新刊"，目録後有"此書原係正德乙亥春三月錫山華氏堅允剛銅板印行，今鄭氏得之繡梓"牌記。

　　坊刻本不少牌記都是廣告，其中也包含許多有用的資料。如《中國版刻圖録》著録的《抱朴子》卷二十後鎸有廣告五行："舊日東京大相國寺東榮六郎家，見寄居臨安府中瓦南街東，開印經史書籍鋪，今將京師舊本《抱朴子》內篇校正刊行，的無一字差

────────

① 《書林清話》卷二《翻板有例禁始於宋人》。

訛,請四方收書好事君子幸賜藻鑒,紹興壬申歲(一一五二)六月旦日。"從中我們可以看出榮六郎書鋪的變遷,本書是宋紹興二十二年(一一五二)在紹興翻刻的,所據爲京師舊本,而且經過校勘。

正因爲牌記是古書出版單位的標記,所以學者在鑒定版本時都十分重視對牌記的研究,如葉啟勳《拾經樓群籍題識·李太白詩集跋》云:

> 分類補注李太白詩二十五卷,唐李白撰,宋楊齊賢集注,元蕭士斌補注,前後無序跋,無刊刻年月可考,惟尾卷末標云"庚辰孟冬月安正堂新刊"兩行長方木牌記。……既未注明廟號,亦無各家志目可以參證其刊於何帝庚辰,因檢舊藏安正堂刊《集千家注分類杜工部詩》散帙尾卷末葉,有長方木牌記云"正德己卯十四年(一五一九)仲夏月劉氏安正堂刊"兩行,知此庚辰爲正德十五年,當時與杜詩合刊者也。[1]

又如《中國版刻圖錄》著錄的《漢書集注》,編者按云:

> 卷首《後儒辨論》後,有"甲申歲刊於白鷺洲書院"兩行。據《吉安府志》,白鷺洲書院宋淳祐辛丑(一二四一)吉州郡守江萬里建,至正間重修。因推知甲申當是元世祖至元二十一年(一二八四),此書爲元初吉州白鷺洲書院刻本。前人肯定甲申爲宋嘉定十七年(一二二四),恐非事實。

這些都是通過牌記鑒定版本的例子。

但我們在利用牌記時也有需要注意的地方:

一是後人翻印本照刻原牌記。如《明代版本圖錄初編》卷六

---

[1] 載《圖書館學季刊》第一卷第四期。

著録的《東觀餘論》二卷，係明萬曆中嘉禾項氏萬卷堂刊本。按語云："是書宋有建安漕司本，明項篤壽據以重雕即此本也，其源蓋從宋出，推爲佳槧，序及卷末均有'建安漕司刻梓'兩木記，毛氏《津逮祕書》本即從之出。"該書同時刻上兩個牌記爲我們鑒別版本提供了方便。如果翻版時照樣翻刻原牌記而不加刻翻刻單位的牌記，就容易導致混淆了。毛春翔説：

> 鑒別宋刻，牌記最爲可靠了，然而翻版也有照樣刻的，如五峰閣翻的《東都事略》，也有"眉山程舍人宅刊行，已申上司不許覆板"兩行牌記。宋刻最普通的版式，是版心上記字數，下記刻工姓名，書中多諱字，而五峰閣刻的一一照樣刻。此在老眼，一看紙色便知是翻雕，但初學遇此，就不免要被騙了。[1]

二是版本易主後，牌記常被挖改。例如元代建安余氏勤有堂刻了一部《千家注分類杜工部詩集》，後來書版爲建安葉氏廣勤堂所得。葉氏便將"皇慶壬子余氏"木記劃去，別刻"廣勤堂新刊"木記。後來葉氏又將書版轉售金臺汪諒。汪諒又削去廣勤堂木記，改刻"汪諒重刊"四字。稍不注意，鑒定版本時就會出現差錯。丁丙就曾根據汪諒重刊的牌記，誤判自己所藏的元刊《集千家注分類杜工部詩集》是明汪諒翻刻本，其《善本書室藏書志》云："行款字數與元刊無異，惟筆畫稍肥。"但筆畫肥是由於久印磨損的緣故，並非因爲翻刻。[2]

三是書賈作僞故意挖改牌記。施廷鏞對此曾舉一例：

> 《天禄琳琅書目後編》卷七宋版集部著録之《六臣注文

---

[1]《古書版本常談·如何鑒別版本》。
[2] 參看《書林清話》卷四《元建安葉氏刻書》。

選》六十卷，在核對天祿琳琅存目時，發現這書有挖改痕迹，它的方法是從牌記四周的邊欄換以宋朝"紹興乙亥萬卷堂鎸"八字，四周邊欄絲毫未動，所以不易爲人覺察。按書之字體，似係明本，但還不敢判定，經取明刻《文選》相對，乃知是明嘉靖十四年(一五三五)吴郡袁褧嘉趣堂倣宋陸放翁守新定時郡齋刻本。①

書賈牟利挖改版記的現象很普遍，稍不留心就會上當。王欣夫説：

　　乾隆時内府所刻《四書章句集注》，稱爲覆刻宋淳祐本，因爲朱熹序後的牌子有云："於是補其殘缺，置諸泳澤書院，嘉與學者共之。淳祐丙午(一二四六)秋八月識。"後來孫家鼐重刻，當然毫不懷疑。至陶湘得見據刻的原本，始知"學者共之淳祐丙午"八字有割裂填寫痕迹。其實泳澤書院始建於元代，宋朝何來此書院。淳祐二字爲至正二字所挖改，今故宫善本書影中明顯可據，當時不加考訂、疏於鑒别，遂被書賈所欺。類此的很多，應該特别注意的。②

　　總之，牌記是古書出版單位的標記，它是我們鑒别版本的重要依據，在檢查時應特别留心。而由於書賈作僞等原因，我們還必需注意對牌記加以甄别，方可據信。林申清《宋元書刻牌記圖録》，有北京圖書館出版社一九九九年版，共收牌記一百零四幅，並撰有解題目録，卷首載《宋元書刻牌記述略》一篇，可參看。

---

① 《中文古籍版本簡談》四《版本的鑒别》之六《辨僞》。
② 《古文獻學要略》第三章《版本》十一《鑒别版本的方法》。

第二節　刻工

　　古代刻書工匠爲了肯定自己的勞動成果，往往在所刻書版中附刻自己的姓名，或姓名中的一兩個字。後晉開運四年（九四七）曹元忠雕造的觀世音菩薩像及願文，末有"匠人雷延美"字樣，這雷姓刻工是現今所知最早在自己刻的雕版上留名的人。宋、元刊本除坊刻外，大部分有刻工姓名，而且多刻於書口下端，上端則刻每版的大小字數。明刻本有的有刻工名，有的沒有。而且出現在版面地方也不一致，有在書口的，也有在序跋後、目錄後、凡例後、牌記中的。如《中國善本書提要》子部儒家類著錄的明隆慶間刻本《孔子家語》十卷，《考證凡例》及陸治《題辭》後，並刻"長洲顧槤寫、章掖刻"；下書口所記刻工有章右之、方瑞先等名。同書史部傳記類著錄的明成化間刻本《程氏貽範集》三十卷，自序後有牌記云："婺源大畈汪道全、休寧西門汪克正繕寫；歙仇村黃文敬、文希、文達、文漢、文通、永暹、永昇、王充、仇以興、以茂、以忠、以森刊。"明嘉靖年間刻的《張氏統宗世譜》，書中《會脩職名》之後，甚至列了一張刻工表，與奇字齋刻《王右丞詩集》略同①，現照錄如下：

鑴刻	祁邑城西匠氏	徐廣
	歙邑仇村匠氏	黃琥
	歙邑仇村匠氏	黃珀
	歙邑仇村匠氏	黃球

---

①參看圖版十八。

	歙邑仇村匠氏	黄琰
	歙邑仇村匠氏	黄珪
	歙邑仇村匠氏	黄瑶
	歙邑仇村匠氏	黄珏
	歙邑仇村匠氏	仇元
	歙邑仇村匠氏	黄珦
	歙邑仇村匠氏	黄瑜
	歙邑仇村匠氏	黄琇
	歙邑仇村匠氏	黄鑾
	歙邑仇村匠氏	仇釗
	歙邑仇村匠氏	仇顯
印刷	祁邑城西　黄昂元	
	祁邑城南　黄榮	
	歙邑岩鎮　謝恕	
裝訂	祁邑城東　謝泗	
	祁邑城東　謝壽	
	祁邑城東　胡四	

　　清代前期因懼怕文字獄，許多刻工都不敢在書版上留名。陳登原曾敘述了莊廷鑨《明書》案禍及刻工的慘狀：

　　　　是獄發於辛丑之春（順治十八年），決獄在癸卯（康熙二年）。當時罹戮者，莊廷鑨已死，則戮其屍而誅其弟與諸子。其題名諸士，俱罹重辟，凡刻書之工，販書之賈，列名參校之名士，死者達二百二十一人之多。……蓋所以戮及無辜之刻印工人者，正欲殺一懲百，藉此示威，使人間知禁書之莫可一觸，因以斷絕其流傳也。①

而事實上，康熙、乾隆年間仍有一些刻本留下了刻工姓名，嘉慶、道光後，刻工在書版留名者更多。

刻工留名主要是便於考核勞動成果，計算工錢。《禮記·月令》云："物勒工名，以考其誠。"鄭氏注曰："勒，刻也。刻工姓名於其器，以察其信，知其不功致。"②書版上留有刻工姓名，即古代物勒工名的遺風。葉德輝專門介紹過刻工按勞取酬的情況：

> 明時刻字工價有可考者：陸《志》、丁《志》有明嘉靖甲寅（一五五四）閩沙謝鸞識、嶺南張泰刻《豫章羅先生文集》，目錄後有"刻板捌拾叁片，上下二帙，壹佰陸拾壹葉，繡梓工貲貳拾肆兩"木記。以一版兩葉平均計算，每葉合工貲壹錢伍分有奇，其價廉甚。至崇禎末年，江南刻工尚如此。徐康《前塵夢影錄》云："毛氏廣招刻工，以《十三經》《十七史》爲主。其時銀串每兩不及七百文，三分銀刻一百字，則每百字僅二十文矣。"今湖南刻書，光緒初元，每百字並寫刻木版工貲五六十文。中葉以後，漸增至八九十文，元體字小者百五十文，大者二百文。篆隸每字五文。至宣統初，已增至百三十文，以每葉五百字出入，每錢銀直百六十文計，每葉合銀叁錢畸零，視明末刻書已增一倍。然此在湖南永州一處則然。永州刻字多女工，其坊行書刻價每百字僅二三十文。江西、廣東亦然。價雖廉而訛謬不可收拾矣。③

爲了審核勞動成果而留下的刻工姓名，在客觀上爲後人鑒定版本提供了依據。這是因爲如果一位刻工刻了兩種以上的

---

①《古今典籍聚散考》卷一《政治卷》第六章《清代文字之獄與典籍聚散》。

②《禮記注疏》卷一七。

③《書林清話》卷七《明時刻書工價之廉》。

書,已知一種書刊刻的時間、地點,則其他書刊刻的時間、地點也可從而證知。冀淑英對此曾有詳盡的説明:

　　比如建國後,在南京發現了一部宋刻本《金石録》,這部書究竟是什麽年代、什麽地區刻的呢? 從文獻上看,洪邁《容齋四筆》卷五曾提到《金石録》,原文説:"東武趙明誠德甫著《金石録》三十篇……其妻易安李居士,平生與之同志,趙没後愍悼舊物之不存,乃作後序,極道遭罹變故本末。今龍舒郡庫刻其書,而此序不見取。"這部《金石録》三十卷俱全,也没有李易安後序;再看書中刻工,有胡珏、胡剛、徐亮等人,和故宫天禄琳琅藏《大易粹言》相同。《大易粹言》是公元一一七六年(南宋淳熙三年)舒州(今安徽舒城)官刻本。龍舒即是舒州,和《容齋四筆》所記合。有了這個證據就可以肯定説《金石録》是南宋淳熙年間舒州刻本了。

　　又如宋刻《劍南詩藁》和《鉅鹿東觀集》,二書刻工有相同的,應該是同地同時刻本,至少刻書時期相近。《劍南詩藁》的刻工又與公元一一七五年(南宋淳熙二年)嚴州州學(浙江嚴州)刻本《通鑑紀事本末》同,並且《景定嚴州續志》卷四《書籍門》著録有《劍南詩藁》和《鉅鹿東觀集》,因此,這兩書的刻版時間與地點問題也都可以解决了。①

利用刻工鑒定版本也有幾點值得注意。

首先,有的刻工活動時間可能較長,如明代歙縣的黄鋌十二歲便跟着他的父親黄士瑄參加《徽州府志》的雕刻工作了,而清代金陵刻工穆大展活到八十多歲,所以我們據刻工鑒定版本時不能將他們的工作時間估計得太短,或衹據某一因素來斷定版

①《談談版刻中的刻工問題》,載《文物》一九五九年第三期。

刻年代。魏隱儒舉例説：

> 南宋紹興年間（一一三一至一一六二）杭州刻本《廣韻》，版心有刻工陳錫、包正、徐杲、徐茂、徐升、陳明仲、陳詢、孫勉、徐政等人；而《樂府詩集》一書，也刻有徐杲、徐升、陳詢等四十餘人。此本雖然没有序跋、牌記、年月，從刻工姓名即可證明，也是南宋杭州地區所刻。

> 宋刻本《經典釋文》，前人因其卷七後有乾德三年（九六五）、開寶二年（九六九）校勘官銜名，定爲北宋監本，但在本書版心下也刻有孫勉、徐茂、徐升、陳明仲、徐政、徐杲、包正等刊工姓名。根據刊工姓名，可以判定此書當爲南宋紹興年間杭州地區所刻，並非北宋監本。[①]

這段分析很有道理。但《廣韻》一書避諱至"眘"字止，當爲孝宗時所刊，而非南宋紹興年間刻本。

其次，某些刻工爲了謀生經常到外地刻書，我們據刻工確定某書爲某地區刻本時也應取慎重態度。冀淑英曾説：

> 嘉靖四年（一五二五）秦鉞刻《慈湖先生遺書》，萬曆十九年（一五九一）劉一焜刻《咸賓録》，都是蘇州寫刻工與江西寫刻工合作。《慈湖先生遺書》卷後題"江西高安藍糾寫，蘇州章景華刻"，《咸賓録》題"吳郡錢世傑書，熊升三刻"，或"鄒邦傑刻"。鄒邦傑又見於萬曆三十一年（一六〇三）張鼎思刻本《本草綱目》，此書刻於江西，鄒邦傑當是江西刻工。由此可見，蘇州刻工足迹所至，不限一地。還有嘉靖《浙江通志》，寫工與刻工並列，寫工都題"布政司吏"，刻工則是無錫的；萬曆《通州志》刻工也是蘇州的（江蘇之通州，非北方

①《古籍版本鑒定叢談》第七章《雕印本的鑒定》五《刻工姓名》。

通州），這些地方志則可能是成書後或寫好帶到蘇州去刻的，也可能是刻工應邀到外地去刻的。①

所以我們不能機械地認爲某地刻工刻的書就一定是某個地區的版本。

第三，明清覆刻宋元本，有並刻工也照樣翻刻的，因此鑒定版本不能只憑檢驗刻工一種方法。

最早注意研究刻工的是日本學者長澤規矩也，他於一九三四年發表了《宋元刊本刻工名表初稿》。② 鄧衍林當年即將其譯成中文。③ 該表根據宋刻本一百三十種、元刻本七十三種編成，共收宋代刻工約一千五百人、元代刻工約七百五十人，爲鑒定版本提供了方便。風氣所及，後來編寫善本書志、圖錄的，對於刻工也多加以詳細記載。

冀淑英進一步對刻工進行了斷代及分地區研究。作者將安徽徽州地區和江蘇蘇州、無錫一帶兩個明代刻書較多的文化區域的刻本，各取五十種，將其刻工分別列表。其中有些書是知道確實刻版年代的，這樣排列起來，刻工的時代先後，也就看得比較清楚了。這張刻工表曾作爲《談談版刻中的刻工問題》一文的附錄發表④，近年冀淑英又編出了《明代中期蘇州地區刻工表》作爲《談談明刻本及刻工》一文的附錄。⑤ 作者就明代中期蘇州地區一百零九種刻本，對其中六百多位刻工進行了系統的整理，頗有功於版本的研究。

王重民撰《中國善本書提要》所附《刻工人名索引》共收六百

①《談談明刻本及刻工》，載《文獻》第七輯。
②載《書誌學》第二卷第二、四期。
③載《圖書館學季刊》第八卷第二期。
④載《文物》一九五七年第三期。
⑤載《文獻》第七輯。

餘位刻工。該索引使用方便，而且同善本提要聯繫在一起，能使讀者因而瞭解到更多的版刻情況，可以説是較有特色的。

　　此外尚有何槐昌編《宋元明刻工表》①，所收宋元刊本基本上是日本長澤規矩也《宋元刊本刻工名表初稿》未收的。此表收宋刻本一百七十多種、元刻本五十多種、明刻本一百餘種，共收刻工六千餘人，此表是目前所收刻工最多的刻工表。魏隱儒、王金雨編著的《古籍版本鑒定叢談》也附有《宋至清各代部分刻本所見刻工及寫書人姓名簡表》，收錄了一百四十種圖書的刻工。此後，王肇文編《古籍宋元刻工姓名索引》，有上海古籍出版社一九九〇年版，錄宋元善本書三六九種，刻工四五〇〇人。張振鐸編《古籍刻工名錄》，有上海古籍出版社一九九六年版，錄五代至民國三十一年（一九四二）古籍書一二三一種，刻工六五〇四人（含單名）。李國慶編《明代刻工姓名索引》，有上海古籍出版社一九九八年版，錄明代刻本、影刻本、影印本一一三二種，刻工五七〇〇餘人（含書工、印工、繪工、裝訂工）。

　　鑒定版本時，這些刻工表皆足供檢索。

第三節　諱字

　　在古代文獻載體中，爲避免直接提到君、父或其他尊者之名而將文字用某些方法加以改變或回避，以表示尊敬，稱爲避諱。一般認爲避諱之例始於周，行於秦漢，盛於隋唐，嚴於宋，直至民國改元，才廢此舊習。

---

①載《圖書館學研究》一九八三年第三期。

　　《左傳》云："周人以諱事神。名，終將諱之。"杜預注曰："君父之名固非臣子所斥。"孔穎達正義曰："君父之名固非臣子所斥，謂君父生存之時，臣子不得指斥其名也。"①

　　除君父外，也有避后妃諱的。如漢高祖呂后名雉，故《漢書·杜鄴傳》改雉爲野雞；晉簡文帝鄭太妃名春，故凡春字地名，悉以陽字易之，如富春曰富陽，宜春曰宜陽。②

　　六朝士族，極重家諱③，唐人承之。如白居易祖父名鍠，與宏字同音，白居易不應宏辭科，改應書判拔萃科。李賀父名晉肅，不能應進士試，韓愈專門寫了一篇《諱辯》爲他辯護，也不解決問題。因爲不但不能犯國諱，也不能犯家諱，已由法律明文規定了，《唐律·職制篇》：

　　　　"諸府號官稱，犯祖父名，而冒榮居之者，徒一年。"疏義云："府有正號，官有名稱。府號者，假若父名衛，不得於諸衛任官。或祖名安，不得任長安縣職之類。官稱者，或父名軍，不得作將軍，或祖名卿，不得居卿任之類，皆須自言，不得輒受。"④

　　兩宋避諱尤嚴，亦著於功令。《淳熙重修文書式》云：

　　　　諸犯聖祖名、廟諱、舊諱（舊諱內貳字者連用爲犯，若文雖連，而意不相屬者非）、御名，改避。餘字（謂式所有者）有他音（謂如角徵之類）及經傳子史有兩音者，許通用（謂如金作贖刑，其贖字一作石欲切之類），正字皆避之。若書籍及

----

①《春秋左傳正義》卷六桓公六年。
②參看陳垣《史諱舉例》卷八《晉諱例》。
③《顏氏家訓·風操篇》云："吾親識中有諱襄、諱友、諱同、諱清、諱和、諱禹，交疏造次，一座百犯，無儌賴焉。"
④長孫無忌等《唐律疏義》卷下《職制》。

傳録舊事者，爲字不成，御名易以他字。

諸犯濮安懿王諱者，改避。若書籍及傳録舊事者，皆爲字不成，其在真宗皇帝謚號内者，不避，應奏者以黄紙覆之。諸文書不得指斥援引黄帝名，經史舊文則不避(如用從車從干，冠以帝字，或繼以后字，合行回避。自餘如軒冕、軒輊、轘轅、車轅之類，即不合回避)。[1]

宋洪邁亦云："本朝尚文之習大盛，故禮官討論，每欲其多，廟諱遂有五十字者。舉場試卷，小涉疑似，士人輒不敢用，一或犯之，往往暗行黜落。"[2]

遼、金起自朔漠，其始本無文字，無所謂避諱。後來受到漢族文化影響，遼偶亦避諱，參見第四章第一節對遼刻本的介紹。關於金，陳垣云：

金自滅遼而後，與宋人接觸頻繁，適當宋人避諱極盛之時，故金亦受其薰染，其避諱遂比遼爲盛。《大金集禮》廿三載："大定九年(一一六九)正月省奏，檢討到《唐會要》云：古不諱嫌名，後世廣避，故諱同音。今御名同音，已經頒降餘救切二十八字，合迴避。"所謂餘救切者，世宗初名裦也。然此猶爲御名同音及漢名。據《金史・章宗紀》：泰和元年(一二〇一)三月，乃並避始祖以下廟諱小字。七月，又禁廟諱同音字。……不意宋人避諱之毒，乃中於金人。[3]

元代也曾規定避一百六十多個諱字，但是"延祐元年(一三一四)十一月，行省准中書省咨……送禮部約會翰林院官議得擬作稱賀表章，元禁字樣太繁，今擬除全用御名廟諱不考外，顯然

---

①載《附釋文互注禮部韻略》卷首。濮安懿王諱讓，真宗謚號有讓德二字。

②《容齋三筆》卷一一《帝王諱名》。

③《史諱舉例》卷八《遼金諱例》。

凶惡字樣，理應回避。至於休祥極化等字，不須回避。都省請依上施行。""延祐三年（一三一六）八月……中書省劄付禮部呈翰林國史院議得：表章格式除御中廟諱，必合回避，其餘字樣，似難定擬。都省仰欽施行。"①可見元代避諱不嚴，元刻本除沿用宋本諱字，基本上不避諱。

　　明初幾代皇帝的名字，避諱的例子極少，萬曆以後，避諱稍嚴，顧炎武云：

　　　　崇禎三年（一六三〇），禮部奉旨頒行天下，避太祖、成祖廟諱，及孝、武、世、穆、神、光、熹七宗廟諱，正依唐人之式。惟今上御名亦須迴避，蓋唐宋亦皆如此。然止避下一字，而上一字天子與親王所同則不諱。②

錢大昕注曰："明季刻本書，太常寺作太嘗，常熟作嘗熟。汲古閣《十三經》，於'由'字皆作'㽕'。"③因爲光宗名常洛，所以常字改作嘗，洛字改作雒；熹宗名由校，所以由字缺筆，校字或改作較。如胡正言刻《精選古今詩餘醉》即題"海陽胡正言較"。

　　清代避諱極嚴與清統治者特別強調這一點有關。高宗於乾隆四十二年（一七七七）十月初七日云：

　　　　四庫全書館進呈李廌《濟南集》，其《詠鳳凰臺》一首有"漢徹方秦政，何乃誤至斯"之語，於理不順，因檢查《北史·文苑傳》叙，亦有"頡頏漢徹、跨躡曹丕"之句，《韻府》因而録入，均屬未協。……朕於異代之臣，尚不欲直呼其名，乃千古以下之臣轉將千古以上之君稱名不諱，有是理乎？朕命諸臣辦理《四庫全書》親加披覽，見有不協於理者，如關帝舊

---

①《大元聖政國朝典章》卷二八《禮制一》。
②《日知録》卷二三《已祧不諱》。
③《日知録》卷二三《已祧不諱》條注。

謚之類，即降旨隨時釐正。惟準以大中至正之道，爲萬世嚴褒貶，即以此衡是非。此等背理稱名之謬，豈可不爲改正，以昭示方來。著交武英殿，將《北史·文苑傳》叙改爲"漢武"，《韻府》內刪去此條，酌爲改刊。所有陳設之書，悉行改補，其李虧集亦一體更正。並諭四庫全書館臣等，於校刊書籍內遇有似此者，俱加簽擬改，聲明進呈，毋稍忽略。[1]

清代避諱的規定相當繁瑣苛刻。如康熙名玄燁，據張之洞《輶軒語·敬避字》可知，玄字要用元字恭代，但元德、元黄、元鳥等詞皆不可用；弦、絃、炫、眩、衒、率等字中的玄字須敬缺末點，但慉、蓄、鄐、畜等字中的玄字不須敬缺末點。今兹之兹從艸，上半不得寫作丷。《輶軒語·磨勘條例摘要》第二條云："不諳禁例直書廟諱御名及先師孔子諱者均罰停四科。凡停科者，舉人停會試，貢士停殿試。"甚至興起文字之獄，如陳垣云：

　　清之避諱，自康熙帝之漢名玄燁始，康熙以前不避也。雍乾之世，避諱至嚴，當時文字獄中，至以詩文筆記之對於廟諱御名，有無敬避，爲順逆憑證。乾隆四十二年，江西舉人王錫候《字貫》案，即因凡例中列康、雍兩朝廟諱及乾隆御名，未將其字分析，如所云"上一字從弓從厶，下一字從厤從日"者，固已照例缺筆矣；又因廟諱御名，列在孔子諱後，以此大遭乾隆之忌，遂興大獄焉。當時上諭有曰："閱其進到之書，第一本叙文後凡例，竟將聖祖、世宗廟諱及朕御名字樣開列，深堪髮指。此實大逆不法，爲從來未有之事，罪不容誅，即應照大逆律問擬，以申國法而快人心。"以諱殺戮多人，真從來未有之事。……道咸而後，諱例漸寬。[2]

---

①《四庫全書總目》卷首。
②《史諱舉例》卷八《清諱例》。

避諱的方法大致有以下幾種：

一曰改字。陳垣云：

> 改字之例顯於秦，《史記・秦始皇本紀》："二十三年，秦王復召王翦使將擊荆。"《正義》曰："秦號楚爲荆者，以莊襄王名子楚，諱之，故言荆也。"又《秦楚之際月表》端月注，索隱曰："秦諱正，謂之端。"琅邪臺刻石曰"端平法度""端直敦忠"，皆以端代正也。①

二曰缺筆。陳垣云："乾封元年贈泰師孔宣公碑，兩引'生民以來'，俱作生人。'愚智齊泯'，泯作泯。此爲唐碑避諱缺筆始見，以後缺筆之字漸多。"例如《四部叢刊》景印涵芬樓藏北宋刊司馬光撰《資治通鑑目錄》三十卷，宋帝諱如殷、敬、鏡、玄、弘、貞、徵、讓、頊、桓、完等字皆缺筆。②

三曰空字，或用代稱詞。陳垣云：

> 有因避諱，空其字而不書，或作空圍，或曰"某"，或徑書"諱"字，其例亦古。《書・金縢》曰："惟爾元孫某。"孔傳："元孫，武王。某，名。臣諱君，故曰某。"《史記・孝文本紀》："子某最長，請建以爲太子。"某謂景帝啟也。《史記》《漢書》於漢諸帝紀皆不書名。許氏《説文》於禾部光武諱、艸部明帝諱、火部章帝諱、戈部和帝諱、示部安帝諱，皆注曰"上諱"，空其字不注。

四曰删字。唐高祖李淵祖父名虎，唐初修《隋書》把韓擒虎改稱韓擒，去虎字。此外還要避嫌名，即避與避諱字讀音相同或

---

① 《史諱舉例》卷一《避諱所用之方法》。下引陳説均出此。秦人諱正者，因始皇名政。
② 參見圖版十三。其第七行末桓字缺筆。宋真宗名恒。

相近的字。《禮記·曲禮》云："禮不諱嫌名。"鄭玄注曰："嫌名，謂音聲相近，若禹與雨、丘與區也。"[1]陳垣説："嫌名之諱，起於漢以後。《三國·吳志》二：'赤烏五年，立子和爲太子，改禾興爲嘉興。'此諱嫌名之始也。"[2]宋代有的嫌名多達五十四字。今録當時功令如下：

淳熙重修文書式

玄，胡涓切。懸、縣、泫、旬、胘、眩、獧等二十字。

朗，盧黨切。悢、烺、閬、浪等二十字。

匡，去王切。筐、眶、恇、劻、迋等十八字。

胤，羊晉切。酳、靷、引等十七字。

炅，古迥切。熲、炯、耿、扃、憬等十六字。

恒，胡登切。峘、姮等四字。

禎，陟盈切。楨、貞、偵、徵、旌、癥等十三字。

曙，常恕切。署、抒、藷、薯、樹（殊遇切）、豎、澍、贖、屬等二十六字。

頊，呼玉切。旭、勗等七字。

煦，吁句切。昫、酗、休、呴、咻等十三字。

佶，極乞切。姞、郅、鮚、吉（其吉切）、咭等十一字。

桓，胡官切。瓛、完、丸、院、洹、汍、紈、綄、芄、莞、萑、鸛、莧、狟、皖、垣等四十九字。

構，古候切。遘、媾、覯、購、篝、韝、姤、詬、逅、鴝、句、雊、鉤、岣、穀、觳、够等五十五字。

眘，時認切。慎、屒等七字。

惇，都昆切。敦、墩、邨、鶉、錞等二十四字。内鶉、錞二

---

①《禮記正義》卷一《曲禮上》。
②《史諱舉例》卷五《避諱學應注意之事項》。

字，並系殊倫切，與淳字同音，不合回避。若作都昆切，即係
與今廟諱同音，合各從經傳子史音義避用。

　　擴，闊鑊切。廓、郭、鄰、鞟等十七字。

　　昀，俞倫切。勻、昀、馴、巡（《尚書》巡狩徐邈讀）等
七字。①

　　避諱是爲了加强封建統治者權威而形成的一種陋習。但是
各朝代避諱寬嚴程度不同，諱字也不一樣，人們正可利用這一點
來鑒定版本。今略舉數例。如清錢大昕《答盧學士書》云：

　　　　讀閣下所校《太玄經》云：向借得一舊本，似北宋刻，末
　　署右迪功郎，充兩浙東路提舉茶鹽司幹辦公事張寔校勘。
　　大昕案：宋時寄禄官分左右，唯東都元祐、南渡紹興至乾道
　　爲然。蓋以進士出身者爲左，任子爲右也。而建炎初避思
　　陵嫌名，始改勾當公事爲幹辦公事。此結銜有幹辦字，則是
　　南宋刻，非北宋刻矣。宋史遇勾當字，多易爲幹當，此南渡
　　史臣追改，非當時本文也。②

　　再如涵芬樓影印《百衲本二十四史》中《後漢書》，“桓”字作
“淵聖御名”；而“構”字則作“今上御名”，知爲高宗時刊本。

　　通過避諱字還可以發現書的補版情況。清錢大昕又論宋本
《東家雜記》云：“卷中管勾之勾皆作勹，避思陵嫌名。間有不缺
筆者，元初修改之葉。辨宋板者當以此決之。”③

　　利用諱字鑒定版本同樣有一些需要注意的地方。一是書估
往往剔除某些字的末筆，使人覺得原是避諱闕筆。其無闕筆者，
則甚至另刻書頁或僞刊年號以作僞。如清郭麐云：

---

① 載《附釋文互注禮部韻略》卷首。
②《潛研堂文集》卷三四。
③《十駕齋養新録》卷一三。

　　近時貴宋板書，於是作僞滋多，有以明人及近時初印本
仿宋刻之精好者，以物染紙作舊色，其無缺筆者或另刻一二
頁，或僞刊年號以實之，而鑒別收藏家爭考偏傍字畫齗齗
如也。①

　　二是各個時代避諱的寬嚴程度和方式不盡相同，同是宋代，
家刻本、坊刻本就没有官刻本那麽嚴，有的字避，有的字不避。
如繆荃孫指出："宋刻避諱，監本、官本最爲慎重，家刻、坊刻多不
拘，近人專求避諱以辨宋刻，往往貽誤。"②王國維在《詩人玉屑》
二十一卷的題跋中就談到過這種情況："宋本於宋諱，唯貞字皆
缺末筆，餘如曙、桓、構、眘、惇等均未嘗避。然如十九卷第五頁
姬缺筆，乃避度宗嫌名，則剞劂當在咸淳、德祐間，或竟在宋亡以
後。於故主之外，但避貞字，仁宗德澤入人之深如此！"③偶然還
有全不避諱的，如《寶禮堂宋本書録》所著録《四明續志》，即其
一例。

　　三是翻刻古書照樣翻刻諱字，或者後朝人刊刻前朝人的著
作，也故意避前朝之諱。如明張志淳云："元滅宋後，元刻諸史，
如殷、敬、恒、桓、構之類皆諱，又如恒字省下一畫，至今不改。"④
再如明嘉靖丙午（一五四六）武進蔣孝刻的《陶靖節集》，殷、敬缺
末筆，而且每卷末記字數，也和宋刻相同，若單憑諱字鑒定版本，
將會誤明刻爲宋刻了。魯迅在《關於三藏取經記等》一文中，認
爲某朝諱字缺筆即爲某朝刻本的觀點是形式主義的版本研究方
法。他指出直到民國十五年（一九二六），而遺老們所刻的書，儀

---

①《靈芬館詩話續》卷六。
②《藝風堂文漫存·癸甲稿》卷三《五代史平話跋》。
③《觀堂題跋選録》（子集部分），載《文獻》第十輯。
④《南園漫録》卷一《避諱》。

字還"敬缺末筆";非遺老們所刻的書,寧字、玄字也常常缺筆,或者以寗代寧,以元代玄。這些都是在民國而諱清諱不足爲清刻本的證據。他還從内容的考證上訂正了著名版本學家單從形式上下功夫而造成的判斷錯誤:"京師圖書館所藏的《易林注》殘本(《四部叢刊》已影印),恒字、構字都缺筆的,紙質、墨色、字體都似宋,而且是蝶裝,繆荃孫氏便定爲宋本。但細看内容,却引用着陰時夫的《韻府群玉》,而陰時夫則是道道地地的元人。"①

　　所以,在鑒定版本時,除注意避諱字外,還應兼用其他方法,綜合考辨。但檢查避諱字畢竟是鑒定版本的有效方法之一。今製宋至清歷代帝王諱字簡表,以備檢查:②

帝號	名諱	諱字及諱例
宋		
太祖	匡胤	匡、眶、恇、筐、劻、胤、酳、靷、引 匡城縣改鶴丘,胤山縣改平蜀
始祖	玄朗	玄、弦、眩、絃、畜、縣、懸、朗、悢、浪、狼、壞、閬 玄改爲元,朗山縣改確山縣
遠祖	軒轅	軒、轅
高祖	朓	朓、姚、洮、桃
曾祖	珽	珽 《唐書》姚珽,缺筆誤作姚班

① 載《華蓋集續編》:《續編的續編》。
② 參見清杭世駿《訂訛類編》卷三《歷朝避諱字宜改正》;張之洞《輶軒語·敬避字》;陳垣《史諱舉例》卷八《歷朝諱例》;張惟驤《歷代諱字譜》;屈萬里、昌彼得《圖書板本學要略》卷四《年表(附避諱字)》等。

帝號	名諱	諱字及諱例
祖	敬	敬、竟、境、鏡、警、擎、驚、儆 鏡改爲鑒，敬州改爲梅州
父	弘殷	弘、泓、紭、殷、澱 弘農縣改恒農縣，殷改爲商、爲湯
太宗	炅 初名匡乂 改名光義	炅、頴、炯、耿、憬、扃、光、義 義興縣改宜興縣，楊美本名光美
真宗	恒	恒、峘、姮、佷 恒改爲常，恒山改爲鎮山
仁宗	禎	禎、貞、偵、湞、徵、癥、懲、正（音征）、蒸 禎改爲真，謚文貞者稱文正
英宗	曙	曙、署、暑、竪、薯、屬、贖、杼、樹、裋、侸、澍 曙改爲曉、爲旭，簽署改簽書
父	允讓	讓 讓改爲遜，或爲避
神宗	頊	頊、旭、勖 頊改爲玉，勖改爲勉
哲宗	煦	煦、昫、朐、酗、休、咻
徽宗	佶	佶、吉、黠、咭、郅、姞
欽宗	桓	桓、垣、恒、完、莞、梡、紈、丸、蠟、瑗、源、 鸛、萑、狟、皖 桓改爲亘、爲威，齊桓公改威公
高宗	構	構、篝、覯、雊、遘、冓、購、韝、鴝、峋、觳、 溝、够、勾、鈎、姤、詬、逅 勾當改幹當，管勾改管幹

續表

帝號	名諱	諱字及諱例
孝宗	眘	眘、慎、蜃 慎改爲謹，慎縣改梁縣
光宗	惇	惇、敦、孰、錞、鶉、墩、村 惇改爲崇，或爲孝
寧宗	擴	擴、郭、廓、槨、鞹、霍、鄟
理宗	昀	昀、勻、馴、畇、巡
度宗	禥	
恭宗	㬎	
遼		
太祖	耶律億	億 丁億更名意
太宗	耶律德光	光 改光禄大夫爲崇禄大夫
世宗	耶律阮	
穆宗	耶律璟 後更名明	明 以昭代明
景宗	耶律賢	賢 改賢順爲恭順
聖宗	耶律隆緒	
興宗	耶律宗真	真、鎮、慎 改女真爲女直

帝號	名諱	諱字及諱例
道宗	耶律洪基	基 以本代基
天祚帝	耶律延禧	禧、熙 改年號"重熙"爲"重和"
金		
太祖	完顔旻	旻、閔、憫、岷 宋紹興十二年改岷州爲西和州
太宗	完顔晟	
熙宗	完顔亶	
父徽宗 宗峻	完顔宗峻	峻、浚 皇統八年改浚州爲通州
海陵王	完顔亮	
太子 光英	完顔光英	英、鷹 改鷹坊爲馴鷙坊
世宗	完顔雍	雍 改雍丘縣爲杞縣，雍國爲唐國
父睿宗 宗堯	完顔宗堯	宗 改宗氏爲姬氏
章宗	完顔璟	璟、景、燝 張燝改名煒，改景州爲觀州
父顯宗 允恭	完顔允恭	允、恭 衛紹王允濟更名永濟，恭改爲敬

續表

帝號	名諱	諱字及諱例
衛紹王	完顏永濟	永、濟 改永興縣爲德興縣，永濟縣爲豐閏縣
宣宗	完顏珣	珣、詢、郇 改郇國爲管國
太子 守忠	完顏守忠	忠 張行忠改名行信
哀宗	完顏守緒	守 賈守謙改名益謙
明		
太祖	元璋字國瑞	瑞 胡廷瑞易名胡美
惠帝	允炆	
成祖	棣	棣 改滄州之無棣曰慶雲，樂安州之無棣曰 海豐
仁宗	高熾	
宣宗	瞻基	
英宗	祁鎮	鎮 正統丁卯，山西鄉試經題"維周之楨"，犯 諱，考官罰俸
代宗	祁鈺	
憲宗	見深初名見濬	
孝宗	祐樘	

帝號	名諱	諱字及諱例
武宗	厚照	
世宗	厚熜	熜、璁 張璁正德十六年登第,嘉靖十年始避嫌改名孚敬
穆宗	載垕	
神宗	翊鈞	鈞 鈞州改名禹州
光宗	常洛	常、洛 常作嘗,洛作雒
熹宗	由校	由、校 由字缺筆,校作較
思宗	由檢	由、油、檢 以"繇"代"由",檢作簡
清		
世祖	福臨	
聖祖	玄燁	玄、炫、弦、眩、鉉、率、牽、兹、燁、曄,畜字不避 "玄"以"元"代,或缺末點;燁缺末筆
世宗	胤禛	胤、禛、真、貞 "胤"或缺末筆,或以"允"、"嗣"、"裔"代; "禛"或缺末筆,或以"正"代

帝號	名諱	諱字及諱例
高宗	弘曆	弘、曆、泓、強 改明弘治年號爲宏治，改時憲曆爲時憲書
仁宗	顒琰	顒、琰 "顒"作"永"，或缺末筆，改"宋俞琰"爲"俞琬"
宣宗	旻寧	寧 寧缺末筆，或以"甯"代
文宗	奕詝	詝、佇
穆宗	載淳	淳 淳作湻，或缺末筆；或醇作醕
德宗	載湉	湉 湉缺末筆或以"恬"代
宣統	溥儀	儀 儀缺末筆，或改作彝、怡

關於歷代諱字，詳見王彦坤編著之《歷代避諱字彙典》，有中華書局二〇〇九年版。

第四節　版式

版式指書版的樣式，可大致分爲邊欄、行款、書口三部分。

首先，不同時代雕刻的書，其版式有着不同的特點。其次，同一種書，各種版本的版式也有許多是各不相同的。因此，研究版式也是我們鑒定版本的方法之一。

一　邊欄

關於邊欄，日本島田翰云："宋之初，去古未遠，其刊四部之書，以其多出於卷子本，界欄尚是則烏絲欄界之舊，大抵用單邊畫。其非觀美也，則有左右雙邊。宋之南渡，流風既遠，古法幾乎息矣，於是始有四周雙邊。其南宋刻本如岳本《五經》、巾箱本《周禮》、景德本《儀禮疏》及巾箱本《周易》、七十卷本《禮記注疏》，則界用四周雙邊。而祕府《尚書正義》則汴時刻本，則畫以左右雙邊，而修版則多四周雙邊。是四周雙邊固非古法，而左右雙邊，亦未可謂得舊樣也。《考槃餘事》云：宋本無四周雙邊之書。不知宋中葉已有之，故舉以正之。"[1]據其所考四周單邊、左右雙邊、四周雙邊這三種形式在宋代皆已出現。就現存宋、元本書來看，宋本多左右雙邊，元本多四周雙邊。正因爲從宋代開始，邊欄的三種形式都有，所以不能以此作爲鑒定版本的可靠依據。

但有一點却是可以作爲可靠依據的，那就是版框的高廣。翻刻本與原刻本行款往往相同，但它們版框高廣的長度一般都有差別，據此即可判斷出它們是不同的版本。首先記錄書籍版框高廣尺寸的是繆荃孫編纂的《學部圖書館善本書目》。此後，不少版本學家踵而效之。如涵芬樓影印《四部叢刊》，也以營造尺爲度量單位，在每書的扉葉後面特記原書版框高廣各若干寸

---

[1]《古文舊書考》卷二《呂氏家塾讀詩記三十二卷》。

若干分。營造尺是清代工部營造所用的尺，合零點三二米，爲當時的標準長度單位。

　　王重民《中國善本書提要》采用公制長度計量單位記録版框的高廣，就更加精確、方便。例如《中國善本書提要》經部詩類著録的三種《詩緝》均爲三十六卷，行款皆九行十八字，印記、牌記、序相同處亦多。但其高廣一爲十九點五乘十三點六，一爲十九點一乘十三點六，一爲十九點二乘十三點六。再校核其他不同之處，即可證明它們並非同一版本。

二　行款

　　行款是指每葉雕版書的版面有多少行，每行有多少字，通常以半葉計算。

　　書有行款，源遠流長。殷滌非、羅長銘介紹一九五七年在安徽壽縣出土一件鄂君啟金節道：“鄂君啟金節是用青銅製成，它的形體極像今日文具中的竹製臂擱，中間有一個竹節，分器面爲兩段，上長下短。器面上鏤刻八條陰文直綫，以爲錯金字的直格。”①王欣夫説：“考金文中有格綫的，如克鼎有陽識方格，宗婦鼎有陰識方格，與此金節的八條陰文直格，都爲了鏤錯文字的方便，而這八條陰文直格，已創造了後來版本行格的先例，談版本學的不可不知。”②一九七三年十二月，長沙馬王堆三號漢墓出土的帛書大部分畫有朱色行格。這是現存最早的朱絲欄。敦煌發現的唐卷子本絶大多數有類似今天鉛筆所畫的行格。雕印本繼承了寫本的傳統，大多數皆有行格。

①《壽縣出土的鄂君啟金節》，載《文物參考資料》一九五八年第四期。
②《古文獻學要略》第三章《版本》三《版本前的文獻材料》。

　　從表面上看，各朝代刻書的行款是無規律可尋的，據江標
《宋元本行格表》，宋本每半葉四行至十六行皆有，甚至有十九
行、二十行的。然正如屈萬里、昌彼得所説：

　　　　官府及各家所刻書，其行款亦往往各有其定式。如北
　　宋單疏本（南宋覆本同）群經義疏，每半葉皆十五行。小字
　　本正史，每半葉皆十四行。中字本者皆十行。蜀刻七史（今
　　傳本是否蜀刻，尚待論定）半葉九行。宋浙東茶鹽司所刻諸
　　經注疏皆八行，建刻注疏則十行。書棚本唐人詩集及宋人
　　江湖小集，皆十行十八字。元九路所刻諸史，皆十行二十
　　二字。①

　　此外，每書的各種版本，其行款可能是各不相同的。例如百
衲本《史記》，傅增湘云：

　　　　其版刻凡六種：其一曰蜀大字本三十九卷，半葉九行，
　　行十六字，注雙行，二十二字，白口雙闌，版心上記字數，下
　　記刊工姓名；其二曰宋黃善夫本，四卷，半葉十行，行十八
　　字，注雙行，二十三字，細黑口，雙闌，版心上方記字數，避諱
　　至桓字止，右闌外記篇名，每卷後記史若干字，注若干字；其
　　三曰中統本，四卷，半葉十四行，行二十五字，注雙行同，白
　　口，四周雙闌，宋諱不避，版心下方間記人名一字，左闌外記
　　篇名；其四曰元彭寅翁本七卷，半葉十行，行二十一字，注雙
　　行同，黑口雙闌，版心上記大小字數，左闌外記篇名；其五曰
　　大德九路本，二十六卷，半葉十行，行二十一字，注雙行同，
　　黑口，四周雙闌，版心記字數及刊工姓名，上魚尾上記饒學、
　　番學、番江路學、樂平、錦江等字；其六曰南監本，半葉十行，

_____

①《圖書板本學要略》卷三《鑒別篇》。

行十九字，注雙行二十七字，白口，四周雙闌，版心上記大小字數，下記刊工姓名。[①]

有時同一種書的不同版本，其行數相同，字數也可能會出現差異。例如《中國善本書提要》經部詩類所載《韓詩外傳》十卷，明嘉靖間刻本爲九行十八字，明野竹齋刻本爲九行十七字，《漢魏叢書》本爲九行二十字。

正因爲某時某地所刻書在行款上大體有規律可尋，而一書多刻，行款也常有差異，所以人們往往通過對行款的研究來鑒定版本。如葉啟勳《論上海涵芬樓影印四部叢刊》云：“《歐陽居士集》，目載爲元刊本。此非元刻，其行款、字體、墨欄均同余家藏天順六年（一四六二）錢溥序刊本。蓋經書估割去錢序僞充，沿《天禄琳琅》之誤，定爲元本。亟宜補入錢序，以還其真。”[②]又王重民《跋萬玉堂本太玄經》云：

　　此本已印入《四部叢刊》。《四部叢刊書録》引何義門云：“嘉靖中郝氏所刊。”按嘉靖甲申郝梁翻宋本十行十八字，與此本行款不同（此本八行十七字），蓋何氏誤以兩本爲一本也（陸氏《儀顧堂續跋》卷九誤同）。此本《釋文》末葉下書口刻“海虞周潮書”，則當爲常熟所刻。[③]

此外，宋刻每行字數往往多寡不一，是做古卷子本體式。宋元刻本的字豎看整齊，橫看常不整齊，而明清刻本因爲雕印水平的提高，其所刻字豎看橫看基本上都是整齊的。

正因爲研究行款對鑒定版本十分有用，清末江標因而創作了記録宋本和元本行格的專著《宋元本行格表》。葉德輝云：“宋

---

① 《藏園群書題記》續集卷一《題百衲本史記》。
② 載《圖書館學季刊》第一卷第四期。
③ 《中國善本書提要》附録《中國善本書題跋》。

板書,行少者每半葉四行,行八字(如寶祐五年陳蘭森所刻《干禄字書》)。行多者每半葉二十行,行二十七八字至三十字不等(宋刻《九經》白文)。吾友江建霞標,著有《宋元行格表》二卷,余爲校補,刻於長沙,言版片者奉爲枕中鴻寶也已。"①

由於行款可爲鑒定版本提供依據,故藏書家著録宋元刻本必詳記行款,已成爲定例。

三 書口

書版中央不刻正文的部位稱版心或書口,因爲宋元時代通行蝴蝶裝,此部位朝裏,故名版心,宋元以後書籍改爲包背裝、綫裝,此部位朝外,故改稱書口。關於書口的名詞術語,已見本編第三章第五節。

人們早就注意到了書口的時代特徵,如明初葉盛云:"宋時所刻書,其匡廓中摺行上下不留墨牌,首則刻工私記本版字數,次書名,次卷第數目,其末則刻工姓名以及字總數,余所見當時印本如此。"②葉德輝復日本松崎鶴雄書所論尤詳:

> 大抵雙綫白口多宋版。單綫黑口,南宋末麻沙本多有之,至元相沿成例。明初承元之舊,故成弘間刻書尚黑口,嘉靖間多從宋本繙雕,故尚白口。今日嘉靖本珍重不亞宋元,蓋以此也。大抵此類版心,書名祇摘一字,下刻數目。其白口、小黑口空處,上記本葉字數,下記匠人姓名,不全刻

_____

①《書林清話》卷六《宋刻書行字之疏密》。吳則虞云:"江標著《宋元本行格表》實際上是從廣州登雲閣書店老板駱浩泉處買來的帳本,從中找材料編寫出來的。"見所撰《古典哲學書籍的收購和發行工作》,載河北省文化局一九六二年編印的《古舊圖書業務知識》。其說真僞尚待考證。
②《水東日記》卷一四。

書名也。全刻書名在萬曆以後，至我國初猶然。魚尾有雙
有單，雙者上下同；單者上刻一魚尾，下則衹刻一橫綫紋。
亦有版心全係黑口者，則魚尾以外，皆粗黑綫，如元張伯顔
本《文選》，及明刻宋章如愚《山堂考索》之類。此則匠人以
意爲之，不爲定式也。耳子以識書之篇名，始宋岳珂之刻九
經三傳，今武英殿之仿刻五經本，其式猶存，他書則罕見。[①]

葉氏所論，尚有可商之處，如書耳的出現，就還要早些，但總的來
説很有參考價值。

　　此外，翻刻本同原刻本相比，版心常有變化。毛春翔説：“明
馮紹祖校刻《楚辭章句》，原刻版心下方有‘杭州郁文瑞書’六字，
翻版没有此六字。萬曆本《龍谿王先生語録》卷一第一頁，版心
下方題：‘秣陵楊應時書，梅仕見刻’，翻版照樣刻下。經核對，則
翻板板匡高半字，而刀法笨拙異常。”[②]

　　正因爲書口具有時代特徵，翻刻本在書口上往往有變化，人
們便可以利用書口來從事版本鑒定工作。如葉啟勳《論上海涵
芬樓影印四部叢刊》云：“《古文苑》，目載明成化刊本。此實嘉靖
重刊白口本。余家藏成化壬寅張世用刊本爲大黑口，字體墨欄
極其古樸，首有張琳序。”[③]又杜信孚自序其《明代版刻綜録》云：

　　　　《梅巖胡先生文集》十卷，宋胡次焱撰，明嘉靖十八年
　　（一五三九年）胡璉刊；又有嘉靖二十三年胡陞刊本。前人
　　往往定爲一個版本，其實不然。胡璉本之排列：一賦，二樂
　　章、詩，三序，四記，五論議，六説、銘，七跋，八啟、札，九附
　　録、詩、跋、啟、告文，十書，書名在魚尾上方。胡陞本之順

①《書林餘話》卷下。
②《古書版本常談·如何鑒別版本》。
③載《圖書館學季刊》第一卷第四期。

序：一序，二記，三論，四説、銘，五賦，六樂章、詩，七跋，八書、啟、札，九附録、詩、跋、傳、啟、告文，十書，書名在魚尾下方。兩者判然有別。

利用書口鑒定版本有兩點應加注意。一是書口雖具時代風格，但也有例外。例如一般認爲大黑口本爲元代或明初所刊，其實南宋末年與明嘉靖以後也有黑口本。黃丕烈跋《新定續志》云：

> 啟包見板口闊而黑，視之則《新定續志》是也。心疑爲非宋刊，即持示同人。賣書人如錢聽默，藏書家如周香巖，皆素稱識書者，然但詫爲未見書，而宋刻與否，初不敢以意定也。惟西賓顧澗薲，與余賞析，謂非宋刻而何？因思余所藏《中興館閣録續録》，有咸淳時補版，皆似此紙墨款式，間有闊黑口者。可知宋刻書，非必定白口或細黑口也。[1]

又元刻黑口是最常見的形式，如孫慶增《藏書紀要》第二則《鑒別》云："元刻不用對勘，其字脚、行款、黑口，一見便知。"但元代也並非沒有白口本，如元刻《玉海》、元官刊大字本《大元一統志》、元至正四年（一三四四）集慶路儒學溧陽州學溧水州學刻《金陵新志》皆爲白口。[2] 所以我們要注意例外的現象。二是要謹防書估在書口上作僞。《天禄琳琅書目》卷七著録明覆宋相臺岳氏本《春秋經傳集解》云：

> 此本寬行大字，槧刻極精。書賈得之，遂僞作"咸平辛丑刊"五字，補印於板心上方，以當宋槧。不知墨色濃淡，一望可知。且其中有不能容五字者，其咸字已印出邊欄之外，

---

[1]《士禮居藏書題跋記》卷二。
[2] 參看圖版十六。

而刊字復縮其結體,用筆墨補填於下,心勞日拙,此之謂也。

葉德輝也認爲"《天禄琳琅》後編所載宋版書,不如前編之可據。如……卷五之《重廣補注黄帝内經素問》二十四卷第四部,每板心有'紹定重刊'四字。宋版亦無此體式,且有元號無年月。即元、明兩監補修宋本諸史不如此含胡。蓋板心四字必書估僞造,加印其上,斷然可知"。[①]

第五節　紙墨

印書所用之紙具有時代性和地域性,所以對紙進行研究也是鑒定版本的手段之一。

唐代用來鈔書的主要是四川麻紙。宋、元時代,四川仍用麻紙,北方則兼用桑皮紙,浙江地區的官刻多用皮紙或麻紙。潘吉星説:"經國子監校勘的書多在杭州雕版,用浙江桑皮紙印刷。""南宋臨安府刻《漢官儀》(一一三九)用皮紙","元代浙江官刻本《重校聖濟總録》(一二九九至一三〇〇)是用樹皮麻料的混料紙。"[②]而經藏與坊刻本則漸用竹紙。福建盛産竹紙,清郭柏蒼《閩産録異》云:"延、建、邵、汀皆做紙,凡篁竹、麻竹、綿竹、赤棍竹,其竹穰皆厚,擇其幼稚者制。"復云:"建陽扣土人呼爲書紙,宋元麻沙板書,皆用此紙。"[③]潘吉星又説:

建本幾乎絶大部分是用竹紙,如北京圖書館藏南宋乾

---

①《書林清話》卷十《天禄琳琅宋元刻本之僞》。

②《中國造紙技術史稿》第五章《宋元時期的造紙技術》。

③載《郭氏叢刻》。

道七年(一一七一)《史記集解索隱》、紹興戊辰(一一四八)
《毗盧大藏》、元代至元六年(一二六九)建陽鄭氏積誠堂刻
《事林廣記》、元天曆庚午(一三三〇)《王氏脈經》、至順壬申
(一三三二)《唐律疏議》等建本,其用紙經筆者鑒定,都是竹
紙。而北宋明道二年(一〇三三)兵部尚書胡則印施的《大
悲心陀羅尼經》則是傳世較精良的竹紙刻本。又咸淳二年
(一二六六)磧砂藏本《波羅蜜經》,也用較好的竹紙刊印。[①]

明、清時的造紙槽坊大多分佈在江西、福建、浙江、安徽等
省。因爲南方各省盛産竹材,所以所造多爲竹紙,其中以江西、
福建的毛邊紙與連史紙最爲普遍。

對紙可以采用化學方法或物理方法來鑒定。晉、唐古紙,紙
面大多呈現因老化和多次裝裱而引起的自然泛黃和發灰現象;
宋紙間亦有之,但程度稍淺些;元、明、清紙則程度更淺,甚至有
白度不減當年的。作僞的紙,正反面和表裏顏色不勻,老化程度
甚淺。將作僞的紙和有年代可查的古紙在高倍放大鏡下對照觀
察,是可以識別出來的。如潘吉星説:

> 據筆者作物理檢驗,如北京圖書館藏北宋開寶藏《佛説
> 阿維越致遮經》(九七三年刻,一一〇八年刊行),就是用高
> 級的桑皮紙,雙面加蠟,染黃。南宋中期廖氏世綵堂刻《昌
> 黎先生集》是細薄白色桑皮紙。南宋景定元年(一二六〇)
> 江西吉州刻《文苑英華》、咸淳《臨安志》(約一二七〇)及元
> 代茶陵刻本《夢溪筆談》,則用的是楮皮紙。[②]

有的再生紙也能鑒定出來,譬如潘吉星鑒定國家圖書館藏

①《中國造紙技術史稿》第五章《宋元時期的造紙技術》。
②《中國造紙技術史稿》第五章《宋元時期的造紙技術》。

南宋嘉定年間（一二〇八至一二二四）江西刻本《春秋繁露》，是楮皮紙，紙漿中含有故紙，顯然是用廢紙加工而成的。

其次可以看紙的簾紋。簾紋分簾條紋和編織紋兩種。簾條一般用細竹條，無竹條可用荩荩草或萱草莖代替，通常用生絲或馬尾把簾條編織在一起。研究簾紋應當從竹條紋的寬度、編織紋的間距入手。有的宋紙簾紋中的編織紋間距是相等的，約爲一點八至二厘米。魏隱儒說：

> 白麻紙正面潔白光潤，背面略顯粗糙，有草棍紙毛粘附，質地細薄，堅韌耐久。如不着潮水濕，經久不會變質。黃麻紙色略黃，有的比白麻紙略厚，其性能與白麻紙仿佛，看起來似稍粗糙。無論白、黃，紙紋（也稱簾子紋）都比較寬，約一指半左右。也有紙紋不太明顯的。[①] 宋代印書多用這兩種紙。遼、金和元代初期印書，與宋代末年用紙大致相同。據傳本所見，使用黃麻紙漸多。到元代後期，印本大多用黃麻紙。這時紙紋變窄，約一指左右。[②]

此外，地域不同簾紋也不同，例如福建紙簾紋間距小於江西紙。中國紙與外國紙簾紋也可能不同，如宋和宋以後的高麗紙是從朝鮮進口的，這種紙多是粗條簾紋，編織紋間距比國產桑皮紙要大。

再次是檢查紙背。黃丕烈於《蘆川詞》二卷題識云：

> 宋本每葉紙背大半有字迹，蓋宋時廢紙多值錢也。此詞用廢紙刷印，審是冊籍。偶閱之，知是宋時收糧案，故有更幾石、需幾石，下注秀才、進士、官户等字，又有縣丞、提舉、鄉司等字，户籍、官衔略可考見。粳、糯省文皆從便易。

---

① 《中國造紙技術史稿》第五章《宋元時期的造紙技術》說："這種紙較厚，由幾層粘起，故可揭開，又因爲已加蠟，故簾紋不顯。"
② 《古籍版本鑒定叢談》第六章《歷史上古籍的用紙》。

雖無關典實，聊記於此，以見宋刻宋印，古書源流多有如是者。紙角截殘，印文模糊，不可辨識矣。古色古香，不徒在本書楮墨間也。[①]

又其跋《北山小集》有云："書友胡益謙持《北山小集》示余，欲一決其宋本與否。余開卷，指示紙背曰：'此書宋刻宋印，子不知宋本，獨不見其紙爲宋時册子乎？'"[②]葉德輝也指出了這一點："每見宋板書多以官府文牒翻其背印以行。如《治平類篇》一部四十卷，皆元符二年及崇寧五年公私文牒、牋、啟之故紙也。其紙極堅厚，背面光澤如一，故可兩用，若今之紙不能也。"[③]明初也喜用廢紙印書，黃丕烈跋幽蘭居士《東京夢華錄》云：

> 楮墨古雅，板大而字細，人皆以爲宋刻；余獨謂不然。書中惟祖宗二字空格，餘字不避宋諱，當是元刻中之上駟。至於印本，當在明初。蓋就其紙背文字驗之，有本班助教廖，崇志堂西二班，學正翁深，學正江士魯考訖，魏克讓考訖，正義堂，誠心堂西二班，民生黃刷卷，遠差易中等，《論語》《大誥》云云，雖文字不可卒讀，而所云皆國子監中事，知廢紙爲監中册籍也。[④]

有些紙背還鈐有紙張生產單位與使用單位的印記，這也爲鑒定版本提供了依據。據日本《圖書寮漢籍善本書目》載宋福州開元禪寺刻的佛經，如《阿毗達磨大毗婆娑論》，紹興戊辰年刻，紙背捺有"開元經局染黃紙"大方印，這是宋刻宋印的大好

---

①《蕘圃藏書題識》卷十。
②《士禮居藏書題跋記》卷五。
③《書林清話》卷六《宋人鈔書印書之紙》。
④《士禮居藏書題跋記》卷二。

證據。①

　　我們在利用紙張鑒定版本時，也要注意書估作偽。明高濂《遵生八箋·燕閒清賞箋》云：

　　　　近日作假宋板者，神妙莫測，將新刻摹宋板書，特鈔微黃厚實竹紙，或用川中蠒紙，或用糊褙方簾綿紙，或用孩兒白鹿紙，筒卷，用槌細敲過，名之曰刮，以墨浸去臭味印成。或將新刻板中，殘缺一二要處；或濕霉三五張，破碎重補；或改刻開卷一二序文年號；或貼過今人注刻名氏，留空，另刻小印，將宋人姓氏扣填兩頭角處；或用沙石磨去一角；或作一二缺痕；或置蛀米櫃中，令蟲蝕作透漏蛀孔；或以鐵綫燒紅，鎚書本子，委曲成眼，一二轉折，種種與新不同。用紙裝襯綾錦套殼，入手重實，光膩可觀。初非今書仿佛，以惑售者。或札夥囤，令人先聲，指爲故家某姓所遺，百計蠱人，莫可窺測。

可見紙是書估作偽的重點。《四庫全書總目》卷一百七十四《斜川集》提要云：

　　　　此集乃近時坊間所刊。其本但有邊闌，而不界每行之烏絲。此本染紙作古色，每葉補畫烏絲，而僞鐫虞山汲古閣毛子晉圖書一印，印於卷末。蓋欲以宋版炫俗。……案劉過《龍洲集》中所載之詩與此盡同。蓋作偽者因二人同名爲過，而鈔出冒題爲《斜川集》，刊以漁利耳。

　　此外，如屈萬里、昌彼得所説："舊版流傳既久，後人重印，自用後世之紙張，如三朝本者，固比比皆是。而後世仿宋之本，以故宋紙或特仿造宋紙印行者，亦往往而有。"②因此在鑒定版本

---

①參見《古書版本常談·如何鑒別版本》。
②《圖書板本學要略》卷三《鑒別篇》。

時，注意用紙的情況祇是方法之一。

各時代印書用墨不同，因此有的版本學家也將對墨的分析，作爲鑒定版本的輔助手段之一。

宋本用墨質料精良。其特點是顏色黑，有香味，雖經水濕而無浸染之迹。明高濂《遵生八箋·燕閒清賞箋》云："藏書以宋刻爲善，宋人之書，紙堅刻軟。字畫如寫，格用單邊，間多諱字，用墨稀薄，雖著水濕燥無涅迹，開卷一種書香，自生異味。"宋墨亦如後世，用松煙或油煙製造，但工藝精良。明屠隆云："北墨多用松煙，色清而淺，不和油膩。……南紙，其紋豎，墨用油煙。"[1]人們在鑒賞宋本的時候，總是特別注意到它的古色古香的紙和墨。如《天禄琳琅書目》卷二論宋版《南華真經》云："此書版高不及半尺，而字畫倍加纖朗，紙質墨光亦極瑩緻。乾隆御題云：'蠅頭細書，紙香墨古，誠寶迹也。'"又卷三論宋版《唐文粹》云："北宋寶元二年臨安孟琪刻。乾隆御題云：'字畫工楷，墨色如漆。觀此知有宋一代文化之盛，物力之豐，與其工藝之精，斷非元以後所能得其彷彿。'"

元代用墨比宋略遜。故高濂《燕閒清賞箋》云："元刻仿宋，單邊，字畫不分粗細，較宋邊條闊多一綫。紙鬆刻硬，中無諱字，開卷了無臭味。"

明代用墨較差，尤劣者多以煤和麵粉代墨汁印書，色淺，易浸染脫落，使版面模糊成爲大花臉，見本章第一節。清代製墨原料較精，因此書籍用墨也較明刻本爲勝。盧前《書林別話》述近代製印書用墨之法云：

> 印書始於製墨。製墨之法，取炭窰之窰煙，化牛皮膠爲水，和之，成厚粥狀，調之以酒，儲之半月，成稀麵糊，將墨粥

---

[1]《考槃餘事》卷一《帖箋南北紙》。

揉勻,盛入缸藏之。至時霉天,則臭氣四溢,然必經三四時
霉天,始能用也。倘即用之,則墨色必浮,觸之則糊。是墨
愈久而愈佳。印書時,必先用馬尾篩破水瀝之。渣滓可以
傾去,取其餘印書。[①]

正因爲墨色有時代的差別,而且新印本的墨色也不同於古
舊圖書,所以版本學家往往也利用墨色來鑒定版本。如施廷鏞
說:"明崇禎癸酉吳郡趙均得宋嘉定時陳玉父本《玉臺新詠》摹刻
以傳,刻寫精雅,楮墨明湛,當時稱爲佳槧。一九二二年壬戌南
陵徐乃昌影寫趙本,付黃岡陶子麟精刻傳世,有以明版書之空白
附頁,捺去牌記印充趙刻以惑人。這在紙張、字體均不易鑒別出
它是捺印本,但墨色猶新,還是可以看出的,若知徐氏刻有此書,
取以對勘,更可確定了。"[②]

第六節　字體

古代刻書的字體受到時代風氣與傳統習慣的影響,不同時
代不同地區所刻的書,其字體往往呈現不同的特色,前已略述
梗概。

北宋刻本現存不多,從《中國版刻圖錄》所著錄的北宋刻遞
修本《漢書注》[③]及臺灣"中央圖書館"所藏北宋刻本《後漢書》的
書影來看,其字體方正,筆畫勻稱,多祖歐陽詢體,可與歐書《九

---

①載《中國現代出版史料》丁編。
②《中文古籍版本簡談》四《版本的鑒別》之六《辨僞》。
③參看圖版十三。

成宮醴泉銘》等傳世石刻對照。

　　南宋刻書通行歐陽詢、顏真卿、柳公權諸家之體，但各地區
刻書所用字體不盡相同。杭州地區刻書可以說是清一色的歐
體。這是因爲北宋監本多送杭州雕版，北宋本采用歐體對浙本
自有影響，而歐體布局整齊，字劃瘦勁，棱角分明，便於施刀，也
受到了刻工們的歡迎。浙本早期所用歐體字稍肥，陳氏書棚本
等中後期出版物筆劃轉瘦，字形略長，廖瑩中家刻韓、柳集清瘦
而秀發。① 宋代閩本的字體也具有鮮明的特色。總的看來，它是
在柳體的基礎上改造而成。其大字吸收了柳體結構匀齊、用筆
挺拔、筆鋒鮮明的長處，但爲了便於雕刻，其筆劃又明顯地改爲
橫細豎粗。其小字所有筆劃皆一樣纖細，少有變化，雖不甚美
觀，却相當清晰。閩本字體仿柳公權，可對照柳書《玄秘塔碑》。②
蜀本的大字本與小字本的字體不同。《中國版刻圖錄》著錄的蜀
大字本《春秋經傳集解》，間架開闊，點畫偏肥，顯得雄渾樸厚，是
比較典型的顏體，而且其正文大字與注文小字字體完全一致③，
不像建本那樣有明顯的區別。而今傳宋蜀廣都費氏進修堂刊本
《資治通鑑》，宋眉山程舍人宅刊本《東都事略》，其字體則在顏柳
之間。值得注意的是有些宋本字體並非酷肖一家，而是兼采諸
家。錢基博云：

　　　　儻有參以他種筆意者，則尤名貴。如王世貞跋元趙孟
　　頫松雪齋班、范二《漢書》云：“有歐、柳筆法。”《皕宋樓藏書
　　志》載宋禮部官書《六韜》六卷，云“字畫方勁，有歐、顏筆
　　意”。北京圖書館藏有宋淳熙三年刊小字本《通鑑紀事本

①參看圖版二十一。
②參看圖版二十三。
③參看圖版二十二。

末》殘册，書法秀整，體兼顏柳，皆罕品也。[1]

就一般情況而言，元代及明初刻本字多采用趙孟頫體[2]，但也有幾點值得注意：一是元代初期，書法猶是宋金遺風，刻書字體近似，因此人們從字體去鑒定版本時，常把元初刻本誤作宋本著録。二是各地區刻本可能仍保留原有字體的風格，如元至正五年（一三四五）建安余氏勤有堂刊本《書蔡氏傳旁通》、元泰定元年（一三二四）麻沙吳氏友於堂刊本《新編事文類聚翰墨全書》即參有柳體特點。三是覆刻本自然保留原書字體，如相臺岳氏本經注係覆刻廖瑩中本，所以全作歐體。此外，元刻通俗文藝作品常有簡體字。

明刻本字體，大致可分爲明初、明中葉、晚明三個階段。明初是指正德以前的一段時期，在這段時期，字體仍宗趙孟頫，已如前述。明中葉是指正德、嘉靖、隆慶和萬曆前期。關於這個時期明刻本字體，屈萬里、昌彼得認爲：

> 正德中葉以後，覆刻宋本之風漸盛。而爾時習尚，最重詩文。唐人詩集，宋時以臨安陳氏書籍鋪所刻最多，故正嘉間覆刻唐人詩集，率祖書棚本。[3] 書棚本字爲率更體，翻刻時亦效其體，於是風氣一變。正德十二年震澤王氏所刻《孫可之文集》，嘉靖間朱警所刻《唐百家詩》可證也。爾後梓人爲便於施力，漸變而成橫輕豎重、板滯不靈之匠體字，即今人所謂宋體字者。此類字體，始於隆、萬之際，後乃通行。[4]

萬曆以後稱晚明。明中葉所形成的宋體字，越變越呆板，但是由

---

①《版本通義·歷史第二》。
②參看圖版十六、二十五。
③參看圖版十七。
④《圖書板本學要略》卷三《鑒別篇》。

於它既呆板便於雕刻，又清晰便於閱讀，所以在晚明得到了普遍采用。由中葉到晚明有部分家刻本和坊刻本以寫體上版，筆意頗似董其昌，如趙均刻《玉臺新詠》、金陵世德堂刻《西游記》、繼志齋刻《雷轟薦福碑》等，均顯得流麗生動。

　　清刻本的字體沿晚明舊規多用宋體字。[①] 康熙、雍正以後，覆刻宋元本之風復盛，於是自刻詩文集喜精楷上板，這種與宋體字相對的字體在清初被稱爲軟體字。[②]

　　因爲不同時代、不同地區、不同單位刻的書，其字體往往是不同的，所以人們往往利用字體來鑒定版本。如清錢謙益《跋坡書陶淵明集》云：“北宋刻《淵明集》十卷，文休承定爲東坡書，雖未見題識，然書法雄秀，絕似司馬溫公墓碑，其出坡手無疑。鏤版精好，精華蒼老之氣，凜然於行墨之間，真稀世之寶也。”[③]這是通過字體鑒定版本的例子。有的版本學家還利用字體來識別僞本。魏隱儒曾舉一例：

　　　　《類編標注文公先生經濟文衡》前集二十五卷，後集二十五卷，續集二十二卷，宋馬括編。半葉十三行，行二十三字，四周雙邊，上下黑口，雙魚尾。前有淳祐辛亥黃晷序，總目後有長方雙行牌記題：“時景定甲子春刊於梅溪書院。”按此牌記而定版刻年代，理應可靠，當係宋本無疑。若按字體卻又不像。查《四庫簡明目錄標注》著錄有元刻明印本、元刻巾箱本、正德辛巳本、萬曆丙午本等，與此亦不相合。再查《書林清話》梅溪書院條，梅溪書院創於元大德間，因而發生疑惑，發現牌記右上方鈐一長方朱印，按藏家習慣，在牌

---

① 參看圖版二十、三十五、四十二、四十三。
② 參見圖版十九。
③《初學集》卷八五。

記上鈐印無甚道理,絕少前例。經細審,玄虛就在此處,識別出係挖"泰"字補"景"字,用鈐印法以作迷霧,障人眼目,混爲宋本。景定甲子爲宋理宗景定五年(一二六四),泰定甲子爲元也孫鐵木兒泰定元年(一三二四)。挖補工巧,又覆蓋閑章,如此作偽,把刻年提前六十年,由元入宋。若不從字體、印章的疑點着眼,孤立地相信牌記,是靠不住的。[①]

魏隱儒還見過一部《楚辭章句》,從牌記、諱字等情況看應是宋本,但在審閱過程中感到牌記字體不是宋人筆意,似是挖補嵌上的。經過仔細研究,發現它是明隆慶年間夫容館刻本。

我們對歷代刻本字體的介紹僅就一般情況而言,而實際上不少刻本的字體同時代風尚、地區特點往往有一定的差別。因此我們不能單就字體判定版本,還要輔以其他方法,做些必要的考訂工作。毛春翔云:

> 明板書字體,嘉靖、萬曆截然不同,這是就江南本説的;若北方刻本,則不相類。如嘉靖初年,山東濟南刻的《黃帝內經》,書中無刻版年代,僅卷端有"歷城教諭田經校刊"一行,字作趙體,很像元板樣子;若書商挖去田經一行,冒充元刊,很容易被瞞過。後經查山東志書,知田經任歷城教諭,在明嘉靖初年,刻書時代乃定。論其字體,校之江南嘉靖本字體,相去甚遠。又如祝允明《懷星堂集》,萬曆三十七年(一六〇九)刻,字體風格,極類嘉靖本,若抽去前序,則皮相之談者,必以爲嘉靖刻。同爲江南本,也有這樣情況。又葉子奇《草木子》,正德刊本,董傳性《詩史》,萬曆本,字體皆與常見嘉靖本同。這類刊本,如有遇見,不可不慎爲區別。[②]

---

① 《古籍版本鑒定叢談》第十章《古籍版本中偽本的鑒定》。
② 《古書版本常談·如何鑒別版本》。

版本學家常利用字體來鑒定版本，書估自然也會利用字體來作偽。魏隱儒曾舉例對此有所説明：

> 《史記》一百三十卷，漢司馬遷撰、宋裴駰集解、唐司馬貞索隱、唐張守節正義。明嘉靖六年（一五二七）王延喆翻刻宋本，刻印俱佳，頗有名氣，世稱"王本史記"。又有明嘉靖十三年（一五三四）秦藩朱惟焞鑒抑軒翻刻宋本《史記》。兩者同出一源，皆覆宋建安黃善夫本。……書商常將此二本作偽，手法多是抽掉刻序，挖去牌記，以其字體很像宋刻。最近發現幾冊殘本，藏家著録爲宋本，實則震澤王氏本冒宋。鑒定《史記》一書，尤宜審慎。[①]

可見，字體雖然可以鑒定版本，但還必須綜合運用其他方法，才能獲得可信的結論。

第七節　原書序跋

一般古書都有序跋。序通常刻在卷首，跋則在卷末。序跋除叙述該書内容、編著意圖外，往往還介紹書的版本源流、修訂情況以及刊印過程，末署序跋作者的姓名和撰寫時間。序跋的撰寫時間同書的刻印時間往往相差不遠，因此序跋對鑒定版本具有重要的參考價值。

北京大學圖書館藏明初王璲撰《青城山人詩集》八卷，該書有王鎧後序一篇，即爲鑒定版刻年代提供了確切的依據，兹録

---

① 《古籍版本鑒定叢談》第十章《古籍版本中偽本的鑒定》。

於下：

> 右《青城詩集》若干卷，先大父文靖公之所著也。大父
> 自幼以詩文名，接交當時海內儒碩非一，往來倡酬，靡不見
> 之賦詠。自入國朝，登仕籍，洎升翰林，聲光益著。其製作
> 特盛，然兩爲回禄所虐，稿皆殘缺。所幸別或收貯，得十之
> 二。閱歲既久，鎧以菲才宦游古汴，束以自隨，公暇因掇拾
> 分類，繕寫一帙，有外集者附之，藏之篋中，家居以來，罔敢
> 失墜。偶姻好華君彥謀過而見之，三復嗟嘆，遂於內各刪百
> 首，命工刊次。嗚呼！大父文名蓋一世，著述布天下，而遺
> 稿灰滅無幾，又弗克傳世，豈造物者不使有於後哉？實子孫
> 不肖，不能繼述先業之所致也。今大父歾餘三十年，而一旦
> 幸表而出之，是明珠寶劍之起於重淵，必有待其時歟？彥謀
> 讀書好義，嘗輯其族譜諸集行世，足羨故家子孫，立志超卓，
> 不屑細故如是。時正統十二年嘉平望日孫鎧謹識。

讀此，我們不僅知道該書爲明正統十二年（一四四七）原刊本，而
且還知道它寫作、編輯、刻印的大致情況。

跋的作用也類此。如《中國版刻圖録》著録的《古三墳書》，
卷末有三衢沈斐刻書跋文四行：“余家藏此《古三墳書》，而時人
罕有識者，恐遂湮没不傳於世，乃命刻於婺州學中，以與天下共
之。紹興十七年歲次丁卯五月重五日三衢沈斐書。”《圖録》遂據
跋文將該書定爲“宋紹興十七年婺州州學刻本”。

根據序跋鑒定版本有時也要經過一番考證。屈萬里、昌彼
得云：

> “國立中央圖書館”藏有元刊本《滄浪嚴先生吟卷》三
> 卷，卷首有黃公紹序，序末但署“歲尚章攝提十月之望”，不
> 著元號。其字體則筆畫清勁，約在宋元之間。按公紹咸淳

元年（一二六五）進士，入元不仕。而序中云"余幼時見東鄉諸儒，藏嚴詩甚多，恨不及傳"云云，則知此序乃黃氏中年以後之作。尚章攝提格爲庚寅，而元代第一庚寅爲前至元二十七年，此序當是此年所作。公紹以宋人而入元，故但題干支，不著胡元年號也。序作於前至元二十七年，板式字體，又似宋末元初風尚，則此本即當刻於是年矣。

　　又如吳縣潘氏《滂喜齋藏書記》著録有《音點周禮詳節句解》，云爲宋刊本。記謂卷首有武夷勿軒居序，云"雲坡陳君以魯齋二禮句解屬序"，不著年代。按勿軒居士即熊禾，熊氏號勿軒，建陽人，咸淳十年（一二七四）進士（去宋亡僅五年），授寧武州司户參軍。宋亡不仕，教授鄉里以終。其稱武夷勿軒居士，當爲入元後，以宋遺民隱居閩之武夷，故名。序此書時，亦當在元初，故不著胡元年號。則此書之刻在元初，亦無可疑也。魯齋二禮乃《周禮》《禮記》。"中央圖書館"藏有《音點禮記詳節句解》十六卷，與《周禮》同時所刻。其本刊刻頗精，故潘氏以爲宋刊而未深考耳。[①]

通過序跋，我們不僅能知道版刻年代，而且還能瞭解到版本源流及質量。清錢曾云：

　　昔者陸孟鳧先生有影鈔宋刻《水經注》，與吾家藏本相同，後多宋板題跋一葉，不著名氏，余因録之。其跋云："《水經》舊有三十卷，刊於成都府學宮。元祐二年（一〇八七）春，運判孫公始得善本於何聖從家，以舊編校之，才三分之一耳。乃與運使晏公委官校正，募工鏤板，完缺補漏。比舊

①《圖書板本學要略》卷三《鑒別篇》。

本凡益編一十有三，共成四十卷，其篇帙小大，次第先後，咸以何氏本爲正。元祐二年八月初一日記。"詳觀跋語，是本在當時蓋稱完善，惜後人無翻雕之者，余故備録此跋，以告世之藏書家。①

利用序跋鑒定版本有幾點需要注意：

一是如果一書有好幾篇序跋，在通常情況下，刻版時間當以最後一篇爲准。潘承弼、顧廷龍《明代版本圖録初編》卷一著録《歐陽修撰集》八卷，指出：

> 《郘亭知見傳本書目》作永樂丙申（一四一六）刊本，是據唐光祖跋文紀年，不知尚有王克義序撰於永樂十五年（一四一七）六月朔者，讀吳溥後序有云"今其十世孫齊，復手自謄寫，鋟梓以傳"。是必寫梓稽時，至洪熙元年（一四二五）而畢工，當以最後一序爲準也。

因此編者將該書定爲明洪熙元年乙巳（一四二五）十世孫永康丞歐陽齊刊本。

但是，也有利用原版重印而另刻一篇序的情況。毛春翔説："宋刻書有元人序，須細心研究。如《文苑英華纂要》八十四卷，宋刻。張氏《愛日精廬藏書志》，因是書有趙文序，遂定爲元刊，其實書中諱字甚多，元人序乃後加，非元刻也。"②再如南京大學圖書館藏《攸縣志》六卷，卷首載有康熙庚申（一六八〇）攸縣知事張潛序，明言用順治己亥（一六五九）刻本重印，只不過是另刻一序而已，故不應定爲康熙本。

二是翻刻本往往將原序也照樣翻刻了，如僅依序跋鑒定版

①《讀書敏求記》卷二《酈道元注水經四十卷》。
②《古書版本常談·如何鑒別版本》。

本，也易致誤。施廷鏞曾舉一例：

> 遼刻書籍據宋沈括《夢溪筆談》裏説：“契丹書禁甚嚴，
> 傳入中國者，法皆死。”無怪其極爲罕見，但是《天禄琳琅書
> 目後編》卷八遼版經部著録有《龍龕手鑑》一部，當爲希世之
> 珍。《筆談》又説：“幽州僧行均集佛書中字爲《切韻》訓詁凡
> 十六萬字，分四卷，號《龍龕手鏡》。燕僧智光爲之序，甚有
> 詞辨。契丹重熙二年（一〇三三）集。”此本書名與原題有鏡
> 與鑑一字之差別，這是何原故？ 因鏡字是宋太祖趙匡胤祖
> 父的嫌名，爲避諱而改爲同義的鑑字。 此證還不足，再考是
> 書内容，其序中鏡字闕末筆，金部並不載鏡字，木部並不載
> 桓字，宀部完字闕筆。 構字闕筆，餘如殷、敬、讓、恒、樹、慎、
> 擴、昀等諱字皆刊落。 若真爲遼刻，斷無避宋諱之理，而今
> 本《龍龕手鑑》，題有統和十五年丁酉智光序。 統和十五年
> （九九七）適當宋至道三年，恒、樹、桓、構、慎、擴、昀等字，皆
> 宋太宗趙光義以後各統治者之諱，更無預避之理，此彰明較
> 著之鐵證，編者不察，即謂“書雖不載刊刻年月，而智光序稱
> 統和十五年丁酉七月癸亥，當即是時所刊本”，豈不大謬。
> 此《龍龕手鑑》刻於何時？ 以書中諱字來看，止於宋理宗趙
> 昀的昀字，當是其時重刊本。[①]

三是要注意序跋是否佚失。原位於書前後的序跋，有的因
爲古籍流傳既久，偶致破損遺落，有的則是因爲書估故意抽去，
僞充古本。序跋佚失後往往導致鑒定版本的錯誤。如張之象在
萬曆間刻的《文心雕龍》十卷，有萬曆七年（一五七九）張之象的
序文，而《四部叢刊》影印本所據的本子因缺少這篇序，便誤題爲

---

①《中文古籍版本簡談》二《版本的種別》之四《刻本・遼刻本》。

嘉靖年的刻本。又如《三國志通俗演義》二十四卷，有弘治七年
（一四九四）庸愚子序和嘉靖元年（一五二二）修髯子序，商務印
書館影印所據本適缺嘉靖元年序文，故誤將嘉靖本題爲弘治本。
王重民撰《中國善本書提要》經部春秋類附録《春秋繁露》十七
卷，按語云：

> 葉氏《郎園讀書志》卷二著録此本云：“明初黑口本，猶
> 有宋、元遺風，非萬曆、天啟以下妄改臆補之比也。”此本
> 有嘉靖甲寅（一五五四）趙維垣序，知爲嘉靖間四川布政
> 司所校刻。葉氏謂爲明初，誤也。此本舊題爲“宋板”，
> 尤誤。

葉氏之所以致誤，主要因爲沒有看到嘉靖甲寅趙維垣序。

書估作僞抽去序跋是常見現象，我們應格外留心。毛春翔
深有體會地説：

> 書估往往抽去序跋，以元版充宋版者，不可不謹防。
> 如海源閣藏《大戴禮記》，紙極薄而有羅紋，四周邊闌極
> 粗，左右雙邊，板心上記大小字數，下記刻工姓名，惟宋諱
> 敦、慎、讓、敬皆不缺筆，字係趙體，傅沅叔先生審定爲宋
> 刊，且云：“最爲罕祕，恐世無二本。”一九五八年十月，我
> 到北京，看到是書，審其字體，疑非宋刊。老友陳君恩惠
> 示我另一部同樣書，核對，則另一部前有元至正甲午（一
> 三五四）劉真刻於嘉興路儒學序。海源閣藏本，此序已佚，
> 遂誤定爲宋本。[①]

還有的書估作僞更加隱蔽，他們往往保留原序，而將原序所
署時間挖改。屈萬里、昌彼得舉例云：

---

①《古書版本常談·如何鑒別版本》。

　　嘉靖間姚安府刊本《檀弓叢訓》,前有楊慎無年月序,
卷末有弘治十五年(一五〇二)張志淳跋,書賈見其黑口,
字近松雪體,乃將張跋"弘"字剜去,別於書中割一"至"
字,以補其空缺,於是"弘治"變爲"至治",欲以充元板;而
卷前楊序,開首即曰"楊慎曰"云云。書賈之無識,真可
笑也!

　　又如明呂柟所著《橫渠張子釋》,前有嘉靖己丑(一五二
九)葛澗序,開卷第二行低八格題"後學呂柟鈔釋"。紙質綿
而薄,字仿鷗波(引者按:趙孟頫室名鷗波館)。估人欲以充
元刻,遂將序文"嘉靖"二字挖去,另於他處取"大德"二字填
補之。復將葛澗"澗"字之右邊挖去,另於他處取"徑"字之
右邊"巠"字補之;將呂柟之"柟"字挖去,另於他處移一"元"
字補之。於是"葛澗"遂成"葛巠","呂柟"遂成"呂元"。挖
補處以僞印鈐之,幾若天衣無縫。倘不細審,直以爲元刊之
罕見秘笈矣。[①]

　　綜上所述,在通常情況下,版刻時間應當同最後一篇序或跋
所署時間相一致。但翻刻本一般都保留原序跋;利用原版重印
時常常另刻序跋;因書估作僞等原因,序跋往往佚失或被挖改,
所以我們在利用序跋鑒定版本時應詳加審究,有條件的最好能
用同書別本來核對。

---

①《圖書板本學要略》卷三《鑒別篇》。

第八節　內容

　　除據書籍物質形態的特徵外，還可以根據書籍的内容來鑒定版本的同異、真僞、優劣、是非。前人在這方面也積累了不少經驗，今舉例綜述如下：

一　據書名例

　　後人翻刻書籍往往改變書名，如唐劉肅的《大唐新語》被改爲《唐世説新語》，宋葉夢得的《巖下放言》被改爲《蒙齋筆談》。還有在原書名上增字的，如漢韓嬰的《詩外傳》被改爲《韓詩外傳》，宋姚鉉的《文粹》被改爲《唐文粹》。還有在原書名上減字的，如漢班固的《白虎通德論》被改爲《白虎通》，宋馬永卿的《嬾真子録》被改爲《嬾真子》。施廷鏞指出："這些書，大部分出自明刻。"①

　　有些刻本，在書名上常冠以"國朝""皇朝""昭代"等字樣，以示對當時政權的尊重。而刻有"聖宋""皇元""大明""皇清"等字的，其刊刻時代就更明確。同一書，如果後一朝代再刻，就不再用上述字樣，而改爲某朝。如《聖宋名賢五百家播芳大全文粹》《聖宋文選》，宋陳均編《皇朝編年備要》等，從書名冠詞來測定，必是宋刻。如《宋季三朝政要》《宋史全文續資治通鑑》《重刻宋朝十將傳》，從書名看則知其不出宋代。又如《宋元通鑑全篇》，

①《中文古籍版本簡談》三《版本的辨別》之一《在書名方面》。

則從書名可以推知，既非宋刻也非元刻，細審乃是明嘉靖刻本。元孫存吾編《皇元風雅》、元蘇天爵撰《國朝文類》《國朝名臣事略》、元蔡柄編校《類編皇朝大事記講義》，從冠詞看，應是元刻本。明李賢等撰《大明一統志》、明余象斗撰《新刻皇明諸司廉明奇判公案》，則明刻無疑。《英烈傳》冠"皇明"者是明代刻本，清代刻本就改稱爲"明朝"了。清代刻印的《皇清經解》《國朝先正事略》《昭代叢書》等，都是當代刻當代人著作。①

但也有例外，佟鎮凱云："曾見過一部《皇明通紀直解》的書，原定爲明末刻本，書板的形式特徵全是明末之物，而且書名又題爲'皇明'，應當説是無疑的了。可是細心翻檢一下，文中有'甲申殉主忠臣'字樣。'甲申'爲崇禎滅國之年，顯然該書刻於'甲申'之後。歷史告訴我們，清朝入關初期，其統治力量尚未擴及全國，一些明末逸民多有刻這類書以寄託他們懷念故國之幽思的。"②

二　據卷數例

一種書的不同版本，其卷數往往互有差異。傅增湘校《宛丘集》跋云：

《宛丘集》世傳卷數，最爲參差：聚珍本《武英殿聚珍版全書》題《柯山集》，五十卷；明嘉靖本（嘉靖甲申龍渠山人郝梁刊本）題《文潛集》，十三卷；鈔本題《張右史集》，有八十二

---

①參看《古籍版本鑒定叢談》第七章《雕印本的鑒定》三《書名冠詞》及《目錄編》第三章第一節。

②《從古書的版本鑒定看版本學的形式主義傾向》，載《河北省圖書館學會第一次科學討論會文件》。

卷者,有六十五卷者,有六十卷者,而《四庫》著録又爲七十六卷。至汪藻所編《張龍閣集》三十卷本,周紫芝所稱《譙郡先生集》百卷本,今已不可得見。蓋編刻之時地不同,傳録之源流遂異。[1]

正因爲一種書不同的版本卷數往往有差異,所以人們能够利用卷數來鑒別版本。例如《四庫全書總目》卷四十八將《少微通鑑節要》與《歷代通鑑纂要》混爲一談,並在提要中説:"《纂要》當即《節要》,蓋史偶異文。"其實《歷代通鑑纂要》九十二卷,《少微通鑑節要》五十卷,兩書判然有別。[2]通過篇、卷、册數是可以審查一部書的完缺分合、版本差異以及被改易的情況的。[3]

三　據目録例

後人在翻刻或覆刻前人著作時,其差異往往從目録中反映出來,例如國家圖書館藏宋慶元六年(一二〇〇)華亭縣刻本《陸士龍文集》十卷,爲現存陸雲集子的最早刻本,此後又有明正德十四年(一五一九年)陸元大刻《晉二俊文集》本,萬曆十一年(一五八三年)南城翁文麓刻《漢魏諸名家集》本等等。薛殿璽云:

> 後世刻本與慶元本多有異處,僅就目録而言,以明刻《漢魏六朝諸家文集》本校之,計有下列不同:慶元本卷第二目録,《征東大將軍京陵王公會射堂皇太子見命作一首》《大將軍宴會被命作一首》《太尉王公以九贈命大將軍將軍讓公將還京邑祖餞贈一首》《大安二年夏四月大將軍出祖三羊二

---

[1]《藏園群書題記》續集卷四。
[2] 見《中國善本書提要》史部編年類《歷代通鑑纂要》。
[3] 參看《目録編》第三章第二節。

公於城南堂皇被命作一首》，明刻本"一首"皆作"此詩"。
《從事中郎張彥明爲中護軍一首》《贈顧驃騎後二首》，明刻
本《贈顧驃騎後二首》在前。卷第三，慶元本《贈鄭曼季往返
八首》無細目，明刻本在總題之下，列有"鄭答""陸贈"等八
目；《贈顧尚書一首》等六首，明刻本均無"一首"二字；《答吳
王上將軍顧處微一首》，明刻本無"上將軍"三字；《贈鄱陽府
君張仲鷹一首》，明刻本"鷹"作"膺"。卷第六"頌、贊、嘲"，
明刻本無"贊、嘲"二字。卷第七《九愍》題下，慶元本無細
目，明刻本列有"九愍、修身、涉江、悲郢、行吟、紆思、考志、
感逝、征"等目。卷第八《書》，明刻本無"書"字。卷第九《國
起西園第表啓》，明刻本作《國啓西國第表啓》。卷第十《與
張光禄書三首》，明刻本無"三首"；《車茂安書》，明刻本"車"
前有"附"字。①

目録中反映出來的諸如此類的差異，對我們鑒別版本是很重
要的。

　　此外，還要注意挖改目録的現象。《説郛》有多種版本，清順
治四年(一六四七)陶珽姚安重編刊本流傳較廣。施廷鏞説：

　　　　陶珽重編刊本，曾見有幾種，卷數未改變，子目則互有
差異，各與其總目相校，又都脗合，有以爲這是版本的不同，
但版式、行款、字體無毫髮的區別，這是何故？經審各本子
目變化之迹，如卷十三原爲《演繁露》《學齋佔畢》《李氏刊
誤》《孔氏雜説》四種，因《演繁露》已闕，則挖移《孔氏雜談》
以補之；如卷二十五中第四《因論》、第五《晉問》兩種已缺，
則挖移卷二十四末兩種《緯略》《鈎玄》以補之；如卷十八末

---

① 《北京圖書館藏善本書叙録(三)》，載《文獻》一九八五年第三期。

　　兩種原爲《墨娥漫録》《三水小牘》，因其已缺則鏟去其目，但餘痕猶存，可以證之。諸如此類不悉列舉。從這可知各本子目之有差異，是由於每次重印時，版有殘闕，則就原刻總目，挖移子目或剷除之，以掩其失，並非版本的不同，於此可以瞭然。[①]

　　另一種情況是書估爲了將殘本充足本故意將目録割去。例如北京大學圖書館藏有兩部《新刻瓊琯白先生集》，皆爲明萬曆二十二年（一五九四）劉雙松安正堂刻本。但是一部爲十四卷，另一部爲八卷。細審八卷本，"係書商按殘存正文挖目作僞，冒充全書"[②]。美國國會圖書館藏有一部明世德堂刻本《冲虚至德真經》，王重民指出："此本僅存前四卷，因割去《仲尼》以下篇目，並劉向《叙録》，以圖欺售者。"[③]由此可見仔細檢查目録對我們辨別殘本、足本也是大有幫助的。

四　據人名例

　　通過對書籍編撰者、校刻者、作序者以及書中出現的其他人所生活時代的考證，也可以鑒定版本。今舉二例：

　　王重民《中國善本書提要》子部雜家類《括蒼二子》六卷云：

　　　　卷端有《刻括蒼二子序》云："二先生之書，今學士大夫多能言之，而合梓以傳者，則羅源令楊君意也。楊君括蒼人，固亦橐奇櫝異者，今且爲令，以高第稱。"謂此合刻爲楊君之意。卷內題："郡後學文林郎楊瑞校梓。"……考《羅源

---

①《中文古籍版本簡談》三《版本的辨別》之三《在卷數和種數方面》。
②《古籍版本鑒定叢談》第十章《古籍版本中僞本的鑒定》。
③《中國善本書提要》子部道家類。

縣志》，瑞知縣事在萬曆三年（一五七五），則是書蓋刻於閩，時爲萬曆三年與九年（一五七五至一五八一）之間也。《北京圖書館善本書目》題"明正德刻本"，誤。

又杜信孚《明代版刻綜錄》附《明代版刻淺談》云：

> 余曾在鎮江市圖書館見有《宋朝道學名臣言行錄》一書，書衣上有康有爲的親筆題跋，鑒定此書爲宋本；再看此書總目下第二行有"張鰲山校正重刊"字樣。查張鰲山字仁弼，安福縣人，正德進士，官浙江道御史。從刻者生平，顯而易見此書爲明刻本，而非宋刻本。

五　據地名例

地名隨時代發展而有所沿革，正因爲它具有時代的烙印，所以也可據以鑒定版本。例如今傳世有宋本新編《方輿勝覽》一書，宋祝穆撰，凡七十卷。卷首有嘉熙三年（一二三九）吕午序，一般都根據吕序定爲嘉熙三年刻本，《四庫全書總目》卷六十八即謂"是書前有嘉熙己亥吕午序，蓋成於理宗時"。楊守敬辨之云：

> 此本標題於浙西之嚴州，改稱建德府；浙東路之温州，改稱瑞安府；廣西路之宜州，改稱慶遠府；夔州路之忠州，改稱咸淳府。按和父（祝穆字）自序，書成於嘉熙己亥（一二三九）；而改嚴、温、宜、忠等州爲府，在咸淳元年（一二六五），相去二十六年，其爲後人改編可知。[①]

①《日本訪書志》卷六。

　　《天禄琳琅書目》,亦著有此書七十卷本,云:"有咸淳丁卯
(一二六七)祝洙跋。"又云:"洙稱先君子《方輿勝覽》,行於世者
三十餘年,版老字漫,遣工新之;重整凡例,分爲七十卷。……元
本拾遺,各入本州之下,新增五百餘條。"[1]顯然此書果如楊守敬
所説是重編重刻之本。一般藏書家因爲未見到書後祝洙跋文,
又未細審地名沿革,所以誤認爲嘉熙刻本。

　　因避諱而改地名反映在著作裏,當然也有助於鑒定版本。
清錢大昕云:"《寳刻類編》,不著撰人姓名,考其編次,始周秦,訖
唐五代,其爲宋人所撰無疑。宋寳慶初避理宗嫌名,改江南西路
之筠州爲瑞州。此編載碑刻所在,有云瑞州者,又知其爲宋末
人也。"[2]

六　據年代例

　　書籍内容中所涉及的年代對我們鑒定版本尤爲有用。魏隱
儒曾舉一例:

　　　《家禮集説》,不分卷,題錫山後學馮善編集。半葉八
　　行,行十八字,四周雙邊,上下粗黑口,單魚尾。薄棉紙,四
　　册。此書流傳極少,各家多不著録,若按字體,頗似元末風
　　格,擬定爲元本。經細審内容,文中有"……維宣德幾年某
　　月甲子朔……"等字樣,當爲明宣德刻本。此書藏瀋陽故宫
　　博物館。[3]

　　在版本鑒定的過程中,人們都十分注意書籍記事到哪一年

---

①《天禄琳琅書目》卷二。
②《潛研堂文集》卷二五《寳刻類編序》。
③《古籍版本鑒定叢談》第十章《古籍版本中僞本的鑒定》。

止。因爲記事訖止時間一般同書籍編撰出版時間相差不遠。前地名舉例，亦可兼證此點。

七　據官名例

歷代官制不盡相同，官名時有改易，這當然不可避免地要反映在著作中，所以人們往往能通過官制、官名鑒定版本。如清錢大昕記所藏《顏氏家訓》云：“淳熙中，高宗尚在德壽宮，故卷中構字，皆注太上御名，而闕其文。前序後有墨長記云：‘廉臺田家印。’宋時未有廉訪司，元制乃有之。意者元人取淳熙本印行，間有修改之葉。”①又屈萬里、昌彼得云：

> “國立中央圖書館”藏有明劉氏慎獨齋刻本《山堂先生群書考索》一書。劉氏刻書，多在正德年間；版式字體，猶略似元本。書賈遂將此本劉氏慎獨齋木記挖去，以充元本。然卷中有“教諭譚璋校正”等題署。而教諭之官，始於明初；據此，即不識板本者，亦必能斷其非元刻也。②

八　據體例例

書籍的編纂體例代有不同，所以人們也能據以鑒定版本。清錢曾《讀書敏求記》於卷一經類所著錄《春秋公羊經傳何休解詁》十二卷《釋文》一卷云：“此北宋槧本之精絶者，故附釋文於經傳後。若南宋人鏤刻，便散入逐條注下矣。”於卷二時令類宗懍

---

① 《十駕齋養新録》卷一四《顏氏家訓》。
② 《圖書板本學要略》卷三《鑒別篇》。據《元史》卷八一《選舉志》，元代已設教諭之官。此説可商。

《荊楚歲時廣記》四卷云："杜公瞻注：流俗本正文與注混淆，此則舊本也。"清錢大昕也注意到了這個問題，指出：

> 唐人撰九經疏，本與注別行，故其分卷亦不與經注同，自宋以後刊本，欲省兩讀，合注與疏爲一書，而疏之卷第遂不可考矣。……嘗見北宋刻《爾雅疏》，亦不載注文，蓋邢叔明奉詔撰疏，猶遵唐人舊式，諒《論語》《孝經》疏亦當如此，惜乎未之見也。日本人山井鼎云：足利學所藏宋板《禮記注疏》，有三山黃唐跋云："本司舊刊《易》《書》《周禮》，正經、注、疏，萃見一書，便於披繹。它經獨闕。紹興辛亥，遂取《毛詩》《禮記》疏義，如前三經編彙，精加讎正，乃若《春秋》一經，顧力未暇，姑以貽同志。"所云本司者，不知爲何司，然即是可證北宋時正義未嘗合於經注，即南宋初尚有單行本，不盡合刻矣。紹興初所刻注疏，初未附入陸氏釋文，則今所傳附釋音之注疏，大約光、寧以後刊本耳。今南、北監本，唯《易》釋文不攙入經注內，《公羊》《穀梁》《論語》俱無釋文。[1]

焦桂美、沙莎於上海古籍出版社二〇〇八年版《平津館鑒藏書籍記》卷首《標點説明》稱："在判斷元版《奇效良方》時，孫星衍即根據元人書中'詔''敕''上''命'等字俱提行寫的經驗，斷定該書爲元時所刊。"

九　據史實例

檢查史實與版刻時代是否相符也是鑒定版本的方法之

---

[1]《十駕齋養新録》卷三《注疏舊本》。

一。謝國楨爲王重民《中國善本書提要》寫的序説："有三兄
（王重民）讀書，做事皆極爲認真，所以他著的提要，對於書籍
的内容，主要的篇章，當時社會政治經濟的情況，與所交往的
人物，所談的都是確鑿有據，言之成理。尤其是有三兄湛深精
思，考訂事物版本具有真知灼見。如我藏有一本繆荃孫批校
宋朱彧著《萍洲可談》，經他和覺民兄（向達）審閲，認定是一個
僞本，但確是宋人所著的另一部筆記。這樣，既糾正了前人之
失，又在宋人筆記中多發現了一部新的著述，實在是一件發潛
彰幽的益事。"下面我們就看看王重民是怎樣將《萍洲可談》鑒定
爲僞本的。他説：

> 卷端有無惑（引者案：朱彧字無惑）自序，首句云："嘉祐
> 五年（一〇六〇），餘解紹倅歸。"餘當爲余字之誤。考《宋
> 史》卷三百四十七，無惑父服熙寧間始成進士，則嘉祐五年，
> 服僅二十上下，無惑或尚未出世，焉得有"解紹倅歸"之事？
> 及檢閲全書，如記李易安卒後事，則又覺太晚（自嘉祐五年
> 至易安之卒約近百年），而最末一條，記寶祐四年（一二五
> 六）事，自著書至記事所止，相距約二百年，爲必無可能之
> 事，遂不得不疑其僞作矣。[①]

書賈也常采用掩蓋事實的方法來作僞。屈萬里、昌彼得云：

> 書賈欲將後代編刊之書，以充舊刻，往往將書中所叙後
> 代史事或人名割裂挖改。如"中央圖書館"明初建刊黑口本
> 《歷代道學統宗淵源問對》，前題"後學臨川恕軒黎溫編集"。
> 卷二叙孔子襲封之裔，至五十九代孫孔彦縉。而於五十七
> 代孫孔希學，五十八代孫孔鑑兩節，均多所割裂。按彦縉襲

[①]《中國善本書提要》子部小説類。

封，已逮永樂年間。希學之襲封，殆亦已入明。希學、鑑、彥
縉等襲封之年，原書必曾明著；上文於宋元所封各衍聖公，
均明著襲封年代，可證。書賈欲充元刻，故將希學等襲封年
代挖去。①

十　據科研價值例

學者們往往根據科研價值來鑒定版本，其眼光常高於一般
藏書家。如盧文弨《題賈長江詩集後》云：

　　明海虞馮鈍吟有評本，長洲何義門得之稱善。其字句
蓋遠出俗本之上，如云：“十年磨一劍，霜刃未曾試。今日把
示君，誰爲不平事。”今本作“誰有不平事”。鈍吟云：“誰爲
不平，便須殺却，此方見俠烈之概，若作誰有不平，與人報
讎，直賣身奴耳。”一字之異，高下懸殊，舊本之可貴類若是，
余得此本，因臨寫之，令後生知讀書之法。②

又鄭振鐸談到他一九五七年六月二日，農曆端午節，驅車
到中國書店訪書，“見有嘉靖本《萬首唐人絕句》，大喜欲狂，即
以半月糧購之”。並說：“此書常見者爲萬曆趙宧光刊本，然多
所改易，與原本面目全非。此嘉靖本是從宋本翻雕者，最爲罕
見。近來影印本即借北京圖書館所藏此本付照。予方從事唐
詩版刻考證，乃不能不收入之。”③亦從科研角度判斷版本價值
之一例。

---

① 《圖書板本學要略》卷三《鑒別篇》。
② 《抱經堂文集》卷一三。
③ 《西諦書目》附《西諦題跋》。

第九節　題識與藏印

　　這裏所謂題識，是指藏書家或其他人在一些書籍的卷首卷末或書的前後副葉上所寫的題跋識語，[①]其内容一般介紹書的版刻時代、内容正誤、收藏源流並獲書經過。因爲這些藏書家及其他題識撰寫者一般都具有豐富的目録版本學知識，他們鑒定的成果歷來爲言版本者所重視。

　　繆荃孫《甕圃藏書題識序》云："其題識於版本之後先，篇第之多寡，音訓之異同，字畫之增損，授受之源流，繙摹之本末，下至行幅之疏密廣狹，裝綴之精粗敝好，莫不心營目識，條分縷析，跋一書而其書之形狀如在目前。"謝國楨序王重民《中國善本書提要》也説：

　　　　故友趙萬里先生嘗對我説：顧（廣圻）批、黄（丕烈）校、鮑（廷博）鈔的書籍和他們所著的題識之所以可貴，因爲書籍經他們考定版刻的年代，評定真僞和當時獲得此書的情況，則此書的源流全都表現出來，給後人讀書或校刻書籍以不少的便利。

正因爲如此，所以人們都十分珍視名家的題識，周叔弢曾談到他獲得已佚的黄丕烈題跋的欣喜之情：

　　　　宋刻《監本纂圖重言重意互注點校毛詩》，士禮居舊藏，

---

① 這和書商所撰、内容近乎廣告、刻在書的前後的題識不同。後者葉德輝將其歸入牌記，見《書林清話》卷二《翻板有例禁始於宋人》。

原有黃蕘圃手跋，不知何時佚去。江劍霞氏曾見原跋於趙
靜涵家……今年春正月北平書友王揖青忽郵寄黃氏《毛詩》
手跋兩通，蠹痕宛然，正此書所佚者，其徒喬景熹新得之蘇
州，當從趙氏散出。合浦珠還，爲之大喜過望，亟命工補綴，
裝之首冊；雖索值奇昂，亦不遑諧價矣。[1]

今録黃丕烈題識一則爲例：

唐女道士《魚玄機詩集》，陳氏《書録解題》載其名，其書
則未之聞也。癸亥（一八〇三）閏餘之月，五柳主人以書棚
本《朱慶餘詩集》易余番錢十圓而去，謂是蘭陵繆氏物，且聞
其多宋刻小種，皆善本，惜遲遲散出，大都爲居奇計。余亦
利其有，故於其始出也，不惜以重直艷之。既而五柳主人云
有《魚玄機集》，亦宋本也。余聞其名，急欲一覯，適五柳主
人出弔海寗，遷延不獲見所謂《魚玄機》者，方悵然若有所
失，忽從他處遇之，即此《唐女郎魚玄機詩集》也。書僅十二
葉耳，索白銀八金，惜錢之癖與惜書之癖交戰而不能決，稽
留者數日矣。至是始許以五番售余，可云快甚。而後乃令
“百宋一廛”又添一名書，好事之譏，余竊自哂。此集無別本
可對，偶取洪邁《唐人絶句》，韋縠《才調集》本證之，題句亦
互異。蓋洪、韋本俱宋刻，而彼有不同於此者，可知宋時亦
非一本，烏能執而同之耶？遂用別紙條載其後。是本出項
墨林家，尤爲可寶。朱承爵字子儋，據《列朝詩集小傳》，知
爲江陰人，世傳有以愛妾換宋刻《漢書》事，其人也好事之尤
者。唐女郎何幸而爲其所珍重若斯。沈勁寒不知何人。茶
僊一印，更不知其姓與名，俟博訪之。嘉慶八年（一八〇三）

---

[1]《蕘翁藏書題識》，載《文獻》一九八〇年第三輯。

三月望春盡日挑燈讀畢書。黃丕烈。

　　　茶僊一印，是義門先生圖章，辛未仲冬獲觀，因附誌
於此。[①]

這則跋文寫得極有情致，讀來頗覺親切，也使人感到藏書家聚書
之不易。

　　再如南京大學館藏《新城縣新志》十册，未著纂修者姓名。
其第一册末葉有施廷鏞題識云：

　　　新城縣新志，稿本，無纂修人姓名及年份。此稿《詩徵》
後，附有全書目録，共十八卷。……現存有職官、選舉、人
物、列女、金石、藝文六門，已非完書矣。經與民國廿四年乙
亥（一九三五）王樹枏纂之《新城縣志》相校，如金石門《特建
紀伽藍功德幢記》末句，初爲"洵有保存價值云"，復易爲"若
有鬼神呵護者，後之人其善爲保存焉"，而王《志》悉如所易
之文。……原有《五次修志録》，在此稿《詩徵》後，批有"由
此處將五次修志姓名序跋各篇取出"之句，是此段不存之
因。王《志》卷首有新城王樹枏序，在序後附有識語謂："《新
城續修縣志》，初爲雄縣劉君崇本所纂輯。去歲書成，衆論
紛紜，教育局長宋樂山仁齡持其稿就正於余，堅請重新編纂
以成巨製。"據此種情況，可以斷定爲王《志》所據之稿本。
王《志》纂於民國廿四年，識語謂劉君崇本纂輯，去歲書成，
則此稿當爲民國廿三年（一九三四）劉崇本所纂矣。

這篇識語考出了該志的作者、寫作時間、版本性質、幫助人們認
清了它的本來面貌。

　　名家題識不僅有助於我們鑒定版本，而且也提高了書籍本

---

① 《蕘圃藏書題識》卷七。參看圖版三十一。

身的價值。國家圖書館善本組輯《觀堂題跋選録》,序云:

> 　　王國維先生一生對史學、詞曲、文字學、考古學以及古
> 書版本學等,都有很深的造詣。先生去世以後,他的一部分
> 藏書歸於北京圖書館。先生生前,對這部分書曾用過許多
> 本子手自勘校,並從學術體系、版本源流等多方面,對各書
> 做了考證,親手寫成題跋,識於書後,因使這部分圖書的學
> 術價值、資料價值以及版本價值,都顯得格外珍貴。①

王氏題識,本編第四章第六節論校本已録一例,可參看。又如南
京大學圖書館藏紅格舊鈔校本《澹生堂書目》,鈔寫的字比較差,
但首頁有"觀古堂"鈐印,並有顧千里、鈕樹玉的識語。顧千里識
語云:"此吾亡友袁壽階家物也,丙子(一八一六)春見之揚州坊
間,慨嘆購歸,因漫記帙首。思適居士。"鈕樹玉識語云:

> 　　嘉慶丙子夏自吳門來廣陵,澗薲(引者案:顧千里號)出
> 示此本云:"於市肆購得,係故友袁綬階家藏書也。"適有別
> 本,屬對一過。別本甚疏略,不若此本之詳備,兹悉録於上,
> 以見此本遠勝也。六月十六日清晨校畢。鈕樹玉識。

　　觀古堂是葉德輝藏書樓,顧廣圻、鈕樹玉、袁壽階、葉德輝皆
爲清代著名學者和版本專家。此本經他們鑒定和收藏過,其價
值立顯。

　　藏書家還有一個傳統,就是喜歡在自己所購書的卷端或卷
內鈐上藏書印。② 此事起源甚早,唐王建《宮詞》云:"集賢殿裏圖
書滿,點勘頭邊御印同。真迹進來依數字,别收鎖在玉函中。"③

---

①載《文獻》第九輯。
②參看圖版十三、二十九。
③《全唐詩》卷三〇二。

從藏書印中，我們可以瞭解到該書曾被哪些藏書家鑒藏過，版本的時間下限當早於藏書家收藏時間，因此人們往往也通過藏書印來鑒定版本。

黃丕烈於所藏《唐求詩集》一卷題識云：

> 泰興季振宜滄葦氏珍藏。此宋刻《唐求詩集》與宋刻《茅亭客話》同得於友人顧千里，云是桐鄉金諤嚴家物而散入他人手者也。從前諸藏書家目錄不多見，惟延令季氏書目於唐詩八家條下列其名，今卷中有"季振宜字詵兮號滄葦"一印，"季振宜藏書印"，又有"泰興季振宜滄葦氏珍藏"墨書一行，其即延令季氏書目中物無疑。卷端有長方印甚古，惜其文莫辨，似三字，僅末"山"字可識。此外如"危氏大樸與之印""陶盧顧湄之印"共四印，皆表表可見者。惟"紫薇館"印不知誰氏。通卷僅八葉，而收藏自元明以來皆知寶貴，宜其珍祕如斯。[①]

黃氏從藏書印判定該書爲季振宜書目所著錄，並爲元明以來歷代藏書家所珍藏，因此該宋本書的價值得到了確認。

正因爲識語與藏書印對鑒定版本十分重要，所以也出現了書估僞造識語與藏書印的現象，藏書家稍不留心就會受騙上當。例如：

> 《巴西文集》，不分卷，元鄧文原撰。此書不見刻本傳世，各家所藏皆鈔本。上海圖書館藏有清鮑廷博批校本，而其他藏本也多著鮑氏校字，並在卷尾題識云："前借鈔振綺堂所藏《巴西文集》，頃觀新倉帶經樓本，計八十餘篇，始悉汪氏藏本未稱完善，尚有缺憾。今托友人重借帶經樓本付

---

① 《蕘圃藏書題識》卷七。

手民補録,庶後之庋藏家得窺全豹,豈非快事? 乾隆四十年
(一七七五)乙未夏四月,以文鮑廷博謹識。"並鈐"以文"朱
文長方印,正文首鈐"遺稿天留"朱文方印,"知不足齋鈔傳
秘册"方印。題識並非鮑氏手迹,而印章皆係偽作。知見藏
有此作偽鈔校題識本者,有科學院圖書館、歷史研究所、考
古研究所、清華大學、北京師範大學、南開大學、中山大學等
十餘處。紙格全同,字亦同出一家鈔工之手,文字略有出
入。有的另有金德輿跋,也是偽造。證假爲真,而皆金鑲玉
裝,當爲書估所爲。當時曾獲高利。各家都按鮑氏校跋著
録,采進時似已受騙,鑒定此類題跋校抄本,尤感費力。[1]

再如陳乃乾所談的一則書林軼事:

光緒末年,杭州文元堂主人楊耀松以六十元從塘棲購
得舊書兩大篋。啟篋檢視,但見每册皆蠅頭小字批注滿幅,
而無一棉紙書,大爲失望,以爲無利可獲矣。他日試以數册
示京估,每册索十元,京估欣然受之。嗣後北京人相繼追踪
而來,索購有蠅頭小字之書;傅沅叔亦派專人來杭,所獲較
多,兩月之間,銷售一空,獲利兩萬餘金,楊氏以此起家。事
後,始有人告耀松曰:"爾所售去蠅頭小字書,皆勞季言批校
本也。若持至京滬,每册當值百元以上。"耀松大爲悔恨,因
偽刻勞氏藏印,苟得刻本稍舊而有批校者皆鈐之,如是數
年,鈐偽印者皆得善價。[2]

陳乃乾還記載:"古書流通處亦嘗偽刻抱經樓[3]等藏印,且雇

①《古籍版本鑒定叢談》第十章《古籍版本中偽本的鑒定》。
②《上海書林夢憶録》,載《中國現代出版史料》甲編。
③抱經樓,清鄞縣盧址書樓名。

鈔胥三人，每日以舊棉紙、桃花紙等傳鈔各書，鈐印其上，悉售善價。”①由此可見我們在利用題識與藏印鑒定版本時，也存在着一個辨僞問題。

第十節　著録情況

前人在鑒定版本方面做過大量工作，並運用版本目録的形式總結了他們的鑒定成果。版本目録除著録書名、卷數、册數、作者、版本外，往往還兼記牌記、刻工、諱字、版式、序跋、藏印等。② 像這樣的目録對我們鑒定版本當然具有很高的參考價值，今舉王重民《中國善本書提要》經部易類一目爲例：

> 周易玩辭十六卷
> 　　八册（《四庫總目》卷三）（北圖）
> 　　宋刻本〔十行二十字（二十點三乘十四點九）〕
> 　　宋項安世撰。按是書今惟有通志堂刻本，通志堂本翻元大德本，大德本當即從此本出。余持校通志堂本數葉，見其差誤甚多，益知此本之善。卷内有“延古堂李氏珍藏”“讀易樓圖書記”“醒齋真監”“白石山房書畫之印”等印記。
> 　　自序〔慶元四年（一一九八）〕

人們在鑒定版本時都十分注意前人目録著録情況，略見本編第一章第二節引孫慶增之説。吳焯曾記朱彝尊竊録錢曾《讀

①《上海書林夢憶録》，載《中國現代出版史料》甲編。
②詳見目録編第三章第三節及第七章第五節。

書敏求記》的經過云：

> 錢遵王（曾）此《記》六百有一種，皆紀宋板元鈔及書之
> 次第完缺，古今不同……書既成，扃置枕中，出入每自携。
> 靈蹤微露，竹垞謀之甚力，終不可見。竹垞既應召，後二年，
> 典試江左，遵王會於白下。竹垞故令客置酒高宴，約遵王與
> 偕。私以黃金翠裘予侍書小史啟鑰，預置楷書生數十於密
> 室，半宵寫成而仍返之。①

這一傳說不盡可信，但却證明《讀書敏求記》的受到重視，而這又
是因爲"遵王此書，述著作之源流，究繕刻之同異，留心搜討不遺
餘力，於目錄書中洵爲佳著"②，被當時人視爲"好古者之梯
航"。③　繆荃孫序《四庫簡明目錄標注》也説，光緒丙子（一八七
六），他見到《四庫簡明目錄標注》"大喜捧歸，覓人錄副，小小訛
脱，見即訂正，並就所見書目，添注眉頭，藏諸篋中，以作枕祕"。④
學者們搜集目錄並加批注的目的之一是便於鑒定版本。

　　曾經目錄著錄是版本鑒定的依據之一。謝國楨《春明讀書
記》於國家圖書館藏南宋大字本《詩集傳》二十卷云：

> 按是書爲南宋刻大字本，每半頁七行，行十五字，注同。
> 白口，上有大小字數，下有刻工姓名，白麻紙印，紙白版新，
> 大字悦目，爲海寧吳騫舊藏，後有吳兔床拜經樓識。陳振孫
> 《直齋書錄解題》及《宋志》俱作《詩集傳》二十卷，《詩序辨
> 説》一卷。此書自元延祐定科舉法，用以取士，遂有元延祐
> 重刻本，流傳至廣，坊間翻刻本始多，併二十卷爲八卷，並删

---

①《讀書敏求記》吳焯跋。
②《讀書敏求記》阮福序。
③《讀書敏求記》沈尚傑序。
④載《增訂四庫簡明目錄標注》卷首。

去《詩序辨説》不載，已失其原書面貌，此爲宋刊，極爲可珍。①

按語除提到該書在書口、紙張等方面具有宋版特徵外，還特別從收藏和著録情況確定它爲極可珍貴的宋刊本。

書估作僞往往也能利用目録識別出來。苦竹齋主《書林談屑·吳門訪書》有云：

> 文學山房在護龍街，從外表觀之，尚能保持舊書店之本來面目，惟營業亦極清淡。聞近日售書與無錫江南大學，稍獲濟窘之資。主人江姓，沉默寡言，應對謙謹，惟店夥喜僞作舊刻，私造古今藏書家名章，薰染紙色，改頭換面，矇混顧客。凡與往還者，咸懷戒懼之心。……余訪該肆，主人出示目録一本，首列宋板《諸儒校正唐書詳節》六十卷，黑口、黃紙，每半頁十四行，行二十四字，欄綫上有每事標題，又帝紀、列傳俱記其名位於欄綫之左，宋諱缺筆，有海源閣楊氏藏書印，余試細審其紙質與書法，即疑非宋刻，及查海源閣楊氏書目，果無此書，藏書印記顯屬僞造。從各家目録考之，可斷其爲元刻《十七史詳節》本也。②

從目録的著録情況還可以看出書籍流傳的多寡，從而判定書的價值。周叔弢於所藏《牧萊脞語》二十卷、《二藁》八卷題識云：

> 臨清徐梧生祭酒，以藏書之富聞於世，平居矜惜，不輕示人，其書之存定興者，歿逾十年，丁卯秋悉爲書估李文傑所得，凡數千種，乃皆尋常習見之書，惟《牧萊脞語》二十卷、

---

① 載《文獻》第一輯。
② 載《中國現代出版史料》丁編。

《二藁》八卷，影元精鈔，諸家書目多未著録，只見《四庫全書》存目（知不足齋藏書），及曹氏《静惕堂書目》（作陳仁子《叢脞語》，蓋誤）而已。余遂以重值收之。沅叔三丈聞此書歸余，亟假傳録，亦可見其難得而可貴矣。①

特別是那些有解題的善本目録對鑒定版本的價值尤大。黄丕烈在一則題識中談到他曾受到錢曾《讀書敏求記》的啟發：

孟子注疏解經十四卷　舊鈔本

　　是書於辛亥（一七九一）歲，從學餘書肆中得來，始余於肆中見是書，携歸繙閲，見有殘缺，心不甚喜，因還之。復偶檢錢曾《讀書敏求記》，其所載《孟子注疏》十四卷，“是叢書堂録本。簡端五行爲鮑翁手筆。古人於注疏皆命侍史繕寫，好書之勤若是，間以建本、監本校對蹐謬脱落，乃知鮑翁鈔此爲不徒也”云云。方悟所見之本爲也是翁家故物，亟往索之，云已携至玉峰書籍街去矣。迨至書船返棹而是書依然在焉，甚喜。携之歸，其爲叢書堂録本無疑。至卷中鈔寫不全，想係照宋刻録出之故，容俟暇日取他本校對以徵此本之善。噫，遵王所藏，曾幾何時而已入書賈之手，豈不可惜！然猶幸余之因《敏求記》中語而知是書而寶之，不亦快哉。壬子（一七九二）九月四日，命工重裝，書此數語於後。黄丕烈。②

需要注意的是目録著録也有不盡可據的，這是因爲有的版本鑒定有誤，有的則由於某些藏書家爲了提高自己藏書的聲價而故意將明清刻本著録爲宋元刻本。葉德輝云：

---

①載《文獻》一九八〇年第四輯《荛翁藏書題識》。
②《蕘圃藏書題識》卷一。

《天禄琳琅後編》所載宋版書，不如《前編》之可據。如卷四之《史記集解索隱正義》一百三十卷，目録後印校對宣德郎祕書省正字張耒八分書條記，因定爲元祐時槧。此書不見於各家書目，宋時官刻書又無此體式。其用八分而不用真書，正以掩其詐耳。①

魏隱儒、王金雨也説：

《選編省監新奇萬寶詩山》三十八卷，明葉景逵編，明宣德四年(一四二九)葉氏廣勤堂刻。陸心源皕宋樓舊藏。書商將前序"宣德四年"四字挖去，而保留末題"著雍作噩重九日"的莆陽余性初序。按干支推算，著雍在戊，作噩在酉，戊酉不相值，著雍和屠維字形相近。屠維作噩爲己酉，即宣德四年(一四二九)。僅僅憑序斷年，不去考慮字體、紙張等其他條件，往往發生問題。錢謙益《絳雲樓書目》、季振宜《秘本書目》、郁松年《宜稼堂目》、潘祖蔭《滂喜齋藏書記》、莫友芝《宋元本經眼録》、陸心源《皕宋樓藏書志》等都著録爲宋本。於是以訛傳訛，貽誤後人。②

藏書家爲了提高自己藏書的聲望，在著録時故意升高版本時代的代表人物要算陸心源。葉德輝云：

藏書固貴宋元本以資校勘，而亦何必虛僞。如近人陸心源之以皕宋名樓，自誇有宋本書二百也。然析《百川學海》之各種，強以單本名之，取材亦似太易。況其中有明仿宋本，有明初刻似宋本，有誤元刻爲遼金本，有宋版明南監

---

①《書林清話》卷十《天禄琳琅宋元刻本之僞》。
②《古籍版本鑒定叢談》第十章《古籍版本中僞本的鑒定》。

印本,存真去僞,合計不過十之二三,自欺欺人,毋乃不可。[1]

由此可見,我們在鑒定版本時需要查考目録,但又不應迷信目録。

書籍的各種情況當然主要是由目録來著録,其版本情況則主要由版本目録來著録,但除此之外,它如題跋、日記、書信、札記、詩文集及詩話中也每有涉及書籍版本的。它們可以作爲版本目録的補充,鑒定版本時也應廣泛搜采,加以利用。[2]

第十一節　別本比勘

在鑒定版本的過程中,用別一相同或相關的本子比勘是最可靠、最有説服力的方法。杜信孚在《明代版刻綜録·自序》中云:

> 清丁丙《善本書室藏書志》《盋山書影》,其中將《四書輯釋通義大成》定爲元刻本;余見《中庸》序後有挖改痕迹,經反復研究,定爲明正德(案:當作"正統")庚申年熊氏進德堂刊本。嗣後覓得同書比對,爭議始息。甚矣,版本鑒定之難也。

比勘之法,用途甚廣,大體説來,有下列各點:一是可知某本源流。如錢曾云:

> 韓諤歲華紀麗七卷

---

①《書林清話》卷十《近人藏書侈宋刻之陋》。
②參看本編第七章第四節、第五節。

此是舊鈔，卷中闕字數行，又失去末葉，無從補入。後見章丘李中麓藏宋刻本，脫落正同，知是此本之祖。蓋因歲久，墨敝紙渝，字迹不可捫揣，故鈔本仍之耳。[①]

又王重民《中國善本書提要》史部編年類於《新刊憲臺考正宋元通鑑全編》二十一卷云：

原題：“巡撫四川都察院右副都御史宛陵徐元太，巡撫四川監察御史天雄赫瀛、豫章陳瑠同校。”題銜版式，均與曹樓校刻《少微通鑑》相同，知爲同時所刻者。余曾取《少微通鑑》舊本校之，文字與評語不盡相同，然疑大致本於正德間司禮監校刻本。今於《宋元通鑑》，余既得北京圖書館藏景泰間所刻劉剡原本，又有美國國會圖書館藏司禮監原本，並置案上，而始真知司禮監百分之九十九用劉剡原本，而此本注語評語，增於司禮監本者甚多，史文則幾無增損也。

二是可知某本之優劣。錢曾《讀書敏求記》卷四於《笠澤叢書》二卷《補遺》一卷云：

《叢書》爲陸魯望臥病松陵時雜著。元符庚辰（一一〇〇）樊開序而鏤諸板。政和改元，毗陵朱衮又爲後序刊行，止分上下二卷，補遺一卷。今人所抄元時刻本，已釐爲甲、乙、丙、丁四卷，詮次紛亂，兼少《憶白菊》《閑吟》二絕句，非經讎勘，無復知此本之善矣。

又傅增湘《藏園群書經眼錄》卷一於明嘉靖十八年（一五三九）薛來芙蓉泉書屋刊本《韓詩外傳》十卷的按語云：

此書通津草堂所刻最稱善本，刊手亦最精。然余曾臨

---

①《讀書敏求記》卷二。

黄蕘圃校元本,則通津本誤字最多,而此本乃往往與元本合。乃知古書非比勘不知其優劣,未可據耳食爲定論也。

三是可知某本之真僞。施廷鏞云:

> 有書估以《振雅雲編》來售,驟見之是一部從未見著録的叢書,亟欲收之,即以全書與其卷端總目相對,種數悉合,但總目與書内字體差别很大,而版心上魚尾下"振雅雲編"四字,顯然是用木戳加蓋,墨色濃淡也不一,疑非真本。按它總目所列各書,均見於《百川學海》,而字體又似明弘治十四年(一五〇一)無錫華珵仿宋刻本,經檢書相對,乃知係華刻《百川學海》的殘本。若不細加審察,則受其欺騙了。[1]

又清秦更年於《楚辭章句》題識云:

> 《楚辭章句》十七卷,明隆慶辛未豫章夫容館重刻宋本,最爲精善,而傳世甚稀。往日在湘中見一本,爲葉郋園從子定侯購去。余後十年客居上海,始求得之,亦可謂難矣。……葉氏所得本,頃定侯來申,携在行篋,因從借歸,對讀一過。彼本首有王弇州(世貞)序,無書刻人姓名,宋諱皆缺筆,驟觀之,似若迥異,及驗其字之點畫,與夫邊欄格綫,自首徹尾無一不合,但印本彼略在後耳。然後知此書初印本,無序,有刻書人姓名,宋諱不缺筆,迨後增入王序,鏟去刻書人姓名,又將宋諱字末筆鏟去。惟沅、元等字亦缺筆,非以偏旁嫌也。似"沅""元"字無所用其闕避,殆鏟削之誤歟?要之,兩本實係一版,非有二刻也。森立之兩本並載,而不知爲一版,當係先後寓目,非若余之同几對勘,此版本

---

[1]《中文古籍版本簡談》四《版本的鑒别》之六《辨僞》。

之所以貴驗目也。①

有些人將他人著作改頭換面，攫爲己有，這也是一種作僞，經過比勘同樣能發現。王重民《中國善本書提要》史部傳記類於《聖門志》六卷云：

> 原題："海鹽吕元善纂輯，上海杜士全、江寧顧起鳳參考，兄吕元美、侄吕濬編次，男吕兆祥、孫吕逢時訂閲。"卷一附啟、禎間請崇祀吕元善名宦鄉賢等案牘，及孔胤植撰《吕公墓誌銘》、孔貞叢撰《墓表》、賀萬祚撰《行狀》、岳元聲撰《吕兩公傳》等。按是書蓋纂成於天啟間，刻入《鹽邑志林》。原刻六卷，後印本删改爲五卷。此本亦就《志林》本删改而成，然其刷印時間尚在五卷本之前。此本所改換者，僅每卷卷端一兩葉，字體瘦小，行款亦與《志林》本異，而未改換葉，則字體行款莫不相同。《志林》本刻成於天啟四年（一六二四），其改換版片似在崇禎三年（一六三〇）以後，故此本竄入天啟四年至崇禎三年事迹。蓋刻《志林》之樊維城氏，自謝縣職以後，書版仍留縣署，吕氏爲海鹽望族，兆祥因得改換題銜，另印單本，謂爲家刻矣。

四是能發現目録著録版本的錯誤。魏隱儒、王金雨云：在古籍版本鑒定工作中，除常遇到的由於舊時坊肆書估牟利做些手脚的僞本而外，還會遇到由於歷史上藏家的疏忽或見聞所限而著録致誤，以致相沿很久未能糾謬。建國以後，不少個人藏書歸藏國家，因而有條件對照勘查，從而發現歷來著録錯誤之處。②瞿冕良也説：

①《古籍版本鑒定叢談》第十章《古籍版本中僞本的鑒定》。
②參看《古籍版本鑒定叢談》第十章《古籍版本中僞本的鑒定》。

行款歧異，不見原本，固不能武斷其爲誰是也。應雲鸞刻王安石《臨川王先生荆公文集》一百卷，《邵目標注》(引者案：指邵懿辰《四庫簡明目錄標注》)稱十一行二十一字，然《明代版本圖錄初編》書影乃十二行二十字，吾於是知邵目之誤。尹家書籍鋪刻徐度《却掃編》，《藝風藏書續記》卷二注十行十八字，然《古書叢刊》影印本乃九行十八字，吾於是知繆氏之誤。但黃省曾刻陶宏景《貞白先生陶隱居文集》二卷，《邵目標注》稱八行十六字，《杭州大學善本書目》稱九行二十字……非目擊原書或其書影，此疑終不能釋然於懷也。①

五是通過比勘還能發現相似版本的細微差別，從而有助於鑒定工作。如《紅樓夢》一百二十回，有乾隆五十六年出的程甲本和乾隆五十七年出的程乙本。“乙本後印，傳世較多，售價較低；甲本傳世日稀，售價較昂。書肆好利者，嘗將乙本《引言》抽掉，冒充甲本出售，以索高價，牟取厚利。甲乙兩本雖然多處不同，檢查起來亦感吃力。經驗中認爲區別處最容易而確切的根據是：第一回的回字，程甲本作‘囬’，程乙本作‘囘’。又如目次第七回程甲本作‘寧國府寶玉會秦鍾’；程乙本作‘宴寧府寶玉會秦鍾’。正文第十四回，程甲本作‘林如海捐館揚州城’；程乙本作‘林如海重返蘇州郡’。以此參照，辨明甲乙則不難矣。”②

正因爲比勘是鑒定版本最科學的方法，所以我們在鑒定版本時應盡可能找相同版本，或影印本、書影以及其他有關版本來進行比勘。

---

①《版刻質疑·行款》。
②《古籍版本鑒定叢談》第十章《古籍版本中僞本的鑒定》。

第十二節　綜合考辨

爲什麼要綜合運用各種方法來鑒定版本呢？

首先，古籍浩如烟海，經過了漫長的累積和發展過程，存在着各種各樣的複雜情況，又從無統一的記録版本的制度和規定，這在客觀上給鑒定版本造成了困難。

其次是書估作僞，人爲地給鑒定版本增加了許多麻煩。他們常用的伎倆有改牌記、抽序跋、换年號、挖目録、易書名、重裝訂、染紙使呈舊色、僞造名家題識、剔除筆劃以僞造諱字、在書口扣填年號等。連一些經驗豐富的藏書家都難免上當。"如葉德輝刻覆宋本《南嶽總勝集》，賈人染色改裝，以繆荃孫這樣的大賞鑒家，也竟誤識爲真宋版，一時傳爲笑柄。"[1]所以我們鑒定版本不能不時刻注意，多方研究。

再次是我們介紹過的鑒定版本的方法，任何一種都有局限。就拿利用牌記鑒定版本來説，坊刻本、家刻本多有牌記，而官刻本一般没有牌記；翻刻本照樣覆刻原有牌記，書估作僞往往挖改牌記。

鑒於以上情況，我們只有綜合運用各種鑒定版本的方法，才能做出正確的判斷。不少人根據自己的實際經驗談到過這一點，如毛春翔説：

> 鑒別宋刻，我始終認爲要每一特點都要注意到，一點對了，再看另一點；另一點對了，更看其他各點；各點都對頭，

---

[1] 王欣夫《古文獻學要略》第三章《版本》十《鑒別版本的方法》。

再參考名家書跋，才能作出最後決定。例如字體刀法對了，看紙色；如果竹紙印的，其簾紋是否有兩指寬；如爲羅紋紙印的更好；若爲皮紙印的，看紙是否厚實；若是紙背印的，那就最爲可靠了；又據明陳繼儒《太平清話》說："宋紙於明處望之，無簾痕。"是辨宋紙之一法。墨色是否香淡，一聞便悉；墨如點漆的，總是極少遇到的。字體、刀法、紙張、墨色都對了，再看版式行款；又都對了，再看前後序跋，及有無牌記，或校勘銜名，有無前人藏書印記等等。這樣一步一步的審閱之後，再參考前人書目題跋，乃下斷語，大概不會錯了。日本人僞作的延喜十三年（九一三）本《文選》，唐天祐二年（九〇五）本《歸去來辭》，紙用寫經故紙，字樣集寫經舊字，活字排印，做得很巧妙，我國傳雲龍、黎庶昌都被他騙過（《古文舊書考》）。我以爲即據活字排印一點，亦可判知其僞，因活字發明在宋仁宗時，唐人尚未知活字印書法。傳雲龍一見寫經紙、經生體字，便驚喜欲狂，宜乎被騙。單憑一點或幾點，審別舊刻，鮮有不被騙的。[1]

　　下面就前人綜合考辨之法略舉二例。黃丕烈於《玄珠密語》十七卷題識云：

　　　　乙亥（一八一五）秋余養痾杜門，時郡中有託余轉購古書者，故書友之蹤跡日盈我門矣。託購者惟是宋元舊刻，一切舊鈔、名校，故余亦得藉是收得一二焉。七月小盡日，有書友告余曰：某收有舊鈔《玄珠密語》曾送閱乎？余曰："未也。"遂爲余言其詳，余即往購之。明晨，物主果以此書來，索番餅八枚，並爲余言某坊曾還直若干。又曾以新鈔本參

―――――――――

[1]《古書版本常談·如何鑒別版本》。

閲，知彼爲十卷，而此爲十七卷。其書較全，又未缺失處僅少一葉零。書估之博識如是，而於此書之何本，鈔手之何時，藏弆之何人，皆未有以知之，但知其舊鈔而已矣，舊鈔之必争高價而已矣。及一入余手，而本則定其爲《道藏》也，驗諸卷一卷二同卷而已矣。時則定其爲成弘也，驗諸欄格之闊黑口而已矣。人則定其爲名家也，驗諸書中之藏書圖記而已矣。及出《讀書敏求記》證之，知十七卷爲全。又驗諸《道藏》本目録，知卷一至十七共十三卷，蓋一、二同卷，五、六同卷，十一、十二同卷，十四、十五同卷，故又云十三卷。惟是坊間新鈔改爲十卷不知其由，文義亦微不同，故用他紙録此缺失者，本書仍以空格存其舊云。至於每篇叙次，此五行類《應紀篇》已下三篇，《道藏》目録在《地合運勝紀篇》後，似又岐異矣。[1]

黄丕烈爲了鑒定此書，采用了審内容、驗書口、辨圖記、查目録以及同别本比勘等多種方法，故能確定其版本。

又傅增湘《宋刊巾箱本八經書後》云：

　　宋巾箱本諸經正文，今存者，經凡《周易》二十二葉，《尚書》二十八葉，《毛詩》四十葉，《禮記》九十三葉，《周禮》五十五葉，《孝經》三葉，《論語》一十六葉，《孟子》三十四葉，蓋九經三傳之僅存者耳。每半葉二十行，每行二十七字，細黑口，左右雙闌，板心下方記刊工姓名，一、二、三字不等。補板則標明係刊换某板字。宋諱貞、恒、桓、慎、惇皆缺末筆，廓字不缺，寧宗以前刻板也。世傳宋巾箱本諸經正文，各家目録多載之，其行格正與此同，所謂行密如櫛、字細如髮者。

①《蕘圃藏書題識》卷四。

然簡端加闌上注字者，與此本異，且筆劃板滯，以視此本精麗方峭，真如婢學夫人矣。昔人指爲明靖江王府翻刻，殆非無見也。

憶十年前述古於賈得此書於山左舊家，余偶得瞥見，詫其板式有異，即知爲延令書目冠首之帙。嗣爲寒雲（袁克文）公子所收，關八經室以儲之。於時董君綬金、張君庾樓、徐君森玉特爲欣賞，展轉假得，留此影本，縅之篋中，匆匆數年，世事遷移，風飛雨散，原書流失，渺不可追。爰屬陶君蘭泉覆板行世，而諉余記其顛末，得已見書，如逢故人，益不勝中郎虎賁之感矣。

考景定《建康志·書籍門》，載五經正文有四：曰監本，曰建本，曰蜀本，曰婺本。歸安陸氏剛甫得世行小帙，即斷爲婺州刊本，謂與婺本重意《尚書》《周禮》相似。今此本結體方峭，筆鋒犀銳，是閩工本色，決爲建本無疑。明靖江本即據以覆本，而加上闌焉，故行格尺寸同，避諱之字亦無不同。至秦氏刻《九經》，則改爲半葉十八行，而面目迥異矣。此巾箱本諸經正文相傳遞邅之大略，願與海內識者共證之。丙寅十月，鳳阿丙舍書。[1]

在這則題記中，傅增湘通過計葉數、驗版式、檢諱字、徵目録、校版本、審字體、述源流等手段，將這部書的版本特徵描述得清清楚楚。余嘉錫云：

藏園先生之於書，如貪夫之籠百貨，奇珍異寶，竹頭木屑，細大不捐，手權輕重，目辨真贋，人不能爲毫髮欺。蓋其見之者博，故察之也詳。吾嘗聞其談板本異同，如數家珍。

有以書來者,望而知爲何時何地所刻,幾於暗中摸索,能別媸妍者。①

讀了《藏園群書題記》,我們也有同感。

因爲書估作僞時總要利用那些與宋、元刻本相似的書,所以在辨別僞本時綜合運用各種方法尤爲必要。下面我們就舉一個辨別以明初刻本僞作元刻本的例子。魏隱儒、王金雨云:

> 《增修附注資治通鑑節要續編》十卷,題"宋禮部員外郎兼國史院編修官臣李燾編,書林增入音釋批點校正重刊,大德甲寅朱氏尊德堂印行"銜名三行。前有元大德序,半葉十四行,行二十一字。字體、紙張,略似元末風氣。在著錄時若凭序斷年而不細審其他,則著爲元大德刻本。經查年表,大德並無甲寅干支紀年,從字體紙張看,又絕非大德刻本,可以肯定,確像明初刻本。再查宣德,確有甲寅干支,爲宣德九年(一四三四),繼而一再仔細審閱,發現銜名大德的"大"字是"宣"字所挖改,改後上鈐一閑文印章以資掩飾,僞裝巧妙,稍一疏忽即被瞞過。鑒定這樣本子是頗吃力的,此本現藏武漢大學圖書館。②

由於書籍不可避免地在許多方面表現出自己的時代、地區,乃至出版單位的特徵,所以綜合運用各種方法科學地鑒定版本,不僅是必要的,而且也是可能做到的。當然,要真正做到這一點,必須付出辛勤的勞動。

---

① 《藏園群書題記續集》序。
② 《古籍版本鑒定叢談》第十章《古籍版本中僞本的鑒定》。

第六章　非雕印本的區分與鑒定

古書可大分爲雕印本與非雕印本兩類。非雕印本又可分爲寫本與印本兩種。寫本包括稿本與鈔本，印本包括各種活字本與影印本。本章着重介紹非雕印本特有的一些鑒定方法，雕印本的鑒定方法可通於非雕印本者則從略。

第一節　稿本

書的原稿稱稿本。作者親筆寫的稿本稱手稿本，稿本經他人代爲繕清，又經著者校定，基本上不再更定的稱爲清稿本。有的文獻使用這些概念時，含義略有差異。如《中國古籍善本書目徵求意見説明》云：“本目中著録‘手稿本’，係作者親筆手寫，如原書係他人代鈔，而經作者親筆校改、删補者，著録爲‘稿本’，其無作者筆迹者，著録爲‘鈔本’。”

稿本的可貴之處在於它是書中文字的原始形態，是校勘工作最可靠的依據。清吴振棫云：“嘉靖間，錫山吕氏所藏朱子《論語·先進》一篇《注》稿真迹，凡二十五章，裝成四十二幅，筆勢迅疾,而遒勁如屈鐵。其塗竄處,與今本不同。"①可見通行本往往與稿本有差異。爲了理解著作的原始思想和面貌,我們在校勘時當然應當儘可能地依據稿本。吳則虞舉例説:

> 章太炎著《菿漢微言》(《章氏叢書》中有)稿本的發現,作用就很大。章太炎是反對袁世凱的,這本書是他被袁世凱關在錢糧胡同時寫的。有許多寫袁世凱的話,(刻本)都已删改,鬥爭劇烈的語句也都被改頭換面。稿本可幫助我們瞭解當時他的真實思想。②

所以從事校勘工作最理想的是能發現原稿。

　　從稿本中我們還可以看到作品修改的情況,從而能够瞭解作品思想性、藝術性提高的過程。例如魯迅《爲了忘却的記念》中有兩句詩,手稿原作"眼看朋輩成新鬼,怒向刀邊覓小詩"。後來將"眼"改爲"忍";"邊"改爲"叢"。這兩字之改更加生動地説明了當時白色恐怖的嚴重性,從而深刻地表現了作者的愛憎。再如宋洪邁介紹過的王安石改詩的故事:"吳中士人家藏其草,初云'又到江南岸',圈去'到'字,注曰'不好',改爲'過',後又圈去而改爲'入',旋改爲'滿',凡如此十許字,始定爲'綠'。"③從王安石手稿中,人們發現他經過反復推敲,終於找到了一個既能起動詞作用,又能收到形容詞效果的"綠"字。它給千里江南帶來了盎然春意。

　　以上是稿本對刻本所具有的校勘價值。至於未經刊刻的稿本,如果出自名家,或具有一定的學術水平,則價值尤高。例如清代著名學者焦循的未刊稿《毛詩草木鳥獸蟲魚釋》就是作者近

①《養古齋叢錄》卷七。
②《古舊圖書業務知識·古典哲學書籍的收購和發行工作》。
③《容齋續筆》卷八《詩詞改字》。

二十年的研究結晶。其自序云：

> 辛丑（一七八一）、壬寅（一七八二）開始讀《爾雅》，又見
> 陸佃、羅願之書，心不滿之，思有所著述以補兩家之不足，創
> 稿就而復易者三。丁未（一七八七）館於壽氏之鶴立堂，復
> 改訂之，至辛亥（一七九一）改訂訖爲三十卷。壬子（一七九
> 二）至乙卯（一七九五）又改一次，未愜意也，戊午（一七九
> 八）春更芟棄繁冗，合爲十一卷，以考證陸璣疏一卷附於末，
> 凡十二卷，蓋自辛丑至己未（一七九九）共十有九年，稿易
> 六次。①

這樣的稿本無疑是十分有用的。再如南京大學圖書館藏清徐衡
撰《東海公年譜》稿本〔圖版四十四〕，對研究清代著名人物徐乾
學當然是難得的資料。

有些名家的稿本往往采用統一的自印稿紙，例如南京大學
圖書館藏清錢國祥撰《式古堂詞譜證異》五卷，稿本五冊，其稿紙
爲十行緑格，白口，四周單邊，版心有"式古堂稿"四字；又藏清時
銘撰《掃落葉齋詩稿》一卷，稿本一冊，其稿紙爲十一行墨格，白
口，四周單邊，墨格下有"掃落葉齋詩稿"六字。這爲我們鑒定稿
本提供了依據。武酉山曾據汪辟疆先生稿紙等特徵購得先生手
稿《方湖日記》一冊，其跋云：

> 此冊日記，無作者姓名，亦無圖章，係一九六六年十月
> 二十四日以一角錢之代價購於莫愁路文雅書店。文雅主人
> 俞弼臣君告我：此冊日記係以廢紙之價購於挑高籮者。此
> 冊筆迹頗類《唐人小説》編者汪辟疆先生，又以日記多記與
> 黄季剛師交往，詩酒酬倡之樂。再者，汪先生別號方湖，此

---

① 見沈津《鈔本及其價值與鑒定》，載《四川圖書館學報》一九八二年第三期。

日記魚尾處印有"方湖日記"數字，故審之爲汪辟疆先生所記。[1]

　　稿本多有署名，無署名者則更有賴於序跋。不少稿本往往有作者自己或其他人寫的序跋。例如南京大學圖書館藏清錢國祥《乙仲氏詩集》稿本三册，即有清葉廷琯、潘鍾瑞、汪芑、劉禧延跋；清張祖同《湘雨樓詩抄》稿本三册，即有王先謙題詩、陳三立跋；清施浴升撰《金鐘山房詩存》稿本二册，書前有光緒壬午(一八八二)楊峴、汪芑、潘鍾瑞跋。人們正是根據這些序跋進一步確認稿本的主名的。有的稿本還鈐有印記足資鑒定，毛春翔云：

　　　　清稿本必須以印記爲憑，印記或用姓名，或用別號，或用齋名，其例不一。一九六〇年，浙館收到一部殘本鈔本書。收購時，憑卷端"律詩"二字作爲書名；不知律詩二字，僅僅是書中詩的分體的標題，而不是書名。此書的書名是《陶庵集》，全書有二十二卷，浙館只購得殘本一册。著者爲明末極有名的抗清殉國的英雄黃淳耀，而書中題名爲黃金耀，是年輕時的名字，後更名淳耀。淳耀，知道的人多，金耀，知道的就不多了。他號陶庵，書中有陶庵二字陰文印記，故審定爲清稿本。

　　　　又如明岳凌霄著的《綠蕭堂詩草》二册，書中無著者姓名，只鈐有印記二方：一"廣霞"二字，一"凌霄私印"四字。因著者曾官寧國，查《寧國府志·職官表》有岳凌霄其人，因此著者姓名，乃得肯定；又和書中印記對勘，知道是書爲清稿本，紙墨極舊，古香古色，至爲可愛。[2]

───────────

[1] 載《文教資料簡報》一九八一年第十二期。
[2] 《古書版本常談·如何鑒別版本》。

　　此外，還可以通過驗字迹的方式來鑒定稿本。稿本一般都有塗改的痕迹，如上海圖書館藏清顧千里撰《釋梧溪集訂訛》稿本，行間圈改處甚多；清孫星衍校集《漢官儀》稿本，眉上有批語，行間也有修改的符號。鈔本與稿本的差別，往往也會從字迹上反映出來。施廷鏞云：

　　　　曾有以明秀水馮夢禎《快雪堂日記》來售，說是馮氏手稿本。察其紙張，是用茶水漬染；審其內容，文義間有不暢者。因無別本據以校之，未能即斷其非手稿本，但其中訛誤之字，如"相待于錢塘門"之"于"字，寫爲"千"字；"偶日爲雌"之"爲"字，末無四點；"能呼茶留客"之"茶"字，寫爲"荼"字；"宋板文選"之"板"字，寫爲"扳"字；"桃花片"之"桃"字，寫爲"挑"字；又如"禪"字，寫成"襌"字⋯⋯諸如此類，比比皆是。果係馮氏手迹，豈有如此訛誤之理，顯然是不大識字，不通文義的鈔手轉錄，並非馮氏手稿，以之作爲轉鈔本，亦非佳者。類此情況，若不詳加審察，則受其愚。[1]

　　從上面的例子中也可看出，人們在實際鑒別稿本的過程中，常常兼及內容並綜合運用各種方法。

第二節　鈔本

　　除稿本外，凡手寫的書統稱鈔本。

　　鈔本可以根據鈔寫時代區分爲唐寫本、宋鈔本、元鈔本、明鈔本、清鈔本〔圖版四十五〕。民國以後的鈔本習慣上稱爲新鈔

---

[1]《中文古籍版本簡談》二《版本的種別》之七《稿本》。

本。那些年代難以確定的古代鈔本則籠統地稱爲舊鈔本。

將紙蒙在刻本上，照式摹寫，不差分毫，這樣的鈔本稱爲影鈔本。以宋刻本爲底本的影鈔本則稱爲影宋鈔本，以元刻本爲底本的影鈔本則稱爲影元鈔本。

明、清宮廷所鈔的書稱内府鈔本。明清私家鈔的書，可以姓氏爲稱，如毛晉汲古閣鈔的書可稱爲毛鈔本或簡稱毛鈔。

凡鈔本之書法工整而精緻的稱爲精鈔本。

在雕版印刷術發明以前，古書基本上是鈔本。我們介紹過的簡書、帛書就是鈔本的最初形式。例如在山東臨沂西漢墓發現的簡書《孫子兵法》《孫臏兵法》和在長沙馬王堆三號漢墓發現的帛書《老子》就是這種鈔本的現存實物。[①]

現存紙鈔本既早又有突出價值的是晉代人手鈔的《三國志》殘卷。晉以後，特別是隋、唐時期，我國的古書可以説是紙鈔本一統天下。從晉末至宋初紙鈔本的盛況，我們從現存三萬卷左右的敦煌卷子中可見一般。

宋以來雕印本盛行，但藏書家仍以鈔本彌補不足。如南宋著名目録學家陳振孫即藏有大量鈔本，宋周密云："近年惟直齋陳氏書最多，蓋嘗仕於莆，傳録夾漈鄭氏、方氏、林氏、吳氏舊書至五萬一千一百八十餘卷。"[②]元人也喜鈔書，但正如施廷鏞所説：

> 宋元鈔本見於藏書家目録者寥寥無幾。《菉圃藏書題識》有宋鈔《楊太后宮詞》，《錢竹汀日記鈔》有《司馬溫公集注楊子太玄》，《曝書雜記》有《天文會元占》，故宮博物院藏有宋許道琯書《大方廣圓覺修多羅了義經集注》。元人鈔

---

① 參看圖版六、十。
② 《齊東野語》卷一二《書籍之厄》。

本,《蕘圃藏書題識》著録有《書經補遺》《圖書見聞録》《策選》《刑統賦疏》《翰林珠玉》,故宮博物院藏有元趙孟頫書《心經》,並附仇英補像。[1]

　　明鈔本最重要的是《永樂大典》,全書正文二萬二千八百七十七卷,凡例、目録六十卷,裝成一萬一千零九十五册。參與其事的有兩千多人。此書當時僅鈔一部,嘉靖、隆慶間又録副一部。正本早已無存,何時散失,不詳。副本在乾隆間僅存九千六百七十七册,後又陸續散失不少。至光緒二十六年(一九〇〇)八國聯軍侵入北京時,大部分遭焚毁,剩下的多被帝國主義者劫走。後經國家圖書館歷年搜集,再加各方面贈送的共有二百十五册,此外還從國外圖書館和私人徵集到一部分複製本和照片,共得七百三十卷,於一九五九年由中華書局影印出版。

　　明代私家鈔書特別受到人們重視的是毛氏汲古閣。近人王文進《明毛氏寫本書目》著録了毛晉、毛扆父子兩代鈔書二百四十種,當時有人贈毛晉詩云“入門僮僕盡鈔書”[2],信非虛語。在毛鈔中,最受人們稱贊的還是影宋鈔本。《天禄琳琅書目》特辟影宋鈔本一類,並稱:“毛晉藏宋本最多。其有世所罕見,而藏諸他氏,不能得者,則選善手,以佳紙墨影鈔之,與刊本無異,名曰影宋鈔。一時好事家皆爭倣效。而宋槧之無存者,賴以傳之不朽。”在毛氏影響下,清初錢曾述古堂、黄丕烈士禮居、徐乾學傳是樓、汪士鐘藝芸書舍的影宋鈔本、影元鈔本質量也很高。

　　現存鈔本中最重要的莫過於清代編纂的《四庫全書》。據中華書局《四庫全書總目》影印組仔細統計,“收入《四庫全書》中的有三千四百六十一種,七萬九千三百零九卷;存目中的有六千七

①《中文古籍版本簡談》二《版本的種別》之六《鈔本》。
②滎陽悔道人《汲古閣主人小傳》,載《汲古閣校刻書目》卷首。

百九十三種，九萬三千五百五十一卷。這些書籍，基本上包括了
乾隆以前中國古代的重要著作（尤以元代以前的書籍收輯更爲
完備）"。①《四庫全書》曾繕寫八部，雖經兵火，至今猶存四部。
臺灣商務印書館及上海古籍出版社已將文淵閣本《四庫全書》全
部影印出版，將更好地發揮它應有的作用。國家圖書館所珍藏
的文津閣《四庫全書》之影印本，也由商務印書館于二〇〇八年
一月一日出版。

　　明清不少藏書家都有大量鈔本，因爲距今時間近，所以留存
多，影響也比較大，我們將在下文中提到。

　　許多學者和藏書家都認爲鈔本之貴重僅次於宋本。如明胡
應麟云："凡本，刻者十不當鈔一，鈔者十不當宋一。"②黃丕烈跋
《李群玉詩集》云："大凡書籍安得盡有宋刻而讀之，無宋刻，則舊
鈔本貴矣。舊鈔本而出自名家所藏，則尤貴矣。"③下面我們就來
談談鈔本的價值。

　　首先，許多著作賴鈔本以存。譬如王梵志詩、韋莊的《秦婦
吟》就是在敦煌卷子中發現的，王重民等在敦煌卷子中，還找到
了不少唐人詩集殘卷，從而彌補了《全唐詩》之不足。④再如清代
修《四庫全書》時，從《永樂大典》中輯出不少失傳的古書。計經
部六十六種，史部四十一種，子部一百零三種，集部一百七十五
種，凡四千九百二十六卷。後人續輯者也很不少。又如明趙清
常道人脈望館鈔校本《古今雜劇》，是對中國文學史及社會文化
史研究的極其重要的文獻，其中鈔本達一百七十五種，多爲世人
所不易見的秘籍。

───────────

①《四庫全書總目》卷首《出版説明》。
②《少室山房筆叢》甲部《經籍會通》卷四。
③《蕘圃藏書題識》卷七。
④見《全唐詩外編》：《補全唐詩》。

　　其次，不少鈔本比刻本完整，因而可補刻本之不足。佚名撰《楓窗小牘》卷下云："余家藏《春秋繁露》中缺兩紙，比從藏書家借對，缺紙皆然，即館閣訂本亦復爾爾……後從相國寺資聖門買得鈔本，兩紙俱全，此時歡喜，如得重寶。"又如《愧郯録》一書，清代藏書家黄丕烈謂原書及以後刻本皆缺去十頁，但是近人周越然購得澹生堂鈔本半部，所缺適在其中。張元濟輯印《四部叢刊》續編時，便據以補全了。①

　　另外，鈔本往往是校勘的絶好資料。譬如長沙馬王堆出土的《老子》甲乙本是目前所能見到的《老子》一書的最古本子。張舜徽説：

　　　　依據這兩種最古的《老子》寫本去校勘今本《老子》，便大有不同。首先在編次方面，帛書甲、乙兩本，都是《德經》在前，《道經》在後，和今本《道經》爲上卷、《德經》爲下卷的編寫次第完全不同。其次，在章段方面，今存的《老子》河上公本、王弼本、傅奕本等等都分八十一章；帛書甲、乙本，都没有分章。説明《老子》原書，本不分章，而後世分章，大約出於注家所爲。因分章而引起的錯誤，確也不少。有些上下文意應連在一起講的，被割裂爲兩章；有些各自爲義的，反被合爲一章，這便導致注釋的分歧和不必有的争辯。照原文不分章，自可避免這一類的問題。就拿分了章的今本《老子》和帛書甲、乙本相對，第四十、四十一章次序顛倒；第八十、八十一章在六十七章之前；第二十四章在第二十二章之前。②

　　帛書《老子》甲、乙本與通行本《老子》在文字上也有許多歧

<hr>

①《四部叢刊》續編《愧郯録》張元濟《跋》。
②《中國文獻學》第三編第三章《雕版印書以前的古寫本》。

異。張舜徽還舉例説明：一、可據甲本以訂乙本與通行本之誤；二、可據乙本與通行本以訂甲本之誤；三、可據甲、乙本以訂通行本之誤。

　　敦煌卷子校勘價值也很大。羅振玉云："殘卷中各詩，今集本雖存而異同至多，篇題亦有異同，殆每篇中有數字。其尤甚者爲李昂、李白與高適三家。如《全唐詩》載李昂《戚夫人楚舞歌》，以殘卷校之，中間少四句。李白《胡無人》篇殘卷無末三句，《瀑布水》（今本題作《望廬山瀑布》）則卷集全異者四句。"①

　　宋、元以後的鈔本校勘價值同樣也很大。清孫慶增云："明板坊本、新鈔本，錯誤遺漏最多，須覓宋元板、舊鈔本、校正過底本，或收藏家秘本細細讎勘，反覆校過，連行款俱要照式改正，方爲善本。"②

　　當然也不是所有的鈔本都可貴，施廷鏞分辨説：

　　　　鈔本之可貴，不在它是鈔本，而在它不同於常本。大率鈔本之可貴者，須具有幾項要素：一、名人手鈔，確認是某人真迹；二、其非名人手鈔，但經名手校正，而校正之字，勝於刻本；三、字句與刻本不同，其不同處，較刻本爲佳；四、通行本之字句，有爲鈔本所缺者，而所缺之字句，反足以證明刻本中文字有非撰者原文；五、刊本久佚，存者僅此鈔本，則此鈔本之價值，實與孤本或稿本無異；六、有名人手跋，或收藏印記。③

　　鑒定鈔本除和鑒定雕印本、稿本相同的方法之外，其突出之點是明清名家鈔本多用統一格式的紙。這是辨認和鑒定各家鈔

---

①《鳴沙石室佚書·唐人選唐詩》跋。
②《藏書紀要》第四則《校讎》。
③《中文古籍版本簡談》二《版本的種別》之六《鈔本》。

本的重要依據之一。今據《書林清話》卷十《明以來之鈔本》,將明名家鈔本用紙的特點叙述如次:

　　吳鈔　長洲吳寬(匏庵)叢書堂鈔本。用紅格紙,版心有"叢書堂"三字。

　　葉鈔　崑山葉盛(興中)賜書樓鈔本。用綠、墨二色格紙,版心有"賜書樓"三字。

　　文鈔　長洲文徵明(衡山)玉蘭堂鈔本。格欄外有"玉蘭堂録"四字。

　　王鈔　金壇王肯堂(宇泰)鬱岡齋鈔本。版心有"鬱岡齋藏書"五字。

　　沈鈔　吳縣沈與文(辨之)野竹齋鈔本。格欄外有"吳縣野竹齋沈辨之製"九字,或在版心刻"吳郡沈氏野竹齋校録"九字。

　　楊鈔　常熟楊儀(夢羽)七檜山房鈔本。版心有"嘉靖乙未七檜山房"八字,或"萬卷樓雜録"五字。

　　姚鈔　無錫姚咨(舜咨)茶夢齋鈔本。用藍格紙,版心有"茶夢齋鈔"四字。

　　秦鈔　常熟秦四麟(酉巖)致爽閣鈔本。版心有"致爽閣"三字,或"玄覽中區"四字,或"又玄齋"三字,或"玄齋"二字。

　　祁鈔　山陰祁承爜(爾光)澹生堂鈔本。用藍格紙,版心有"澹生堂鈔本"五字。

　　毛鈔　常熟毛晉(子晉)汲古閣鈔本。用墨格,或不印格紙,版心有"汲古閣"三字,格欄外有"毛氏正本汲古閣藏"八字。毛氏又有綠君亭、目耕樓等室名。

　　謝鈔　長樂謝在杭(肇淛)小草齋鈔本。用墨格,半葉九行紙,版心有"小草齋鈔本"五字。

　　馮鈔　常熟馮舒(已蒼)、馮班(定遠)、馮知十(彦淵)兄弟空居閣鈔本。馮定遠鈔本，格闌外有"馮氏藏本"四字；馮彦淵鈔本，格闌外有"馮彦淵藏本"五字。

　　錢鈔　常熟錢謙益（牧齋）絳雲樓鈔本。用墨格、綠格紙，版心有"絳雲樓"三字。

　　葉鈔　常熟葉樹廉（石君）樸學齋鈔本。版框外有"樸學齋"三字。

以上是僅見《書林清話》的明代名家鈔本，他如明文徵明云："吾蘇朱性甫存理，聞人有奇書輒從以求，以必得爲志，或手自繕録，動盈筐篋，群經諸史下逮稗官小説無所不有，尤精楷法，手録前輩詩文積百餘家。"[1]而朱氏鈔本就不在葉氏所列之内。

　　至於清代名家鈔本用紙特點，則據同書有如下列：

　　錢遵王鈔本　用墨格紙，格闌外有"虞山錢遵王述古堂藏書"十字。錢遵王名錢曾，室名述古堂，常熟人。

　　錢履之鈔本　版心有"竹深堂"三字。履之名謙貞，室名竹深堂，常熟人。

　　曹潔躬鈔本　版心有"樵李曹氏倦圃藏書"八字。潔躬名溶，室名倦圃，秀水人。

　　徐健庵鈔本　版心有"傳是樓"三字。健庵名徐乾學，室名傳是樓，崑山人。

　　惠定宇鈔本　格闌外有"紅豆齋藏書鈔本"七字。定宇名棟，室名紅豆齋，吳縣人。

　　趙功千鈔本　格闌外有"小山堂鈔本"五字。功千名昱，室名小山堂，仁和人。

　　吳尺鳬鈔本　用綠格紙，版心有"繡谷亭"三字，或"西

①《甫田集》卷二九《朱性甫先生墓志銘》。

泠吳氏繡谷亭鈔書”九字，有的在左闌外刻“繡谷亭鈔本”五字，尺鳧名焯，室名繡谷亭，錢塘人。

　　朱竹垞鈔本　用毛泰紙，無格闌。竹垞名彝尊，室名潛采堂，秀水人。

　　吳槎客鈔本　用毛泰紙，無格闌。槎客名騫，室名拜經樓，海昌人。

　　鮑以文鈔本　用毛泰紙，半葉十行，版心有“知不足齋正本”六字。以文名廷博，室名知不足齋，歙縣人。

　　何元錫鈔本　何元錫，別號夢華，室名夢華館，錢塘人。

　　金檀鈔本　用墨格紙，版心有“文瑞樓”三字。金檀別號星軺，室名文瑞樓，桐鄉人。

　　王宗炎鈔本　格闌外有“十萬卷樓鈔本”六字。王宗炎，字以除，室名十萬卷樓，蕭山人。

　　顧芸美鈔本　有“塔影園客”朱色印。芸美名苓，室名雲陽草亭，長洲人。

此外，據錢基博《版本通義·餘記第四》所介紹，還有：

　　錢雪枝鈔本　用綠格紙，半葉十二行，格闌外有“守山閣鈔本”五字。雪枝名熙祚，室名守山閣，金山人。

　　姚彥侍鈔本　用綠格紙，半葉十三行，版心有“咫進齋”三字。彥侍名觀元，室名咫進齋，歸安人。

　　厲太鴻鈔本　用墨格紙，半葉八行。太鴻名鶚，室名樊榭山房，錢塘人。

　　鈕匪石鈔本　用綠格紙，半葉十行。匪石名樹玉，吳縣人。

　　魏隱儒《古籍版本鑒定叢談》第九章《批校、鈔本的鑒定》對上列又有所補充：

　　常熟葉奕苞，室名小有堂。鈔書用紙印墨格，版心刻

"崑山葉氏小有堂鈔"八字。

錢塘吳城（吳焯之子），室名瓶花齋。鈔書用紙印墨格，版心刻"瓶花齋"三字。

錢塘汪憲，室名振綺堂。鈔書格紙版心下刻"振綺堂"三字。

休寧汪森，室名裘杼樓。鈔書格紙版心下刻"裘杼樓"三字。

南昌彭元瑞，室名知聖道齋。鈔書格紙版心下刻"知聖道齋鈔校書籍"八字。半葉十行。

蕭山陸芝榮，室名三間草堂。鈔書用紙印藍格，半葉十行，左欄外下方刻"陸香圃三間草堂藏書"九字。

吳縣黃丕烈，室名士禮居、百宋一廛。鈔書用紙印墨格。

吳縣袁廷檮，室名貞節堂。鈔書用紙印綠格，版心下刻"貞節堂鈔本"五字。

潁川陳焯，室名湘管齋。鈔書用紙印墨格，左欄外上刻"潁川中子書"，下刻"湘管齋珍秘"。

望江倪模，室名經鉏堂。鈔書用紙印綠格，左欄外刻"經鉏堂重錄"五字。

諸城劉喜海，室名嘉蔭簃、味經書屋。鈔書用紙印綠格，半葉十一行。版心下刻"東武劉氏味經書屋"八字；或在左欄外刻"燕庭校書"四字，或刻"嘉蔭簃藏書"五字。

海南孔繼勛，室名岳雪樓。鈔書用毛泰紙，版心下刻"岳雪樓"三字。

鄞縣全祖望，室名雙韭山房。鈔書用紙印墨格，版心下右刻"雙韭山房"四字。

鄞縣徐時棟，室名城西草堂。鈔書用紙印墨格，版心刻"城西草堂"四字。

　　　　獨山莫友芝，室名影山草堂，鈔書用紙印綠格或不印
格，欄外刻"影山草堂"四字。

　　　　江陰繆荃孫，室名藝風堂。鈔書用紙印墨格，版心刻
"藝風堂"三字。

　　顯然，這些著名藏書家鈔書紙的特徵，就像雕印本的牌記和版式
那樣，爲我們鑒定版本提供了依據和綫索。

　　此外，人們也常通過研究序跋、識語、諱字、藏書印、字體以
及比勘等與鑒定雕印本相同的方法來鑒定鈔本，今就王重民《中
國善本書提要》集部唐人別集類略舉數例：

　　項斯詩集一卷　　　　　　　　　一册　　（北圖）
　　　鈔本　〔十行十八字〕

　　唐項斯撰。卷內有"石君""寶研堂""胥江"等印記，卷末
有樸學齋老人題記。按葉樹蓮一名萬，字石君，藏書處曰
樸學齋，事迹具徐乾學所撰傳中。(《憺園文集》卷三十四
葉石君傳)錄其題記如左：

　　　　《項子遷集》，亦從林宗藏本鈔謄。辛亥之冬，底本在
　　　林宗舊鄰人處，余從而購得，此爲重本，因置案頭，常爲
　　　展閱。康熙十五年樸學齋老人識於安定谷芳館。

　　從印記和題識中可以看出這一鈔本的大致年代。

　　白香山詩集二卷　　　　　　　　六册　　（國會）
　　　鈔本　〔十一行二十二字〕

　　……書眉有音注，詩後有評釋，簡稱："立名按。"考清汪立
名編注《白香山詩集》四十卷，持校不盡相同，未審立名別
撰此本，抑好事者從立名注節來？康熙諱皆避，爲顯出於
汪本之證也。

從諱字可以看出這一鈔本所從出。

李校書集三卷　　　　　　　　　一冊　　（北圖）

　　明鈔本　　〔十行十八字〕

　　原題："趙郡李端正己著。"按此爲明鈔本而黃丕烈手校者。卷末題"時萬曆肆拾捌年正月初六日鈔完"，卷内有"東昌楊氏海源閣藏書記""楊紹和審定""楊氏海源閣藏"等印記。兹録黃氏題記於下方：

　　　　《李端集》三卷，見諸《書録解題》，藏書如《述古》未列於目，想傳本稀也。余於唐人集，遇本即收，不下數十餘種，而此集亦無。頃揚州估人携此求售，喜爲得未曾有。本係舊鈔，校者之筆亦是明人。前後所鈐圖記止一印，而印文印色皆非近時，則此本誠可寶矣。裝成並記，蕘翁。

從題記、印記、著録情況可以看出此書爲明鈔、明校、傳本稀見。

劉隨州詩集十卷文集一卷外集一卷　　一冊　　（國圖）

　　明鈔本　　〔十二行三十字〕

　　原題："隨州刺史劉長卿。"驗以《四部叢刊》影印明正德刻本，卷一《送宣尊師醮畢歸越》第四句："登刀入白雲。"[①]入字誤接《酬張夏》首句，在正德本中間適隔二葉，而影印本已鈔補之，則此鈔本與正德本所闕正相同，疑當同出一源也。然其異文，往往此勝於彼。此本卷十一爲文集，蓋正德本删之，此尤其可貴處。卷内有"葉文莊公家世藏""葉印子寅""葉德榮甫世藏""松靄藏書""盛昱之印""伯義父""宗室文愨公家世藏""寒雲秘笈珍藏之印"等印記。

　　附題記數條：

———————

①"刀"一作"山"。

　　　　光緒己丑宗室伯兮鬱華閣藏。

　　　　己未二月寒雲樓重裝珍藏。

　　　　《劉隨州文集》十一卷，明人寫本，字甚拙古，惟間有
　　　脫誤。歷經葉文莊、周松靄、盛伯兮諸家藏，其珍貴可知。
　　　編次與宋本及宏治繙棚本悉合，惟古活字本以五古居首
　　　爲獨異，詩次亦不同。此冊皆宋紙，頗足玩賞，客京師時
　　　所得。己未二月寒雲。

從印記、題記、字體，特別是經過比勘以後，可以看出此書係明鈔
本，較明正德刻本多文集一卷，其異文，往往此勝於彼，且歷經名
家收藏，極可珍貴。

　　　以上諸例皆綜合運用了多種方法，從中我們也可以看出如
何鑒別鈔本。

　　　鈔本同樣也存在着辨僞問題，書估往往采用僞造題跋、鈐蓋
假印的方法將一般鈔本冒充名家鈔本，將新鈔本冒充舊鈔本。
茲舉沈津所考訂二例如次：

　　　　《寶氏聯珠集》一卷，清袁氏貞節堂鈔本。書中有朱筆
　　　校語，題清黃丕烈跋。黃跋云：“朱筆校勘乃義門手筆……”
　　　有了黃跋，且又認爲朱筆所校乃何焯所爲，那此書的價值不
　　　問而知。然而文字牽强，筆墨呆滯，雖貌似而神離，此其一
　　　也。何焯生於清順治十八年（一六六一），卒於康熙六十一
　　　年（一七二二）。貞節堂即袁廷檮，其鈔本所鈔時代當在乾、
　　　嘉間。廷檮生於乾隆二十九年（一七六四），卒於嘉慶十五
　　　年（一八一〇），豈有何氏卒後年月尚存之理？此其二也。
　　　黃丕烈（一七六三至一八二五）爲版本目錄之大家，況時代
　　　與袁氏同時，一生都是和書打交道，自稱爲“老眼”，豈能寫
　　　出如此跋語，書賈原想在袁氏貞節堂鈔本上僞造黃跋，又通

過黄跋來説明書中所校爲何焯之筆,這種"一箭雙雕"的伎倆却爲"聰明"所誤。……

在鈔本上鈐上名藏書家和學者的僞印,是作僞者經常使用的故伎。曾有《周易守》一卷,佚名撰,書中各本首葉均鈐有"王守仁印"方形圖記,末頁鈐有"彝尊私印"。按守仁,明嘉靖大名士,彝尊爲朱彝尊,清康熙間著名收藏家。此鈔本中"弘"字缺筆,當避弘曆諱,因此爲乾隆鈔本,而書中出現明人和清初人的印記,豈不怪哉! 這説明書賈得一鈔本後,出於牟利的目的,隨意鈐上王、朱印記,以充明鈔,實在可笑。①

第三節　活字本

凡用活字排印的書皆稱活字本。根據製造活字的原料又可分爲泥活字本、磁活字本、木活字本、銅活字本、鉛活字本等。

一　泥活字本

雕版印刷比手寫效率高多了,但要印一頁書必須雕一塊版,如刻一部大書,則不僅需要很多時間,而且耗費大量財力物力,於是人們又發明了活字印書法。

首先采用這種方法並有可靠文字記載的是北宋慶曆年間(一〇四一至一〇四八)的平民畢昇。宋沈括《夢溪筆談》卷十八

①《鈔本及其價值與鑒定》,載《四川圖書館學報》一九八二年第四期。

詳細記載了畢昇製作泥活字並用其印書的過程,世所共知,此不
贅述。

　　宋代泥活字印書雖無傳本①,但是其影響是深遠的。忽必
烈的謀士姚樞(一二○一至一二七八)隱居河南輝縣時,竭力
提倡文化,自己除雕印小學書、《語孟或問》《家禮》外,又因“小
學書流布未廣,教弟子楊古爲沈氏活版,與《近思錄》《東萊經
史論説》諸書,散之四方”。② 元王禎對泥活字印書的經驗作了
進一步總結:

　　　　後世有人別生巧技,以鐵爲印盉,界行内用稀瀝青澆
滿,冷定,取平,火上再行煨化,以燒熟瓦字排於行内,作活
字印板。爲其不便,又有以泥爲盉,界行内用薄泥,將燒熟
瓦字排之,再入窑内燒爲一段,亦可爲活字板印之。③

可見畢昇發明泥活字印書法以後,人們又對它進行了改進。

　　明有泥活字版《韋蘇州集》,已見上注。

　　清道光九年(一八二九),蘇州李瑤曾用自製膠泥活字排印
了清温睿臨《南疆繹史勘本》三十卷《摭遺》十卷。此書封面鐫
“道光九年秋借吴山廟開局,暨陽程文炳排版”行書雙行十八字。
道光十二年(一八三二),李瑤又用這套泥活字版印了其所校補

---

①葉德輝《書林清話》卷八《宋以來活字板》稱其所藏《韋蘇州集》十卷,即宋泥
　活字本,並説:“其書紙薄如細繭,墨印如漆光。惟字畫時若齧缺,蓋泥字不
　如銅鉛之堅,其形製可想而知也。”但是張秀民却否定了這一點,指出:“近人
　有藏《韋蘇州集》,以爲北宋膠泥活字本,字畫有齒痕,不避宋諱,半頁九行,
　行十七字。其實是明活字本唐人集之一種,所以行款、字數完全相同。”見
　《中國印刷術的發明及其影響》一《印刷術的起源》之三《活字板的發明》:《宋
　元泥活字》。
②姚燧《牧庵集》卷一五《中書左丞姚文獻公神道碑》。
③《農書》卷末附《造活字印書法》。

的《校補金石例四種》，封面背葉題"七寶轉輪藏定本，仿宋膠泥版印法"篆文十四字。序云：

> 此書原刻精當，而微嫌夾注叢列，坊本則魚豕之病雜陳矣。余乃慨然思廣其傳，即以自治膠泥板統作平字捭之，且以近見吳江郭氏祥伯之《金石例補》補之。……因別署其編曰《校補金石例四種》，都十七卷。庶使操觚家之有志於古者，如獲指南車焉。道光十有二年冬嘉平既望，吳郡李瑤子玉氏序於杭州吉羊里寓樓。

清道光二十四年（一八四四），安徽涇縣翟金生用泥活字排印了自著《泥版試印初編》〔圖版四十六〕。卷端"涇上翟金生西園氏著並自造泥字"，還注明其子發曾、一棠、一傑、一新同造泥字，孫家祥、內侄查夏生檢字，學生左寬等校字，外孫查光鼎等歸字，自己刷印。該書還附有五言絕句詠活字印刷，茲並錄於下：

> 《自刊》：一生籌活版，半世作雕蟲。珠玉千箱積，經營卅載功。
>
> 《自檢》：不待文成就，先將字備齊。正如養兵足，用武一時提。
>
> 《自著》：舊吟多散佚，新作少敲推。爲試澄泥版，重尋故紙堆。
>
> 《自編》：明知終覆甕，此日且編成。自笑無他技，區區過一生。
>
> 《自印》：雁陣行行列，蟬聯字字安。新編聊小試，一任大家看。

翟金生還於道光二十七年（一八四七）用泥活字排印了友人黃爵滋《仙屏書屋初集》；道光二十八年（一八四八）排印了族弟

翟廷珍《修業堂集》二十卷；道光三十年（一八五〇）排印了黃爵滋撰《仙屏書屋初集詩録》十六卷、《後録》二卷；咸豐七年（一八五七）又排印了《水東翟氏宗譜》。看來，自北宋畢昇以來，用泥活字印刷可謂綿延不絶了。

二　磁活字本

在泥活字的基礎上，人們也曾探索用磁活字印書。清王士禎云："益都翟進士某，爲饒州府推官，甚暴横。一日，集窰户造青瓷《易經》一部，楷法精妙，如西安石刻十三經，式凡數易然後成。蒲城王孝齋官益都令，曾見之。"[1]一九六一年夏，北京中國書店訪得一部磁版印本《周易説略》。該書封面欄上題"泰山磁版"四字。卷首有徐志定序，略云："戊戌冬，偶創磁刊，堅緻勝木，因亟爲次第校正，逾己亥春而《易》先成。"末署"康熙己亥四月泰山後學徐志定書於七十二峰之真合齋"。序中説"《易》先成"，是因爲除《周易説略》外，還用磁版印過張爾岐著的《蒿庵閑話》二卷，今藏國家圖書館。該書題濟陽張爾岐輯，真合齋校正。卷一末有"真合齋磁版"五字一行，訂成二册。清金埴云："康熙五十六七（一七一七至一七一八）年，泰安州有士人，忘其姓名，能鍛泥成字，爲活字版。"[2]而據《民國重修泰安縣志》卷七《人物志》載，徐志定恰爲泰安人，雍正元年舉人，曾官泰安知縣。他用磁版印《周易説略》爲康熙己亥年，正好是康熙五十八年（一七一九）。究其時間、地點、行事皆與金埴所記相合，所以兩書提到的"磁版"爲磁活字版無疑。此外，行綫歪斜，行字有不整齊的現

---

[1]《池北偶談》卷二三《瓷易經》。
[2]《巾箱説》，見《不下帶編》《巾箱説》合訂本。

象,行格與邊欄有間隔,也都説明它們是用磁活字版印的書。①

三　木活字本

用木活字印的書稱木活字本。北宋沈括《夢溪筆談》卷十八《技藝》談到活字"不以木爲之者,文理有疏密,沾水則高下不平,兼與藥相粘,不可取"。可見早在北宋時期,人們就已經嘗試着用木活字印書,只是技術上還没有過關。

在元代,王禎不僅成功地用木活字印了《大德旌德縣志》,而且還在其名著《農書》中總結了製作木活字印書的經驗。據《康熙奉化縣志》卷十一、《至正四明續志》卷七記載,在王禎以後二十多年,浙江奉化知州馬稱德"鏤活書板至十萬字",並於至治二年(一三二二)用"活字書板印成《大學衍義》等書",其中"《大學衍義》一部,計二十册"。可見元代安徽、浙江一帶用木活字印書已比較流行。

用木活字排印圖書數量多、質量高的首推清武英殿聚珍版書。從乾隆三十八年(一七七三)十月起,迄乾隆五十九年(一七九四),武英殿用木活字印書一百二十四種。② 金簡於乾隆四十一年(一七七六)十二月對用木活字印書的經驗加以總結,寫成

---

① 魏隱儒《中國古籍印刷史》第三編《活字印刷術的發明和活字印書業的發展》第二十章《清代的活字印本書和磁版書》云:"經細加考究,發現《周易説略》卷一第四十八葉、卷七第十葉;《蒿庵閑話》卷一第二十二、二十三葉,書版斷裂情況顯著。按活字印書,係印前拼排成爲版面,不會斷裂,行綫也不會彎成弓形,分明是燒鍛時火候所致,因此我主張是磁版印本而不是活字印本。"此亦一家之説,錄以備考。不過我們認爲正因爲燒鍛整塊磁版容易變形,而這種變形又不會只出現於一個平面上,因此燒鍛整塊磁版來印書似乎是不大可能的。

② 見陶湘編《武英殿聚珍版叢書目録》。

《武英殿聚珍版程式》一書,利用圖式對成造木子、刻字、字櫃、槽版、夾條、項木、中心木、類盤、套格、擺書、墊板、校對、刷印、歸類、逐日輪轉辦法等作了詳細介紹〔圖版四十七〕。

清代私家用木活字印書也蔚然成風。葉德輝云:

嘉道以來,民間則有吳門汪昌序嘉慶丙寅(一八〇六)印《太平御覽》一千卷。璜川吳志忠嘉慶辛未(一八一一)印五代邱光庭《兼明書》五卷、元迺賢《河朔訪古記》二卷、《洛陽伽藍記》五卷。朱麟書白鹿山房嘉慶壬申(一八一二)印《中吳紀聞》六卷、高似孫《緯略》十二卷。張金吾愛日精廬嘉慶己卯(一八一九)印宋李燾《續資治通鑑長編》五百二十卷。成都龍變堂萬育嘉慶十四年(一八〇九)印《天下郡國利病書》一百二十卷,道光三年(一八二三)印《讀史方輿紀要》一百三十卷、《形勢紀要》九卷。京師琉璃廠半松居士印《南疆繹史》二十四卷、《摭遺》十八卷、《郵諡考》八卷、《南略》十八卷、《北略》二十四卷;留雲居士印明季稗史十六種,共二十七卷。咸同間則有仁和胡珽琳琅祕室印《琳琅祕室叢書》五集。江夏童和豫朝宗書屋印明嚴衍《資治通鑑補》二百九十四卷、附刊誤二卷,宋袁樞《資治通鑑紀事本末》四十二卷,明陳邦瞻《宋史紀事本末》二十六卷,《元史紀事本末》四卷,谷應泰《明史紀事本末》八十卷,馬驌《左傳事緯》十二卷、附錄八卷、《陳思王集》十卷。光緒間,則有董金鑑重印《琳琅祕室叢書》四集,吳門書坊印日本《佚存叢書》全集。光緒戊子(一八八八)姚覲元印《北堂書鈔》七十餘卷,功未竟而覲元歿,板遂散佚。余見一殘本,前有"光緒己丑集福懷俊齋以活字印行"字兩行。凡此皆以木刻活字印書者也。[1]

---

[1]《書林清話》卷八《宋以來活字板》。

清代木活字印本當然遠不止此。譬如《紅樓夢》的最早印本,乾隆五十六年的程甲本和乾隆五十七年的程乙本皆爲木活字排印。程乙本序後引言云:

> 是書前八十回,藏書家鈔録傳閲幾三十年矣。今得後四十回合成完璧。緣友人借鈔争睹者甚夥,鈔録固難,刊板亦需時日,姑集活字印刷,因急欲公諸同好,故初印時不及細校,間有紕繆,今復聚集各原本,詳加校閲,改訂無訛,惟識者諒之。

又如北京隆福寺街東口路南有一家書坊,坊名就叫聚珍堂,用木活字排印了許多文藝作品。其所印《兒女英雄傳》,附有排印書目,計有《繡像王評紅樓夢》《濟公傳》《紅樓夢影》《批評兒女英雄傳》《忠烈俠義傳》(又名《三俠五義》)《紅樓夢賦》《續紅樓夢》《艾虎》《續聊齋志異》《蟋蟀譜》《聊齋志異拾遺》《藝菊新編》《御製悦心集》《想當然耳》等十四種。可見木活字本在清代出版物中是占有一定比重的。

四　銅活字本

五代天福時期(九三六至九四四)就可能用銅版印書了。明楊守澄云:"魏太和有石經,晉天福有銅板《九經》,皆可紙墨摹印,無庸筆寫。"[1]《相臺書塾刊正九經三傳沿革例》,談到其家塾所藏《九經》即有"晉天福銅板本"。問題是這"晉天福銅板本"不知是用整塊銅版刻成的,還是用銅活字排成的。

宋代雕刻銅版,用以印刷是有實物爲證的,一九五二年上海

①朱彝尊《經義考》卷二九三引。

博物館陳列品説明書説：

> 在宋代，除了雕木板印刷圖書以外，也已能雕銅版，以
> 便大量印刷之用。例如商店廣告和國家紙幣的印行，往往
> 是用銅版的。這裏陳列的是濟南劉家針鋪印廣告所用的雕
> 銅版，上列刻"濟南劉家功夫針鋪"，中間刻有一兔，兩旁刻
> "認門前白兔爲記"，下列刻"收買上等鋼條，造功夫細
> 針……"①

元人文獻涉及銅版的有黃溍給智延和尚所作的《塔銘》，其
中談道：

> 英宗皇帝以禪師先朝舊德，每入見，必賜坐，訪以道要。
> 命於永福寺與諸尊宿校勘。三歲，將鏤銅爲板以傳。後因
> 屑金書藏經，慮前賢撰集之書，或有僞濫，復命之刪定焉。②

文中"將鏤銅爲板以傳"雖然是一種打算，但是也反映了元代工
藝已有鏤銅爲版印刷的能力。中國科學院還藏有元代用銅版印
刷的殘鈔。這種銅版上除了圖樣、花紋之外，還鑄有九十個漢字
和"至元寶鈔諸路通行"八個蒙古字。③

銅活字印刷術到明弘治、正德年間（十五、十六世紀之交）終
於在江蘇無錫、常州、蘇州、南京一帶盛行了起來。著名的有無
錫華燧會通館印本，明邵寶《會通君傳》云：

> 會通君，姓華氏，諱燧，字文輝，無錫人。少於經史多涉
> 獵，中歲好校閲同異，輒爲辨證，手録成帙，遇老儒先生，即

---

① 見《中國近代出版史料》初編卷四《銅刻小記》按語。
② 《金華黃先生文集》卷四一《榮禄大夫大司空大都大慶壽禪寺住持長老佛心
　普慧大禪師北溪延公塔銘》。
③ 見蔡美彪《銅活字印刷術起源問題》，載《史學》一九五四年第二十一號。

持以質焉。既而爲銅字版以繼之，曰："吾能會而通矣！"乃名其所曰會通館。人遂以會通稱，或丈之，或君之，或伯仲之，皆曰會通云。①

據《書林清話》卷八《明錫山華氏活字板》介紹，會通館印書見於著録的有：《容齋隨筆》十六卷、《續筆》十六卷、《三筆》十六卷、《四筆》十六卷、《五筆》十卷，《古今事類前集》六十三卷，《文苑英華辨證》十卷，《錦繡萬花谷》前集四十卷、後集四十卷、續集四十卷，《諸臣奏議》一百五十卷。多爲弘治八年（一四九五）至弘治十一年（一四九八）出版的。此外又有華堅的蘭雪堂。錢基博云："華堅，字允剛，無可考；然燧三子曰壔、奎、壁，五行之次火生土，皆取土旁爲名，則堅從土旁，殆燧之猶子歟？"②據《書林清話》卷八《明錫山華氏活字板》記載，蘭雪堂印書見於著録的有《春秋繁露》十七卷、《藝文類聚》一百卷、《蔡中郎文集》十卷、《外傳》一卷、《元氏長慶集》六十卷、《白氏長慶集》六十卷。多爲正德十年（一五一五）、十一年（一五一六）出版。無錫華氏以銅活字印書著名的還有華珵。其活字印本見於著録的有《渭南文集》五十卷，《四部叢刊》有影印本，此外還有《百川學海》，然"改竄宋本舊第，爲世所譏"。③此外用銅活字印書而著名的還有無錫人安國。《常州府志》稱安國"嘗以活字銅版印《吳中水利通志》"。④安氏銅活字印本傳世者還有《顏魯公文集》十五卷、《重校鶴山先生大全文集》一百一十卷、《石田詩選》十卷等。其他明銅活字印本傳世尚多，難以枚舉。

---

①《容春堂後集》卷七。
②《版本通義·歷史第二》。
③《書林清話》卷八《明華堅之世家》。
④《常州府志》卷二五《孝友》。

　　對於明銅活字本，葉德輝曾給予較高的評價，他說：

> 　　明人活字板，以錫山華氏爲最有名，活字擺印，固不能
> 如刻印之多，而流傳至今四五百年，蟲鼠之傷殘，兵燹之銷
> 燬，愈久而愈稀。此藏書家所以比之如宋槧名鈔，争相寶
> 尚，固不僅以其源出天水舊槧，可以奴視元明諸刻也。[①]

但同時也指出了華氏銅活字印本校勘不精的缺點。

　　清代銅活字本最重要的要推《古今圖書集成》。經始於康熙
三十九年（一七〇〇）畢功於雍正四年（一七二六）的《古今圖書
集成》一萬卷，是中國從未有過的大百科全書，當時用銅活字印
成六十四套〔圖版四十八〕。後來還用這批銅活字印了《律吕正
義》《數理精蘊》等。可惜的是後來竟將這批銅活字銷毀，用來鑄
了錢。清高宗《題武英殿聚珍版十韻》有云：“毀銅昔悔彼，刊木
此懲予。”自注：“康熙年間編纂《古今圖書集成》，刻銅字爲活版，
排印蔵功，貯之武英殿。歷年既久，銅字或被竊缺少，司事者懼
干咎，適值乾隆初年京師錢貴，遂請毀銅字供鑄。從之。所得有
限而所耗甚多，已爲非計，且使銅字尚存，則今之印書不更事半
功倍乎？深爲惜之。”[②]

　　清代其他銅活字印本還有康熙二十五年（一六八六）吹藜閣
出的錢陸燦《文苑英華律賦選》，前有封面，左題“吹藜閣同板”五
字[③]。再就是康熙五十二年（一七一三）用銅活字排印的陳夢雷
《松鶴山房詩集》九卷。顧炎武所著《音學五書》，其中《音論》上
中下三卷、《詩本音》十卷，也是用銅活字排印的。兩種書前各有
封面，題“福田書海銅活字板，福建侯官林氏珍藏”四行十六字。

---

①《書林清話》卷八《明錫山華氏活字板》。
②《武英殿聚珍版叢書》卷首。
③同當爲銅字之誤植。

《詩本音》後有鎸刻銅版姓氏"古閩三山林春祺怡齋捐鎸,兄季冠痴石校刊,長子永昌正畫,次子毓昌辨體"四行,但無刻印年月。

五　錫活字本

錫的鎔點低,容易鎔化鑄造。早在元代,人們就已嘗試用錫活字印書。元王禎云:"近世人又鑄錫作字,以鐵條貫之,作行,嵌於盔內,界行印書;但上項字樣,難於使墨,率多印壞,所以不能久行。"[①]

潘天禎認爲明代無錫會通館印書不是銅活字而是錫活字本。他的依據是華燧的四篇傳記。如明末清初人華渚《三承事南湖公、會通公、東郊公傳》云:"會通公,少於經史多涉獵,中歲好校閱異同,輒爲辨證,手錄成帙,遇老儒先生,即持以質焉。或廣坐通衢,高誦琅琅,旁若無人。既乃範銅板、錫字。凡奇書艱得者,悉訂證以行。"又明喬宇撰《會通華處士墓表》也稱華燧"復慮稿帙汗漫,乃範銅爲版,鏤錫爲字,凡奇書艱得者,皆翻印以行"。[②]另兩篇傳記內容大致相同,不俱引。潘天禎分析道:

> 華燧所印的書,一般在版心上印有出版年,在版心下印有出版室名和印刷方法,有的序文裏也提到印刷方法。例如華燧印的《容齋隨筆》,版心上印"弘治歲在旃蒙單閼"兩行,旃蒙單閼即是乙卯。弘治乙卯即是弘治八年(一四九五)。版心下印"會通館活字銅版印"兩行。上下連續即是弘治八年會通館活字銅版印。華燧所撰《會通館印正容齋隨筆序》說:"燧生當文明之運,而活字銅版樂天之成。"這些

---

①《農書》末附《造活字印書法》。
②載華方、華察輯《華氏傳芳集》卷一五。

原書上的記載，無疑是識別版本的可靠依據。可惜會通館所印原書上的記載，都是"活字銅版"，没有説明是銅活字還是錫活字。上引四篇華燧傳文的記載都是"錫字"，自以理解爲錫活字爲是。如不聯繫傳文研究，很容易把"活字銅版"理解爲"銅活字版"。一字不加，稍微變易字的順序，製造活字的原料也就變了。這可能是把華燧錫活字印書誤爲銅活字的重要原因。其實，銅版是指擺活字所用之版，字和版在我國古代活字印刷工藝上從來是兩個不同的組成部分，製造的材料也往往不同。……把華燧印書的"活字銅版"理解爲"銅活字版"，既不符合文獻記載，也不符合我國古代活字印書法的實際。①

潘説言之成理。其實物則如施廷鏞所舉："道光三十年（一八五〇），廣州佛山有個唐姓書商，用木刻的字印在澄泥上，做成字模，以錫澆鑄成錫字。用它排印的書，有元馬端臨《文獻通考》一百二十册。"②

六　鉛活字本

早在明代弘治、正德間，我國便用鉛活字印書了。明陸深《金臺紀聞》云："近日毗陵人用銅、鉛爲活字，視板印尤巧便，而布置間訛謬尤易。"文中"近日"指弘治、正德間。陸氏自序其書云"成於乙丑之夏（弘治十八年，一五〇五），訖於戊辰九月（正德三年，一五〇八）"可證。惜明常州鉛活字本未見。

①《明代無錫會通館印書是錫活字本》，載《江蘇圖書館工作》一九八〇年第一期。
②《中文古籍版本簡談》二《版本的種別》之五《活字本》。

中國首先發明包括活字印刷術在内的印刷術，對世界文明做出了偉大的貢獻；到了清代，外國人又將鉛活字印刷術反饋給我國，推動了我國印刷術的發展。净雨《清代印刷史小紀》云：

> 嘉慶十二年（一八○七）春，倫敦布道會遣馬禮遜（Robert Morrison）來華傳教。……馬氏初編輯華英辭典及文法，又譯《新約》爲中文，遂有以西洋印刷術布印之意，秘雇匠人製字模，謀泄於有司，刻工恐罹禍，舉所有付諸丙丁，以滅其迹。是役，雖事敗受損，而華文改用西式字模鑄鉛，當以此爲嚆矢矣。[①]

此後繼續有所發展，到了一八七二年，英人美查（F·Major）才在創辦《申報》的同時，用鉛活字大量印書。胡道静《申報六十六年史》云：

> 《申報》鉛字聚珍板書，始於該報創刊不久。至一八九五年（光緒二十一年）申昌書局繼承此業，《申報》遂不續刊。其間刊印各書凡一百六十餘種，蔚爲大觀。在一八七七年（光緒三年）曾有《申報館書目》一册，著録所印書籍五十四種；一八七九年（光緒五年）又印有《申報館續書目》一册，著録六十四種，尚未盡將所刊各書完全著録也。[②]

在這以後，鉛字排印逐漸取代了傳統的雕印，成爲我國出版的主要方法。其間值得一提的，有集成圖書局用鉛字排印的《圖書集成》與《二十四史》。此外，丁三在用自製仿宋體鉛字來排印古籍也起過很大的作用。中華書局曾用丁氏仿宋體鉛字排印《四部

---

①載《中國近代出版史料》二編。
②蔡爾康《申報館書目》序注一引，載《中國出版史料》補編。

備要》二千餘册。①

七　活字本之鑒定

活字本可以用鑒定雕印本、寫本的某些方法來鑒定，而它本身的特徵也爲我們提供了對之進行辨識和鑒定的依據。概括起來約有六點：

一、活字本有的字排得不整齊，且有倒置、卧排現象。魏隱儒曾舉一例：

> 雍正三年（一七二五）武水陳唐重訂本宋陳師道《後山居士詩集》六卷，正集目録一卷、後山先生逸詩五卷，逸詩目録一卷、詩餘一卷。字用軟體，排版整齊勻平，無傾斜歪扭之感，如不細審，多誤以爲精刻本。書中卷二第三葉第三行《次韻蘇公兩湖徙魚三首》的末首"餅懸甖間終一碎"的"碎"字；卷六第九葉右面末行末一字的"天"字，二字均排倒，這是活字本的有力證據。但與另一同樣印本相互比對，其"碎""天"二倒字已糾正，由此説明前本爲初印，後者爲校訂後重印。兩本行款、版式、字體皆同，半葉九行，行二十一字，左右雙邊，上下黑口，單魚尾。②

二、活字本邊欄的四角，以及上下欄綫同行綫的連接處多有距離，行格間距離也每不相等。版心的魚尾因係拼排，故與左右行綫常有間隔。惟武英殿聚珍版例外，因爲它采用了套格的形式。清金簡《欽定武英殿聚珍版程式》介紹套格云：

---

① 參看陸費逵《六十年來中國之出版業與印刷業》，載《中國出版史料》補編。
② 《中國古籍印刷史》第三編《活字印刷術的發明和活字印書業的發展》第二十章《清代的活字印本書和磁版書》。

用梨木版，每塊面寬七寸七分、長五寸九分八厘，與槽版裏口畫一，周圍放寬半分爲邊，按現行書籍式樣，每幅刻十八行格綫，每行寬四分，版心亦寬四分，既將應擺之書名、卷數、頁數暨校對姓名，先另行刊就，臨時酌嵌版心。

因爲套格是整板刻成，所以邊欄、行綫、魚尾之間的銜接處都是一個整體，沒有間隔。

三、活字本字的大小不一致，筆劃粗細不均匀。因爲雕印本統一寫樣，整板雕刻，所以字體筆劃容易統一，而活字係一字一刻，故難統一。例如嘉慶二十四年（一八一九），張金吾愛日精廬印的《續資治通鑑長編》五百二十卷，排版不精，行列傾斜，界欄多未印上，字個大小不一，粗細不等。又如明嘉靖活字本《欒城集》卷首《蘇文定公謚議》一文首半葉中的兩個“二”字、三個“三”字、七個“之”字彼此都有差異。

四、活字本墨色輕重不均，行格界綫時有時無。因爲排的字有時凸凹不平，所以印出來的字，墨色就輕重不匀；活字往往高於行格，所以行格往往不着墨。如北京市中國書店《關於活字版（初稿）》稱：

乾隆間武英殿聚珍本，爲當時風行的一般匠人字體，橫細豎粗，字個大小均匀，筆道粗細不一。乾隆五十六年、五十七年程偉元印的《紅樓夢》比聚珍本字略小，字體相似，惟字個大小不一，行格界綫拼排不正，高低不平，曲折歪斜，時有時無。[1]

五、活字本字與字之間筆劃絶不交叉。一般雕印本寫稿上版，爲了字體結構美觀，在書寫時上下字之間，撇鈎豎捺有時交

---

[1] 載河北省文化局編《古舊圖書業務知識》。

叉，但活字本則每字一刻，各自獨立，故字與字之間絕不交叉。例如："明刻本《水東日記》，欄綫上下接連處有隔離現象，字有歪斜，墨色不勻，貌似活字印本。但經仔細翻閱檢查，發現上下字間有的交叉，而且有數處斷版裂版，據此可以斷定其非活字本。"①

六、活字本無斷版裂版現象。一般雕版印本，有的因書版刻成太久，或多次刷印，或風吹日曬，書版可能會出現斷裂現象。活字印書，印完即拆版，再印再排，所以無此情況。魏隱儒、王金雨述其鑒定影刻活字本云：

> 《蔡中郎集》，影華堅蘭雪堂活字本，刻印、字體、版式、行格一仍其舊，惟書口"蘭雪堂"三字未刻，僅在卷六第十葉版心上端刻"蘭雪堂"三字，版心下端刻一"慶"字，書尾目後之"錫山蘭雪堂華堅允剛活字銅版印行"牌記二行未刻，書中有斷版處，曾經眼兩部對照皆如此，究係何人影刻不詳。②

如此所舉例，鑒定活字本特別應當注意將活字本同那些按照活字本的原樣影刻的所謂影刻活字本區分開來。因爲影刻活字本的字個大小不一、行字不齊、欄綫與行綫不銜接等情況都依活字本的原樣照刻。如不細加審辨，很容易被誤認爲活字本。例如鄧邦述曾在一部影刻活字本《蔡中郎集》上題識云："《中郎集》此本爲最古，目後有'正德乙亥春三月錫山蘭雪堂華堅允剛活字銅版印行'二行，今已爲市儈挖去，世之作僞者皆由無識目之，甲子三月檢記。"可見鄧氏仍把它當作活字本，而未察覺到它是影刻活字本。③ 但是既然影刻活字本是一種雕印本，它當然具

---

①《古籍版本鑒定叢談》第八章《活字本的鑒定》。
②《古籍版本鑒定叢談》第八章《活字本的鑒定》。
③《古籍版本鑒定叢談》第八章《活字本的鑒定》。

有一般雕印本的特點，譬如其墨色較活字本均勻，且欄綫、行綫之間通常没有錯落離縫現象。下面再舉一個例子，看看人們是怎樣將活字本同影刻活字本區分開來的。

《武英殿聚珍版叢書》出版以後，蘇州、杭州、江西、福建和廣東都進行了翻刻，前三處翻刻本卷端也有"武英殿聚珍版"六個字，但開本都很小，被稱爲巾箱本，容易識别。而福建、廣東皆照原樣影刻，開本同原本也差不多，所以很相似。姚海泉《武英殿聚珍版及其識别問題》談到了兩者的不同之處：

一、字體：武英殿聚珍版的字體方正、生動，有如鈐上去的一般，字體結構疏朗，筆劃粗細勻稱，看上去較爲美觀悦目，翻刻本字形不够方正，或肥大，或瘦長，筆劃呆板，刻鋒畢露。

二、墨色：武英殿聚珍版墨色雖略有濃淡不一現象，但覺有光澤，而翻刻本即使墨色一致，但缺乏光澤。

三、文字的行列：武英殿聚珍版的文字排列，不够整齊，從横向看去，錯落現象十分明顯，翻刻本則比較整齊。

四、紙張：武英殿聚珍版書用太史連和竹紙（較厚實）印刷，竹紙簾紋較窄，約半公分寬，福建翻刻本用的竹紙簾紋較寬，約一公分，紙色較淡，廣東翻刻本用黄色的山貝紙和白色的本槽紙。

五、文字與界行的重合問題：武英殿聚珍版書的文字常常與界行或邊欄重合，壓綫出綫的情況甚多，翻刻本絶無此種現象。例如《牧庵集》卷一第四頁第四、七至九行下面或出綫或壓綫。《牧庵集》卷二十六第十八葉第二面上邊各字全部出綫，其他重合處甚多，不及備載。[1]

---

[1] 載《圖書館工作》一九七九年第六期。

可見書籍一經翻刻，就有差異；既有差異，就爲版本的鑒定工作提供了依據。

第四節　影印本

采用照相製版等工藝使原書或原稿再現的復製本稱爲影印本。根據印版原料和技術的不同，印出來的書可分爲石印本、膠印本、珂羅版印本、鋅版印本等。中國近現代用石印的方法印了很多古籍，我們就着重介紹一下石印本。

賀聖鼐介紹中國石印書籍的歷史云：

　　石印書籍以上海點石齋石印書局爲最先。該局爲英人美查（F·Major）所設。……開辦之初，即聘土山灣印刷所之邱子昂爲石印技師，最初印刷《聖諭詳解》一書。姚公鶴《上海閒話》：“聞點石齋石印第一獲利之書爲《康熙字典》，第一批印四萬部，不數月而售罄；第二批印六萬部，適某科舉子北上會試，道出滬上，率購五、六部以作自用及贈友人之需，故又不數月即罄。”書商見其獲利之鉅且易，於是至光緒七年（一八八一）粵人徐裕子（鴻復）有同文書局之設，購備石印機十二架，雇用職工五百名，專事翻印古之善本，《二十四史》《康熙字典》及《佩文齋書畫譜》等書尤其著者。寧人則有拜石山房之開設。當時石印書局三家鼎立，盛極一時。

　　石印術翻印之古本，文字原形，不爽毫釐，書版尺寸又可隨意縮小，蠅頭小字，筆劃清楚，在科舉時代，頗得考生之歡迎。故於上海之外，武昌、蘇州、寧波、杭州、廣東等處亦相繼開設石印書局，以《萬年曆》或《致富全書》爲開場印品

（取其長發吉祥之意）。然其出品，則多不如上海之精美。[1]

在晚清石印本中，以同文書局影印的《古今圖書集成》和《二十四史》爲最有名。該局"於京師寶文齋覓得殿板白紙《二十四史》全部、《圖書集成》全部，陸續印出，不下數十萬部，各種法帖，大小題文府等十數萬部，莫不惟妙惟肖，精美絶倫，咸推爲石印之冠。迨光緒十七年辛卯（一八九一），内廷傳辦石印《圖書集成》一百部，即由同文書局承印。壬辰年（一八九二）開辦，甲午年（一八九四）全集告竣進呈，從此聲譽益隆"。[2]

其後商務印書館也利用石印的方法影印了大量叢書，其最有名的有《四部叢刊》、百衲本《二十四史》、武英殿本《二十四史》及《影印四庫全書未刊珍本初集》。張元濟《印行四部叢刊啟》云："雕板之書，卷帙浩繁，藏之充棟，載之專車，平時翻閱，亦屢煩乎轉換；此用石印，但略小其匡，而不併其葉，故册小而字大。册小而便庋藏，字大則能悦目。"[3]此外，該館一九三五年出齊的《影印四庫全書未刊珍本初集》選書二百三十一種，計十一萬餘葉，分裝一千九百六十册，是一項很大的工程。

當代影印古籍極爲普遍，其中比較突出的有中華書局影印的《永樂大典》、臺灣商務印書館及上海古籍出版社影印的《四庫全書》。這兩項出版工程對學術研究和古籍整理工作已經發揮了很大作用，並將産生深遠影響。

影印本的優點是能够保留書的原貌[4]、印刷迅速、出版周期短、成本低、價格比較便宜。但是如果所選底本不善，影印本也

---

[1]《三十五年來中國之印刷術》，載《中國近代出版史料》初編。

[2]《上海石印書籍之發展》注二，載《中國出版史料》補編。

[3]《四部叢刊書録》卷首。

[4]版面一般均縮小，亦有按原大者。

會出現一些問題。錢基博云：

　　　　光緒間，泰西石印法初傳至中國時，粤之徐氏創同文書
　　局，印精本書籍。最著名者爲覆印武英殿《二十四史》，皆全
　　張付印。徒以所得非初印本，字迹漫漶，乃延人描使明顯，
　　便於付印；又以書手非通人，遇字不可解者，輒改以臆，訛謬
　　百出！尤可笑者，自云所據四年本，而不知四年所刻，固無
　　《舊五代史》；又未見乾隆四十九年殿本，輒依殿板行款，別
　　寫一通，版心亦題乾隆四年，書估無識，有如此者，然世乃以
　　其字迹清朗，稱爲佳本。竹簡齋印《二十四史》遂用同文書
　　局本，故錯字一仍其舊；而以合兩行爲一行，有錯行者，有應
　　另行而圖省紙與前行迸爲一者，至諸表則强以次葉附於前
　　葉之下，乖舛不可究詰。[①]

所以影印本也有鑒定版本問題，一要看它所用底本善否，二要注
意出版單位對底本加工過程中出現的錯誤。由於影印本是依據
雕印本、寫本、活字本而産生的，所以鑒定雕印本、寫本、活字本
的各種方法，自然也同樣適用於鑒定影印本。

---

①《版本通義・讀本第三》。

第七章　版本的變異與傳承

　　書籍在傳鈔、編印、典藏、流通的過程中都會造成版本的變異。一種書的不同版本雖然存在着差異，但是它們在演變過程中，也都有着一定的傳承關係。研究版本的變異與傳承關係，對於我們鑒別與利用版本無疑是必要的。

第一節　版本的變異

　　版本的變異主要反映在内容增損、篇卷分合、字句差異等方面，各有其原因，今分述如下。

一　　內容增損

　　我國早期圖書是以鈔本形式流傳的，印刷術發明並廣泛使用之後，鈔本仍然是圖書的一種重要形式。由於鈔寫比較自由，人們往往又各取所需，所以對原書進行删節是經常發生的。如劉向在《列子》書録中説："所校中書《列子》五篇，臣向謹與長社尉臣参校讎太常書三篇、太史書四篇、臣向書六篇、臣参書二篇，内外書凡二十篇。以校，除複重十二篇，定著八篇。"①如果《列子》原爲八篇，則可見劉向所見到的各種鈔本内容都不全。後世鈔本删節原書内容的現象也很普遍，如南宋徐夢莘的《三朝北盟會編》二百五十卷，由於篇幅大、字數多，長期以鈔本的形式流傳，於是有的鈔本就删去了不少内容，如華東師範大學圖書館所藏鈔本即存在着以下問題：

（一）有選擇地鈔録。如卷一五二"劉嶸上萬言書"，各刊本共有七策，而此摘鈔本只存録其中有代表性的三策。

（二）大量删削無關緊要的記載。有的甚至將整卷原書删去，如删卷五五、卷一〇九、卷一一四等。又卷二二—四七整整二六卷，也都統統被删去了。

（三）對原書中重要或比較重要的章節或事件，則全部鈔録或詳細摘録，如卷六二、六三叙述宋金交涉及交割三鎮之事，卷一一〇傅芳使金談判，請求金承認高宗在南京繼位之合法及送回二帝的問題等等，均予照録。

可見華東師大所藏摘鈔本，大體上是大事詳、小事略；宋廷事詳，金國事略；外交事詳，内政事略。②

印本書也存在着删節問題，特別是坊刻本，書商爲了降低成本，獲取厚利，往往大量删去原書内容，此類現象，明代尤爲突出。如屈萬里稱：

"明人刻書而書亡"，清代的校刊家常常有這種感嘆。的確明代萬曆以後的刻本，多半是一塌糊塗。他們任意改字，任意删節，甚至任意改換書名。商濬所刻的《稗海》、陳

①《快閣師石山房叢書》本《七略別録佚文》引宋本《列子》。
②仲偉民《新見〈三朝北盟會編〉摘鈔本及其價值》，載《文獻》一九九二年第一期。

繼儒所刻的《寶顏堂秘笈》，算是比較好一些的叢書了，然而仍舊免不了任意刪改的毛病。譬如宋人王楙作的《野客叢書》本來是三十卷，可是《稗海》本和《寶顏堂秘笈》本，都只有十二卷，精核的地方多被刪削。假若沒有嘉靖年間王穀祥的刻本存在着，人們就很少能知道這書是三十卷了。①

　　政治因素也是導致某些圖書內容被刪的一個重要原因，如清高宗組織人編纂《四庫全書》時，銷燬抽燬大量圖書就是一個顯著例子。四庫館正總裁英廉在奏摺中談到他根據乾隆四十五年（一七八〇）四月十三日旨意，至乾隆四十七年（一七八二）二月二十一日為止，在不到兩年的時間內，曾派十三名官員"將各省解送之明代以後各書，逐一覆加檢閱，詳細磨勘，務將誕妄字句刪燬淨盡，不致稍有遺漏。茲據各該纂修等已全行閱竣，共看出應行銷燬書一百四十四部，應酌量抽燬書一百八十一部"。②在被抽燬的書中，不少是與受到政治迫害者有關的著作。如四庫館《奏繳咨禁書目條款》稱：

　　　　錢謙益、呂留良、金堡、屈大均等，除所自著之書俱應燬除外，若各書內有載入其議論、選及其詩詞者，原係他人所采錄，與伊等自著之書不同，應遵照原奉諭旨，將書內所引各條簽明抽燬，於原板內剷除，仍各存其原書，以示平允，其但有錢謙益序文而書中並無違礙者應照此辦理。③

　　由於政治原因而刪削圖書的問題，本書《校勘編》第三章《書面材料發生錯誤的原因》第二節《致脫的原因》十五《因政治原因而刪》、《典藏編》第四章《書籍亡佚》第一節《禁燬》有詳細介紹，

---

① 《讀古書為什麼要講究板本》，載《大陸雜志》第二卷第七期。
② 《辦理四庫全書檔案》上冊八二頁。
③ 《辦理四庫全書檔案》上冊六〇頁。

可參看。

　　圖書在流通過程中因爲禁燬、兵燹、自然災害等原因，許多
書亡佚了，許多書變成了殘本。所以在流傳過程中散失也是導
致不少圖書部分内容殘損的一個重要原因。如魯迅《嵇康集》序
云：“魏中散大夫《嵇康集》，在梁有十五卷，《録》一卷。至隋佚二
卷。唐世復出，而失其《録》。宋以來，乃僅存十卷。”[1]再如北宋
曾鞏去世後，時人爲其編集，收集頗全，其弟曾肇在曾鞏《行狀》
中稱其“既殁，集其稿爲《元豐類稿》五十卷、《續元豐類稿》四十
卷、《外集》十卷”。[2] 然而宋南渡後，《續元豐類稿》和《外集》已逐
漸散佚，晁公武《郡齋讀書志》著録《元豐類稿》五十卷，陳振孫
《直齋書録解題》除著録《元豐類稿》五十卷外，還有建昌守趙汝
勵、建昌郡丞陳東重行刊校的《續稿》四十卷。元末兵燹，《續稿》
又亡佚了，傳世的仍僅剩下《元豐類稿》五十卷。[3]

　　圖書的内容除删損外也會增益。早期的書籍鈔寫者尚未形
成著作權觀念，他們往往根據自己的需要，把内容相近的其他人
的著作鈔在一起。如劉向校定的《晏子》共八篇，而宫廷所藏《晏
子》十一篇、臣參藏《晏子》十三篇。就在劉向校定的八篇中，有
兩篇被列爲外篇，即不一定是晏子的作品。他在《晏子》書録中
解釋道：“其書六篇，皆忠諫其君，文章可觀，義理可法，皆合六經
之義。又有複重，文辭頗異，不敢遺失，復列以爲一篇；又有頗不
合經術，似非晏子言，疑後世辯士所爲者，故亦不敢失，復以爲一
篇，凡八篇。”[4]我國先秦古籍真贋雜糅，這是一個重要原因。

　　後世學者在整理出版前人著作時，常做搜亡輯佚的工作。

------

①《魯迅全集》卷十《古籍序跋集》。
②《曾鞏集》卷末《附録一》，中華書局一九八四年版。
③參見陳杏珍《談曾鞏集的流傳和版刻》，載《文獻》第二十一輯。
④《四部叢刊》影印明活字本《晏子春秋》卷首。

將所輯佚作編入集中，當然會在原有的基礎上增加新的内容。例如陳師道的集子是他的學生魏衍在他去世十四年後編成的。魏衍《彭城陳先生集記》云："受其所遺甲乙丙稿，皆先生親筆，合而校之，得古、律詩四百六十五篇，文一百四十篇。詩曰五七，雜以古、律；文曰千百，不分類。衍今離詩爲六卷，類文爲十四卷，次皆從舊，合二十卷，目録一卷，又手書之。"①而宋蜀刻有謝克家序之《後山居士文集》二十卷，詩文卷數與魏衍編本同，但詩多收二百一十八首，文多收二十九篇。多出的二百一十八首詩則散附在一、二、四、六卷後。可見宋蜀刻有謝克家序本在魏衍編本的基礎上，又將在社會上流傳的陳師道的詩文編入了集中。②

需要注意的是輯佚如果只求全備而不重視鑒別真僞，則會混入不少僞作。如清趙殿成於乾隆二年（一七三七）刻印的《王右丞集箋注》，其《箋注略例》云："自十四卷以前之詩皆須溪本所有者，其别本所增及他籍互見者，另爲外編一卷。"萬曼指出：

> 這一卷共詩四十七首，除了蜀本系統所羼入的王涯、張仲素詩三十首外，其餘大抵都是根據顧元緯本編入的，止最後一首係據《事文類聚》補。這些詩除應歸之王涯、張仲素外，還有王昌齡、張子容、孫逖、宋之問、孟浩然、鄭谷以及失名的作品，可以視爲王維佚詩的不過二三首，這是應該斟别一下的。《全唐詩》全部删去，甚是。③

古書傳世每有續作，這也是書籍内容有所增加的一個原因。劉知幾《史通·古今正史》嘗云："《史記》所書，年止漢武太初，以後闕而不録。其後劉向、向子歆及諸好事者，若馮商、衛衡、揚

---

①商務印書館《四部叢刊》縮印江安傅氏雙鑑樓藏高麗活字本《後山詩注》卷首。
②參見徐小蠻《陳後山集版本源流考》，載《文獻》第十九輯。
③《唐集叙録·王維文集》。

雄、史岑、梁審、肆仁、晉馮、段蕭、金丹、馮衍、韋融、蕭奮、劉恂等，相次撰續，迄於哀平間，猶名《史記》。"總集與類書也有這種現象。如徐陵所纂《玉臺新詠》，其自序、《隋書·經籍志》《新唐書·藝文志》《郡齋讀書志》等皆著錄十卷，但是明嘉靖十九年（一五四〇）鄭玄撫刻本却爲十五卷。其跋云：

> 徐陵世膺陳爵，恒獻厥酬，乃進《新詠》十卷，以備宮體。陵没，摛藻之徒取以爲則，播之宮商，幾四百餘年。俗灕風下，靈秘莫珍，予夙悼之，博求世家，幸獲塵幾，篇殘簡亂，憑證無由。嘉靖己亥（一五三九），方子敬明購諸金陵，歸而畁予。予始删其餘篇，理其落翰，進儷陳隋，演爲十五卷，乃揖敬明，與之校梓。

此書所增五卷實爲徐陵身後陳隋時代的作品。[1]　又，宋葉大慶指出："《藝文類聚》唐太宗時歐陽詢所編也，而有蘇、李、沈、宋之詩，是皆後人所加。"並自注曰："正月十五日有蘇味道《夜游》詩，洛水門有李嶠游洛詩，寒食門有沈佺期、宋之問詩，四子皆後人，歐陽安得預編之也。"[2]

　　後人對書做注釋，從而出現的各類注本，即在原書的基礎上增加了注釋部分，這也是圖書增加內容的一個原因。如蕭統編《文選》，唐李善爲之作注，並於顯慶三年（六五八）九月上《文選注》表。開元六年（七一八）又有吕延祚將吕延濟、劉良、張銑、吕向、李周翰等五臣注《文選》進表呈上。後來又有人將李善注與五臣注合成了六臣注。

　　後人對古書進行批評與校勘，那些附在原書上的批語與校勘記，也都使原書增加了新的內容。南宋劉辰翁在詩文的評點

---

①參見躍進《〈玉臺新詠〉版本研究》，載《中國古籍研究》第一卷。
②《考古質疑》卷一。

上下了很大功夫，明人曾匯刻《劉須溪批評九種》，包括《班馬異同評》《老子》《莊子》《列子》《世説新語》《李長吉歌詩》《王摩詰詩》《杜工部詩》《蘇東坡詩》。此外，《孟浩然集》《孟東野集》《王荆公詩文》《放翁詩選》等也有劉辰翁的評點。南宋興起的評點之風到了元明清仍然盛行，批評的對象從詩文經史發展到了小説戲曲。金聖嘆批評《水滸》《西厢記》就頗有影響。學者讀書在書的天頭地腳行間或采用籤條的方式留下批語校勘記是十分普遍的現象，知名學者的批校本通常被當作善本。經過校勘的書籍出版時，校勘記通常附書以行，如清代由阮元主持校刻的《十三經注疏》。經文本來是單獨傳播的，宋人在經文的基礎上加注加疏，使原書内容不斷有所增加。“嘉慶二十有一年（一八一六）秋八月，南昌學堂重刊宋本《十三經注疏》，成卷四百十六，並附校勘記，爲書萬一千八百一十葉。”①原書附校勘記不但豐富了書的内容，也提高了書的價值。

　　此外爲圖書做補正工作，自然也會使原本增加新的内容。如張之洞的《書目答問》自光緒二年（一八七六）出版後，産生了廣泛的影響，後來范希曾又做了補正工作，並於一九三一年在柳詒徵的大力支持下，由國學圖書館印了《書目答問補正》。該書補錄圖書一千二百種左右，在一定程度上反映了自《書目答問》至《書目答問補正》這五十年間學術研究的主要成就。此外《書目答問補正》還補足或糾正了《書目答問》漏落或訛誤的書名、卷數、作者姓氏、刻書年代等近百處。②

　　總之，版本間内容有增損是十分普遍的現象，這也導致了版本的優劣與特色。我們在利用圖書時，當然要注意各種版本的

①胡稷《重刊宋本十三經注疏後記》，載中華書局影印本《十三經注疏》卷首。
②參見上海古籍出版社一九八三年版《書目答問補正》前言。

特點及內容增損情況。

二　篇卷分合

　　版本在形式上的變化尤爲明顯，同一種書的不同版本，其版式、紙墨、字體、裝幀等許多方面都可能是各不相同的，我們在本編的有關章節已經作了論述，現僅就涉及文獻內容的篇卷分合問題作些説明。

　　我國古書多以竹木、帛、紙爲載體。文獻載體不同，圖書篇卷可能會有分合。如《管子》一書，劉向經過校讎定爲八十六篇，爲《漢書·藝文志·諸子略·道家》所著錄，然《隋書·經籍志·子部·法家》却著錄爲十九卷。顯然紙書比簡書的容量大，一卷紙書可以容納好幾篇文章。關於因爲載體不同而導致篇卷分合的詳細情況，可參見本書《目錄編》第三章《目錄的著錄事項》第二節《篇卷》。

　　編輯體例不同也會導致一書各本間篇卷的分合。毛晉嘗云：

　　　　余藏襄陽詩甚多，可據者凡三種：一宋刻三卷逐卷意編，不標類目，共計二百一十首；一元刻劉須溪評者，亦三卷，類分游覽、贈答、旅行、送別、宴樂、懷思、田園、美人、時節、拾遺凡十條，共計二百三十三首；一弘治間關中刻孟浩然者，卷數與宋元相合，編次互有異同，共計二百一十八首。[1]

孟浩然集宋刻、元刻、明弘治刻雖均爲三卷，但是宋刻逐卷意編，

---

[1]《隱湖題跋·跋孟襄陽集》。

元刻分類編排,明弘治刻編次與宋元本又有異同,故三個版本各卷內容不同,所收詩篇總數也互異。

　　還有的詩文集的編輯體例有分體、不分體和編年、不編年之別,各本之間的卷數也許相同,相應卷數的內容却有分有合。如杜荀鶴詩集,明末毛晉汲古閣刻本《唐風集》三卷,是分體編次的;而清初席啟寓刻《唐詩百名家全集》本《杜荀鶴文集》三卷,却統稱爲雜詩,不分體。兩本各卷的內容自然不同。一些按體裁排列的版本,如何分體,彼此也可能有別。如《全唐詩》本《杜荀鶴集》,卷一爲五律,卷二爲七律(僅有一首係七言八韻),卷三爲五、七言絕句。而《全五代詩》本《杜荀鶴集》,卷一爲五律,卷二爲九十六首七律,卷三爲四十四首七律外加五、七言絕句。① 再如《李商隱詩集》,《新唐書·藝文志》《直齋書錄解題》《宋史·藝文志》均著錄爲三卷,馮浩的《玉谿生詩集箋注》雖然也作三卷,由於采用了編年的方法,每卷的內容與過去的版本當然是不同的。其《玉谿生詩箋注發凡》稱:"舊本皆作三卷,而凌亂錯雜,心目交迷,其分體者更不免割裂之病。余定爲編年詩二卷,不編年詩一卷。行藏遞考,情味彌長,所不敢全編者,慎之也。"

　　出版叢書要求各叢書本在形式上保持一致,因此某些書在篇卷分合上往往要作些調整。據《舊唐書·王維傳》可知,《王維集》最初由其弟王縉編成,共十卷。其中六卷爲詩,四卷爲文,因此單行的《王維詩集》多爲六卷,但是明張遜業輯校《十二家唐詩》本,每家均分上、下兩卷,故《王摩詰集》也爲二卷。明楊一統刊《唐十二家詩》本,每家皆一卷,所以《王維集》也爲一卷。此外,明凌濛初刊朱墨二色套印本《王摩詰詩集》,五古、七古、五律、七律、五排、五絕、七絕各一卷,故共分七卷。王維的詩集雖

①參見汪長林《杜荀鶴詩集版本源流初探》,載《古籍研究》一九九六年第三期。

有一卷、二卷、六卷、七卷之別，但是所收詩篇却大抵一致，不過有所分合而已。①

　　有些鈔本原就不全，爲了湊足卷數，往往對各卷内容進行分合。如南京圖書館藏原丁丙家清鈔本《誠齋集》之卷首吴城題記云："余近見宋氏賓王、汪氏秀峰兩家所藏，俱一百三十三卷，始知插架舊本卷帙前後頗有錯亂，甚至以一卷分而爲二者，亦有以兩卷併而爲一者，妄行增損，欲謂之無心之誤，可乎？"試以國家圖書館藏原盧址家清鈔本《誠齋集》爲例，其文集部分闕失較多，最末一卷爲卷一二二《墓表》，卷一二三《墓志銘》並以下盡脱。即今存者，也殘損不完，如《四部叢刊》本之卷六六、六七爲《書》，共二十二首，此本竟無之。而以卷六九、七〇各分爲二，補足卷數。《四部叢刊》本卷八七至八九爲《千慮策》共十二篇，此本脱去其中的《論相》《論將》《論兵》《馭吏》四篇，而以其餘析爲三卷，補齊卷數。②

　　在刻本中也有分合篇卷以充全本的現象，例如《太平廣記》現存有殘宋本、明沈與文野竹齋鈔本、嘉靖隆慶之際的談愷刻本、萬曆間許自昌刻本等。殘宋本的總目録基本完整，總目録中全卷失佚者，僅有第一四一卷。遺憾的是，殘宋本第一四一卷的正文也殘缺了。今人所見《廣記》諸本之一四一卷，已經不是宋本之原來面目。明鈔本取宋本一四二卷後半截，充作一四一卷。而將宋本的一四三卷一分爲二，變作一四二、一四三卷。談本則將宋本一四二卷一分爲二，變作一四一、一四二兩卷。許本則一如談本處理。③

　　對原書加工整理，不僅會使原書内容有增減，而且也會使原

①參見陳鐵民《〈王維集〉版本考》，載《古籍整理與研究》第五期。
②參見吴鷗《誠齋詩集版本述略》，載《國學研究》第二卷。
③參見張國風《試論〈太平廣記〉的版本演變》，載《文獻》一九九四年第四期。

書篇卷分合有明顯變化。如宋宋敏求《李太白文集後序》談到了唐宋李白集編纂情況：

> 唐李陽冰序李白《草堂集》十卷，云"當時著述，十喪其九"。咸平中，樂史別得白歌詩十卷，合爲《李翰林集》二十卷，凡七百七十六篇。史又纂雜著爲《別集》十卷。治平元年（一〇六四），得王文獻公溥家藏白詩集上中二帙，凡廣一百四篇，惜遺其下帙。熙寧元年（一〇六八），得唐魏萬所纂白詩集二卷，凡廣四十四篇。因裒唐類詩諸編，泊刻石所傳，別集所載者，又得七十七篇，無慮千篇，沿舊目而釐正其彙次，使各相從，以別集附於後，凡賦、表、書、序、碑、頌、記、銘、讚文六十五篇，合爲三十卷。[①]

近人王國維《人間詞話》的版本，也因整理者不斷增加內容而在篇幅上逐步有所增加。徐調孚在《重印後記》中寫道：

> 王國維的《人間詞話》，最初祇有上卷，刊載在一九〇八年的《國粹學報》上，分三期登完。到了一九二六年，才有俞平伯先生標點、樸社出版的單行本。一九二七年，趙萬里先生又輯錄他的遺著未刊稿，刊載於《小說月報》上，題爲《人間詞話未刊稿及其他》。一九二八年羅振玉編印他的《遺集》，便一併收入，分爲上下兩卷，以原來的爲上卷，趙輯的爲下卷。從這時候起，始有兩卷本。一九三九年開明書店要重印這書，我就《遺集》中再輯集他有關論詞的片段文字，作爲補遺附後：這便是現在印行的本子。其中署名山陰樊志厚的《人間詞》甲乙稿兩序，據趙萬里先生所作《年譜》，實在是王國維自己的作品，所以也一併收入附錄中。這本小

---

① 《李太白全集》卷三一《附錄一》。

　　册子出版後，陳乃乾先生又從王氏舊藏各家詞集的眉頭，抄録他手寫的評語給我，我在一九四七年印第二版的時候再補附在最後。書中的注，一部分是周振甫先生所搜集的，一部分是我加的，全部都經過我的校訂。[1]

　　可見各本之間篇卷分合的情況也相當複雜，因載體、編輯體例、書商以殘本充全本，以及加工整理的方式與深度，都可能導致篇卷的分合與内容的增損。有的版本卷數相同，内容可能有異；有的版本卷數有異，内容可能相同。凡此種種都應引起讀者的注意。

三　文字差異

　　版本之間存在着文字差異是十分普遍的現象。

　　我國幅員遼闊，各地方言頗不相同，因此各地鈔本之間很容易造成文字上的差異。如《楚辭·九章·惜往日》："妒佳冶之芬芳兮，嫫姆姣而自好。"洪興祖本云："佳，一作娃。"洪補注曰："娃，於佳切，吳楚之間謂好曰娃。"左思《吳都賦》："幸乎館娃之宮。"劉淵林注："吳俗謂好女爲娃。"[2]由此可見，娃與佳實際上是由方言的不同而造成的差異。再如《離騷》："憑不厭乎求索。"洪興祖本云："憑，一作馮。"王逸注："憑，滿也。楚人名滿曰憑。"馮，《説文解字》："馬行疾也。"段玉裁注："馮也，馬蹄着地堅實之貌。因之引申爲盛也，大也，滿也，懣也。"可見憑、馮同義，也僅是方言造成的差異。[3]

―――――――

①載《蕙風詞話》《人間詞話》合訂本卷末，人民文學出版社一九六〇年版。
②中華書局一九七七年影印胡克家刻本。
③參見江林昌《〈楚辭〉異文考例》，載《文獻》一九九一年第三期。

　　古今字體的變化也是導致版本之間文字差異的一個重要原因。如《左傳》襄公二十四年經文“秋七月甲子朔，日有食之。既”下，孔穎達《疏》云：

　　　　此與二十一年，頻月日食，理必不然，但其字則變古爲篆，改篆爲隸。書則縑以代簡，紙以代縑，多歷世代，年數遥遠喪亂，或轉寫誤失其本真，先儒因循，莫敢改易，執文求義，理必不通，後之學者宜知此意也。[①]

　　本書《校勘編》第三章《書面材料發生錯誤的原因》第一節《致訛的原因》一《因形近而訛》，詳細論述過這個問題，可參看。

　　在傳鈔編印的過程中，因疏忽、妄改導致文字上的差異也是十分普遍的現象，如惠棟跋宋本《禮記正義》云：

　　　　先是孔穎達奉詔撰《五經正義》，法周秦遺意，與經注別行。宋以來始有合刻，南宋後又以陸德明所撰《釋文》增入，謂之附釋音。《禮記注疏》編爲六十三卷。監板及毛氏所刻，皆是本也。歲久脱爛，悉仍其闕。今以北宋本校毛本，訛字四千七百有四，脱字一千一百四十有五，闕文二千二百一十有七，文字異者二千六百二十有五，羨文九百七十有一。[②]

　　再如宋蜀刻本《後山居士文集》第十四卷的九篇《記》，脱誤達七十六處。總共十四卷文集，脱五個字以上的地方竟有二十四處，最多的是第十六卷《送邢居實序》末尾，脱三百零二字，這一篇和另一篇脱題目和開頭六十字的《章善序》，兩篇風馬牛不

①《春秋左傳正義》卷三五。
②載《涉園所見宋版書影》。

相關的文章硬湊成一篇，使人不能卒讀。①

　　避諱與政治因素，同樣也是導致版本間文字差異的重要原因，如張元濟跋傳鈔本《崇山文集》云：

　　　　卷中遇"構"字稱"今上御名"，"慎"字稱"今上御名"，其他廟號，及語涉宋帝，皆空格，或提行，仍宋刻舊式，是必出自乾道刊本。……《四庫》著録亦二十卷，編次悉同，惟館臣泥於時忌，遇原書詆斥金人詞句，無不竄改，甚至顛倒序次，變易意義，其不易更動者，則故作闕文，或加以删削，有多至數百字者。②

　　再如明歸有光著《震川先生集》版本甚多，《四部叢刊》影印的康熙常熟刊本，經歸莊親手勘定，優於別本。由於該本刻於康熙前期，文字忌諱甚嚴，所以凡遇與皇上有關字樣一律空格，"夷""狄""胡""虜"等字均用墨釘迴避。③

　　本書《校勘編》第三章《書面材料發生錯誤的原因》，對文字出差異的原因做出了較爲詳細的論述，亦可參看。

第二節　版本的傳承

　　版本在内容、篇卷、文字上雖然常有很大差别，但是各種版本都由原著發展而來，理清版本源流，瞭解各本的特點與價值，對於讀書治學、從事古籍整理與出版工作，無疑也是必

---

① 參見徐小蠻《陳後山集版本源流考》，載《文獻》第十九輯。
② 《涉園序跋集録》，古典文學出版社一九五七年版頁二二一。
③ 參見《震川先生集》周本淳《前言》，上海古籍出版社一九八一年版。

要的。

　　研究與揭示版本的傳承關係，首先應從諸家目錄、有關記載，以及現存版本中查考明白，然後再按時代先後將各本逐一叙錄。如郭紹虞的《陶集考辨》，作者先將陶集各種版本按時代先後分成：一、梁以前本；二、宋以前本；三、北宋本；四、南宋本上；五、南宋本下；六、元本；七、明本上；八、明本中；九、明本下；十、清本上；十一、清本下；十二、近代本。對於已佚的版本，根據文字記載，也一一作了分析。如其關於梁以前六卷本《陶潛集》的考辨稱：

　　　　《隋書·經籍志》云："宋徵士《陶潛集》九卷。"注云："梁五卷，録一卷。"是梁以前本原祇五卷。陽休之《序録》云："其集先有兩本行於世：一本八卷，無序；一本六卷，並序目。"是六卷本即梁五卷本，梁氏《陶集考證》所言是也。橋川氏《陶集版本源流考》謂此"六卷本隋時已佚，新、舊《唐志》所著録之五卷本，並蹈襲《隋志》所録而存其目"，其所推測亦不謬。大抵昭明本、陽休之本既行之後，此"編比顛亂兼復闕少"之書，固宜歸於淘汰。[1]

　　郭紹虞在考辨現存陶集時，頗注意分析諸本特點與價值。如其介紹近代古直《陶靖節詩箋定本》四卷道：

　　　　古直舊爲《述酒詩箋》，載《華國》月刊二期七册，此册出版之時，雖在一九二五年五月，而古氏作箋實在一九二四年夏旅居廬阜之時。一九二六年撰成《陶靖節詩箋》四卷，輯入《隅樓叢書》中，二十五年復寫爲定本，爲《層冰室五種》之

---

[1] 載《燕京大學學報》一九三六年十二月第二十期，梁氏指梁啟超，橋川氏指日人橋川時雄。

一。古氏箋陶用力頗勤，前此雖有諸家箋注，古注不求備摭，汰棄殊多。其自爲注，頗能發明陶詩用事之長。竊以爲陶詩用事，真所謂水中著鹽，雖有鹽味不見鹽質者。古氏詳爲鈎稽，以發潛幽，不特可明陶詩用事之處，即於陶公學術思想，亦可爲印證之助。朱自清君有書評，載《清華學報》十一卷二期。

吳則虞考辨《清真詞》版本大抵采取了同樣辦法。他首先將《清真詞》版本可考者按時代分爲：宋刻得十有一種、元有二、明有五、清有八、近人校印者十、不詳者二，並一一羅列其名稱。接着又擇其要者，作了考辨。如關於《清真詞》之祖本，他考證道：

> 《宋史·藝文志》有《清真集》十一卷，《攻媿集》及《郡齋讀書志》有《清真先生文集》二十四卷，《直齋書錄解題》有《清真雜著》三卷，書皆不傳。王灼《碧雞漫志》云："美成集中多新聲。"《直齋書錄解題》云："《清真雜著》，在溧所作文記詩歌。"二者之中俱有長短句在內，盧炳、陳允平、强焕所據之本，疑從此出，此第一本也。《嚴州續志》有《清真詩餘》，此《清真詞》最早別行之本，黃昇《花庵詞選》即據以選錄，《清真詩餘》收詞若干不可知，然《花庵》所選各詞，方、楊皆有和，似亦只九十餘首，後之《三英集》及毛晉所見不滿百闋之《美成長短句》與《清真集》，似俱從此出，此第二本也。祭海先河，後來各本，要皆此二者之支裔耳。[1]

---

[1]《清真詞版本考辨（附版本源流表及清真集考異）》，載中華書局一九八一年版《清真集》。方指方千里，楊指楊澤民，皆有和《清真詞》。

對於各本淵源及優缺點，作者也作了考證與總結，如其考辨四印齋刻元巾箱本《清真集》二卷集外詞一卷云：

　　　元巾箱本《清真集》二卷，實即元龍之十卷本也，惟分卷編次不同。此分爲上下兩卷，上卷收詞四十七首，下卷收詞八十首（共一百二十七首，與注本同），四印齋刻本悉依從之。其集中所無而見於毛刻者凡五十四闋，別爲集外詞一卷，置列於後（共百八十一首）。半塘翁一代詞宗，號爲精審，然此集之刻，殊有三失：毛本之九十四闋，其《鎖陽臺》等三首及補遺十首，王氏悉删去，或取或舍，欲全反缺，其失一也。又五十四闋中，《水調歌頭》“今夕月華滿”乃何大圭詞，《感皇恩》“小閣倚晴空”乃晁冲之詞，《鬢雲鬆》亦贋品，半塘翁欲去僞存真，而真僞雜糅，其失二也。《清真詞》分卷雖亂於元龍，而本來面目，猶髣髴見之，元巾箱本釐爲二卷，宋本堂廡，從此全毀，半塘翁既見陳注，而棄宋從元，舍刻從鈔，其失三也。所喜者，《清真詞》自宋以來，注本與强本分道揚鑣者已久，此刻而後，兩本漸匯而爲一，林大椿復事綜集，胖以合矣。[1]

　　爲了一目瞭然，有人還采用表格的形式記録版本，如徐小蠻的《陳後山集版本源流考》。今録其詩集各種爲例：

---

[1]《清真詞版本考辨（附版本源流表及清真集考異）》，載中華書局一九八一年版《清真集》。半塘翁指王鵬運，毛本指汲古閣刻《片玉詞》二卷。王氏指王鵬運，陳注指《詳注周美成片玉集》十卷陳元龍注，强本指强焕序《清真詞》二卷本。

書名	卷數	版本	編校序者	備注
後山詩注	六	宋蜀刻本	宋魏衍"集記" 王雲題記 許尹序 任淵編注並序	每卷各分上下
後山詩注	十二	元刻本		
後山詩注	十二	明弘治本	明楊一清跋	
後山詩注	十二	明嘉靖本		
後山詩注	十二	高麗活字本		據明弘治本排印，《四部叢刊》初編本據此影印
後山詩注	十二	清武英殿聚珍本		
後山詩集	十二	清雍正活字本	清陳唐編 吳淳還序	正集六卷，後集五卷，詩餘一卷
後山詩注箋補	十四	商務排印本	近人冒廣生箋	正集十二卷，逸詩上、下卷①

從表中可知陳師道的詩集版本雖多，但都源自任淵編注的《後山詩注》，他依據的本子是王雲所傳，而王雲得之魏衍的親授本。任淵的本子雖然只有六卷，但增加了注，每卷各分上下，等於十二卷。清雍正活字本，正集六卷、後集五卷、詩餘一卷，似有很大不同，其實其正集六卷是據《後山詩注》編次去掉任淵注而已，後集五卷是搜集正集外作品編集而成，所以仍然是由《後山詩注》

———————————

① 載《文獻》第十九輯。

演變而來。《後山詩注箋補》雖然爲十四卷，其中十二卷同《後山詩注》，另二卷爲逸詩。[①]

　　有的書版本相當複雜，研究者除對重要版本不斷進行介紹外，還采用圖表的形式揭示版本傳承關係，顯得尤爲明晰。吳則虞《清真詞版本考辨（附版本源流表及清真集考異）》就是這麼做的，因爲篇幅大，難以引證。茲以陳鐵民的《岑嘉州詩版本源流考》爲例，作者首先對現存岑參詩集的主要版本作了叙錄：

　　　　（一）《岑嘉州詩》，八卷，存前四卷，宋刊本。每半頁十行，行十八字。前有杜確序。現藏北京圖書館。

　　　　（二）《岑嘉州詩集》，八卷，明鈔本。半頁十行，行二十字。有杜確序及目錄。原係黃丕烈藏書，現存北京圖書館。

　　　　（三）《岑嘉州集》，八卷，明銅活字本。半頁九行，行十七字。有杜確序，現藏北京圖書館。

　　　　（四）《岑嘉州集》，二卷，明張遜業輯《十二家唐詩》本。嘉靖三十一年（一五五二）江都黃埠東壁圖書府刊。每半頁九行，行十九字。無杜確序，書藏北京圖書館。

　　　　（五）《岑參集》，一卷，明楊一統刊《唐十二家詩》本。萬曆十二年（一五八四）刊。半頁九行，行二十字。有目錄，無杜確序。書藏北大圖書館。

　　　　（六）《岑嘉州集》，二卷，明許自昌輯《前唐十二家詩》本。萬曆三十一年（一六〇三）刊。半頁九行，行十九字。無杜確序，書藏北大圖書館。

　　　　（七）《岑嘉州集》，八卷，明刊《唐十二家詩》本。半頁十行，行十八字。有杜確序，書藏北大圖書館。

───────────

① 參見徐小蠻《陳後山集版本源流考》，載《文獻》第十九輯。

（八）《岑嘉州集》，八卷，明刊本。半頁十行，行十八字。有杜確序。有吳慈培校並補目，周叔弢校並跋。書藏北京圖書館。

（九）《岑嘉州集》，二卷，明鄭能刊《唐十二家詩》本。每半頁九行，行十九字。無杜確序。原爲鄭振鐸藏書，現存北京圖書館。

（十）《岑嘉州詩》，七卷，明正德十五年（一五二〇）熊相濟南刊本。半頁十行，行十七字。前有杜確序，後有邊貢、熊相二序。《四部叢刊》影印，北京圖書館藏有原刊本。

（十一）《岑嘉州詩》，七卷，明刊黑口本。半頁十行，行十七字。無杜確序，書藏北大圖書館。

（十二）《岑嘉州詩》，八卷，明正德十五年謝元良嘉州刊本。半頁十行，行二十字。無杜確序，有安磐《新刊岑嘉州詩引》，書藏北京圖書館。

（十三）《岑嘉州詩》，四卷，明正德十五年沈恩蜀中刊本。半頁十一行，行二十字。無杜確序，前有楊慎《新刊岑嘉州詩序》，後有沈恩跋。《四部叢刊》初編影印，北京圖書館藏有原刊本。

作者又就上述諸本的相互關係作了考述，並用圖表展示了版本源流。

研究版本的變異與傳承，不僅使我們在讀書治學時，能够選擇可靠的版本，吸收各本的長處，而且還能使我們瞭解一部書的出版史與研究史。

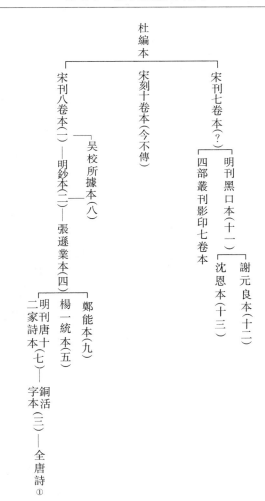

①載《文史》第六輯。

第八章　對版本的記録和研究

從劉向、劉歆父子校書以來,學者們就一直注意對書籍版本進行研究和記録。我國古籍基本上見於各種目録的著録,此外人們還利用書影、行格表、刻工表、題跋、論文等形式對圖書版本進行更加深入細緻的描述和探討。一些學者的日記、書信、札記中,涉及圖書版本的論述也不少。對前人在這方面的豐富遺産進行探索,不僅便於我們借鑒前人的研究成果,更重要的是其記録和研究版本的方式方法也是值得我們效法的。

第一節　目録著録

版本是目録應有的著録事項之一,如果專門着重版本的記録,則成爲版本目録。在目録編第七章第五節中,我們曾對此作過論述,現在僅將目録著録對版本研究的必要性略作説明。

版本的目録著録大抵可分兩類:先是側重於對版本的記録,繼而發展爲對版本的研究。

最早記録鈔本的,可追溯到劉向《別録》,如《管子書録》云:"所校讎中管子書三百八十九篇,大中大夫卜圭書二十七篇,臣富參書四十一篇，射聲校尉立書十一篇，太史書九十六篇，凡中外書五百六十四篇。"①顯然"中管子書"等指的都是管子的不同鈔本。最早記錄雕印本的當推南宋尤袤的《遂初堂書目》。它在經總類、正史類、雜史類三類中標明了版本。明嘉靖間，晁瑮《晁氏寶文堂書目》分別按出版時間、地點、出版者、書籍形式著錄了各類版本，比較全面地反映了明代的版刻源流與出版情況。此後，明人李鶚翀在他編的《得月樓書目》中，常注明某書是宋版、某書是元版、某書是鈔本、某書是活字本等。明末清初著名的藏書家錢曾的《述古堂書目》也往往運用附注的方法標明版本。但這幾種目録都只是記録了一部分書的版本。

對所著録的書全面記録版本的，要算清初季振宜編的《季滄葦藏書目》。然該目兼用分類、標目、附注等方法記録版本，顯得不够清晰。嘉慶十年（一八〇五），秦恩復編的《石研齋書目》統一用附注方法記録版本，受到了人們的稱讚，顧廣圻云："今先生此目，創爲一格，各以入録之本詳注於下，既使讀者於開卷間目憭心通，而據以考信，遂不啻燭照數計。於是知先生深究《録》《略》，得其變通，隨事立例，惟精惟當也。特拈出之，書於後，爲將來撰目録之模範焉。"②

還有一些版本目録是采用分類的方式來記録版本的。此類目録中編得最有條理的，當推聊城楊氏《海源閣藏書目》。該目按經、史、子、集四部編排，每部又分宋本、元本、校本、鈔本四條，頗爲清晰。

至於側重對版本研究的版本目録，似萌芽於南宋陳振孫的《直齋書録解題》，如《高氏小史》一百三十卷，解題云："此書舊有

---

①《四部叢刊》影印宋刊本《管子》卷首。
②《思適齋集》卷一二《石研齋書目序》。

杭本,今本用厚紙裝襯夾面,寫多錯誤,俟求杭本校之。"①又如
《杜工部詩集注》三十六卷,解題云:

> 蜀人郭知達所集九家注,世有稱東坡《杜詩故事》者,隨
> 事造文,一一牽合,而皆不言其所自出,且其辭氣首末若出
> 一口,蓋妄人依託以欺亂流俗者,書坊輒勵入集注中,殊敗
> 人意,此本獨削去之。福清曾噩子肅刻板五羊漕司,最爲
> 善本。②

此類解題雖不多,但對後世研究版本的書目的發展,其作用無疑
是很大的。

明末清初錢曾的《讀書敏求記》,特別注意從牌記、序跋、版
式、字體、紙墨、裝幀、印章、校勘等方面來確定版本的年代和價
值。清阮福在重刻此書所寫的序中説:"遵王此書述著作之源
流,究繕刻之同異,留心搜討,不遺餘力,於目錄書中洵爲
佳著。"③

清乾隆四十年(一七七五年),大學士于敏中奉敕編撰《天禄
琳琅書目》十卷,是爲官書言版本之始。該目按宋版、元版、明
版、影宋鈔本分類,每類又各以經、史、子、集爲次。各書刻於何
時何地、何人收藏、鈐有何印,都一一記載,加以考證,爲以後側
重於研究版本的目錄提供了一個成功的模式。

此後,私家藏書目錄多側重於對版本的研究,其中編製規範
而又産生深遠影響的,是張金吾的《愛日精廬藏書志》。近人喬
衍琯爲該書所撰叙録云:

---

① 《直齋書録解題》卷四。
② 《直齋書録解題》卷一九。《杜詩故事》,《四庫全書總目》提要引稱《東坡事
　 實》,當即《老杜事實》。
③ 《讀書敏求記》附録序跋。

　　昭文張氏愛日精廬世代藏書，多到八萬餘卷。宋元舊本、明刻精本和舊鈔、精鈔、精校部分，計七百六十五部。其中經部一百三十四部，續編十二部；史部一百七十八部，續編十二部；子部一百三十一部，續編四部；集部二百七十二部，續編二十六部。撰成《愛日精廬藏書志》三十六卷，續編八卷。各書著録書名、卷數、版本、撰人外，並迻録古人序跋、名家題識，且別擇頗嚴，不遺不濫，比《經義考》的體例要精審得多。其取舍標準，詳見書前凡例。後來楊紹和的《楹書隅録》、陸心源的《皕宋樓藏書志》，以及近人王文進《文禄堂訪書記》、張元濟《寶禮堂宋本書録》，都依照張氏的辦法。[①]

兹舉一例：

史記一百三十卷宋乾道蔡夢弼刊本　　懷古堂藏書

　　漢司馬遷撰、宋裴駰集解、唐司馬貞索隱。目録後有"建谿蔡夢弼傳卿校正"一行。《三皇本紀》後有"建谿蔡夢弼傳卿親校刻梓於東塾，時歲乾道七月（當是年字）春王正上日書"兩行。《五帝本紀》後有"建谿三峰蔡夢弼傳卿親校，謹刻梓於望道亭"兩行。每葉二十四行，行二十二字，注二十八字。字畫精朗，古香可愛，蓋宋版中之絶佳者。

　　卷末有題識云："共計三十本，辛丑年孟春重裝，懷古堂識。"又有題識云："泰興縣季振宜滄葦氏珍藏。"蓋錢求赤藏本後歸季滄葦者。

　　史記集解序

---

① 《愛日精廬藏書志》卷首，文史哲出版社一九八二年影印本。

補史記序

史記索隱序

史記索隱後序①

此後,晚清繆荃孫所撰《清學部圖書館善本書目》還注意到著錄書的高廣尺寸及邊欄,在前人的基礎上又朝前邁進了一步。今舉一例:

詩集傳二十卷

宋朱子撰。宋刊大字本。每半葉七行,行大、小十五字,高五寸九分、廣四寸六分。白口,上有大、小字數,有刻工姓名。蝶裝。首行題"詩卷第幾,朱熹集傳"。今存小雅《鹿鳴》至《四月》,爲卷九之十二;大雅《蕩》至商頌《長發》,爲卷十八之二十。於宋諱玄、畜、匡、樹、殷、恒、徵、慎、敦、鄲、觀等字皆缺筆,蓋寧宗時刊本也。楮墨大雅,字畫端好。又每册簽題"《詩朱氏傳》幾之幾",殆宋槧之極精者。朱熹《詩集傳》二十卷,見《宋史·藝文志》《玉海》藝文類。今四庫所收,尚是通行八卷之本。此雖殘帙,藉見坊刻未并以前廬山真面,豈非至寶。陳鱣《經籍跋文》所見即此本,亦闕。②

近人王重民的《中國善本書提要》認真吸取前人成功經驗,著錄國內外藏弆的古籍善本四千四百餘種,對版本的記錄與研究相當周詳精當。此外,全面反映我國收藏古籍善本實際情況的《中國古籍善本書目》對版本的記錄和研究也頗具特色。例如:

---

① 《愛日精廬藏書志》卷八。

② 《清學部圖書館善本書目》經部詩類。

　　朱慶餘詩集一卷　　唐朱慶餘撰　　宋臨安府陳宅經籍鋪
　　刻本　　清季振宜題款　　黃丕烈、瞿中溶跋　　十行
　　十八字　　白口,左右雙邊

　　　　　　　　　　　　　　　　　　　　　　一二七一

　　朱慶餘詩集一卷　　唐朱慶餘撰　　清初抄本　　十行十八
　　字,無格

　　　　　　　　　　　　　　　　　　　　　　一二七二

　　朱慶餘詩集一卷　　唐朱慶餘撰　　清康熙席氏琴川書屋
　　刻《唐詩百名家全集》本　　傅增湘校並跋　　十行十
　　八字　　白口,左右雙邊

　　　　　　　　　　　　　　　　　　　　　　一二七三①

可見,《中國古籍善本書目》對一種書的不同版本皆分開著録,每
種版本又對書名、卷數、著作時代、作者、著作方式、出版時代、出
版單位、出版方式、題跋及版式等最重要、最能説明問題的項目
進行了記録和描述。每書之下並附有編號,根據編號還可以在
書目後藏書情況表中找到藏書單位。因此顯得特別謹嚴明晰,
切實有用。

　　通過上述各家目録特別是版本目録的著録情況,我們大體
可以知道如何通過這一手段記録和研究版本。

第二節　　書影留真

　　不少版本目録雖然對版刻特徵作了詳細的描述,但是人們

---

①《中國古籍善本書目》集部別集類。

仍然希望見到原書，因爲只有這樣才能對書的版式、字體等特徵有真切的瞭解，而古籍善本又不是很容易見到的，於是就想到采用影刻或影印的方式，再現其中的一、二葉，以顯示書的原貌，以便與其他相同或相近的版本進行比較。此類作品稱爲書影。

最早的書影是楊守敬於清光緒辛丑年（一九○一）刻印的《留真譜》，傅增湘曾對其作過公允的評價：

> ……楊氏惺吾乃廣采群籍，上起六朝，下逮朱明，旁及外邦，舉凡古鈔、舊刻、銅木活字、世間稀見之本咸入網羅，或影首篇，或采序跋，或録其校刻公牒銜名，或勒其官私牆鼎牌式，多則數葉，少乃數行，咸著其有關考訂者。至光緒辛丑刊成，判成初、二編，題曰《留真譜》，俾覽者一展卷而行款格式、版刻風氣粲然呈露，既省記録之繁，兼獲比較之益，於是著録家遂闢此一塗，後有作者莫之能廢焉。顧其爲書，取類過博，偶涉濫收，又緣惜費省工，字緣四周而匡中空白，未爲雅觀，然篳路藍縷開創之功，烏可泯耶![1]

此後陸續出版了不少書影，例如：

宋元書式　有正書局輯　民國間上海有正書局影印本

寒雲書影　袁克文輯　一九一七年上海倉聖明智大學影印本

鐵琴銅劍樓宋金元本書影　瞿啟甲輯　一九二二年常熟瞿氏影印本

故宮善本書影初編　故宮博物院圖書館輯　一九二九年故宮博物院圖書館影印本

盍山書影　南京國學圖書館輯　一九二九年南京國學

---

[1]《嘉業堂善本書影》序。

圖書館影印本

嘉業堂善本書影　劉承幹輯　一九二九年吳興嘉業堂
劉氏影印本

重整内閣大庫殘本書影　故宮博物院文獻館輯　一九
三三年故宮博物院文獻館影印本

宋本書影　日本長澤規矩也輯　一九三三年日本東京
書誌學會影印本

善本影譜　日本長澤規矩也、川瀨一馬輯　一九三四
年日本東京書誌學會影印本

涉園所見宋本書影　陶湘輯　一九三七年武進陶氏影
印本

文禄堂書影　王文進輯　一九三七年北京文録堂影
印本

這些書影的共同點是都采用了影印的方法，從而克服了《留真
譜》影刻可能失真的缺點。除《宋元書式》無目録外，其餘皆編了
目次，撰有提要。今録二例：

南軒文集殘本二十八卷

宋張栻撰，朱熹編。宋刊本。宋諱避至擴字。楮墨瑩
潤，宋槧之上乘也。惜原書四十四卷，此已佚其少半，
計闕卷一至四，卷三十三至末共十六卷。經前人剜改
卷二十九至三十二爲一至四卷，蓋偽作全書耳。然即
此二十八卷中，較通行本已多詩文數首，是正訛脱，不
可勝記。卷中間有鈔補之葉。有曲阿孫氏收藏印記。
原藏昭仁殿。①

---

①《故宮善本書影初編》集部。

　　呂氏家塾讀詩記三十二卷　　宋刊本

　　　　前有朱子序,後有尤袤序,俱題淳熙壬寅九月。爲邱宗
　　卿所刻。前序後有條例五則。宋諱朗、殷、匡、筐、恒、
　　楨、貞、樹、勗、桓、構、冓、慎等字皆有闕筆,而惇、敦字
　　不闕,蓋爲孝宗時刻本也。卷首、末俱有毘陵周氏九松
　　迂叟藏書記、周良金印、周笈私印諸朱記。[①]

顯然,這些提要對我們瞭解書影,乃至全書都是極有幫助的。此
外,這些書影所影印的對象基本上限於宋元善本。特別值得一
提的,是日本人三澤安一於一九三五年編輯的《論語祕本影譜》,
同年由東京斯文會影印。該譜分集解本、義疏本、注疏本、集注
本、單經本、宋元注釋本六類,共收二十三種有關《論語》的珍本
書影,並附《論語祕本影譜解説》加以説明。這説明書影越編
越細。

　　此後將書影的編製工作提高到一個嶄新水平的是潘承弼、
顧廷龍編的,並於一九四一年由上海開明書店出版的《明代版本
圖録初編》。兹録其凡例數則以見其編纂宗旨與特點:

　　一、本録網羅明代所刻書籍,留真面以存一代雕槧之程式;
　　二、本録以圖版爲主,撰附略説,藉明原委,約分十二類以綜
　　其要;
　　三、每一書采正文景片一幀,或遇本書有特點可資參考者增
　　攝一二幀不等;
　　……
　　十二、末附人名書名室名索引一卷,藉便檢索。

該圖録共分分代、監本(官刻附)、内版、藩府、書院、家刻、毛刻、

----

①《鐵琴銅劍樓宋元本書影識語》卷一。

書林、活字、套印、繪圖、附錄等十二卷。編者還對每類的版刻源流及特點作了精闢的論述。例如論內版云：

　　　明內府雕版，閹寺主其事，發司禮監梓之，納經廠庫儲之，凡所刊者即稱之爲經廠本。沿習既久，莫溯厥源，而內府之名遂微。考之《宮史》云，經廠只管一應經書印版及印成書籍，佛藏、道藏、番藏皆佐理之。集賢宏業，託諸刑餘，傳本當不爲重，然其書版寬、行疏、字大、體勁，具有蜀刻遺意。煌煌鉅編，宜所甄錄。①

又如對藩府刻本的介紹也顯示了編者對版本的深邃理解：

　　　明時藩邸王孫襲祖宗餘蔭，優游文史，雕槧之業邁軼前朝。今可溯者殆十數家：蜀府最先，自洪武迄萬曆，傳本不絕。寧藩自號臞仙，所刊多道家養性保命諸籍。他如唐藩之《文選》、吉府之《賈子》，於今傳誦。餘則代、崇、肅三府各有垂典，並爲世覯。此成化以前藩邸之概略也。嘉靖以下，晉府最著淹雅，奕世載美，光啟前業。其所署有寶賢堂、志道堂、虛益堂、養德書院諸稱，循名可覘其實。其所刊有《文選注》《唐文粹》《宋文鑑》《元文類》《初學記》諸書。浩瀚卷帙，爲諸藩之冠。次則秦藩之《史記》、德藩之《漢書》、趙府之《詩輯》、益府之《玉篇》，並得擅美濟武。而鄭藩之通音律，所刊《樂律全書》尤爲審音家所推重，不獨以雕版著藝苑也。其他諸藩曰周、曰徽、曰潘、曰伊、曰魯、曰楚、曰遼、曰潞。一二精槧，更僕難數，河間、衡陽無與爲盛。彙而錄之，黼黻太平，具見一代之宏業云。②

---

①《明代版本圖錄初編》卷三。
②《明代版本圖錄初編》卷四。

本書於圖版皆附略說,這些敘録文字雖然不長,但參考價值頗高,堪稱版本鑒定的力作。兹舉一例:

寶庵集二十四卷　八册
　　明吴郡顧紹芳實甫撰
　　明萬曆四十年壬子(一六一二)刊本
　　匡高一九・四公分　寬一四公分
　　按此書版心有"崑山唐伯誠刻"六字,知刊成於崑山者。字體精勁,爲萬曆本中之别面目。紹芳爲亭林之本生祖,集中有胡虜之語,故禁燬不傳。[1]

此外,該圖録根據不同情況,分別按書的出版時代、出版單位、出版地區來編排,這對我們瞭解明代版刻的演變及各單位、各地區刻書的特點是大有幫助的。值得一提的是日本人長澤規矩也於一九四二年編印了《明清插圖本圖録》,共影印了六十種圖書中的部分插圖,且附有解說,也是一種很有特色的書影。

書影的集大成之作,爲北京圖書館編著的《中國版刻圖録》,一九六〇年由文物出版社出版,次年又出了第二版。卷首有序言一篇,論述了我國雕版印書史。《圖録》分三部分:第一部分爲刻版,計四百一十種;第二部分爲活字版,計四十種;第三部分爲版畫,計五十種。三部分皆按年代順序編排,但在刻版部分中的宋、金、元刻本則依刻版地區順序編排。這種編排方法,不僅用圖録的方式,向人們明確地展現了中國印書發展史,而且也便於人們瞭解和研究宋元時期各地區版刻的風貌,以及活字本、版畫的各自特點。《圖録》所收五百種書影皆有敘録,這些敘録反映了編者對版本所進行的深入研究。今舉一例:

---

[1]《明代版本圖録初編》卷一。

申鑒注　明黄省曾撰　明正德十四年黄氏文始堂刻本　蘇州

　　　　　　　　　　　圖版三九八

匡高一九・八厘米，廣一二・七厘米。九行，行十七字。細黑口，四周雙邊。版心下鎸"文始堂"三字。《兩京遺編》本即據此翻刻，行款版式同，版心鎸"文始堂"三字亦同，瞿氏《鐵琴銅劍樓書目》遂誤認爲黄氏原本，應予糾正。此本寫工周潮，刻工李澤、李清、章悦、李經、李樸，皆正、嘉間蘇州地區良工。此外刻工單字署名，全不相同，一望可辨。[①]

　　總的來説，迄今爲止，《中國版刻圖録》堪稱書影的典範著作。

　　此後，陳堅、馬文大編輯之《宋元版刻圖釋》，二〇〇〇年由學苑出版社出版，二〇〇八年還出了第二版。該書《凡例》稱："本書爲研究、檢閲、鑒定宋、元版刻圖籍的圖録性工具書，共輯入宋代版本書影六百六十餘種，遼、西夏、金版本書影五十五種，元代版本書影三百七十餘種，另輯録宋元版畫九十九種、一百三十幅。"該圖釋亦足資參考。

　　書影爲我們瞭解圖書版式之異同、字畫之形體、行幅之疏密廣狹提供了依據，所以一直爲言版本者所重視。[②]

第三節　行格表、刻工表

　　同一書的不同版本，其行款可能是不同的，因而研究版本者

---

① 《中國版刻圖録》一《刻版・明》。

② 參看劉奉文、魏芳華《中國古書書影小史》，載《古籍整理研究學刊》一九八七年第三期。

往往將行款作爲鑒定版本的依據之一，許多版本目録、題跋乃至書影都記録了版本的行款。如黄丕烈《百宋一廛賦注》《士禮居藏書題跋記》、張金吾《愛日精廬藏書志》、吳騫《拜經樓藏書題跋記》、陳鱣《經籍跋文》、錢泰吉《曝書雜記》、陸心源《皕宋樓藏書志》《儀顧堂題跋》《儀顧堂續跋》、瞿鏞《鐵琴銅劍樓書目》、楊紹和《楹書隅録》、孫星衍《平津館鑒藏書籍記》、丁日昌《持静齋書目》、莫友芝《宋元舊本書經眼録》、朱緒曾《開有益齋讀書志》、日人澁江全善、森立之《經籍訪古志》、邵懿辰《四庫全書簡明目録標注》，以及顧廣圻《思適齋集》、洪頤煊《讀書叢録》、錢泰吉《甘泉鄉人稿》、錢大昕《竹汀先生日記鈔》《十駕齋養新餘録》、楊守敬《留真譜》等。

　　但是，這些著作對行款的記載，分散各處，難於稽考，不便利用，於是清末江標根據上面所提到的著作著《宋元本行格表》，並讓其弟子劉肇隅協助編校。劉氏叙云：

　　　　肇隅既手自編寫，間亦拾遺補闕，私以例隱括之。其四行至二十行，與四部分列之數，及行字先少後多，悉依師説，詳主引用之書。其稱景宋鈔本、景元鈔本、明繙宋本、明仿宋本者，苟非塙有取證，概附卷末，以示矜慎，亦師旨也。編成質之吏部師（引者案：指葉德輝），師以爲完善無恨。[1]

　　此書優點有三：一是書名按半葉行數與經史子集四部編次，頗便檢索核對；二是詳注引用之書，徵信可靠；三是附注版本其他特徵，利於驗證。兹舉八行經之屬、九行史之屬各一目爲例：

宋殘本中字春秋經傳集解行十七字

　　　　《百宋一廛賦注》《皕宋樓藏書志》云：士禮居相臺殘本，

————————

[1]《宋元本行格表》卷首。葉德輝清末曾官吏部主事。

小字雙行，每卷末有"相臺岳氏刊梓荆溪家塾"十字篆
文橢圓木記。左綫標某公幾年，版心有字數及刊工姓
名，版心魚尾全墨，上魚尾之上、下魚尾之下有細墨，即
世稱小黑口也。

宋蜀大字殘本漢書行十六字小字雙行二十字存卷六十四
上、下，六十五至六十七，六十九上、中

版心有刻工姓名，玄、朗、匡、殷、敬、穀、竟、境、完、桓、
貞、徵、慎、恒、讓等字缺避，桓注淵聖御名，構注今上御
名，蓋紹興初蜀中刊本而孝宗時修改。《儀顧堂續跋》
又見《皕宋樓藏書志》

顯然，《宋元本行格表》實際上也是一種版本目録。

行格表之外，將各書刻工列表也是記録和研究版本的方法
之一。這項工作開創於日本長澤規矩也的《宋元刊本刻工名表
初稿》，以後續作者不乏其人，其内容方法均已詳本編第五章第
二節，今不重述。

第四節　題跋

宋代用題跋的形式來考訂金石字畫已蔚然成風，如歐陽修
的《六一題跋》、董逌的《廣川書跋》、蘇頌的《魏公題跋》等；蘇軾、
黄庭堅、晁補之、朱熹等的題跋除考訂金石字畫外，還用來寫讀
書心得或隨想。

廣泛運用題跋來記録版本研究成果的，當首推明代閩縣徐
𤊹。清繆荃孫輯《重編紅雨樓題跋》二卷，收録徐𤊹自萬曆十三

年(一五八五)至崇禎十五年(一六四二)所撰題跋二百二十二篇。這些題跋除記述收藏始末外,還從書籍的内容、形式、印記、識語等方面對版本作了鑒定工作。兹録一例:

左傳

　　建安楊讓,字允謙,文敏公之仲子也。少從潛習禮、李時勉游,造詣甚深,所著有《澹庵集》。此書前有印章謙卦,余得之建州書肆,知爲讓家所存也。腦後有"丙戌"字,當是時成化二年(一四六六)。卷末題曰"淳熙柔兆涒灘閩山阮氏種德堂",當是宋孝宗淳熙三年丙申(一一七六)也。古本書不易得。卷首又有春秋諸國地理圖、世次圖、名號歸一圖、傳授次序圖,皆古本所無者也。天啟乙丑(一六二五)初秋,送南中丞公至建州,購於開元寺,書以誌喜。東海徐𤊹公識。①

　　清初林佶曾録徐𤊹題跋一卷,跋云:"興公題跋最精確。"繆荃孫也曾手鈔徐𤊹題跋,"時時檢閱,奉爲導師"。② 可見其深受重視。

　　宋、元、明私家刻本,每附識語。這些識語具有廣告性質,頗與牌記混淆,其中也往往言及版本。而把刻書跋語匯集成書的則以明末毛晉的《隱湖題跋》爲最早。崇禎癸酉(一六三三)春,拂水山樵李毂叙云:"子晉自甲子(一六二四)以來校刻經、史、子、集及唐、宋、元名人詩詞凡二百餘種,每刻必求宋元善本而折衷焉,或争勝於前哲,或兼俟之後人,輒跋數語於篇終,俾讀者考其世,知其人,非僅僅清言冷語,逞詞翰之機鋒已也。"③今亦録一例:

———————

① 《重編紅雨樓題跋》卷一。
② 均見《重編紅雨樓題跋》卷首。
③ 《隱湖題跋》卷首。

跋孟襄陽集

余藏襄陽詩甚多，可據者凡三種：一宋刻三卷，逐卷意
編，不標類目，共計二百一十首；一元刻劉須溪評者，亦
三卷，類分游覽、贈答、旅行、送別、宴樂、懷思、田園、美
人、時節、拾遺凡十條，共計二百三十三首；一弘治間關
中刻孟浩然者，卷數與宋元相合，編次互有異同，共計
二百一十八首。至近來《十二家唐詩》及王、孟合刻等，
或一卷，或二卷，或四卷，詮次寡多，本本淆訛，予悉依
宋刻，以元本、關中本參之，附以拾遺，共得二百六十六
首，間有字異句異先後倒者，分注元刻、今刻某，不敢臆
改云。

從跋文中我們略可窺見《孟襄陽集》版本的流變。

清乾隆年間，彭元瑞曾奉敕撰《天禄琳琅書目》十卷，所見秘
本甚多，曾作韻語自述云：“一領文淵，再校天禄。善和千卷，尚
未能讀。幼即焚膏，老猶秉燭。有見輒書，璅綴末幅。過此以
往，庶幾日續。”[1]他所撰《知聖道齋讀書跋》對版本源流的介紹頗
具參考價值。如《昭明文選》跋云：

古今書籍版行之盛者，莫如《文選》，予所見宋本夥矣。
細校字畫、款式、題識，確然無疑者凡四：其一，有國子監準
敕序文云：“五臣注《文選》，傳行已久，竊見李善《文選》，援
引該贍，典故分明，若許雕印，必大段流布。欲乞差國子監
説書官員校定淨本後，鈔寫版本，更切對讀後，上版就三館
雕造，候敕旨。”奉敕：“宜依所奏施行。”是爲國子監本。其
一，每卷末刊校對、校勘、覆勘銜名三四人。其覆勘，贛州學

教授張之綱、贛州司户參軍李盛、贛州石城縣尉蕭倬、贛州
觀察推官鄒敦禮，皆章貢僚屬，是爲贛州本。其一，有識云：
"右《文選》版歲久漫滅殆甚，紹興二十八年（一一五八）冬十
月，直閣趙公來鎮是邦，下車之初，以儒雅飾吏事，首加修
正，字畫爲之一新，俾學者開卷免魯魚亥豕之訛，且欲垂斯
文於無窮云。右迪功郎明州司法參軍兼監盧欽謹書。"是爲
明州本。其一，有識云："此集精加校正，絕無舛誤，見在廣
都縣北門裴宅印賣。"又識云："河東裴氏考訂諸大家善本，
命工鋟於宋景定辛酉（一二六一）季夏，至咸淳甲戌（一二七
四）仲春工畢。把總鋟手曹仁。"是爲廣都本。彙記之，以資
識別。今坊間間有大字白紙闕宋諱本，乃明袁褧尚之影廣
都本重雕。始嘉靖甲午（一五三四），成於己酉（一五四九），
計十有六年之工力。自識云："匡郭字體，未少改易，尤足亂
真也。"[1]

利用題跋來記錄和研究版本，最爲人們稱道的是乾嘉時期
黄丕烈的藏書題跋與刻書題跋，前已論及。今舉其題識一則
爲例：

劉子新論　校宋明鈔本
　宋本
　裝潢　二册根號乾坤
　題簽　劉子新論宋板神品
　圖書　第一册副葉上　子儋　鑒定法書之印　在明刻補缺目録第
　　一葉一行上　季印振宜藏書　滄葦　在明刻補缺目録第一葉一二
　　行上　沈子僑印　在宋刻卷五第十三葉末行　蕘谿草堂　在第二
　　册副葉上　良惠堂沈九川印　鑒定法書之印　在宋刻鈔補卷六第

----

[1]《知聖道齋讀書跋》卷二。

一葉第一二行之中　季振宜藏書　蓰谿　在宋刻第六卷第十葉後
三行　志雅齋　在宋刻第七卷第一葉前二行　九爺　趙氏子昂
在宋刻第八卷第一葉前二行　竹塢　在宋刻第十卷第十葉不計行
宗伯　沈文私印　御史振宜之印

葉數　目録二葉　卷一八葉　卷二九葉　以上皆明刻　卷三計
十葉内脱第八葉　卷四計十葉内脱第四第五　卷五計十三葉
全　卷六計十葉内鈔補首二葉　卷七計八葉全　卷八計九葉内脱
第六葉　卷九計八葉内脱第二第三第四　卷十計十葉全無鈔補

版心　白口上記大小字數

小耳　記每章章名於每葉葉尾欄外上方　實存宋刻六十八葉
内鈔半葉　校宋刻畢復記宋刻面目　如右　在卷首

　　余好古書，無則必求其有，有則必求其本之異，爲之手
校，校則必求其本之善，而一再校之。此余所好在是
也。……復翁，時癸酉五月二十有六日，三男生有一載矣，
能讀父書者賴此子。[1]

這是一個突出的例子，從中我們可以清楚地看到黃丕烈對版本
的研究是何等細緻精密。繆荃孫稱黃丕烈"跋一書而其書之形
狀如在目前"[2]，信非虛語。後人非常重視黃丕烈的題跋，喬衍琯
《愛日精廬藏書志·叙録》云："黃丕烈既富於收藏，亦精於鑒賞，
所留下的題識也很多。身後藏書散出，多歸汪士鐘藝芸精舍。
汪氏收購時，凡有黃氏手跋，每冊要多付十元書價。因爲這些題
識等於是各書的鑒定證明書。"[3]黃丕烈鑒定古書的題跋，有一八
八二年潘祖蔭編輯的《士禮居藏書題跋記》六卷，一八九六年繆
荃孫編輯的《士禮居藏書題跋記續》一卷，一九一一年繆荃孫編

輯的《士禮居藏書題跋再續記》二卷，一九一七年孫祖烈編輯的《士禮居藏書題跋記續編》五卷，一九一九年繆荃孫編輯的《蕘圃藏書題識》十卷、《蕘圃刻書題識》一册，以及一九三三年王大隆編輯的《蕘圃藏書題識續録》四卷。此後屠友祥將黄丕烈藏書題識彙編成《蕘圃藏書題識》一書，並做了校注，由上海遠東出版社于一九九九年出版。題跋這種記録研究版本成果的形式，經黄丕烈運用以後，産生了廣泛而深遠的影響。

與黄丕烈同時的顧千里的題跋也很有名，除《思適齋集》所載數十篇外，王大隆輯有《思適齋書跋》四卷，蔣祖詒、鄒百耐輯有《思適齋集外書跋輯存》一卷。舉例如次：

詩外傳十卷　元刊本

此綬階袁君三硯齋書也，無刊刻序跋歲月，袁君定之爲元本。近從借歸，以勘程榮、毛晉諸刻，實遠勝之。如稱《詩》，與載王伯厚《詩考》者不異，字句與諸子書每相出入，亦與唐宋人注書及類書所引往往有同者，且其標目分條以至佚字脱句皆未失古意，足正後來不能闕疑之非，即宋本之善，應不過是也。内失葉二十餘翻，他本無足中補寫考。予謂宜但作烏絲闌虛以待焉。想袁君亦必以爲當也。乙卯九月，澗薲顧廣圻書。①

此後，吳騫撰、吳壽暘編《拜經樓藏書題跋記》五卷，陳鱣撰《經籍跋文》一卷，陸心源撰《儀顧堂題跋》十六卷，《儀顧堂續跋》十六卷也皆有名。這些題跋都比較注重研究書的行款、序跋、版本源流，還常記録校勘成果，今僅舉一例：

宋耿秉槧本《史記》跋

---

①《思適齋集外書跋輯存》經類。

《史記》一百三十卷，宋槧本，每頁二十二行，行二十五字，版心有字數及刊工姓名。淳熙丙申（一一七六），張杅介父守桐川，以蜀小字本《史記》改爲中字，刊於郡齋，而削褚少孫所補。趙山甫爲守，取褚少孫書別刊爲一帙。淳熙辛丑（一一八一），耿秉爲郡，復以褚書依次第補，刊之集解之後，繼以索隱，而無正義。校以王延喆、柯維熊、毛子晉及官刊本，頗有勝處。《殷本紀》"炮格"，"格"不誤"烙"；《高祖本紀》"司馬尸"，"尸"不誤"尼"……皆較諸本爲勝。至集解、索隱字句異同足以正今本之失者，更不勝枚舉耳。[1]

葉德輝也愛用題跋的形式來記録版本研究的成果。他自稱："余於所讀之書，必於餘幅筆記數語，或論本書之得失，或辨兩刻之異同，故能刻骨銘心，對客瀾翻不竭。"[2] 其題跋的特點是"合考訂、校讎、收藏、賞鑒爲一家言"。[3] 今録一則爲例：

辛稼軒長短句十二卷　厲樊榭先生手書本

辛稼軒詞，宋時有二本，陳振孫《直齋書録解題》著録爲四卷本。又云信州本十二卷，視長沙本爲多。然則《直齋》著録之四卷本當是長沙本。明毛晉汲古閣刻《六十家詞》中有《辛稼軒長短句》四卷，後跋不言出自何本，而目録注原本十二卷，則是信州本矣。《宋史·藝文志》云十二卷，必據信州本入載。明嘉靖丙申（一五三六）王詔所刊，及近時桂林王氏四印齋重刊元大德信州書院本，皆此本也。黄丕烈《士禮居題跋記》有元本十

---

①《儀顧堂題跋》卷二。
②劉肇隅《郋園讀書志》序引，載《郋園讀書志》卷首。
③劉肇隅《郋園讀書志》序，載《郋園讀書志》卷首。

二卷，今歸聊城楊氏海源閣，桂林王氏假以重刊。王跋謂“毛氏汲古閣本之四卷，即十二卷之合併”，是固然矣。特未考原目，當時已注明耳。士禮居又有校元本，即以信州本校於王韶本之上。其本亦歸聊城楊氏。黃跋云：“卷十《爲人慶八十席上戲作》有云：‘人間八十最風流，長貼在兒兒額上。’校者云：‘下兒字當作孫。’顧澗薲以爲‘兒兒’或是‘奴家’之稱。二語之意以八字作眉字解，如此則可改‘兒’爲‘孫’，豈不可笑。今按毛晉、王韶兩刻皆已改“兒”爲“孫”，可見通人難遇，古今同慨。”此本八卷，爲屬樊榭徵君鸚手鈔真迹，卷數較毛本爲多，較信州本爲少，而詞則無所缺佚，“兒兒”未改“兒孫”，知所據必是善本。全謝山撰徵君墓碣，稱其詞深入南宋諸家之勝，王述庵《蒲褐山房詩話》稱其詞直接碧山、玉田。今觀此册，知徵君用力之勤，嗜書之篤，宜其與朱竹垞並爲浙西一代詞宗，豈僅書法古拙足供清玩已哉！光緒丙午（一九〇六）夏六月初又日，葉德輝識。①

　　現代運用題跋記錄研究版本成果的力作有莫伯驥的《五十萬卷樓群書跋文》。容肇祖序其書云：

余校讀一過，以爲先生之書五述而有三長，擬於今人則有二似可得言焉。五述者：一曰述人，著書者之小傳，書之序跋人，有可述者述之。刻書、鈔書、藏書亦必明考其人，連類附及。二曰述事，著書之緣起以至書林掌故，談之觀縷，不厭其詳。三曰述考，文字、史迹、典故可資考證者詳述之。

_____

①《郋園讀書志》卷一六。

四曰述學，專門之學，經、史、理學、文學等間有闡述。史學如遼、金、蒙古、滿洲，以及色目人之漢化、西北之地理、社會生活風俗、文學史料等有裨學者之取益。五曰述文，文書之佚篇佚句、新奇雋永之文，以及傳奇志怪足資談助者，間亦援引。三長者：一曰博徵，以科學之法治舊學，事必舉證，語必求因，此一長也。二曰讎校，校傳本之誤，必求善本，一字之得，冰釋理順，此二長也。三曰明通，説古而不泥於古，理有獨得，必求通今，此三長也。至於二似，余以爲先生治學有似於陳援庵師垣，而目録之學則略似余季豫先生嘉錫。

現亦録一篇，以見其例：

漢書一百二十卷後漢書一百二十卷　　明汪文盛刊本

　　《漢書》，漢班固撰；《後漢書》，宋范曄撰。此爲明汪氏文盛刊本。文盛字希周，崇陽人，正德間進士，歷官僉都御史，巡撫雲南，進大理卿。《明史》附見毛伯温傳中，有《節愛府君遺詩》二卷，見清《四庫總目》集部附存卷三，吾家藏明刻《鄭善夫詩集》十二卷，亦汪氏編集，是汪氏固好詩者，故朱氏《明詩綜》亦録其詩。汪氏生當正嘉之間，爲前明刻書最盛之時，所刻兩《漢書》《五代史》均有盛名。徐氏康《前塵夢影録》稱："明汪文盛等覆刊兩《漢書》，祖本爲湖廣鹺務官校刻。予於劫後游虞山，見於楊濠叟案頭，卷首有元人字及葉石林墨迹，紙薄而韌，極可愛玩。聞之老輩云，汪文盛尚有《史記》及《三國志》，惜罕見矣。"是其校讎之本，久爲前人所重。拜經樓吳氏藏宋刻《漢書》殘本十四卷。盧氏抱經跋云："誤字不多。今所通用者，顔注尚有脱落，何論蕭賅、子京、三劉，而此獨全，可寶也。"杭氏世駿《欣託

齋藏書記》云："宋刻兩《漢書》，板縮而行密，字畫活脱，
注有遺落，可以補入，此真宋字也，汪文盛猶得其遺
意。"盧蓋謂其淵源之善，杭氏則謂其板刻之精矣。半
葉十二行，行二十二字，注雙行，二十八字。①

　　此外，張元濟、傅增湘也在用題跋形式記録版本研究成果方
面做出了突出貢獻。張元濟先生自一九一五年初至一九五九年
逝世，爲商務印書館主持編校影印百衲本《二十四史》《四部叢
刊》《續古逸叢書》《孤本元明雜劇》等大部叢書。其所校印之書，
往往各撰跋文一篇。這些跋文曾由顧廷龍編爲《涉園序跋集
録》，由古典文學出版社於一九五七年出版。傅增湘，字沅叔，晚
號藏園居士，一九二二年退職家居，校勘古籍，研究版本目録之
學。其平生校書近八百種，過目珍本極多，曾於一九三一年至一
九三三年將自己的校書題跋編印出版，有《藏園群書題記》初集
八卷、續集六卷。他的孫子熹年又根據他的手稿整理出一部《藏
園群書經眼録》，一九八三年由中華書局出版。今舉傅氏跋文一
則爲例：

　　韋蘇州集十卷　　唐韋應物撰

　　　宋刊本，半葉十行，行十八字，白口，左右雙闌。版心魚
尾上記字數，下方間記刊工姓一字，有余、何、應等字，惟第
二卷首記"余同甫刁"四字。宋諱貞、恒、徵、構、完、樹皆爲
字不成。

　　　每卷首尾有"乾隆御覽之寶"及"天禄琳琅"小璽。又有
"張用禮印""周印子重""鄞人周琬""青瑣仙郎""濂溪後裔"
"清白傳家"諸印。又"嘉興儶湖戴氏家藏書畫印記"朱文大

①《五十萬卷樓群書跋文》史部一。

長方印。

　　按：明刻韋集十行十八字者，世皆稱爲翻宋本，然比較此本則有三異：宋本目録皆兩排並列，明本則改爲每題占一行。宋本卷一擬古詩十二首皆銜接而下，明本每首加"其二""其三"等字，則行第全移，非復舊觀矣。宋本卷八《詠露珠》下脱去原詩二行，又脱下《詠水精》題一行，於是《詠露珠》題而接《詠水精》詩矣，明本從而改正之，則行次又異矣。又卷八《仙人祠》一首，宋本在一、二葉間，明本則附在卷八之尾，於是結題又不得不移前三行矣。至卷中字爲明刊訛謬者又不可計。其卷首沈明喆補傳，宋本無之，則爲明人所補，蓋顯然可見，又不足論也。頗疑明本所翻宋本與此同出一源，惟目録及卷一行次有異，餘亦大段相同。沅叔（丁巳）。①

　　近人鄭振鐸、李一氓也有《西諦題跋》《一氓題跋》之作。這些自編或由他人代編的題跋專集，同版本目録没有本質上的差別。還有一些旨在研究版本的題跋散見於各人的文集中，我們就不再在這裏爬梳了。總之，題跋是前人常用來處理版本研究成果的一種較爲靈活的形式。

第五節　日記、書信、札記、論文

　　有些學者還在日記中記録版本研究的成果。比較突出的例子是清何元錫編的《竹汀先生日記鈔》。此類著作雖然不拘一

————————
① 《藏園羣書經眼録》卷一二。

格，但散金碎玉隨處可見。茲舉二例，以見一般：

　　　　黃蕘圃出示宋小字《說文》，與述庵（引者案：王昶號述
　　庵）家藏本無異，唯卷末多一行，有十一月江浙等處儒學字，
　　殆元翻刻也。

　　　　讀《歐陽文忠公集》五十卷，每卷首題"臨江後學曾魯得
　　之考異"，卷末題"熙寧五年（一○七二）秋九月男發等編定，
　　紹興二年（一一三二）三月郡人孫謙益校正"，最後卷末題
　　"柔兆攝提格縣人陳斐允章重校訛謬"。此書於宋諸帝不跳
　　行，知爲元刻矣。[1]

　　學者們對版本的見解還往往見於他們的往來書信中。[2]　這
方面的代表作，當推商務印書館一九八三年出版的《張元濟傅增
湘論書尺牘》。茲錄一九一八年三月十四日張元濟致傅增湘一
函爲例：

　　　　宋本《資治通鑑》全書業已寄到。印本尚不錯，惜缺去
　　序目及校勘銜名，鈔補凡二百餘葉，損破者亦數葉。避諱至
　　寧宗嫌名，與常熟瞿氏藏本相同。江蘇書局所刊校勘記爲
　　常熟張君所撰，不明言所據宋本爲何氏所藏，然料必爲瞿氏
　　之物。取以對校，間有歧異，亦有宋本似誤，而此本已經改
　　正者，則此本似當在後。第二百五十八卷末卷第行後有鏟
　　去字迹，辨是"至元"二字，其餘不可復識。此外尚有數卷末
　　葉卷第行後亦有剜補痕迹。又有數處桓、恒、敦等字原爲缺
　　筆，後經鑲補完成者，痕迹顯然（此事似未經前人道及）。豈

　　①均見《竹汀先生日記鈔》卷一。
　　②參見本編附錄楊鳳苞《與許青士書》。

此版至元時尚存,不欲留前朝之諱,故滅其迹耶? 然鑲補處
極少,又何以不盡滅之耶? 書中戌字多有作戍者,此字似非
宋諱,若謂與曙字同聲,則此外同聲者多不缺筆,殊不解。
公聞見多,敢祈見教。

葉德輝的《書林清話》,是用札記形式記録版本研究成果的
傑作。其序云:"吾家累代楹書,足資取證,而生平購求之所獲,
耳目之所接,既撰《藏書十約》,挈其大綱。其有未詳者,隨筆書
之,積久成帙,逾十二萬言,編爲十卷。引用諸家目録題跋,必皆
注明原書。"①《書林清話》的成就在於突破了版本目録及題跋等
對一書版本研究的範圍,而對於版本源流,各種名稱術語,歷代
刻書的規格、材料、工料價值,以及印刷、裝訂、鑒別、保存等方法
都進行了廣泛而深入的探討,並且還叙述了古代活字印刷、彩色
套印的創始和傳播,各時代特出的著名刻本,刻書、鈔書、賣書、
藏書的許多掌故。葉啓崟《書林清話》跋云:

> 是書之作,蓋因宗人鞠裳講學撰《藏書紀事詩》,唯采撥
> 歷來藏書家遺聞佚事,而於鏤版緣始,與夫宋元以來官私坊
> 刻三者派别,莫得而詳,於是檢討諸家藏書目録、題跋,筆而
> 録之。於刻本之得失,鈔本之異同,撮其要領,補其闕遺,推
> 而及於宋、元、明官刻書前牒文校勘諸人姓名,版刻名稱,或
> 一版而轉鬻數人,雖至坊估之微,如有涉於掌故者,援引舊
> 記,按語益以加詳。凡自來藏書家所未措意者,靡不博考周
> 稽,條分縷析。此在東漢劉、班,南宋晁、陳以外,别自開一
> 蹊徑也。②

----

①《書林清話》卷首。
②《書林清話》卷末。

《書林清話》及其續編《書林餘話》爲言版本者不可缺少的參考書，是世所公認的。

對某個時代、某個地區、某個單位的刻本，對某部書的版本源流、某種版本現象進行深入研究以後，還可以寫成學術論文。如王國維的《五代兩宋監本考》①《兩浙古刊本考》②、顧廷龍的《唐宋蜀刻本簡述》③、張秀民的《南宋刻書地域考》④、蔣元卿的《中國書籍裝訂術的發展》⑤、冀淑英的《談談版刻中的刻工問題》⑥等等都是極有參考價值的。

前人對於版本的記錄和研究，大體不外上列幾種方式，我們既可據以探討版本學中的各種問題，也可加以倣效，將自己的記錄或心得用適當的方式發表。

---

① 載《王國維遺書》第十一册。

② 載《王國維遺書》第十二册。

③ 載《四川圖書館學報》一九七九年第三期。

④ 載《圖書館》一九六一年第三期。

⑤ 載《中國現代出版史料》丁編下卷。

⑥ 載《文物》一九五九年第三期。

參考書目舉要

書林清話　附書林餘話　葉德輝　古籍出版社　一九五七年

中國雕版源流考　孫毓修　商務印書館　一九三四年

中國書史　陳彬龢　查猛濟　商務印書館　一九三一年

版本通義　錢基博　古籍出版社　一九五七年

中國印刷術的發明和它的西傳　（美）卡特（T・F・Carter）著
　吳澤炎譯　商務印書館　一九六二年

圖書板本學要略　屈萬里　昌彼得　中華文化出版事業委員會
　一九五五年

古籍版本淺說　陳國慶　遼寧人民出版社　一九五七年

中國印刷術的發明及其影響　張秀民　人民出版社　一九五
　八年

中國圖書史略　昌彼得　文史哲出版社　一九七六年

中國書史簡編　劉國鈞著　鄭如斯訂補　書目文獻出版社　一
　九八二年

古書版本常談　毛春翔　上海人民出版社　一九七五年

古文獻學要略　王欣夫　南京大學中文系油印本　一九八三年

中國古代書史　錢存訓　香港中文大學　一九七五年

中文古籍版本簡談　施廷鏞　南京大學圖書館油印本　一九七
　三年

版本通論　吳則虞　《四川圖書館》一九七八年第四期,《四川圖
　　書館學報》一九七九年第一、二、三、四期

中國古籍印刷史　魏隱儒　印刷工業出版社　一九八四年

古籍版本鑒定叢談　魏隱儒　王金雨　印刷工業出版社　一九
　　八四年

中國古代書籍史　李致忠　文物出版社　一九八五年

附録　楊鳳苞與許青士書注

龐　俊[①]

　　癸酉之春,余方養疴家居,有諸生詣余,持問《目録學》中數事。《目録學》者,雙流劉君咸炘教於大學所纂之課本也。卷末附録龔自珍《家塾策問》一道,楊鳳苞《與許青士書》一首。以謂教科書末,例有習題,今録此二篇,能答上篇之所問,則目録學有成矣;能注下篇之出處,則版本學有成矣。此生疑滯,即在於是。余謂龔氏所問,經涉廣漠,世人既多宣究,綜薈爲書,慮非十數萬言之所罄也。楊書出處,庶可盡得。於時八表同昏,倚席不講,俯仰頹檐,精神遐漂。既答問已,聊以暇日,漫爲之注。版本之學,既非所知,翰墨亂思,賢於博弈云爾。

　　注曰:此文見《湖州叢書》:《楊秋室先生集》。陸心源序云:"先生名鳳苞,字傅九,號秋室,又號莑汴。自稱小玲瓏山樵,晚號西圃老人。歸安學稟生,世家烏程之南潯鎮。早工詞章,以《西湖秋柳詞》知名。後務爲證經推史之學,尤留心明季遺事。嘗病溫氏《南疆逸史》體例未純,事多訛漏,擬

---

① 龐俊(一八九五至一九六四年),字石帚,綦江人,曾任四川大學、華西大學教授,著有《國故論衡疏證》《養晴室筆記》。本篇原載《國立四川大學季刊》第一期文學院專刊。

　　另撰一書，未就，其大凡見十三跋中。阮文達督學浙江，欲拔以貢成均，因母病不赴試。嘉慶二十一年卒，年六十四。”

　　承詢宋刻書籍，前時倉猝，未有報也。緬夫熹平一字，以刻石肇端；長興諸經，實刊本始作。開運乃其繼起，顯德又爲後時。昔陳鶚工率更之法，梓本多其所書；振孫寶元度之編，《字樣》存其初造。《宋史·藝文》，志始於周；《十國春秋》，歸美於蜀，非定論也。

　　注曰：此敘雕版之緣起也。

　　《後漢書·靈帝本紀》：“熹平四年春三月，詔諸儒正五經文字，刻石立於太學門外。”

　　《蔡邕傳》：“邕字伯喈，陳留圉人。拜郎中，校書東觀，遷議郎。邕以經籍去聖久遠，文字多謬，俗儒穿鑿，疑誤後學。熹平四年，乃與五官中郎將堂谿典，光祿大夫楊賜，諫議大夫馬日磾，議郎張馴、韓説，太史令單颺等，奏求正定六經文字。靈帝許之，邕乃自書丹於碑，使工鐫刻，立於太學門外。於是後儒晚學，咸取正焉。碑始立，觀視及摹寫者，車乘日千餘輛，填塞街陌。”

　　按熹平石經，有一字、三字之説（一字謂隸書，三字謂隸、篆、古文），自來聚訟。朱彝尊《經義考》、王昶《金石萃編》並列衆説。朱氏則以爲一字，王氏則以爲三字。然今世所傳，實惟一字。王氏謂邕以隸書名世，故隸獨傳，而篆與古文並没，此説亦未必然也。今録朱説於此，餘姑略焉。《經義考》卷二百八十九曰：“漢立石經，蔡邕所書本一字，惟因范史《儒林傳》云爲古文、篆、隸三體書法，以相參檢，樹之學門，而楊衒之《洛陽伽藍記》《北史·劉芳傳》因之。唐竇蒙，宋郭忠恕、蘇望、方勺、歐陽棐、董逌、姚寬等，均仍其誤，

獨張演謂邕以三體參檢其文，而書丹於碑則定爲隸，其義爲
允。載考衛恒及江式傳、酈道元《水經注》，皆以一字爲漢石
經。迨趙明誠《金石錄》、洪適《隸釋續》辨之甚詳，足以徵
信。其載一字石經遺文，後列堂谿典、馬日磾等姓名。使一
字石經出於魏，當更列正始中正字諸臣姓名，亦何取仍列
典、日磾等諸人於經文之後哉？又史家體例，以時代爲前
後，《隋·經籍志》列一字石經於前，次魏文帝《典論》，然後
叙三字石經於後，是一字屬漢，而三字屬魏，不待解説始明。
其曰魏正始中又立一字石經，相承以爲七經正字。蓋雕本
相沿，偶訛三字爲一爾。今漢石經遺字，猶有搨本存者。余
嘗見宛平孫氏所藏，定爲漢隸無疑也。”

《舊五代史·唐書·明宗紀》：“長興三年二月辛未，中
書奏請依石經文字刻《九經》印版，從之。”又《周書·馮道
傳》：“唐明宗時，以諸經舛謬，與同列李愚委學官田敏等取
西京鄭覃所刻石經雕爲印板，流布天下，後進賴之。”

王溥《五代會要·經籍類》：“長興三年二月，中書門下
奏請依石經文字刻九經印板。敕國子監集博士儒徒，將西
京石經本，各以所業本經句度，鈔寫注出，仔細看讀，然後召
催能雕字匠人，各部隨帙刻印板，廣頒天下。如諸色人要寫
經書，並須依所印刻本，不得更使雜本交錯。”

陳振孫《直齋書錄解題》：“《九經字樣》一卷：往宰南城，
出謁，有持故紙鬻於道者。得此書，乃古京本，五代開運丙
午所刻也，遂爲家藏書籍之最古者。”

《五代會要》：“顯德二年二月，中書門下奏：國子監祭酒
尹拙狀稱，敕準校勘《經典釋文》三十卷，雕造印板。”

洪邁《容齋續筆》：“予家有舊監本《經典釋文》，末云顯
德六年己未三月，太廟室長朱延熙書，列宰相范質、王溥名，

而田敏以禮部尚書爲詳勘官。此書字畫端嚴有楷法，更無舛誤。”

王應麟《玉海・藝文類》：“周顯德中，詔刻序録《易》《書》《儀禮》《周禮》四經《釋文》，皆田敏、尹拙校勘。自是相繼校勘《禮記》、三《傳》《毛詩音》，並拙等校勘。又《古文尚書音義》，周顯德六年田敏等校勘，郭忠恕覆定古文並書刻板。”

“陳鶚工率更之法”，“陳”當作“李”，字之誤也。王明清《揮麈録》：“後唐平蜀，明宗命太學博士李鍔（他書均作鶚，鍔字蓋誤，詳下）書五經。仿其制作，刊板於國子監。明清家有鍔書五經印本存焉，後題長興二年也。”《玉海》：“景德二年九月，國子監言：《尚書》《孝經》《論語》《爾雅》四經訛舛，請以李鶚本別雕。”趙明誠《金石録》：“唐汾陽王《真堂記》，李鶚書。鶚五代時仕至國子丞，九經印板多其所書，前輩頗貴重之。余後得此記，其筆法蓋出歐陽率更，然窘於法度，而韻不能高，非名書也。”按日本室町氏所刊《爾雅》，黎氏《古佚叢書》有復刊本，其末有將仕郎守國子四門博士臣李鶚書一行，猶可以仿佛見其書體。

唐唐元度著《九經字樣》一卷，陳振孫得其初本，已見上注。

《宋史・藝文志》：“周顯德中始有經籍刻板，學者無筆札之勞，獲睹古人全書。”

《舊五代史・唐書・明宗紀》注引唐柳玭《家訓序》（葉夢得《石林燕語》引作《訓序》）：“中和三年，癸卯夏，鑾輿在蜀之三年也，余爲中書舍人，旬休，閱書於重城之東南。其書多陰陽雜記、占夢、相宅、九宮五緯之流，率雕板印紙，浸染不可曉。”又朱翌《猗覺寮雜記》：“雕印文字，唐以前無之，唐末益州始有墨版。"按《十國春秋》之説蓋即祖此。

逮《釋文》繼雕於開寶，《易》《書》重梓於祥符，景祐定兩漢之書，嘉祐刊七朝之史。凡杜鎬等之覆讎，趙安仁之留寫，曾、王存校上之文，余、宋察館中之本，經史大備矣。

注曰：此叙宋代校刻經史之事也。

《玉海》："開寶五年，判監陳鄂與姜融等四人，校《孝經》《論語》《爾雅》《釋文》上之。二月，李昉知制誥，李穆、扈蒙校定《尚書釋文》。原注，德明《釋文》用《古文尚書》，命判監周惟簡與陳鄂重修定，詔並刻板頒行（周顯德中已校刻《釋文》，蓋尚未畢，此繼續其事也，已見上注）。又祥符七年九月，《易》《詩》重刻板本，仍命陳彭年、馮元校定。自是《九經》及《釋文》有訛誤者，皆重校刻板。"

大德本《漢書》有一文云："景祐元年九月，祕書丞余靖上言，國子監所印兩《漢書》（淳化時先已校刻，見《玉海》），文字舛訛，恐誤後學。臣謹參括衆本，旁據他書，列而辨之，望行刊正。詔送翰林學士張觀等詳定聞奏，又命國子監直講王洙與余靖偕赴崇文院讎對（中略）。靖、洙悉取館閣諸本參校。二年九月校書畢，凡增七百四十一字，損二百一十二字，改正一千三百九字。"《後漢書》亦有此文，末云："凡增五百一十二字，損一百四十三字，改正四百一十一字。"

《玉海》："景祐元年九月癸卯，詔選官校正《史記》，前、後《漢書》，《三國志》，《晉書》。二年九月壬辰，詔翰林學士張觀刊正前（前下當有後字）《漢書》，下胄監頒行。祕書丞余靖請刊正前（前下當有後字）《漢書》，因詔靖盡取祕閣古本校對。逾年，乃上《漢書刊誤》三十卷，至是改舊摹板。"

晁公武《郡齋讀書志》："以《宋》《齊》《梁》《陳》《魏》《北

齊》《周》書，舛謬亡缺，始命館閣職讎校。曾鞏等以祕閣所藏本多誤，不足憑以是正，請詔天下藏書之家悉上異本，久之始集。治平中，鞏校定《南齊》《梁》《陳》三書上之，劉恕等上《後魏書》、王安國上《周書》，政和中始皆畢。”

《玉海》：“嘉祐六年八月庚申，詔三館祕閣校理《宋》《齊》《梁》《陳》《後魏》《周》《北齊》七史，書有不全者訪求之。又嘉祐七年十二月，詔以七史校本四百六十四卷，送國子監鏤板頒行。”

《宋史·儒林傳》：“判監李至言：‘本監先校定諸經疏，其間大字訛謬尚多，深慮未副仁君好古誨人之意也。蓋前所遣官多專經之士，或通《春秋》者，未習《禮記》。或習《周易》者，不通《尚書》。至於旁引經史，皆非素所傳習，以是之故，未得周詳。伏見國子博士杜鎬，直講崔頤正、孫奭，皆苦心强學，博貫九經，問義質疑，有所依據。望令重加刊正，冀除舛謬。’從之。”

《宋史·趙安仁傳》：“安仁雍熙二年登進士第。會國子監刻五經正義板，以安仁善楷、隸，遂奏留書之。”曾鞏、王洙、余靖、宋祁，並詳《宋史》各本傳。其校上序錄及敕牒，並見其所校諸書中。

故景德庫藏，漆板逾萬；天禧降詔，書價禁增。或看詳於秘省，乃充坊行；或下詔於臨安，再令雕造。此宋刻之可貴也。

注曰：此言宋代國子監刻書讎勘精審，足資考證，故可貴也。

《玉海》：“咸平元年正月丁丑，劉可名上言，諸經板本多誤，上令擇官詳校。景德二年五月一日戊申，幸國子監歷覽書庫，觀群書漆板。問祭酒邢昺曰：‘板數幾何？’昺曰：‘國

初印板，止及四千，今僅至十萬，經史義疏悉備。'帝曰：'非
四方無事，何以臻此！'因益書庫十步，以廣所藏。又詔褒
之。九月辛亥，命侍講學士邢昺與兩制詳定《尚書》《論語》
《孝經》《爾雅》文字。先是國子監言群經摹印歲深，字體誤
缺，請重刻板。因命崇文檢詳杜鎬、諸王侍講孫奭詳校，至
是畢。又詔昺與兩制詳定而刊正之。"

又曰："天禧元年九月癸亥，詔國子監群書更不增價。"

又曰："景德三年五月庚辰，求逸書；十月甲寅，命知制
誥王舉正看詳。"

又曰："景祐元年閏六月，以三館秘閣所藏有謬濫不全
之書。辛酉，命翰林學士張觀，知制誥季淑、宋祁將館閣正
副本書看詳，定其存廢。偽謬重複，並從刪去。內有差漏
者，令補寫校對。倣《開元四部錄》，約《國史藝文志》著為目
錄。仍令翰林學士盛度等看詳（清內府藏宋本《漢書》有景
祐元年余靖上言，嘉祐六年陳澤重校、歐陽修看詳雕印字
樣。見《天祿琳琅》）。"

又曰："紹興九年九月七日，詔下諸郡索國子監元頒善
本校對鏤板。十五年閏十一月，博士王之望請群經義疏未
有板者，令臨安府雕造。"

夫正脫簡，訂訛字，存舊式，其所長也，字或臆改，注多妄增，
又其短也。

注曰：此言宋刻亦有長短，佞宋之徒，不問是非，專奉宋
槧為金科玉律，亦是一蔽。此數語提挈維綱，以下分別
論之。

《禮記》諸家，疏多闕失；《詩譜》弁首，文竟佚亡。脫杜預之
叙，未發冡出書之由；滅郭璞之辭，失就注作音之例。《史記》亂

守節之舊次，《正義》復《集解》皆删；後漢去劉昭之序文，范書與
司馬相混。此脱簡之失也。

　　注曰：以上言正脱簡，宋本之善一事。

　　阮元《禮記注疏校勘記》序："《禮記》七十卷之本，出於
吳中吳泰來家。乾隆間惠棟用以校汲古閣本，識之云：'訛
字四千七百有四，脱字一千一百四十又五，闕文二千二百一
十有七，文字異者二千六百二十有五，羨文九百七十又一。
點勘是正四百年來闕誤之書，犂然備具，爲之稱快。'"

　　《毛詩注疏》前有鄭玄《詩譜》序一篇，阮元《校勘記》云：
"毛本此序文並《正義》悉脱，閩本、明監本有。案毛本即據
明監本重刻，乃其本偶失此序，更不知補，誤甚（監本乃用閩
本重雕，閩本又出於宋本）。"

　　杜預《左傳》後序云："大康元年三月，吳寇始平，余自江
陵還襄陽，解甲休兵，乃申抒舊意，修成《春秋釋例》及《經傳
集解》始訖。會汲郡汲縣有發其界内舊冢者，大得古書，皆
簡編科斗文字，發冢者不以爲意，往往散亂。科斗書久廢，
推尋不能盡通。始者藏在秘府，余晚得見之。所記大凡七
十五卷，多雜碎怪妄，不可訓知。《周易》及《紀年》最爲分
了。《周易》上下篇，與今正同，別有《陰陽説》，而無《彖》
《象》《文言》《繫辭》。疑於時仲尼造之於魯，尚未播之於遠
國也。其《紀年篇》起自夏、殷、周，皆三代王事，無諸國別
也。惟特記晉國，起自殤叔，次文侯、昭侯，以至曲沃莊伯。
莊伯之十一年十一月，隱公之元年正月也，皆用夏正建寅之
月爲歲首，編年相次。晉國滅，獨記魏事，下至魏哀王之二
十年，蓋魏國之史記也。推校哀王二十年，大歲在壬戌，是
周報王之十六年，秦昭王之八年，韓襄王之十三年，趙武靈
王之二十七年，楚懷王之三十年，燕昭王之十三年，齊湣王

之二十五年也。上去孔丘卒百八十一歲，下去今大康三年五百八十一歲。哀王於《史記》，襄王之子，惠王之孫也。惠王三十六年卒而襄王立，立十六年卒而哀王立。古書《紀年篇》，惠王三十六年改元，從一年始，至十六年而稱惠成王卒，即惠王也。疑《史記》誤分惠成之世以爲後王年也。哀王二十三年乃卒，故特不稱謚，謂之今王。其著書文意，大似《春秋經》。推此足見古者國史策書之常也。文稱魯隱公及邾莊公盟於姑蔑，即《春秋》所書邾儀父，‘未王命，故不書爵，曰儀父，貴之也’。又稱晉獻公會虞師伐虢滅下陽，即《春秋》所書‘虞師晉師滅下陽。先書虞，賄故也’。又稱周襄王會諸侯於河陽，即《春秋》所書‘天王狩於河陽，以臣召君，不可以訓也’。諸若此輩甚多，略舉數條，以明國史皆承告據實而書時事。仲尼修《春秋》，以義而制異文也。又稱衛懿公及赤翟戰於洞澤，疑洞當爲泂，即《左傳》所謂熒澤也。齊國佐來獻玉磬紀公之甗，即《左傳》所謂賓媚人也。諸所記多與《左傳》符同，異於《公羊》《穀梁》。知此三書，近世穿鑿，非《春秋》本意審矣。雖不皆與《史記》《尚書》同，然參而求之，可以端正學者。又別有一卷，純集疏《左氏傳》卜筮事，上下次第及其文義，皆與《左傳》同，名曰《師春》。師春似是鈔集者人名也。《紀年》又稱殷仲壬即位居亳，其卿士伊尹。仲壬崩，伊尹放太甲於桐，乃自立也。伊尹即位放太甲，七年，太甲潛出自桐殺伊尹。乃立其子伊陟、伊奮，命復其父之田宅而中分之。《左氏傳》：伊尹放太甲而相之，卒無怨色。然則太甲雖見放，還殺伊尹，而猶以其子爲相也。此爲大與《尚書》叙説太甲事乖異。不知老叟之伏生，或致昏忘？將此古書亦當時雜記，未足以取審也？爲其粗有益於左氏，故略記之，附《集解》之末焉。”《左傳注疏校勘記》

云：“宋本《正義》、淳熙《經注》本、明萬曆監本注疏，並載此序。十行本、閩本失刊，毛本仍之。”

《爾雅校勘記》：“明吳元恭仿宋刻《爾雅》，絶無私意竄改處，不附《釋文》，而郭《注》中之某音某，完然無闕。爲經注本之最善者，必本宋刻無疑。如《釋詁》注云：‘嗟，咨瑳也。’注云：‘音兔罝。’明陳深《十三經解詁》本删此三字，不若吳本之可據也。”

《四庫提要》：“《史記正義》，唐張守節撰。守節始末未詳，據此書所題，則其官爲諸王侍讀、率府長史也。是書自序三十卷，晁公武、陳振孫二家所録則作二十卷。蓋其標字列注，亦必如《索隱》。後人散入句下，已非其舊。至明代監本采附《集解》《索隱》之後，更多所删節，失其本旨。注地理脱十七條，故實注脱二十五條，音注脱二十三條。其他一兩字之出入，殆千有餘條，尤不可枚舉。苟非震澤王氏刊本具存，無由知監本之妄删也。”又曰：“《史記集解》，江蘇巡撫采進本。自明代監本，以《索隱》《正義》附入，其後又妄加删削，訛舛遂多。如《五帝本紀》‘昔高陽氏有才子八人’句下，‘高辛氏有才子八人’句下，俱脱‘名見《左傳》’四字。《秦始皇本紀》‘輕車重馬東就食’句下，脱‘徐廣曰：一無此重字’八字。《項羽本紀》，其‘九月會稽守’句下，脱‘徐廣曰：爾時未言太守’九字。《武帝紀》‘祀上帝明堂’句下，脱‘徐廣曰：常五年一修耳，今適二年，故但祀明堂’十八字。‘然其效可覩矣’句下，脱‘又數本皆無可字’七字。《河渠書》‘岸善崩’句下，脱‘如淳曰：河水岸’六字。《司馬相如傳》‘彷徨乎海外’句下，此引郭璞云：‘青邱山名，上有田，亦有國，出九尾狐，在海外。’《太史公自序》‘《易大傳》’句下，此引‘張晏曰：謂《易·繫辭》’。監本均誤作《正義》。又如《夏本紀》‘澧水所同'句下,引'孔安國曰:灃水所同,同於渭也'。坊本闕一'同'字。《項羽本紀》'乃封項伯爲射陽侯'句下,脱'徐廣曰:項伯名纏字伯'九字,是又出監本下矣。惟《貨殖傳》'糵麴煮鹽豉千瓵'句下,監本引'孫叔敖云:瓵,瓦器,受斗六升爲瓵'。當是孫叔然之誤。此本亦復相同,是校讎亦不免有疏,然終勝明人監本也。"

　　明汪文盛刊《後漢書》,有梁劉昭《注補續漢書八志》序云:"臣昭曰,昔司馬遷作《史記》,爰建《八書》,班固因廣,是曰《十志》。天人經緯,帝政紘維。區分源奥,開廓著述。創藏山之秘寶,肇刊石之遐貫,誠有繁於《春秋》,亦自敏於改作。至乎永平,執簡東觀,紀傳雖顯,書志未問,推檢舊記,先有《地理》,張衡欲存炳發,未有成功。《靈憲》精遠,《天文》已焕。自蔡邕大宏鳴條,實多紹宣。協妙元卓,《律曆》已詳。承洽伯始,《禮儀》克舉。郊廟社稷,《祭祀》該明。翰罪冠章,《車服》贍列,於是應譙續其業,董巴襲其軌,司馬續其書,總爲八志。《律曆》之篇,仍乎洪、邕所構;《車服》之本,即依董、蔡所立。《儀》《祀》得於社制,《百官》就乎故簿,並藉據前修,以濟一家者也。王教之要,國典之源,粲然略備,可得而知矣。既接繼班書,通其流貫,體裁淵深,雖難踰等,序致膚約,有傷懸越。後之名史,弗能罷意。叔駿之書,是紹十典,矜緩殺青,竟亦不成。二子丕業,俱稱麗富。華轍亂亡,典則偕泯。雅言邃義,於是俱絶。沈《宋》因循,尤鮮功創。時改見句,非更搜求。加藝文以矯前棄,書流品采自近録。初平、永嘉,圖籍焚喪,塵消煙滅,焉識其限。借南晉之新虚,爲東漢之故實,是以學者亦無取焉。范曄《後漢》良史,誠跨衆氏;序或未周,志遂全闕。國史鴻曠,須寄勤閑;天才富贍,猶俟改具。若草昧厥始,無相憑據。窮其身世，少能已畢。遷有承考之言，固深資父之力。太初以前，班用馬史。十《志》所因，實多往制。升入校部，出二十載。續志昭表，以助其間。成父述者，夫何易哉！況曄思雜風塵，志撓成毀。弗克員就，豈以茲乎？夫辭潤婉贍，可得起改。覈求見事，必應寫襲。故序例所論，備精與奪，及語八志，頗襃其美。雖出拔前群，歸相沿也。又尋本書，當作《禮樂志》，其《天文》《五行》《百官》《車服》，爲名則同，此外諸篇，不著紀傳。《津曆》《郡國》，必依往式。曄遺書自序，應編作諸志，前漢有者，悉欲備製。卷中發論，以正得失。書雖未明，其大旨也。曾臺雲構，所闕過乎榱桷；爲山霞高，不終踰於一壇。鬱絕斯作，吁可痛哉！徒懷纘緝，理慜鉤遠。迺借舊志，注以補之。狹見寡陋，匪同博遠。及其所值，微得論列。分爲二十卷，以合范史。求於齊工，孰曰文類。比茲闕恨，庶賢乎己。昔褚先生補子長之削少，馬氏接孟堅之不畢。相成之義，古有之矣。引彼先志，又何猜焉？而歲代逾邈，立言湮散，義存廣求，一隅未覯。兼鐘律之妙，素揖校讎；參曆算之微，有慚證辨。星候秘阻，圖緯藏嚴。是須甄明，每用疑略。時或有見，頗邀旁遇。非覽正部，事乖詳密。今行禁止，此書外絕。其有疏漏，諒不足誚（此文他本皆闕載，惟見汪本）。"何焯《義門讀書記》曰："《八志》，司馬紹統之作，本漢末諸儒所傳，而述於晉初。劉昭補注，別有總叙。緣諸本或失載劉《叙》，故孫北海《藤陰劄記》亦誤出蔚宗志《律曆》之文。"《四庫提要》曰："洪邁《容齋隨筆》，已誤以八志爲范書，則其誤不自孫承澤始。"

　　《士冠》訛建作捷，誤讀夫德明音注之文；《天官》亂玉於王，研辨於倦翁校經之例。《檀弓》之子路、子貢，過泰山者似兩人；《釋草》之卷葹、卷施，解拔心者有二物。修脩字異，《詩》則蜀越之體殊；尸户形疑，《傳》惟淳熙之本正。至於亞文謬亞，韋賢之《傳》從疑；婁縣訛安，吳郡之名難考。誤尾作危，誤軫作井，分野之度失，而《地理志》鮮通；以宣爲寧，以平爲年，封國之號殊，而《百官表》失讀。此訛字之失也。

　　注曰：以上言訂訛字，宋本之善二事。

　　錢大昕《潛研堂答問》：“問：‘《士冠禮》，冠者以柶祭醴，興，坐，晬醴，捷柶，《唐石經》作建，顧氏以《石經》爲誤，然否？’曰：‘《士昏禮》，婦受醴，亦有“以柶建醴”，“坐，晬醴，建柶”之文，則《石經》作建爲是，敖總公本亦與《石經》同。是宋時猶未誤也。今本所以誤者，乃緣陸氏《釋文》有捷柶二字，疑爲經文，遂妄改建爲捷爾。鄭注本云：建柶扱柶於醴中，陸所見本扱柶作捷柶，故云本又作插，或作扱。要是注文，非經文有捷字也。《經典釋文》本單行之書，今注疏本以《釋文》散入各經注下，頗有舛訛，而《儀禮》一經尤多芟削，甚至以《釋文》溷入注中。讀者不察，乃謂鄭君注經已有反切，校刊之不謹，貽誤後生多矣。’”案錢氏《十駕齋養新録》卷二亦説此條，自注云：“余見小字宋本《儀禮》經注俱是建字。”

　　宋岳珂《九經三傳沿革例》云：“天官小宰贊王幣爵之事，諸本‘王’皆作‘玉’。惟越注疏及建大字本作‘王’。大宰贊玉幣爵，上文有贊王牲事，則玉幣爵不得再言王。小宰職卑，不獲贊牲事，且此上文未有王字，故言王幣爵。注所謂從大宰助王，其義甚明。”案珂字肅之，號倦翁，湯陰人，居於嘉興，鄂忠武王飛之孫也。

　　《禮記·檀弓》：“孔子過泰山側，有婦人哭於墓者而哀，夫子式而聽之，使子路問之。”《禮記校勘記》云：“惠棟校宋本，‘路’作‘貢’，石經、宋監本、岳本同。”《石經考文提要》

云：“案《九經三傳沿革例》云：實使子貢，而興國本及建諸本皆作子路，疏亦不明言何人。及考石本、舊監本、蜀大字本、越上注疏本，皆作子貢，以《文選》李善注及《藝文類聚》《白孔六帖》《太平御覽》《孔子家語》所引證之，則作子貢是也。”

《爾雅·釋草》：“卷施草拔心不死。”《爾雅校勘記》云：“唐《石經》、單疏本、雪牎本同。《釋文》‘施’或作‘䔲’同。”《石經考文提要》引至善堂九經本亦作‘施’，注疏本‘施’誤‘䔲’。

《詩·齒風》：“予尾翛翛。”《九經三傳沿革例》曰：“監、蜀、越本皆作‘脩脩’，以疏爲據。興國本及建寧諸本皆作‘翛翛’，以《釋文》爲據也。”

宣公十二年，《左傳》：“屈蕩尸之。”錢大昕跋余仁仲《校刻左傳》云：“家藏淳熙《九經》，及長平游御史本、巾箱小本，俱作‘户’字。”《左傳校勘記》曰：“石經、宋本、淳熙本、岳本‘尸’作‘户’，是也。《漢書·王嘉傳》注、李善《文選》注、范尉宗《宦者傳論》注，引並同。”

《漢書·韋賢傳》：“黼衣朱綬。”注：“朱綬爲朱裳，畫爲亞文也。亞，古弗字。”宋祁曰：“亞當作亞（案亞當作亞）。”錢大昕《廿二史考異》曰：“亞當作亞，兩己相背也，與亞次字音義全別。此朱綬諸侯之服，當訓爲韍，不當作黼黻講，師古誤。”

《十駕齋養新録》卷六曰：“《續漢書·郡國志》：‘吳郡有安縣。’考《前書》及晉、宋《志》皆無之。此志亦不載何年置，前無所承，後無所併，疑即婁之壞字。因‘婁’訛爲‘安’，校書家不能是正，疑有脱漏，又增婁於無錫之後，並改十二城爲十三。盧熊《蘇州府志》謂東漢省錢唐而增安縣，又謂建安中孫權以安縣屬屯田典農校尉，當在無錫以西。然沈約

《志》初無以安屬屯田典農校尉之説，未審盧氏何據，大約後人臆造耳。監本無婁字，新刊本依宋本增之，其實宋本未必是，監本未必非也。《漢志》婁縣下云：‘有南武城，闔閭所築以備越。’《續志》安縣下注：‘《越絶》云：有西岑冢，越王孫開所立，以備春申君，使其子守之。子死，遂葬城中。’兩縣俱有備越遺跡，益信安與婁非二地矣。”

又曰：“《地理志》：‘自東井六度至亢六度謂之壽星之次。’‘東井’當作‘軫’。‘自危四度至斗六度，謂之析木之次。’‘危’當作‘尾’。”

又曰：“予撰《漢書考異》，謂《哀帝紀》：‘元壽二年春正月。’‘元壽’二字衍文。《景武昭宣元成功臣表》：‘孝成五人。’‘成鄉’當作‘成都’。樂成下衍‘龍’字。《百官公卿表》：‘寧平侯張歐’，‘寧’當作‘宣’。‘俞侯樂賁’，‘樂’當作‘欒’。‘安年侯王章’，‘年’當作‘平’。‘平喜侯史中’，‘喜’當作‘臺’，‘廣漢太守孫實’，‘實’當作‘寶’。《五行志》：‘能者養之以福。’‘之以’當作‘以之’。《地理志》：‘逢山長谷，諸水所出。’‘諸’當作‘渚’。‘博水東北至鉅定’，‘博’當作‘時’。《張良傳》：‘景駒自立爲楚假王，在陳留。’‘陳’字衍。《枚乘傳》：‘凡可讀者不二十篇。’‘不’當作‘百’。《韓安國傳》：‘梁城安人也。’‘城’當作‘成’。《韋賢傳》：‘畫爲亞文。’‘亞’當作‘弨’。《佞倖傳》：‘龍雒思侯夫人。’‘雒’當作‘頟’。向見北宋景祐本，此十數處，皆與予説合（原注：景祐本後題：二年九月，校書畢，凡增七百四十一字，損二百一十三字，改一千三百三字）。”

南宋始行兼義，則先時疏乃別行；古籍皆首小題，則開卷發端已失。《貨殖傳》失於跳行，而班掾以濫載貽譏；《律曆志》失於排列，而劉歆之遺法難考。《釋文》附經，不兩讀者必至牽改；《索隱》合《史》，其更定者難考本來，年表删徐廣之字，而史公以甲子紀年，是當以後表正之；列傳有郭泰之稱，而范氏以家諱載筆，是當於分注求之。此舊式之亡也。

　　注曰：以上言存舊式，宋本之善三事。

　　宋本、閩、監本《周易注疏》，卷首並題云《周易兼義》。阮元《周易校勘記》曰：“兼義字乃合刻注、疏者所加，取兼並注疏之意也。蓋其始注疏無合一之本，南北宋之間，以疏附於經注者，謂之某經兼義。至其後則謂之某經注疏，此變易之漸也。”《十駕齋養新録》卷三曰：“唐人撰《九經》疏，本與注別行，故其分卷亦不與經注同。自宋以後刊本，欲省兩讀，合注與疏爲一書，而疏之卷第遂不可考矣。予嘗見宋本《儀禮疏》，每葉三十行，每行二十七字，凡五十卷。惟卷三十二至三十七闕。末卷有大宋景德元年校對、同校、都校諸臣姓名，及宰相吕蒙正、李（原注：不署名，蓋李沆也）、參政王旦、王欽若衘名。又嘗見北宋刻《爾雅疏》，亦不載注文。蓋邢叔明奉詔撰疏，猶遵唐人舊式，諒《論語》《孝經》疏亦當如此，惜乎未之見也。”日本人山井鼎云：“足利學所藏宋板《禮記注疏》有黄唐跋云：‘本司舊刊《易》《書》《周禮》，正經、注、疏，萃見一書，便於披繹，它經獨闕。紹興辛亥，遂取《毛詩》《禮記》疏義，如前三經編彙，精加讎正。乃若《春秋》一經，顧力未暇，姑以貽同志。’所云本司者，不知爲何司，然即是可證北宋時正義未嘗合於經注。即南渡初，當有單行本，不盡合刻矣。”

　　《養新餘録》云：“古書多大題在下。陸氏《經典釋文》云：‘《毛詩》故大題在下。案馬融、盧植、鄭元注《禮記》，並大題在下。班固《漢書》、陳壽《三國志》亦然。’予案唐刻《石經》皆大題在下，如《詩經》卷首《周南詁訓傳第一》列於上，

《毛詩》兩字列於此行之下，所謂大題在下也。宋元以來，刻本皆移大題於上，而古式遂亡。今讀者且不知何語矣。予曾見《史記》宋大字本，亦大題在下（原注：淮南轉運司監雕本）。"

盧文弨《鍾山札記》亦論古書大題多在小題下，亦引陸氏《釋文》，謂今人率意紛更。《釋文》所云，並未寓目，題與說兩相矛盾，而亦不自知也。《漢書》《三國志》，汲古閣版行者猶存舊式，他本則不盡然云。

又《鍾山札記》曰："《貨殖》等傳，以事名篇，與《八書》差相類，固未嘗一一標姓名也。乃譏《漢書》者謂范蠡、子貢、白圭非漢人而入《漢書》，以爲失於限斷，其實班氏何嘗爲范蠡諸人立傳，即彼蜀卓、宛孔，閭里猥瑣之流，亦豈屑屑爲之標目，與夫因人立傳者同哉？"案盧説甚是。《貨殖》等傳，每多跳行，一若人各爲傳者，故有濫載之疑。向令舊式俱存，連屬勿斷，必無此譏矣。

劉歆《三統曆》遺法，見《漢書・律曆志》。王先謙《補注》曰："錢大昕、李鋭皆謂今本行列失次，古本三統，每統各八十一章，每九章當爲一列（原注：自甲子元首至丙寅孟止爲一列）。每章又分三行（原注：自甲子元首至丙午爲一行，甲辰二統至丙戌爲一行，甲申三統至丙寅爲一行）。以孟、仲、季三字依次分注各行之下，是也。"

《養新録》曰："《春秋正義》自隱公至昭公，皆言某公以周某王某年即位，是歲在某次。定公以敬王十一年即位，脱'是歲歲在某次'句。哀公則不載《正義》本文，但於白文《疏》下出同上兩字。謂與陸氏《釋文》相同，不復重出也。《釋文》與《正義》各自爲書，宋初本皆單行，不相殽亂，南宋後乃有合正義於經注之本。又有合《釋文》與《正義》於經注之本，欲省學者兩讀，但以注、疏之名標於卷首，則當以《正義》爲主。即或偶爾相同，亦當並存，豈有删《正義》而就《釋文》之理。況以前十一公考之，皆《正義》詳於《釋文》。《正義》之例，每公皆引《魯世家》，皆有以某王某年即位之語，而《釋文》無之。獨哀公《釋文》多'敬王二十八年即位'一句，此必校書者以意竄之。謬妄相承，莫有悟其非者，可三嘆也。"又曰："紹興初所刻注疏，初未附入陸氏《釋文》，則今所傳附釋音之注疏，大約光、寧以後刊本耳。今南北監本，惟《易》《釋文》不攙入經注内。《公羊》《穀梁》《論語》俱無釋文。"

《四庫提要》云："《索隱》本於《史記》之外別行，及明代刊刻監本，合裴駰、張守節及此書散入句下，恣意删削。如《高祖本紀》母媼、母温之辨。有關考正者，乃以其有異舊説，除去不載。又如《燕世家》啟攻益事，貞注曰：'經傳無聞，未知其由。'雖失於考據《竹書》，亦當存其原文。乃以爲冗句，亦删汰之。此類不一，漏略殊甚，然至今沿爲定本。此單行之本，爲北宋秘省刻板，毛晉得而重刻者，録而存之，猶可以見司馬氏之舊，而正明人之疏舛焉。"

《養新録》曰："史記諸年表，皆不記干支，注干支出於徐廣。《六國表》周元王元年，'徐廣曰乙丑'。《秦楚之際月表》秦二世元年，'徐廣曰壬辰'，是也。《十二諸侯年表》，共和元年，亦當有'徐廣曰庚申'字。今刊本乃於最上添一格書干支，而删去徐廣注，遂疑爲史公本文。曾不檢照後二篇，亦太疏矣。考徐注之例，惟於每王之元年注干支，此表（《十二諸侯年表》）每十年輒書甲戌、甲申、甲午、甲辰、甲寅、甲子字，不特非史公正文，並非徐氏之例。其爲後人屬入，鑿鑿可據。且史公以太陰紀年，故命太初之元爲閼逢攝提格，依此上推，共和必不值庚申。則庚申爲徐注，又何疑焉？”

又曰：“《後漢書・郭太傳》，‘初太始至南州’以下七十四字，本章懷注引謝承《後漢書》之文，今誤作大字，溷入正文。予嘗見南宋本，及明嘉靖己酉福建本，皆不誤。蔚宗書避其家諱，於此傳前後皆稱林宗字，不應忽爾稱名，且其事已載《黄憲傳》，毋庸重出也。”

不得最先之本，孰正後來之失？然而嚮壁虛造，妄正是非者，謬也；專己守殘，不能別白者，又固也。蘇子瞻謂近人以意改書，鄙淺之人，從而和之；陸放翁謂近世喜刻書版，略不校讎，錯本散滿。觀張淳《識誤》之編，岳珂《沿革》之例，所舉各本，未盡同原。而況搜遺於麻沙市中，訪舊於睦親坊下，經或別爲篆圖，史每珍爲詳節，又宋本之至下者乎！

注曰：宋本有三善，校書者據以爲質，固其宜矣。然宋本自有多種，豈可盡據，其有嚮壁虛造，憑臆妄改者，此固宋人之謬，而今人惟知專己守殘，貴遠賤近，本不誤者，反因宋本而誤，斯亦可謂固陋也已。

蘇軾《仇池筆記》謂：“近世人輕以意改書，鄙淺之人，好惡多同，故從而和之者衆。遂使古書日就訛舛，深可忿疾。”

陸游《渭南文集・跋歷代陵名》云：“近世士大夫所至喜刻書版，而略不校讎。錯本書散滿天下，更誤學者，不如不刻之爲愈也，可以一歎。”

張淳《儀禮識誤》所據有周廣順三年及顯德六年刊行監本、汴京巾箱本、杭細字本、嚴重刊巾箱本、湖北漕司本。

岳珂《九經三傳沿革例》所據有唐石刻本、晉天福銅版本、京師大字舊本、紹興初監本、監中現行本、蜀大字舊本、蜀學重刻大字本、中字本、中字有句讀附音本、潭州舊本、撫州舊本、建大字本（原注：俗稱無比九經）、俞紹經家本，又中字凡四本，婺州舊本，並興國于氏、建余仁仲凡二十本，又越中注疏舊本、建有音釋注疏本、蜀注疏本，合二十三本。

祝穆《方輿勝覽》：“建寧府土産書籍行四方。”原注云：“麻沙、崇化兩坊産書，號爲圖書之府。”朱熹《嘉禾縣學藏書記》云：“建陽麻沙板本書籍行四方者，無遠不至。”觀此足知麻沙板本流傳之廣，然實板刊不精。陸游《老學庵筆記》有云：“三舍法行時，有教官出《易》義題云：乾爲金，坤又爲金，何也？諸生乃懷監本至簾前請曰：先生恐是看了麻沙版，若監本則坤爲釜也。”葉夢得《石林燕語》亦載此事。又曰：“今天下印書，以杭州爲上，蜀本次之，福建最下也。”

葉德輝《書林清話》云：“南宋臨安業書者，以陳姓爲最著。諸家藏書志、目、記、跋載：睦親坊棚北大街陳解元或陳道人，或陳宅書籍鋪刊行。印行者以唐宋人詩文小集爲最多。”方回《瀛奎律髓》注云：“陳起，字宗之，睦親坊賣書開肆。予丁未至行在所，至辛亥，凡五年，猶識其人，且識其子。今近四十年，肆燬人亡，不可見矣。”（葉氏考臨安書估事極詳，見《清話》卷二）

戴表元《剡源集·題孫過庭書譜後》云：“杭州陳道人印書，書之疑處，率以己意改令諧順，殆是書之一厄。”案戴氏之言如此，則陳道人書亦不盡善矣。惟其人頗知文學，又好名喜事，故當時江湖詩人多與之交，並詳見葉氏《清話》。

《書林清話》云：“宋刻經子有纂圖、互注、重言、重意標題者，大都出於坊刻，以供士人帖括之用。經有南宋刻巾箱本《纂圖附釋音重言重意互注周易》九卷，《略例》一卷，見森《志》（日本森立之《經籍訪古志》）。《纂圖附釋音重意重言互注尚書》十三卷，見《天禄琳琅後編》。婺州本《點校重言重意互注尚書》十三卷，見陳《跋》(陳鱣《經籍跋文》)、瞿《目》(瞿鏞《鐵琴銅劍樓書目》)、黃《書録》(黃丕烈《百宋一廛書録》)。監本《纂圖重言重意互注點校尚書》十三卷，見繆《續記》(繆荃孫《藝風堂藏書續記》)。監本《纂圖重言重意互注點校毛詩》二十卷，見《天禄琳琅》、陳《跋》、黃《續記》(黃丕烈《士禮居藏書題跋記續》)、楊《録》(楊紹和《楹書隅録》)。宋麻沙本《附釋音纂圖重言重意互注毛詩》二十卷，附《毛詩舉要圖》《毛詩篇目》，見張《志》(張金吾《愛日精廬藏書志》)。京京本《附釋音纂圖互注重言重意周禮》十二卷，見《天禄琳琅》、吳《跋》(吳壽暘《拜經樓藏書題跋記》)、陳《跋》、黃《記》、瞿《目》、陸《續跋》(陸心源《儀顧堂續跋》)。宋巾箱本《纂圖附音重言重意互注周禮鄭注》十二卷，見森《志》。《原本點校附音重言重意互注禮記》二十卷，見森《志》、楊《譜》(楊守敬《留真譜》)。監本《纂圖重言重意互注禮記》二十册，見丁《志》(丁丙《善本書室藏書志》)。南宋麻沙本《纂圖互注禮記》二十卷，《禮記舉要圖》一卷，見陸《志》(陸心源《皕宋樓藏書志》)。京本《纂圖附音重言重意互注春秋經傳集解》三十卷，見《天禄琳琅》、陳編《廉石居記》(陳宗彞編《廉石居藏書記》)、莫《録》(莫友芝《宋元舊本書經眼録》)。監本《纂圖春秋經傳集解》三十卷，見丁《志》。監本《纂圖重言重意互注論語》二十卷，見楊《譜》。大氐經有七種，《儀禮》《孟子》非場屋所用，故置之。"

《續文獻通考•經籍考》："《十七史詳節》二百七十三卷，呂祖謙撰。"

夫若網在綱，田敏不無妄改；未死而謐，伯厚猶滋誤讀。《漢表》始元，明允見爲元始者，非善本也；武王十亂，原父疑爲稱臣者，循衍文也。況乎壺矢壹關，師古存疑；寶力寶刀，之推致誚。諄訊不辨，憯慘同音，《釋文》之謬也；雝雍互更，毆殹失考，《石經》之舛也。以及箕子荄滋，見疑於孟喜之傳；柳穀昧谷，駁難於虞翻之書。《酒誥》俄空，《彼都》誌佚，漢魏以前，尚難徧信。何必執建寧之遺刻，據宋世所刊行，秘在枕中，奉爲圭臬。則必金根白及，字字可遵；淮別銀鐺，孜孜必究。是執削者之長，非操觚者之正矣。

　　注曰：此節更申上文之意，宋本不無訛舛，蘇子瞻、陸放翁亦既言之。更求其證，則宋之通人名士，且不免誤校誤讀之累，從是上溯，則雖漢唐諸儒，尚難徧信。豈得獨據宋槧，以爲依歸，訛字脱文，猶相沿襲，不其惑歟！若徒賞字畫之精妍，而不顧義理之當否，此爲匠人執削者之所夸，誠非學士操觚者之正軌也。

　　《宋史‧儒林傳》：“田敏雖篤於經學，亦號爲穿鑿。所校九經，頗以獨見自任。如改《尚書》‘若網在綱’爲‘若綱在綱’，重言‘綱’字。又《爾雅》：‘椴木槿。’注曰‘日及’改爲‘白及’。如此之類甚衆。世頗非之。”

　　《困學紀聞》卷六：“衛侯賜北宮喜謚曰貞子，賜析朱鉏謚曰成子，是人臣生而謚也。”何焯評云：“杜氏注云：‘皆未死而賜謚及墓田，傳終言之。’近得不全宋槧本作‘皆死而賜謚及墓田，傳終言之’。少‘未’字，而義尤協，意尤明，似勝王氏所據之本。”閻若璩評云：“何屺瞻告余，頃得宋槧本不全《左傳》，恰有昭二十年衛賜北宮喜事，杜注云：‘皆死而賜謚及墓田，傳終言之。’較近刻少‘未’字，意尤明，義尤協，似勝王氏所據之本。王氏本與吾輩今日同。余擊節曰：‘若果未死賜謚，是豫凶事，非禮也，杜當以爲譏，不應云終言之。一字之增，何啻霄壤，宋槧本真寶也。’”

　　《漢書・王子侯年表》下:“始元五年。”殿本作“元始”,引劉攽曰:“當爲‘始元’。”錢大昕曰:“劉說是也。蘇氏謂此卷皆元始之際,王莽僞褒宗室而侯者。正由讀此誤本,不能校正耳(案蘇氏語見《嘉祐集・史論中篇》)。”

　　《養新録》云:“‘予有亂十人。’《尚書》《論語》各一見。《春秋傳》兩見(襄廿八年、昭廿四年)。唐《石經》皆無臣字。今石刻旁添‘臣’字者,宋人妄作耳。陸氏《釋文》亦同,云本或作‘亂臣十人’,非。五代國子監校刻九經,始據誤本添入‘臣’字。邢昺《論語疏》亦承監本,於是劉原父有子無臣母之疑,蘇子瞻《太皇太后輓詞》,亦有‘允矣才難十亂臣’之句。”

　　《漢書・薛宣傳》:“掾宜從衆歸對妻子,設酒餚,請鄰里,壹笑相樂。”應劭曰:“以壺矢相樂也。”晉灼曰:“‘書篆形壹笑字象壺矢,因曰壺矢。’此説非也。”師古曰:“晉説是也。壹笑謂一爲歡笑耳,笑,古笑字也。”

　　《顏氏家訓・勉學篇》:“《書》曰:‘好問則裕。’《禮》云:‘獨學而無友,則孤陋而寡聞。’蓋須切磋相起明也。見有閉門讀者,師心自是,稠人廣坐,謬誤差失者多矣。《穀梁傳》稱‘公子友與吕挈相搏,左右呼曰孟勞’。孟勞者,魯之寶刀名,亦見《廣雅》。近在齊時,有姜仲岳謂:‘孟勞者,公子左右姓孟名勞,多力之人,爲國所寶。’與吾苦諍。時清河郡守邢峙,當世碩儒,助吾證之,赧然而伏。”

　　戴震《毛鄭詩攷正》曰:“《陳風・墓門》二章,‘歌以訊止’。‘訊’乃‘誶’字轉寫之訛,《毛詩》云:‘告也。’《韓詩》云:‘諫也。’皆當爲‘誶’,誶音碎,故與萃韻。訊音信,問也,於詩義及音韻咸扞格矣。屈原賦《離騷》篇‘謇朝誶而夕替。’王逸注引《詩》‘誶予不顧’。又《爾雅》:‘誶,告也。’《釋文》云：‘沈音粹，郭音碎。’則郭本‘誶’不作‘訊’明矣。今轉寫亦訛。《張衡傳》：《思元賦》注引《爾雅》仍作誶。《釋文》於此詩云：本又作誶，音信。徐：息粹反。蓋於誶、訊二字未能決定也。”

《養新録》云：“誶訓告，訊訓問，兩字形聲俱別，無可通之理。六朝人多習草書，以卒爲卆，遂與卂相似。陸元朗不能辨正，一字兩讀，沿訛至今。《詩》陳風：‘歌以訊之。’‘訊予不顧。’陸云：‘本又作誶，言信。徐：息悴反，告也。’《小雅》：‘莫肯用訊。’陸云：‘音信。徐：息悴反，告也。’按此兩詩本是誶字，王逸注《楚辭》引‘誶予不顧’，其明證矣。徐仙民兩音息悴反，是徐本亦從卒也。陸氏狃於韻緩不改字之説，讀誶爲信，豈其然乎？《大雅》：‘執訊連連。’此正訊問字，陸音信是也。而又云：‘字又作訊，又作誶，並同。’《禮記·王制》：‘以訊馘告。’陸云：‘本又作誶。’《學記》：‘多其訊。’陸云：‘字又作誶。’則真以訊誶爲一字矣。《爾雅》：‘誶，告也。’陸引沈音粹，郭音碎，當矣。而又云：‘本作訊，音信。’其誤亦同。今《毛詩正義》《石經》皆作訊，又承陸氏之誤。”

又曰：“唐《石經》俗體字，如‘雝’作‘雍’（《詩》）、‘蠹’作‘蠧’（《周禮》《爾雅》）、‘毆’作‘敺’（《周禮》）、‘齎’作‘賷’（《儀禮》）、‘總’作‘揔’（《春秋傳》）、‘督’作‘督’（《爾雅》）、‘橫’作‘撗’（《爾雅》）。”

《漢書·儒林傳》：“蜀人趙賓好小數書，後爲《易》，飾《易》文。以爲箕子明夷，陰陽氣無箕子，箕子者，萬物方荄茲也。賓持論巧慧，《易》家不能難，皆曰非古法也。云受孟喜，喜爲名之。後賓死，莫能持其説。喜因不肯卬，以此不見信。”師古曰：“《易·明夷卦》象曰：‘内文明而外柔順，以蒙大難，文王以之。利艱貞，晦其明也，内難而能正其志，箕子以之。'而六五爻辭曰：'箕子之明夷，利貞。'此箕子者，謂殷父師説《洪範》者也。而賓妄爲説耳。荄兹，言其根荄方滋茂也。"

《吴志·虞翻傳》注：《翻別傳》云："又奏鄭玄解《尚書》違失事因，古大篆卯字讀當爲柳，古柳卯同字，而以爲昧。"臣松之案："翻云'古大篆卯字讀當爲柳，古柳卯同字'。竊謂翻言爲然，故劉、留、聊、柳同用此字，以從聲故也。"

惠棟《九經古義》曰："《今文尚書》云：'度西曰柳穀。'伏生《書傳》云：'秋祀柳穀。'康成云：'柳，聚也。'賈公彦云：'柳者，諸色所聚，日將没，其色赤，兼有餘色，故云柳穀。'今鄭注《尚書》從古文作'昧谷'，故虞仲翔奏鄭解《尚書》違失云云。"

《法言·問神篇》云："昔之説《書》者《序》以百，而《酒誥》之篇俄空焉。"

《彼都誌佚》，"誌"當爲"詩"，字之誤也。《小雅·都人士》篇，襄十四年《左傳》引首章"行歸於周，萬民所望"。服虔注曰："逸《詩》也。"《禮記·緇衣》篇引首章六句，鄭注曰："此詩《毛詩》有之，三家則亡。"《毛詩》孔疏云："今《韓詩》實無此首章，時三家列於學官，《毛詩》不得立，故服以爲逸。"

李綽《尚書故實》云："昌黎子昶，性闒劣，爲集賢校理。史傳有金根車，昶以爲誤，乃悉改根爲銀字。"

田敏改"日及"爲"白及"，已見上注。

《文心雕龍·練字》篇云："《尚書大傳》：'別風淮雨。'《帝王世紀》云：'列風淫雨。''別''列''淮''淫'，字似潛移。'淫''列'義當而不奇；'淮''別'理乖而新異。傅毅制誄，已用'淮雨'，固知愛奇之心，古今一也。"

　　《顏氏家訓·文章篇》云："《後漢書》:'囚司徒崔烈以銀鐺鑷。'銀鐺,大鎖也。世間多誤作金銀字。武烈太子亦是數千卷學士,嘗作詩云:'銀鎖三公腳,刀撞僕射頭。'爲俗所誤。"